犹
太
古
史 （下册）

# The Jewish Antiquities

[古罗马] 约瑟夫（Flavius Josephus）——著　　冯万以文等——译

上海三联书店

# 犹太古史

## （下册）

# 下册目录

# 第十一卷

从居鲁士王元年到亚历山大大帝去世(涵盖二百五十三年五个月)

# 第一章

## 波斯王居鲁士将犹太人从巴比伦拯救出来，并命令他们归回故国，且供应他们重建圣殿的需用

**1.** (1)居鲁士王执政的第一年，也就是我们犹太人从故土被掳到巴比伦的第七十年，神怜悯这些被掳的可怜百姓，正如他在圣城被毁之前借着先知耶利米向他们所预言的那样，(2)在他们服侍尼布甲尼撒王及其后裔、为奴七十年后，神必将他们带回他们列祖之地。他们要在那里建造圣殿，重享古时的尊荣。神必将供应他们一切，(3)因他鼓动居鲁士王的心，令他将下面的话记下，并诏示亚细亚全地："居鲁士王如此说，因大能的神命定我为全地的王，我相信他就是以色列民敬拜的神；(4)因他的确借着众先知预言了我的名，又叫我在犹大的耶路撒冷为他建造圣殿。"

**2.** (5)居鲁士王因读了先知以赛亚留下的预言而得知此事。因为这位先知说，神在一个隐秘的异象中向他说话："我的旨意就是命居鲁士成为许多大国之王，他要将我的民遣返故土，并建造我的圣殿。"(6)这是先知以赛亚在圣殿被毁前一百四十年所预言的，因此当居鲁士王读到这

543

事，就因神的大能而发出惊叹，一种热切的愿望与雄心攫住了他，要实现上面所记的。因此他召集了巴比伦境内最杰出的犹太人，告诉他们他愿意让犹太人回到祖国，重建耶路撒冷城和神的殿宇，(7)他也要帮助他们重建。他会写信给犹大四邻的官长及众省长，要他们为圣殿的重建奉献金银，并且提供献祭的牲畜。

**3.** (8)居鲁士王将这些话对以色列人说了之后，犹大、便雅悯支派的族长，利未人和祭司就立刻回到耶路撒冷，然而也有许多人不愿放弃他们的产业而留在巴比伦。(9)当以色列人回到故土后，王的朋友们都带了金、银和许多牛马来帮助他们重建圣殿。在重建圣城后，他们依循旧日的传统向神许愿、献祭，并恢复以前敬拜的一切礼仪。(10)居鲁士王也将从前尼布甲尼撒王由圣殿掠夺到巴比伦的器皿，归还给以色列人。(11)他将这事委托库官米提利达办理，命令他将这些器皿交给设巴萨保管，直到圣殿重建完成，到那时再将器皿交给祭司和群众的官长，在圣殿中安设它们恢复旧观。(12)居鲁士王又送了一封书信给叙利亚的众省长，内容如下所记："居鲁士王向达乃和示他波斯乃请安。我让境内众多的犹太人按他们的意愿回到故国，重建他们的城邑，并在耶路撒冷的旧址建造神的圣殿。(13)我又差派库官米提利达和犹太人的省长所罗巴伯为圣殿奠基。殿高六十肘，宽六十肘，用磨亮的大石头建三层，用国中上好的木材建一层。献燔祭的祭坛，也要按同样的规格建造。(14)这些经费要出于我的王库。还有尼布甲尼撒由圣殿掠夺的金银器皿，我已交由库官米提利达和犹太人的省长所罗巴伯带回耶路撒冷，各按原处放在神的殿里。(15)器皿数目如下所记：五十个金盘，五百个银盘，四十个大金杯，五百个大银杯，五十个金洗濯盆，五百个银洗濯盆，三十个金碗［盛装献祭的酒］，三百个银碗，三十个附盖的金瓶，两千四百个附盖的银瓶，另外还有一千个大器皿。(16)我允许他们享有和他们的先祖一样的尊荣，正如相同数量的牛犊、酒和油，二十万五千五百个德拉克马（drachma），两万五百亚特罢（Artabae）麦粉。我下令，这一切经费要从撒玛利亚的贡物中支取，(17)祭司也要在耶路撒冷依据摩西律法献祭。献祭时要向神祈祷，保守王及其全家，并祈求波斯帝国永垂不朽。那些不遵行这令、使之无效的人，要被钉死在十字架上，他们的产业要归于王库。"(18)这就是书信的要义。被掳归回耶路撒冷的人数是四万二千四百六十二人。

## 第二章

### 居鲁士去世后，古他人和邻近众省长阻扰犹太人建殿，冈比西斯全面禁止犹太人从事任何与建殿有关的活动

**1.** (19)在圣殿奠基时，犹太人非常热心于重建的工作。但他们的邻邦却恳求众省长和管理此事者中断犹太人重建圣城和圣殿的工作，特别是古他人，就是亚述王撒缦以色在以色列人被掳时，从波斯和玛代迁移来并安置在撒玛利亚城的那些人。(20)众省长和管理此事者收了贿赂，就依从古他人的意愿，拖延并草率进行重建之工。那时居鲁士王忙于其他战事，对这一切毫不知情。之后又发生一事，就是他在率领大军抵抗马塞加特人的战役中阵亡了。(21)当居鲁士王的儿子冈比西斯继位时，叙利亚、腓尼基、亚扪、摩押和撒玛利亚的众省长共同写了一封书

信给冈比西斯，内容如下：（22）"上呈我们的主冈比西斯：我们是你的众仆人——历史编纂者利宏、书记伸帅，其他都是你在叙利亚和腓尼基所立的众首长，我们向王请安。王该知道，那些被掳到巴比伦的犹太人已来到我们国家，正在重建那反叛邪恶之城和城中许多市场，又立起城墙、重建圣殿。（23）王该知道，这一切完工后，他们就不会再向王进贡、服从王令，并会起来对抗诸王，且选择去统治其他人，而不愿被他人统治。（24）所以，我们认为应将此事奏告于王，他们如此迅速重建殿宇，请王不要忽略这事。王可考查先祖的史录，必在其上查知犹太人向来是叛徒，与诸王为敌，他们的城也是如此，所以才被弃置至今。（25）我们也认为应将以下之事奏告于王，以免王被蒙在鼓里。如果此城再次有人居住，又有城墙全然包围，王就无法使用前往叙利亚平原和腓尼基的通道了。"

**2.**（26）本性邪恶的冈比西斯读信得知此事后震怒，就回复他们："冈比西斯王，就此事晓谕历史编纂者利宏、伯欧塞莫斯、书记伸帅、其他各地的长官以及撒玛利亚和腓尼基的众百姓：（27）我已明晓你们所上的本，并考查了先祖的史录，得知此城自古以来果然是背叛列王，城中的百姓也常引发叛乱与战争。我们也明白该地诸王向来是强大且残暴的，曾迫使叙利亚平原和腓尼基向他们进贡。（28）因此我下令，不允许这些犹太人重建那城，以免他们大大增添往昔悖逆列王的罪行。"（29）利宏、书记伸帅和他们的同党读了上谕后，就立刻上马驱策，带着一大群人到耶路撒冷，禁止犹太人重建圣城及圣殿。（30）冈比西斯掌权六年，期间他倾覆了埃及，在回程时死于大马士革。重建圣城的工作中断了九年多，直到大流士王统治的第二年。

# 第三章

## 冈比西斯去世及有些祭司被杀后,大流士掌权。
## 所罗巴伯在解答问题上远胜过众人,
## 因而在王前蒙恩,得以重建圣殿

**1.** (31)冈比西斯死时,有些祭司取得波斯政权一年;他们被杀后,那些被称为波斯七家族者,就指派希斯塔斯普之子大流士为王。大流士原来虽是平民,但他向神立约,如果有朝一日他当了王,必要将巴比伦境内所有神的器皿归还耶路撒冷的圣殿。(32)约在此时,被掳犹太人的省长所罗巴伯从耶路撒冷上来见大流士,他们二人原是旧识。所罗巴伯和另外两人被认为最配作王的随身侍卫,而所罗巴伯也如愿以偿地得到这项尊荣。

**2.** (33)大流士做王的第一年,宴请了王的臣仆及家人,玛代的众官长、波斯的众大臣、印度及埃塞俄比亚的总督,以及一百二十七省的众军长。(34)酒足饭饱后,所有人都回自己的家就寝,大流士也上床休息,但没多久他就醒了,无法再入睡。于是他起身和三位随身侍卫谈话,(35)要他们就王所询问的事,做出最合乎真理和最有智慧的陈述。得胜者的赏赐是身披紫袍、饮自金杯、寝于金榻、马车配以金缰绳、头戴细麻布头饰、颈系金链,并因他的智慧得以坐在王的身边。王说:"我且要称他为我的亲戚。"(36)承诺了这些赏赐后,王问第一位:"酒岂不是世上最有能力的吗?"问第二位:"列王岂不是世上最有能力的吗?"问第三位:"女人是世上最有能力的还是真理最有能力？"王建议他们去寻求这些问题的答案，就回去休息了。(37)次日早晨，王坐在他素常召见人的地方，并召集了他的众谋士和诸大臣，以及玛代波斯的总督到这里。王吩咐他的随身侍卫就王所提出的问题，申述他们认为最适当的解说，王要听他们的叙述。

**3.** (38)于是第一个侍卫就开始阐述酒的能力，他说："诸位，我即将表达我对酒的看法，我发现酒能胜过一切，其原因是：(39)酒能欺骗饮酒者的心，使王的心智降至与孤儿同等，极需别人指教。酒能使为奴者升到与自主者一样的胆量，让贫穷者感觉自己如同富足人一般。(40)因酒在体内会改变并更新人的心灵，止息不幸者的伤痛，令人忘却所欠的债，使人自以为是世上最富有的。它还能使人不再提及小事，而谈论才识和其他事项，好像他们已成为富人。(41)不但如此，酒也可以让人轻忽他们的官长与君王，取去他们对朋友和伙伴的记忆，因酒使男人武装起来，甚至敌对他们最亲近的人，令他们在亲友面前成为全然陌生的人。(42)宿醉清醒后，他们完全忘记了酒醉时所做的一切。我认为这些都是酒的能力的象征，由此可见，酒是世上最有能力、最无法胜过的东西。"

**4.** (43)做了以上对酒能力的阐述后，第一位就离去了。然后下一位开始阐述君王的能力，说明君王何以比一切看似有能力或智慧的更加有能力。他开始了如下的说明：(44)"人们管理万事，使陆地与海洋依他们的心意效力，但他们却臣服于王的统御下，王对他们有完全的主权。因王能管辖万物中最强壮有力的人，所以应被尊为世上最有能力的。(45)举例来说，当王命他们的百姓去争战或是赴险，这些人必然听命。王若是命他们与敌人对抗，他们也会因王的大能而遵行。王命人铲平高山，拆毁城墙和高塔；甚至就算王要他们被杀或杀人，他们也甘心顺服，不敢违背王旨；在他们征服敌人后，还会将所有的战利品呈献给王。（46）还有那些不是士兵，而是种地的人，以及从事这类耕作的人，他们将所得的出产进贡给王。（47）无论王吩咐什么，他的百姓必然照做没有耽延，与此同时，王却尽情地享用美食、宴乐与安睡。自古至今王都被小心翼翼地保护着，（48）就连睡觉时，人们也不敢离开他，或是去做自己的事。他们将护卫王视为第一要紧的事，为忠心于此而将自己全然摆上。如此看来，王的能力超越一切，万民都臣服于他的旨意下，还有什么能胜过他呢？”

**5.** （49）这人说完后，第三位侍卫所罗巴伯就开始告诉他们关于女人与真理的教导。他说：“酒的能力很大，王也是一样，因万民都臣服于他。然而女人却更有能力，（50）因是一个女人将王带到世上。那些栽种葡萄及酿酒的人也是女人生养带大的，确实没有什么东西不是从女人而来。女人为我们织布制衣、料理家务、安稳持家，（51）我们无法离开女人过活。当我们得到许多金银、珍宝和尊荣时，只要看到一位美女，我们就不自主地张口，直盯着她的容颜，情愿用一切宝物来换取她的美貌，将她据为己有。（52）我们也会为了女人离开父母家园，或常忘记我们最好的朋友；不仅如此，我们甚至会勇敢地为她们舍命。但是以下才是让我们真正见识到女人能力的原因：（53）我们无论多艰苦地在海上或陆地辛劳，哪一次不是将得来的收获带给我们的女人或情妇？（54）我甚至曾见过那位万民之王，被他的姜安帕梅打耳光，她就是提马斯阿的儿子利贝萨克斯所生的女儿。安帕梅还摘下王的冠，戴在自己头上，王对这一切都默然忍受。当她笑时他也笑，当她生气时他也伤心，他依着她心情的高低起伏来讨好她，如果他惹她生气，就低声下气地求她和好。"

**6.** (55)当大臣和众官长面面相觑时，他开始言及真理，他说："我已经说明了女人的能力有多大，但是女人与王都比真理软弱：虽说地极大，天极高，太阳的行进迅速，但这一切的运作都是依据神的旨意。神是信实公义的，因此我们必须将真理尊为世上能力最大的。所有不义之事，都无法与真理抗衡。(56)再者，一切有能力的事物，都会朽坏无法久存，真理却是永恒不朽。时间不能使真理带给我们的美丽枯萎，命运无法带走它给我们的丰盛，唯有公义掌权执法，它辨明义与不义，并斥责那不义的事物。"

**7.** (57)当所罗巴伯结束了他对真理的叙述后，群众都大声欢呼，认为他的阐述最有智慧。唯有真理具有永不改变的能力，也永不朽坏。王下令让所罗巴伯在他原本承诺之外，可要求更多的奖赏。王因所罗巴伯的智慧与过人的聪明，将他所求的赐给他。王说："你要与我同坐，(58)称为我的亲戚。"王说完这话，所罗巴伯就提醒王，他曾为着有朝一日能拥有王权许愿，这愿就是："重建耶路撒冷，在城中建造圣殿，还要归还尼布甲尼撒掠夺到巴比伦的一切器皿。"他说："我的请求，就是期盼你准许我去如此行，因我已被公认是智慧聪明的。"

**8.** (59)王因他所说的话欢喜，就站起来亲吻他，并写信给总督和众省长，吩咐他们带领所罗巴伯及同行要去建殿的人。(60)王又写信给叙利亚和腓尼基的众官长，要他们砍伐杉木，从黎巴嫩运到耶路撒冷，帮助所罗巴伯重建圣城。王又命他们释放那些愿意归回犹大的被掳的人。(61)王禁止他的众使者和众省长向犹太人收税，他也准许犹太人拥有自己的土地而不需纳贡。王又吩咐以土买人、撒玛利亚人和居住在叙利亚平原的居民,要他们归还从犹太人手中取得的村庄。除此之外,还要给犹太人五十他连得,为建造圣殿之用。(62)王还允许他们献上特定的祭,所有大祭司和众祭司所需用的,他们在敬拜神时所穿的圣衣,以及利未人向神唱诗歌时所使用的乐器,都从王得到供应。(63)王也命令他们将一部分土地给那些看守圣城和圣殿的人,每年供应固定的金钱作维修之用。同时,王也将器皿归还。一切居鲁士渴想完成有关重建耶路撒冷的事项,大流士都下令遵照办理。

**9.** (64)所罗巴伯得了王的这些恩允,就出了王宫,他举目望天,感谢神所赐的智慧及在大流士面前所得的胜利。他说:"神啊!如果不是你施恩与我,我无法得到这样多的好处。"(65)他为现今所处的景况谢恩,并为日后神赐同样恩惠祷告。之后,所罗巴伯就前往巴比伦,将他为百姓在王面前所得的恩准告诉他们。(66)大家听了后,也将感谢归给神,因神将他们先祖之地归还他们。因国家的复兴与重建,他们尽情吃喝庆祝了七天,并守为节期。(67)之后,他们又从先祖家族中选出众官长,连同他们的妻子、儿女并牲畜,由大流士所指派的人带领,一起欢喜快乐地前往耶路撒冷,并一路敲钹吹笛歌唱。其他的犹太百姓也欢欣鼓舞地随着他们前行。

**10.** (68)这些人如此前行,每个家族中都有一定数量的人前去。我虽不认为应将那些家族的名字特别记下,致使我的读者们因这些史实分心,难以依循我记载的连续性,(69)但那些年过二十岁的人总数仍记录如下:犹大和便雅悯支派共有四百六十二万八千人,利未人七十四人,妇女和孩子加起来共有四万零七百四十二人。(70)除此之外,还有歌唱的利未人一百二十八人,守门的一百一十人,圣殿仆役尼提宁三百九十二人，还有自称是以色列人但族谱不明者六百六十二人。(71)祭司共有五百二十五人，没有包括一些娶了族谱不详之妻，或是在利未与祭司族谱中没有记名的祭司。(72)其余同往耶路撒冷的百姓和仆人有七千三百三十七人，歌唱的男女共有两百四十五人；骆驼四百三十五匹，用来犁田的牲口五千五百二十五头。(73)这些被数点百姓的众省长中，有犹大支派大卫子孙撒拉铁的儿子所罗巴伯和大祭司约萨达的儿子耶书亚，另有百姓中杰出的末底改、西莱雅，还有众首领，他们也奉献了一百弥拿金子、五千银子。(74)如此，众祭司、利未人和在巴比伦的部分犹太人回到耶路撒冷居住，其他的百姓就各归各城。

# 第四章
## 在古他人徒劳无功的阻扰下，圣殿被重建

1. (75)在他们离开巴比伦后的第七月，大祭司耶书亚和省长所罗巴伯差遣使者将各地的百姓招集到耶路撒冷，这些人都欣然前来。(76)他们在原址重建祭坛，以便按照摩西律法向神献祭。他们如此行，并没有使他们的邻国欢喜，那些国家对他们心存敌意。(77)他们同时也遵循律法庆祝住棚节，然后献他们每日的祭物，并为安息日与所有的节期献祭。那些主持献祭之人向神许愿，并在七月的第一日献上他们的祭物。(78)他们开始建殿，支付石匠与木匠许多钱，也给了工匠维修之所需。西顿人非常乐意将预备的香柏木从黎巴嫩运来，他们将香柏木绑在一起，做成木筏，运送到约帕港。这是最初由居鲁士下诏，现因大流士之令

而成就的。

**2.** （79）犹太人来到耶路撒冷的第二年第二月，建殿的工程迅速开展。就在归回第二年第二月的第一天，他们完成了奠基的工作。他们指派的督工包括所有年满二十岁的利未人，耶书亚和他的众子及众兄弟，犹大的兄弟，亚米拿达的儿子甲篾和他的众子。（80）在这些人大发热心下，圣殿快速重建，远超任何人的想象。当圣殿完工时，众祭司穿着传统的圣袍，手拿号角站立。利未人和亚萨的众子也站着向神唱诗，这些人是大卫原先所指派称颂神的。（81）众祭司、利未人以及各家族的众长老回想起以往圣殿的壮观华美，如今却因穷困而使新殿规模大不如前。他们又联想到过去的快乐景况，就如同圣殿一样今非昔比。因此他们的心不受安慰，忍不住悲伤，哀恸流泪。（82）但一般会众都以现有的光景为满足，能得允准重建圣殿，已让他们别无所求。他们不与从前的圣殿比较，也不因新殿没达到期望而苦恼。（83）但是，年长者和众祭司因新殿比不上旧殿所发出的哭声，盖过了号角与百姓欢乐的声音。

**3.** （84）犹大和便雅悯支派的仇敌撒玛利亚人听到了号角声，就一起赶来，想要知道发生什么事。当他们知道这些被掳到巴比伦的犹太人重建圣殿，就去见所罗巴伯、耶书亚和众族长，希望能成为与犹太人一起建殿的伙伴。他们说：（85）"自从亚述王撒缦以色将我们由古他和玛代迁移至此，我们就敬拜你们的神，向他祷告，也渴慕你们的教义。"（86）他们说完后，所罗巴伯、大祭司耶书亚和以色列的众族长就回答他们说，要接受他们成为建殿的伙伴是不可能的事，因为起初的居鲁士和现今的大流士，都指定唯有犹太人能做重建圣殿之工。（87）但如果他们愿意到圣殿敬拜，这的确符合律法，除此之外，没有其他的承诺。他们和其他人一样,可以到犹太人的圣殿来敬拜神。

**4.** (88)古他人听了撒玛利亚人的控诉后十分忿怒,他们说服了叙利亚诸国的众省长阻扰建殿的工作,并尽量拖延犹太人,使他们的热忱消减,正如从前居鲁士与之后冈比西斯之时一样。(89)这时,叙利亚和腓尼基的省长达乃和示他波斯乃会同其他一些人来到耶路撒冷,质问犹太人的众官长,是谁允许他们将圣殿建成这样?因为它像一个堡垒而不像一座殿。为什么要为它建造城墙、围院与那些坚固的墙垣?(90)所罗巴伯和大祭司耶书亚回答说,他们是全能神的仆人。这殿是他们一位荣耀尊贵超越万人的王为神所建造的,已有悠久的历史。(91)但是由于先祖对神的不敬虔,巴比伦和迦勒底人的王尼布甲尼撒以武力占领、摧毁了我们的城,又劫掠烧毁圣殿,把百姓掳到巴比伦。(92)继尼布甲尼撒之后,居鲁士成为巴比伦和波斯的王。他写信吩咐我们重建圣殿,将尼布甲尼撒所掠取的一切,包括礼物和器皿,都交由所罗巴伯和司库米提利达,命令他们带回耶路撒冷,安放在重建好的圣殿里。(93)因为王交代他们要尽速完成这命令,就派了设巴萨上耶路撒冷处理建殿事宜。设巴萨一接到居鲁士的信,就立刻来为圣殿奠基。他们说:"虽然建殿的工作从那时就开始,但因仇敌对我们心怀恶意,圣殿到如今尚未完工。(94)如果你有此心愿并以为好,请将此事写给大流士,等他查证列王记录,就知道我们在这事上对你们所说的并无虚谎。"

**5.** (95)所罗巴伯和大祭司回答他们之后,达乃和同行之人认为必须将这一切写信告知大流士王,才能决定是否停止建殿,他们就立刻写信给王。(96)于是犹太人陷入恐惧,生怕王改变重建圣城与圣殿的决定。那时,有两位先知哈该和撒迦利亚在他们当中鼓励他们,吩咐他们不可灰心。他们认为波斯不会阻碍此事，因神已经预先将这一切告诉先知。犹太人因着信靠他们的先知，更殷勤地专于重建，没有懈怠过一天。

**6.** (97)撒玛利亚人在信中控诉犹太人强化圣城，将圣殿建得像堡垒般坚固，认为这样做对王不利，他们也将冈比西斯禁止建殿的信一起呈上。(98)大流士读了达乃及其同党的书信，以为重建耶路撒冷对王不利，就下令根据王室记录，彻查这事的来龙去脉。(99)于是在玛代地亚马他的一个城堡里找到了一本书，有如下的记载："在居鲁士王统治的第一年，他下令在耶路撒冷建殿，祭坛高六十肘，宽与高等长，用磨亮的大石头建三层，用当地的大石建一层。(100)他规定经费应由王库支出，又吩咐将尼布甲尼撒由圣殿掠夺到巴比伦的器皿归还给耶路撒冷的犹太人。(101)这事由叙利亚和腓尼基的省长与首长设巴萨及他的属下负责办理。但他们不可插手那地的事，反要允许神的仆人，就是犹太人和他们的统治者，去做建殿的工作。(102)他又命令他们帮助犹太人施工，并从他们管理的各省贡品中，给犹太人所需的祭物，包括牛、公羊、绵羊羔、山羊羔、细面、油、酒和祭司所吩咐的一切。他们还要为王的健康长寿以及波斯人民祈祷。(103)违反这些命令的人要被逮捕并钉在十字架上，他们的财产要没收到王库。王又为犹太人向神祷告，若有任何人阻扰建殿，求神将他击杀，好制止他的恶行。"

**7.** (104)大流士从居鲁士的记录中找到这书后，就写信给达乃和他的同党，内容如下："大流士王问候省长达乃及示他波斯乃。我在居鲁士的记录中找到这信，并已将此信送达你们，希望所有事情按照信里所写的完成。再会。"(105)达乃和他的同党知道王的心意后，就决定完全按照指示做。他们推动圣工，帮助犹太公会的众长老和官长们。(106)正如哈该和撒迦利亚按神吩咐所说的预言，在居鲁士和大流士王的令下，圣殿的建造在极大的努力下完成了，共费时七年。(107)在大流士执政第九年的十二月二十三日，我们称为亚达月，马其顿人则称作底斯特罗斯月，众祭司、利未人以及以色列众百姓为了重建好的圣殿，以及他们被掳后恢复昔日的繁荣，向神献了许多祭。根据他们支派的人数[因以色列有这么多支派]，所献的有一百头公牛、两百只公羊、四百只绵羊羔和十二只山羊羔，为每一个支派赎罪。(108)众祭司和利未人按摩西律法在每个门口安置一些守门者，犹太人又在殿里建了回廊，环绕着整个殿。

8. (109)正月除酵节近了，这在马其顿人称为克散提库斯月，我们则称之为尼散月。所有的百姓从村中赶到城里来庆祝这节期，在洁净自己后，就带着妻儿按本国的律法，(110)在本月第十四日奉上逾越节的祭，庆祝七日，并不计代价地向神献上全牲的燔祭和感恩祭，因神再次将他们带回列祖之地，在他们自己律法下生活，并使波斯王的心意转向他们。(111)为此，这些人向神奉上最大的祭，又用最庄严盛大的方式敬拜神。他们住在耶路撒冷，采用少数领袖执政的贵族式政体，由大祭司管理一切，直到阿萨摩尼人的后裔设立王朝制度。(112)在他们被掳亡国前，先由扫罗和大卫做王，执政了五百三十二年六个月又十天。在这之前，他们的统治者称为士师和君王，在摩西和他们的元帅约书亚死后，他们就在士师统治下过了五百多年。(113)我必须将这些记下，留给那些在居鲁士和大流士时被掳归回的犹太人。

9. (114)但撒玛利亚人却对犹太人心存敌意与嫉妒，借着他们的财富及身为波斯的盟国，从犹太人归回时，就向他们行了许多恶事。(115)王命令他们要从贡品中供给犹太人祭物，他们没有照做，因有偏袒他们的省长帮助他们达到目的。只要能力所及，他们都会不计代价，自行或借助他人之力去迫害犹太人。(116)为此，为了耶路撒冷的百姓，犹太人决定差遣使者去见大流士王，控诉撒玛利亚人。所差的使臣有所罗巴伯和另外四位官长。(117)王从使者们的口中得知对撒玛利亚人的控诉与抱怨，就交付使者们一封信，带去给撒玛利亚的众省长及议会。书信的内容如下：(118)"大流士王告示撒玛利亚人的省长达乃和参巴拉，以及撒玛利亚的示他波斯乃和其他的公仆：犹太人的使者所罗巴伯、亚拿尼亚和末底改抱怨你们扰乱他们建殿，又不遵循我的命令供应他们献祭所需。(119)我的旨意是：当你们读到此信时，就依据祭司所愿，他们所需的一切祭物，从撒玛利亚贡物的王库中支出，使他们不致中断每日的献祭，以及为我和波斯人民向神的祈祷。"这就是书信的内容。

# 第五章

## 大流士的儿子薛西善待犹太人，
## 以及关于以斯拉和尼希米的记载

**1.** (120)大流士死后，由他的儿子薛西继位。薛西不但继承了父亲的王位，也继承了父亲对神的敬虔及尊敬。他妥善处理神圣的敬拜事宜，如同他父亲一般，又非常善待犹太人。(121)这时期的大祭司是耶书亚的儿子约雅金。当时在巴比伦有一位义人，在民中有很好的名声，是最受百姓尊重的祭司（a principal priest），名叫以斯拉。他通晓摩西律法，又和薛西王熟识。(122)他决定带一些巴比伦的犹太人上耶路撒冷，希望王能写一封信让他带给叙利亚的众省长，使他们对他有所认识。(123)于是王就写了以下这信给众省长："众王之王的薛西问候通晓律法的祭司以斯拉。我是出于爱人之心，允许那些我国的犹太人、众祭司和利未人一起上耶路撒冷。(124)因此，我下令让所有愿意同去的人离开，这事在我和我的七位谋士看来是好的，考虑到犹大地的事务，谋士们认为这样做是合神心意的。我们也让他们带走我和友人们定意要献的礼物，(125)就是在巴比伦境内要献给神的所有金银，将这一切带到耶路撒冷，为神献祭。你和你的弟兄也可按你们所愿，制造许多金银器皿，这一切都合乎法令。(126)你们要将这些托给你们的圣物，以及你们从王库支出所造的器皿，完全献给神。(127)此外，我也写信给叙利亚和腓尼基管银库的官长，要他们办理好我派给通晓律法的祭司以斯拉的使命，如此神就不至于对我或我的子孙发怒。我允许一切依据律法向神献祭之所需，甚至连一百柯珥的麦子也包括在内。(128)我禁止你们向他们的众祭司、利未人、唱圣诗的、守门的、圣殿的仆役及文士征收不实的税赋及贡物。(129)以斯拉啊！你要用神所赐的智慧指派审判官，他们必须熟悉律法，好在叙利亚和腓尼基全地行审判。你也要教导那些不明白律法的人，(130)若有人不是因为无知，而是因为轻蔑，违背了神的律法或是王的法律，这人就要被处死，或是被处罚金。再会。"

**2.** (131)以斯拉接到信后十分欢喜，就敬拜神，他知道是因为神，王才会施恩给他，因此他将一切感谢归给神。他在巴比伦对当地犹太人宣读此信，并亲自保管这信，(132)又将副本送与在玛代的国人。那些犹太人明白王对神的敬虔以及对以斯拉的恩慈后，都很高兴。不但如此，很多人受到这信的影响,(133)就前往巴比伦,渴望能下到耶路撒冷。那时,所有以色列人都留在那国,除了在亚细亚和欧洲的两支派,他们是属罗马管辖,其他十个支派都在幼发拉底河以外之地,直到如今。他们人数众多,不可胜数。(134)现在有许多的祭司、利未人、守门的、唱圣诗的及圣殿的仆役来到以斯拉这里,于是以斯拉聚集了那些一同在幼发拉底河以外被掳的人,在那里停留了三天,命令他们禁食、祷告,求神保守他们,使他们在路途上不致遭到敌人的攻击或是其他不幸的事件。(135)因以斯拉已告诉过他们,他曾对王说,神会保守他们,所以没有要求王派马兵保护他们。祈祷后,他们就在薛西执政第七年第一月的第十二天离开幼发拉底河之地,同年五月到达耶路撒冷。(136)以斯拉将圣钱交给管银库的官员们,他们都是祭司的家族。他交给他们的有六百五十他连得银子,一百他连得银器,二十他连得金器,还有一种比金子还贵重的铜器十二他连得。这些是王及其众谋士以及留在巴比伦的以色列人所献之礼。(137)以斯拉将这一切交给众祭司时,也向神献上全牲的燔祭。他以十二只公牛为祭,感谢神对众人的保守,又以九十只公羊、七十二只绵羊羔及十二只山羊羔作为赎罪祭。(138)他将王的书信交给王的众官长、叙利亚平原和腓尼基的众省长。他们就必依照王命行事,尊重我们的国家,也会尽他们所能,帮助我们一切所需。

3. (139)这些事都是在以斯拉的指示下完成的,因为神看到他的良善和正直,就使他在一切所行的事上尽都顺利。(140)过了一段时间,有一些人来见他,向他控诉某些百姓、祭司和利未人违反了他们的誓约,娶了外邦女子为妻,废了律法,也使众祭司的家族混乱。(141)这些人希望以斯拉能持守律法,以免神向所有人发怒,让他们再回到悲惨的景况。

因为百姓的众首领也犯这罪，以斯拉为此十分哀伤，立刻撕裂外袍，拔下自己的发须，俯伏于地。（142）他认为如果命令这些人离开他们的妻儿，他们一定不肯听，所以他仍然躺在地上。那些尊贵的人都跑到以斯拉身旁，为所犯的罪与以斯拉一样伤痛哭泣。（143）于是以斯拉起身，向天高举双手说，他抱愧蒙羞，不敢向神仰面，都是因众人所犯的罪，他们忘了先祖因罪恶所曾遭受的一切。（144）以斯拉恳求神，就是那曾将他们从被掳之灾拯救出来，为他们存留余种，又使波斯王怜悯他们，将他们带回耶路撒冷故土，使他们复兴的神。求神赦免他们现在所犯的罪，虽然他们该死，但求神因他的恩慈，不让这样的惩罚临到他们身上。

**4.**（145）以斯拉说完后，就离去祷告。那些带着妻儿来到以斯拉那里的人都大大哀恸。耶路撒冷有位领袖叫示迦尼，他去见以斯拉说，他们因娶外邦妻子而犯了罪。他劝以斯拉要让他们赶走外邦妻子及她们所生的儿女，并惩罚那些不肯遵行这法令的人。（146）以斯拉听从这建议，就要所有祭司的领袖、利未人的领袖以及以色列人的领袖都起誓，依照示迦尼的建议，赶走那些外邦妻子及她们所生的儿女。（147）听了他们的誓言后，以斯拉就急忙离开圣殿到以利亚实的儿子约哈难家。以斯拉因伤恸一直没有进食，一整天就住在约哈难家里。（148）这事宣告后，所有被掳之人都聚集在耶路撒冷，那些两三天之内没有到的人，就被赶逐到群众之外，他们的资产要归为圣殿所用。依据众长老的判决，犹大和便雅悯支派在三天内聚集，就是在第九月（希伯来人称之为提别月，马其顿人则称为亚皮流斯月）第二十天。（149）这些人在圣殿上面的房内坐着，众长老也在其中，因为天冷，所以并不是很舒适。以斯拉起身控诉他们，告诉他们娶外邦女子为妻是犯罪，现在他们要做一件事，这件事不但讨神喜悦,也对他们自己有益,就是离开他们的妻子。(150)他们都大声说要照着行,但因人数众多又逢冬天,这事不是一两天能办完的。众长老说:"让他们的众首领和那些娶了外邦人为妻的人,在适当的时候到这里来,那些地方的众长老也要同来,估计一下这样娶妻的人数有多少。"(151)如此他们就将这事处理好了,从第十月第一天开始调查那些娶外邦人为妻的人,一直到下个月的第一天为止,发现其中许多人是大祭司耶书亚、祭司、利未人和以色列人的后裔。(152)这些人重视遵行律法甚过他们的私情,就立刻把他们的妻子和从她们所生的儿女赶出。为了止息神的忿怒,他们宰杀公羊献祭。我认为没有必要将这些人的名字记载下来。(153)以斯拉革除了前述之人在婚姻上所犯的罪后,将这个规范简称为"圣洁"(purity),好使这规范能继续持守,一直到后世。

**5.** (154)他们在第七个月守住棚节,几乎所有人都聚集在一起守节,他们开放圣殿的一部分,直到东门,并要以斯拉为大家宣读摩西律法。(155)于是以斯拉就站在群众中间,从早晨到中午为他们宣读摩西律法。他们不但听律法,也受教,愿从现在开始做正直人。他们因以往的过犯伤恸,为罪流泪。如果他们过去能遵守律法,就不会经历这样的苦痛。(156)以斯拉看到他们这样伤心,就吩咐他们回家,不要再哭泣。因为是节期,他们不应该在这里哭泣,这是不合乎律法的。他劝他们立刻去欢庆,做那些合于节期欢喜快乐之事。让为过去罪行的悔改忧伤,成为他们的警戒与保护,使他们不再重蹈覆辙。(157)他们在以斯拉的劝说下开始守节:在棚里庆祝了八天,回家后又向神唱诗,并感谢以斯拉改正他们所行的败坏之事。(158)处理完这事,以斯拉在众民中赢得尊崇,他去世时年事已高,在耶路撒冷的葬礼也极其尊荣。大约也在那时,大祭司约雅斤离世，其子以利亚实继承了大祭司的职分。

**6.** (159)有一位被掳的犹太人，是薛西王的酒政，名叫尼希米。一天，他行经波斯首都书珊，听到有一些外地人在长途跋涉后要进城，这些人以希伯来文互相交谈，他就问他们是从哪里来的，(160)他们回答说是从犹大来的。他再问他们当地人民的景况如何，耶路撒冷的情形怎样，(161)这些人回答说情况很糟，城墙都塌陷于地，邻近诸国又向犹太人行许多恶事。白天这些邻国侵犯劫掠，夜晚又向他们行恶，以致从本国及耶路撒冷许多人被掳带走，白天会看到路上满了死人。(162)尼希米听后，因怜悯他同胞的灾祸与不幸而流泪，他仰望上天说："神啊！你不顾念我们国家在极大痛苦中成为列国掠物，还要多久呢？"(163)尼希米仍站在城门边哀叹时，有人对他说，王即将要进晚餐。他还来不及洁净自己，就立刻赶回酒政工作处去伺候王用餐。(164)王用完餐后心情愉快，比平时还要高兴。王看着尼希米，发现他很忧伤，就问他为什么如此难过。(165)于是尼希米向神祷告，求神恩待他，使他的话语带着说服的能力。他说："王啊！我听说埋葬我先祖的耶路撒冷，如今城墙倒塌，城门烧毁，我如何能不忧伤难过呢？求王施恩于我，让我能去重修城墙，并完成建殿的工作。"(166)王应允他所求的一切，并告诉尼希米，要他带一封信给当地的众省长，要求他们给予尼希米应得的尊荣和一切他所希望得到的帮助。王说："不要悲伤，要因你作为酒政的优异表现而高兴。"(167)于是尼希米敬拜神，也感谢王的承诺，尼希米的忧伤和愁容都因这承诺所带来的欢喜一扫而空。第二天王召见他，将一封给叙利亚、腓尼基和撒玛利亚省长亚萨的信交给他，信中交代让亚萨给尼希米应有的尊重，并供应他建造上的一切需用。

**7.** (168)当年尼希米到巴比伦时,有许多国人自愿跟随他。他在薛西执政第二十五年来到耶路撒冷。在将此信献与神之后,他把信件交给亚萨及其他众省长,又招集所有人到耶路撒冷,站在圣殿中对他们说:(169)"犹太人啊! 你们知道神一直纪念我们先祖亚伯拉罕、以撒、雅各的正直,所以未曾不顾念我们。神帮助我得到王所赐的权柄,来重建墙垣并完成圣殿一切未竟之工。(170)你们知道我们的四邻诸国对我们心存敌意,他们一旦得知我们急于重建,就一定会竭尽所能地阻挠。(171)我要求你们首先要信靠神,他必帮我们抵挡他们的仇恨,使我们得以殷勤、日夜做工,要把握我们现有的机会,尽速完工。"(172)说完,他命令众领袖去丈量城墙,将工作按照各人居住的城村分派给众人,因为这事需要每个人的力量。他又承诺他本人和随从都会帮助他们。说完后,他结束聚会,(173)犹太人就预备重建的工作。犹太人这名称是从巴比伦回来后才开始被使用的,此名源于犹大支派,因这支派最先到达这地,所以他们和国家皆以此为名。

**8.** (174)当亚扪人、摩押人、撒玛利亚人以及那些在叙利亚平原居住的人听说重建在快速进行时,他们十分憎恶此事,就设下埋伏来阻挠这事的进展。(175)他们杀死了许多犹太人,也想雇用外地人杀害尼希米。他们的所作所为令犹太人感到害怕与困扰。他们又散布谣言,使犹太人以为有许多国家要来攻击他们。犹太人受到这些搅扰,几乎要放下重建的工作。(176)但这一切都不能阻碍尼希米,他仍尽力工作,只派一些人做他的贴身侍卫。他不屈不挠地坚持,并不留意周遭的困境,只渴望将这事做得尽善尽美。他小心保护自身的安全,倒不是因为怕死,而是他深信,如果他一死,百姓永远不会把城墙建立起来。(177)他又命令所有建筑工人列队整齐，做工时要携带武器，所以石匠和搬运工都佩带刀剑，将盾牌随身安放。他又命令在每五百英尺设置吹号者，嘱咐他们，一旦敌人出现，就要通知大家，使他们能武装反击，不致在全无防备的情况下遇袭。（178）尼希米在夜间巡视城的四围，不因工作重担或饮食睡眠而丧志，因他是为了需要吃喝睡眠，并非为了享受。（179）他在这样的困境下工作了两年四个月后，城墙完工了，那时是薛西王执政第二十八年第九月。（180）城墙完工后，尼希米和民众为此向神献祭，欢庆了八天。叙利亚地的各族听说城墙已完工，就十分气愤。（181）尼希米见到城内人口稀少，就劝说那些祭司和利未人由乡间迁到城里，尼希米也出钱为他们建造房屋。（182）他又吩咐部分雇来耕种的百姓，将出产果实的十分之一带到耶路撒冷，供给祭司和利未人，好让他们终身生活无缺，能专注于敬拜圣工。那些人遵循尼希米的规定，耶路撒冷的人数也因此较往日增加。（183）尼希米又做了其他许多值得赞赏的事，成效斐然，他去世时年事已高。尼希米为人善良正直，他的抱负就是要使他的国家蒙福，他也为自己留下耶路撒冷城墙这座永恒的纪念碑。这事是在薛西做王时所成就的。

# 第六章
## 以斯帖、末底改和哈曼的记载；
## 以及在亚达薛西执政时，犹太人面临亡国的危机

**1.** （184）薛西死后，王国转移给他的儿子居鲁士，希腊人称他为亚

达薛西。当他得到波斯王权后,全国的犹太人和他们的妻儿就面临灭绝的危机,(185)我们马上会谈到这事件。首先,我要解释一些关于王的事,以及他如何娶了一位犹太女子为妻。这女子也是出于皇室,并与拯救我们这民族有关。(186)亚达薛西取得王权后,为印度至埃塞俄比亚的一百二十七省设立了省长。在位第三年,他为他的朋友们、波斯诸国及各国的众省长举办了一个盛宴。这盛宴配合王的身份,因他有意要公开展现他的富足,所以这盛宴持续了一百八十天之久。(187)在那之后,他又为其他各国及他们的使臣在书珊举办了一个长达七天的筵席。这筵席是照下面的方式举办的:他安置了一个以金银为柱的棚,覆上紫色麻布幕帘,这样就有足够的空间让几万人坐席。(188)仆人要以镶宝石的金杯待客,既享受又美观。他又命令众仆人不要按波斯习俗一直上酒,勉强宾客喝酒,而让他们依照自己喜好来享受这筵席。(189)他派使者到全国各地吩咐大家停止工作,为波斯王国欢庆多日。(190)王后瓦实提也以同样方式宴请她的宾客,在王宫举办宴会。王想要向所有宾客炫耀王后过人的美貌,就派几个人去请她到王的筵席来。(191)但瓦实提遵守波斯律法关于禁止为人妻者见陌生人的规定,没有去王的筵席,就算王多次派太监去请,她仍拒绝前往。(192)至此,王大发怒气而中止宴乐,站起来招集那七位专司阐释律法的人前来,控诉他的妻子。因王多次请她来到王的筵席,她没有一次遵行,冒犯侮辱了王。(193)因此,他要他们告诉他,依据律法应如何处置她。七人中有一个叫作米母干的人,他说瓦实提这样做不只是侮辱王,也影响所有的波斯百姓,因为他们的妻子也会这样藐视自己的丈夫,令他们生活痛苦。(194)如果她们有王后可以对你如此傲慢作为榜样,而你又是那统管万有者,那么就没有一位妻子还会尊敬她们的丈夫。因此他劝王严惩她，因为她犯了侮辱王的大罪，并要在严惩后将判决公告全国。最后的决定是让瓦实提离去，将王后的位分赐给另一位女子。

**2.**（195）王很喜欢瓦实提，不能忍受与她分离。但按照律法，他又不能与她和好。王因无法在自己权柄下随心所欲而感到烦恼。他的朋友们看到他这样焦虑不安，就劝他放下对瓦实提的思念之情，（196）他们会到国中各地寻找美貌的处女，让王在其中挑选一位最喜欢的女子为妻。这样，他对前妻的情感就会因为有了新的妻子而冷却，王对瓦实提的倾慕也会转移到这女子身上。（197）于是王被说服，听从了这建议，就吩咐一些人在国中挑选那些公认最美貌的处女。（198）这许多处女就聚集在一处，其中有一位是在巴比伦寻找到的少女，她父母双亡，由叔父末底改抚养长大，末底改属便雅悯支派，是犹太人的领袖之一。（199）这名叫以斯帖的少女是众女子中最美丽的，她的优雅仪态吸引了众人的目光。（200）于是她被交给一位太监照料，并得到许多香品和贵重的香膏，她要以此涂抹身体六个月，与其他一共四百位处女一样。（201）这些女子在六个月后已全然洁净，可以上王的床榻。这太监每日差一位处女与王在一起，之后，王再将她送回给太监。（202）王见了以斯帖后，就喜悦这少女，爱上她且娶她为妻，立为王后，并于在位的第七年第十二月为她举行婚宴，那月叫作亚达月（Adar）。（203）他派使者到全国各地，吩咐大家为他的婚礼欢宴，又为这婚事宴请了波斯、玛代以及那些国的要人，欢宴长达一个月。以斯帖进了王宫，王为她戴上王冠，以斯帖就这样成了婚，她没有让王知道她的出身。（204）她的叔父也从巴比伦搬到书珊居住，他每日到王宫探询少女的情形，因他将以斯帖视为己出。

**3.** (205)王自己定下一条法令,当他坐王座时,如果没有王的召见,任何人都不可以来见他。王座四周有持斧的侍卫,用以惩罚那些擅自来见王的人。(206)但王手中有一金杖,如果他伸出这杖,就表示他要救那擅自前来见他的人,那位被杖触及的人就能免于危险。我们对这事已有充分的描述了。

**4.** (207)在这之后,有两个名叫辟探和提列的太监设计要害王,其中一个太监有一仆人名叫巴拿巴宙斯,是个犹太人。他得知他们的阴谋后,就将此事告诉王后的叔父,末底改经由以斯帖将这阴谋告诉了王。(208)王因这事感到困扰,但在查证属实后,就将这两个太监挂在十字架上。王并没有奖赏那位在这事上救他性命的末底改,只下令将此事及末底改的名字记在历史上,并要末底改留在王宫,将他视为亲密的好友。

**5.** (209)有一人名叫哈曼,是亚玛力族哈米大他的儿子。他常在王的左右,亚达薛西王命外族人及波斯人都要跪拜他。(210)但末底改是一个智慧人,他坚守本国的律法,不肯跪拜哈曼。哈曼留意到此事,就调查末底改的出身。当他得知末底改是犹太人,就痛恨他,并在心里对自己说,所有自由之身的波斯人都拜我,但这比奴隶还不如的人竟敢不拜我,(211)他就想要惩罚末底改。但他认为求王惩罚一个人是件太过微小的事,就决定要灭绝犹太全族。因他与犹太人有世仇,他所属的亚玛力族就曾被犹太人灭绝过。(212)于是,他向王控诉犹太人:"有一邪恶的民族,他们遍布王权统治的各地,他们既不和其他各国往来,也不随从他人的敬拜或律法,他们的风俗习惯和你百姓及所有人都不合。(213)为了你百姓着想,你应彻底消灭他们,一个也不能留下,就连做奴隶或俘虏也不行。"(214)哈曼还提出从自己产业中给王四万他连得,王随时可以取用这笔钱，用以弥补少了犹太人进贡的损失。哈曼说，他心甘情愿拿出这笔钱，好让国家不再有此不幸。

**6.**（215）哈曼说完他的请求后，王不但免了他的钱，还将所有的犹太人都交给他，任凭他处置。哈曼达到他的心愿，就立刻以王的名义将这王令送至各国，内容如下：（216）"伟大的亚达薛西王写这诏书，给由印度到埃塞俄比亚的一百二十七省的众官长。我统治诸国，并得到全地的王权。我的心意是不以我的权势对归顺我的百姓做出任何无礼或残酷的事。我向他们显明我的温和，照料他们的安全与秩序，也企盼他们能继续享受那些福分。（217）哈曼好心告诉我，有一个本性邪恶的民族居住在我们当中，他们反对我们的律法，也不臣服于各王之下，一切行径都与众不同。他们憎恶君王，对我们有害无益。因哈曼的谨慎和公义，他是我所尊敬的，也因他的忠贞及对我常存善意，他的尊荣仅次于我，是我们的第二位父。（218）我下令，将哈曼所告诉我的这民族毁灭，包括他们的妻儿，一个也不能幸免，也不准有人因同情他们而不遵守这御令。（219）我将在本年第十二月第十四天执行此令，所有对我们有仇有害的都要在一天之内灭绝，从此我们就可以过平安的生活。"（220）当这御令送达各城各乡后，大家都准备好要在上述的那天全然剪除、灭绝犹太人，书珊的人更是早早就预备好了。王和哈曼在一起饮酒作乐，但城中却一片混乱。

**7.**（221）末底改听到这事后就撕裂衣服，披上麻衣，头蒙灰尘，在城中哭喊道："一个没有伤害任何人的民族就要被灭绝了！"他如此边走边喊，直走到王宫前面。他站在那里，因他身穿麻衣进宫是不合律法的。（222）这御令所到各城，犹太人都如此行，为他们所遭遇的不幸哀恸悲伤。王后听到末底改身披麻衣在王宫前,觉得不安,就送衣物去给他更换。(223)但让他披麻哀伤的事并未止息,他不愿意脱下麻衣。于是以斯帖差派太监哈他革去见末底改,要知道他遇到什么不幸之事,令他如此哀恸,也不肯听她的话,将丧服换下。(224)于是末底改将他悲恸的缘由告诉哈他革,并将王送到各地的御令以及哈曼应允用钱来消灭犹太民族这事的始末一并告知。(225)他又将在书珊的告示抄本交给哈他革,让他带给以斯帖看,并嘱咐以斯帖要为这事向王恳求,为她本族不以降卑求情为耻,她可以在王前反对此事,使族人免于灭亡之危。这是哈曼对犹太人的控诉,因他的地位仅次于王,致使王向犹太人发怒。(226)以斯帖得知此事后,就差哈他革去见末底改,告诉他王没有召见她,凡擅自入内见王的必然被处死,除非王向她伸出金杖救她。王所拯救的人,就算擅入,也能得到赦免保全,不致遭害。(227)末底改听到以斯帖的回话,就吩咐哈他革告诉以斯帖,让她不要只为保全自己,也要保全犹太全族。就算她轻忽了这机会,神也会借由别的方式拯救他们,然而以斯帖与她父家,必要被她现在轻看的人所灭绝。(228)以斯帖又差了哈他革回报末底改,要求他去书珊召聚那地所有犹太人为她禁食,不吃任何东西,她和她的宫女们也要如此行,然后她就去见王,虽然这是违背王令,但她就算遭害也不会推诿此事。

8. (229)末底改照以斯帖吩咐的去做,要大家禁食,他和所有人一起向神恳求,不要不顾念他们的民族,尤其是当它即将遭到毁灭的时候。他们还求神像以往一样供应他们,赦免他们的罪恶,拯救他们脱离这被人攻击的毁灭。(230)这事虽不是因全民族犯罪,但所有百姓都要因此不光荣地死去,因末底改自己才是触怒哈曼的主要原因。他说:"因我没有拜他，又无法做到像尊崇你那样尊崇他。主啊！就因为这样，他的怒气使他图谋了现今的恶行，来对付那些没有违背你律法的人。"（231）众人也是这样祈求，求神为他们带来拯救，将全地的以色列人从这个大灾难里解救出来，使这灾不致临到他们。因这事就在他们眼前，即将来临。以斯帖也像她百姓一样恳求神，她俯伏在地，披上麻衣，（232）三天不吃肉、不饮酒、不用精致的东西。她求神恩待她，使她对王所说的话带有说服力，也让她的容貌比先前更美。（233）因百姓正在灭绝的极大危难中，她要去为他们求恩。若是王向她发怒，她可以借着话语和美貌，平顺地转移王的怒气。或因王发现了那些想灭绝他们之人的罪行，她就能激起王向犹太人的仇敌的怒气。

9.（234）以斯帖如此祈求了三天，就脱下麻衣，换了衣服，穿戴好王后的装饰，并带了两个侍女，一个侍女在她轻靠时搀扶着她，另一个随侍在后，用指尖为她提起裙摆［那裙摆拖在地上］。她就这样来到王前，脸颊红润，举止合宜，然而她走进去见王时，却是心存恐惧。（235）当她靠近王时，王正坐在王座，身着织入黄金和宝石的朝服。（236）这使他看起来更为可畏，尤其是他看她的眼神有些严厉，脸上也带着怒气。她十分畏惧，膝盖一软，就斜着摔倒不省人事。（237）但王改变心意关切妻子，生怕她的恐惧会带来不幸。我认为这事是出于神的旨意。（238）于是他急忙走下宝座，把她抱在怀里，让她恢复过来。他拥抱着她，温柔地劝她不要惧怕，不要以为擅自来见他会有不幸的下场，因那法令是为臣民而定，王或王后是安全无虞的。（239）说着他就将杖放在她手上，又按照律法把杖头靠在她的颈项上，使她不再害怕。（240）以斯帖在这些鼓励下恢复过来，她对王说："我主啊！我很难在一时间将事情说明白，因为当我一见到你的威仪，我的勇气就离我而去。"（241）在以斯帖小声且困难地将这些话说完后，王感到非常焦虑。他鼓励她要满有盼望、不要气馁，因为就算她要王国的一半，王也会应允。（242）于是，以斯帖要求王与他的朋友哈曼到她那里，享用她所预备的晚宴，王便应允了。他们在以斯帖那里宴饮时，王又问她到底想要什么，（243）王说就算她要王国的一半，也不会失望。但以斯帖要王次日再与哈曼来赴宴，到那时，她就会将她的请求告诉王。

**10.** （244）王应允以斯帖次日会再来。哈曼也欢欢喜喜地回家，因为只有他有这样的荣幸受邀，与王同享以斯帖为王预备的筵席，再也没有第二个人有同样的殊荣了。但当他在王宫前见到末底改时，他很不高兴，因为末底改看见他，并没有向他致意。（245）所以他回到家，就召了妻子细利斯和他的朋友们来。他们来后，他就向他们诉说他从王、甚至王后那里所得的尊荣，因为唯独他得以和王及王后共进晚餐，而且他第二天会再度受邀赴宴。（246）他又说道："但我在王宫前见到末底改那个犹太人就很不高兴。"他的妻子细利斯就建议他做一个五丈高的木架，次日早晨请求王将末底改挂在上面。于是他照她所言，命令仆人在院中预备木架，要在那里惩处末底改，（247）这事就按着他的吩咐预备妥当。但神却嘲笑哈曼恶毒的期盼，因他知道这事将如何成就，他也喜悦这事的结局。就在那夜，神让王无法入眠。（248）王不想躺在床上浪费时间，想做些对国家有益的事，就命令书记将先王及他自己的历史记录拿来。（249）书记将历史记录拿来并开始诵读，读到一次因王非常妥善的安排而取得一个国家，那国家的名字也记了下来。另一次，因王的诚信而得了一份礼物。然后书记读到那两个名叫辟探和提列的太监设计要害王，但被末底改揭发。(250)书记没再多说，又接着读另一段历史。王打断他，问道："有没有记录末底改得到赏赐?"书记说没有，他就打发书记离开。他又问那些报时的，现在是夜晚什么时候。(251)他们回复说，已经是白天了。他就吩咐他们，如果他的朋友到了宫外，就进来通报他。他们见哈曼站在宫外，因他想求王杀末底改，所以比往常早到。(252)仆人对王说，哈曼已经来了。他就吩咐他们叫他进来。哈曼一进来，王就对他说："我知道你是唯一对我说实话的朋友，我想听听你的意见。我如何按着合我身份地位的方式，去尊崇一位我非常敬爱的人。"(253)哈曼心想，我所提的意见必然加到我自己身上，因为只有我是王的最爱，他就将所能想到的最好的方式说出来。他说:(254)"如果你真要尊崇你最爱的人，就当令他穿上与你一般的朝服骑在马上，颈上戴着金链，在你一位最好的朋友引领下，走遍全城宣告说，王所喜悦尊崇的人，就要如此待他。"(255)哈曼以为这奖赏是给他自己的，所以就提了这个建议。王对这建议十分满意，就说："你去找那个叫末底改的犹太人，将马、朝服和金链给他，你行在他的马前，照你所言的去宣告。因你是我亲密的朋友，给我这么好的建议，所以我就让你照你的建议去执行这事，这就是末底改救我性命所应得的奖赏。"(256)哈曼听了这个出乎意料的命令，心中一片混乱，不知道该怎么做。但他还是去牵了马，拿了紫袍和金链，在宫外找到身穿麻衣的末底改，就吩咐他脱下麻衣换上紫袍。(257)但末底改不知实情，以为哈曼是在嘲弄他，就说："你这所有人中最卑鄙的家伙，难道是在讥笑我们的不幸吗?"但当他知道这是因他当时揭露太监的计谋救王一命，王所赐的尊荣，他就欢喜地穿上王素常穿的紫袍，戴上金链，(258)骑着马走遍全城。哈曼在前宣告说："王所喜悦尊崇的人，就要如此待他。"(259)在他们走遍全城后，末底改就进宫见王，哈曼则羞愧地回家，向他的妻子和友人哭诉这事。他们对他说，你永远无法报复末底改，因为神与他同在。

**11.** (260)当这些人互相谈论时，以斯帖的太监来请哈曼赴宴。(261)其中一个名叫哈波拿的太监，看到哈曼院中竖起的木架，就问哈曼的仆人为什么要准备这些。因此，他得知这是为王后的叔父预备的，因为哈曼原打算求王惩办末底改，哈波拿将这事放在心里。(262)这时王和哈曼一起用餐，王想知道王后想要什么礼物，他也再次保证她一定会得到她所求的。以斯帖就因族人所处的险境而哀叹，说："我和我的族人要被弃绝灭亡了，我在这事上向你请求：(263)就算王命令将他们卖为苦隶，我也不会来打扰王，因为为奴虽然不幸，但仍然可以活下去，我只希望他们能免于灭绝。"(264)王问她，是谁主谋让这苦难临到他们。她就公开指控哈曼，并定他的罪，说他设下计谋对付他们，是这邪恶事情的主谋。(265)王心里很混乱，起身离开筵席去到园中。哈曼察觉到自己身处险境，就向以斯帖求情，为他触怒她之处恳求原谅。当他倒向王后的床榻哀求时，王正好走进来，因见眼前这一幕更为忿怒。他说："你这所有人中最卑鄙的家伙，你在强逼我的妻子吗？"(266)哈曼吓得一句话也说不出来，太监哈波拿就进来控告哈曼说："我去请他来吃晚餐时，在他家看到一个木架，在我询问下，他仆人告诉我那是为末底改预备的。"又说那木架有五丈高。(267)王听后，决定要以哈曼谋划给末底改的方式来惩罚他自己，于是他下令立刻将哈曼挂到木架上处死。(268)因为这事的发展，我无法压抑我对神的敬畏。从他惩处邪恶的哈曼以及所使用的方式，就是将哈曼图谋害人之法用在他自己身上，让我认识了神的智慧与公义。借此，他教导众人一个功课：任何预备谋害人的，在不自觉中会先遭害。

**12.** (269)哈曼放肆滥用他由王那里得来的尊荣，遭致灭亡，王将他的产业赐给了王后。他又召见末底改［因以斯帖告诉王，他是她的亲人］，将以前给哈曼的戒指赐给他。(270)王后将哈曼的产业赐给末底改，并祷告王能将犹太人全族由死亡的惧怕里拯救出来。她给王看哈米大他儿子哈曼写给全国的御令，说，如果她的国家被灭、全族被诛，她也无法存活下去。(271)王就应允她，说他不会做任何违背她心意或与她所求相悖之事。王吩咐她写下对于犹太人她以为美的做法，奉王的名封上王印，送到全国各地。因为信有王印封口，带有王的权柄，读它的人就不会去行违背信上所写之事。(272)于是王将书记召来，站在犹太人的立场，写信给全国，以及从印度到埃塞俄比亚一百二十七省的总督与众省长，这信的内容如下：(273)"伟大的亚达薛西王问候众首长以及所有忠诚的百姓。有些人所得的利益众多，也因他人的仁慈相待而取得尊荣，但他们不仅去伤害那些不如他们的人，(274)还放胆行恶在那施恩给他们的人身上，没有一点感恩之心。他们滥用所得之利去对付那些施恩的人，以为可以在这事上逃避神。(275)他们之中有些人从朋友处得权管理诸事，竟因个人的私仇去欺瞒掌权者，以致掌权者也对这些无辜的人发怒，使这些人有灭绝的危险，其实他们是被人诬陷和诋毁。(276)这样的事不只从古例中看到，或在历史记录里读过，这样无耻的企图现在就发生在我们眼前。如今这些诬陷和诋毁已不重要，也无须说服他人相信，重要的是要让大家知道事情真相，公正惩罚那些应该受罚的人，施恩给那些无辜的受害者。(277)这就是亚玛力族哈米大他儿子哈曼身上发生的事，他们与波斯人血缘不同。我们如此善待他，甚至对他好到一个程度，称他为我父，使所有人都拜他。我令下面的人以皇室之礼尊崇他，但他却不持守这福气，也不以纯正来保全他的丰富，(278)甚至要谋害赋予他权柄的我及我的性命，想要除去施恩拯救我的末底改，又以卑鄙叛逆之法，要害我生命的伴侣、我国权的伴侣以斯帖。他用这方法除去对我忠贞的朋友，好将王权转移到他人手中。(279)我察知这恶人一心要除去的犹太人并非邪恶，而是行为端正之民，他们单单敬拜那位将这王国保全给我和我先祖的神。所以，我不但不让他们受到哈曼前封书信所写的刑罚（你们若不听从那信，就得以存活），(280)我还要让他们得享所有的尊崇。我已将谋划此事对付犹太民族的哈曼以及他的家人，在书珊城门前吊死，这惩罚是由那洞悉万事的神而来。(281)我嘱托你们，将此信副本公开在国内宣读，让犹太人得以平安使用他们自己的律法。你们也要帮助他们，使他们原先预备等候那灾难的日子，成为他们抵御不义暴力的日子，就是第十二月的第十三日，又叫亚达月。(282)因为神使那日成为救赎之日，而不是灭亡之日。愿那日成为为我们祝福之人的好日子，也成为纪念惩罚谋害我们之人的日子。(283)我要你们切切留意，任何不遵行这信所示的各城各邦，都要毁于火与剑。让这信在全国各地公告，使所有人遵行，也让所有的犹太人在以上所提的那日做好预备，好向他们的敌人报仇。"

**13.** (284)于是所有送信的马兵都尽速赶路，而末底改在接受了朝服、金冠并戴上金链后，就开始公开游行。书珊城的犹太人看到他在王的身旁备受尊荣，都与有荣焉。(285)当王的书信在各地宣读时，所有城乡里的犹太人都被欢喜和救赎的光辉环绕，其他许多国家的民众则因惧怕犹太人而都去行割礼,希望因此得保平安。(286)因为使者已经通知他们,第十二个月,就是希伯来人所称的亚达月,马其顿人称为底斯特罗斯月的第十三天,这原本是危害他们的日子,但他们现在可以诛灭仇敌。(287)现在各省众首领、独权者及诸王都因惧怕末底改而非常尊重犹太人,凡事谨慎而行。(288)当御旨到达王的所有属地,书珊城的犹太人已经杀了五百个仇敌。(289)王告诉以斯帖城中被杀的人数,其他各省状况不明,他问她要不要更进一步地对付敌人,凡她所愿的都会照样进行。以斯帖希望王能允许犹太人在次日用同样方式处置他们的敌人,同时他们也可以在木架上吊死哈曼的十个儿子。(290)王不愿违背以斯帖,就允许犹太人这样行。于是犹太人在底斯特罗斯月第十四天又聚在一起,杀了大约三百个敌人,但没有碰他们的财物。(291)在乡间和其他各城,被犹太人杀死的共有七万五千人,他们都是在该月第十三天被杀,犹太人将次日作为庆祝的日子。(292)同样的,书珊城的犹太人也在第十四及十五日聚集在一起庆祝。从那时起直到现在,各地的犹太人仍然在这两天设宴庆祝,互相送礼。(293)末底改也写信给亚达薛西王国里的犹太人,要他们遵守庆祝这些日子,世代相传,永不遗忘。(294)因为在这日,他们几乎要被哈曼灭绝,在脱离险境后,他们还得以加惩罚在他们的仇敌身上。所以他们要纪念这日,并为此感谢神。(295)因此,犹太人一直纪念这些日子,称为"普珥日"。而末底改成为王身旁的要人,协助王治理万民,他也与王后同住。(296)这一犹太民族事件的结果,比他们所求所想的更好。这就是犹太人在亚达薛西王统治下的情形。

# 第七章

## 约哈难在圣殿杀害他的兄弟耶书亚；
## 巴格赛斯带给犹太人许多伤害；以及参巴拉的所作所为

**1.**（297）大祭司以利亚实死后，他的儿子犹大继承了大祭司的职位。犹大死后，他的儿子约哈难承袭了这份尊荣。有一个亚达薛西军队的将军巴格赛斯污秽了圣殿，强迫犹太人为他们的献祭进贡，在他们每日献祭前，要为所献的每只羊羔支付五十舍克勒。（298）约哈难的兄弟耶书亚是巴格赛斯的朋友，巴格赛斯应允耶书亚要为他取得大祭司的职位。（299）耶书亚对巴格赛斯的支持信心十足，就在圣殿中与约哈难起了争执，约哈难被他大大激怒，就杀死了他。约哈难以大祭司的地位犯下这大罪是极其可憎的，从来没有如此残忍邪恶的事，就连希利尼人或野蛮人都不会这样做。（300）然而神并没有轻忽对他的惩罚，犹太人因此为奴，圣殿也被波斯人污秽。当亚达薛西军队的将军巴格赛斯得知犹太人大祭司约哈难在圣殿杀害了自己的兄弟耶书亚后，他立刻到犹太人那里去，怒气冲冲地对他们说："你们竟敢无耻地在圣殿中犯下谋杀的罪吗？"（301）他正要进入圣殿，就被犹太人拦住。他对他们说："难道我不比那在圣殿中杀人的更洁净吗？"说完后他就进了圣殿。巴格赛斯就借着耶书亚被杀这事，惩罚了犹太人七年。

**2.**（302）约哈难死后，他的儿子押杜亚承袭了大祭司的职位。他有一兄弟叫玛拿西。波斯最后的王大流士差派了参巴拉去到撒玛利亚。

他是古他人，与撒玛利亚人同一血缘。(303)这人知道耶路撒冷是个名城，它的诸王曾带给亚述人及叙利亚平原之民许多麻烦；所以他情愿将他的女儿妮卡素嫁给玛拿西，希望能借着联姻保障安全，使犹太人继续以友好待他。

# 第八章
## 关于参巴拉和玛拿西，以及他们在基利心山上建殿；亚历山大如何进入耶路撒冷，以及他向犹太人所施的恩惠

**1.** (304)约在此时，马其顿王腓力在爱琴海的一次叛乱中，被奥瑞斯泰家族的基拉特斯之子保撒尼亚所杀。(305)他的儿子亚历山大继承王位，他经过赫勒斯旁，在格拉尼古击败了大流士的众军长，横扫吕底亚，镇压伊奥尼亚，扩展到卡里亚，又攻打旁非利亚等地，这些在他处都有记载。

**2.** (306)耶路撒冷众长老因大祭司押杜亚的兄弟玛拿西是大祭司任职的助手，却娶了外邦人为妻而深感不安，常为此事与大祭司争执。(307)他们认为这人的婚姻是违反不可与外邦人通婚律法的起头，会开启和外邦人杂居的社会。(308)在通婚上违法与娶外邦人为妻之事，以前曾使他们被掳，也带给他们许多痛苦。所以他们命玛拿西与他妻子离婚，否则不准靠近祭坛。(309)玛拿西就去见他的岳父参巴拉，告诉他，虽然他喜爱他女儿妮卡素，但他不愿因她的缘故而失去祭司的尊荣，因那是国中的尊位，也是家族的传统。(310)参巴拉许诺，只要他仍然以他

女儿为妻,他不但会让他保有祭司的尊荣,还会帮助他得到大祭司的权柄和尊位,让他成为现在参巴拉统治下全地的省长。他更进一步对他说,要为他建一座圣殿在基利心山上,像耶路撒冷的圣殿一样。基利心山是撒玛利亚最高的山。(311)他也应允要在大流士王的许可下做这些事。玛拿西被这许多的承诺鼓舞,就留在参巴拉处。他想参巴拉年事已高,必能得到大流士王同意,赐他大祭司的职位。(312)这时耶路撒冷城内纷扰不安,许多祭司和利未人都卷入这个争端,反过来支持玛拿西,因参巴拉用钱收买他们,并给他们耕作和居住的土地,用尽办法来使他的女婿满意。

**3.** (313)这时大流士听说亚历山大横扫赫勒斯旁,在格拉尼古打败他的众将领,且继续向前推进。于是大流士招兵买马,决心要在这些马其顿人攻击征服整个亚细亚之前,会一会他们。(314)他越过幼发拉底河及基利家的陶鲁斯山,希望在基利家的伊苏斯迎敌一战。(315)参巴拉因大流士出征而高兴,他告诉玛拿西,一旦大流士凯旋归国,就立刻兑现所有的承诺。因他和所有亚细亚的人都相信马其顿人没有强大到能与波斯打仗,因他们人数极多。(316)但结果与他们期盼的相反,王在与马其顿人的战争中不但大败,还折损了大部分军队。王的母亲与妻儿都成为俘虏,王自己则逃回波斯。(317)于是亚历山大进入叙利亚,取得大马士革,占领西顿并围攻推罗。同时,他送了一封信给犹太人的大祭司,要他派一些援军来,供应他们军队所需的补给品,还要他将以往对大流士的进贡转给亚历山大,如果他愿意选择与马其顿人为友,将永不后悔。(318)但大祭司回答使者说,他已向大流士起誓不会对他用兵,在大流士有生之年决不违背这誓言。亚历山大听到这答复十分忿怒,(319)因推

罗快被攻下,他决定暂不离开;但只要一占领推罗,他必远征犹太人的大
祭司,借此教训众人究竟应该向谁守约。(320)经过艰苦围城之战,亚历
山大攻下推罗,处理好当地的事宜后,就出兵围攻迦萨与那城的驻军首
长巴贝马西。

**4.** (321)参巴拉觉得这正是他一展宏图的大好机会,于是与大流士
断交,率领手下七千人去投靠亚历山大。他看到亚历山大正要开始围攻
推罗,就对他说,他将自己领土的百姓带来效忠,不再以大流士为王。
(322)亚历山大以恩慈接待他,参巴拉就鼓起勇气将自己的事告诉王。
他说,他有一个叫作玛拿西的女婿,是大祭司押杜亚的兄弟,他得到本国
许多人的支持,想在王的属地上建圣殿。(323)如此,犹太人的势力将一
分为二,这对王有利,免得他们同心协力,在任何新的体制下,这都会带
来许多麻烦,就好像以前亚述诸王所遭遇的一样。(324)于是亚历山大
就让参巴拉放手去做,他就尽其所能建成圣殿,立玛拿西为祭司,使他女
儿的子孙享有这样的尊荣。(325)但在七个月围攻推罗及两个月围攻迦
萨后,参巴拉就去世了。亚历山大一取得迦萨,便立刻前往耶路撒冷。
(326)大祭司押杜亚听到此事十分烦忧害怕,因为亚历山大对他以往的
违命感到不悦,他也不知要如何面对这些马其顿人。于是他命所有的人
求告神,与他一起向神献祭,恳求神保守这民族,将他们从即将来临的危
难中拯救出来。(327)在他献祭后,神在梦中警示他,要他拿出勇气装饰
这城并开启城门,所有民众要穿白衣,他和众祭司则要按礼仪穿着,依序
去见王,不要害怕会有任何不幸的后果,因为神必眷顾不让这些事发生。
(328)他一醒来就因此欢喜快乐,并将梦里由神而来的指示一一告诉大
家且完全遵行,以此方式等待王的驾临。

5.(329)当他得知王已离城不远时,就和众祭司及所有民众依序列队出城。队伍庄重前行,和其他国家的处理方式都不一样。这一行人走到斯巴这地就停住了,斯巴翻译成希腊文就是"期盼",从这里开始就可以期盼耶路撒冷及圣殿。(330)腓尼基人和跟随在王后面的迦勒底人,以为可以任凭己意大肆劫掠,并将大祭司折磨至死,因为王对大祭司不满,好像已经应允了他们如此行,谁知事情的发展却出乎他们意料。(331)当亚历山大远远看到众民身穿白衣,众祭司身穿细麻衣,大祭司头戴冠冕,身穿紫色红色衣服,手执刻着神之名的金盘,他就亲自上前向大祭司致敬,也向神的名致以爱慕之意。(332)所有犹太人也同声向他致敬,并在四围环绕着他。叙利亚诸王和其他人都对亚历山大的举动感到不解,以为他神志不清。(333)只有帕门尼奥上前问他到底发生了什么事?为什么受万人景仰的他,竟会去拜犹太人的大祭司呢?亚历山大回答道:"不是我拜他,乃是神将大祭司的尊荣加给他。(334)我在马其顿的狄奥斯时,就已在梦中见到过他,穿着现在这身衣服。那时我心里正想着,要如何取得亚细亚这块领土,他就劝我勇敢前往海的彼岸,不要耽延,因为他会领导我的军队,将波斯的领土交付予我。(335)从那时起,我从未见过如此穿着的人,直到现在看他穿着这样的服饰,才使我想起以前的梦境及劝导。我相信是神在指挥我领军,因此我才能胜过大流士,消灭波斯国,成就我的心愿。"(336)对帕门尼奥说完后,他伸出右手给大祭司扶着,在众祭司的围绕跟随下,进入了耶路撒冷。到了圣殿,他遵照大祭司的指示向神献祭,并十分尊崇大祭司和众祭司。(337)他们又拿《但以理书》给他看,书中但以理预言有一位希腊人将会毁灭波斯帝国,亚历山大认为自己就是那人。他因此非常高兴,解散了群众。但是次日，他又召集了他们，问他们想要从他那里得到什么恩典。(338)大祭司希望能继续在他们先祖的律法下安居，以及每个第七年可以不用纳贡，他应允了这些要求。他们又恳求他允许巴比伦及玛代的犹太人，也能在自己的律法下安居，他也欣然同意。(339)他又对所有民众说，如果他们想以这条件（就是按他们先祖的律法生活）从军，他很愿意带领他们同行。于是，许多人都准备好，和他一起上战场。

**6.**(340)亚历山大就这样处理好在耶路撒冷的事宜，之后就带着军队进入邻近各城，那些地方的居民都盛情款待他，当时撒玛利亚的首都是示剑[坐落在基利心山上，居民是那些背弃犹太信仰的人]。当他们看到亚历山大如此尊崇犹太人，就决定佯称他们是犹太人。(341)撒玛利亚人就是这样，正如我们在其他地方所提到的。当犹太人受敌时，他们就否认与犹太人有任何关联。但当他们见犹太人交好运时，就立刻假装和犹太人有亲密交往，声称他们属犹太人，家谱是源于约瑟、以法莲和玛拿西的后裔。(342)如此，他们在离耶路撒冷不远之处，快快地迎接王，又冠冕堂皇地向王请愿。正当亚历山大赞赏他们时，示剑的人就带着参巴拉差给王的军队，请王入城到他们的殿致敬，(343)王应允在他回程时会这样做。他们也请求王免除第七年的纳贡，因为他们在那年不播种。王问他们为什么如此要求，(344)他们回答说他们是希伯来人，以西顿人为名，居住在示剑。王又问他们是不是犹太人，他们说不是犹太人，王就说："这项特权是我赐给犹太人的，等我回来时，会详细了解你们的情形，到时再做合宜的决定。"如此，他离开了示剑人的地方，(345)但他命令参巴拉的军队和他一起去埃及，因为他想在那里赐给他们土地。不久以后，他命令他们守卫底比斯，并将那地赐给他们。

**7.** (346)亚历山大死后,王权被他的多位继承者分割。基利心山上的圣殿依旧,凡是被耶路撒冷人控诉吃了不洁净的东西,或是不守安息日等类罪的人,(347)就可以逃到示剑人的地方,声称他们是被冤枉的。约在此时,大祭司押杜亚去世,他的儿子奥尼亚承袭了大祭司的职位。这就是当时犹太人的景况。

第十二卷

从亚历山大大帝去世到犹大·马加比去世（涵盖一百七十年）

# 第一章

## 拉古斯之子托勒密以欺骗和诡诈取得耶路撒冷及犹太，
## 并从那里将许多犹太人迁往埃及

　　**1.**（1）马其顿王亚历山大结束了波斯帝国的政权，并如前文所述处理好犹太事务后就过世了。（2）他的王权分散如下：安提古取得了亚细亚，塞琉古得到巴比伦；至于其他诸国，则是由利西马古统治赫勒斯旁，卡山得占有马其顿，拉古斯的儿子托勒密得到埃及。（3）这些继业者各有所图，野心勃勃地互相争斗；战事连绵不断，更有一些是持久战。许多城邑成了灾区，在战乱中失去了许多居民。在拉古斯之子托勒密的占领下，叙利亚全地更是生灵涂炭。（4）他又以欺诈与计谋取得耶路撒冷：他假借献祭之名在安息日进城，犹太人并没有怀疑他是他们的敌人，所以没有反抗。就在他们没有疑惑、安静休息的情况下，托勒密毫无拦阻地取得耶路撒冷。他占有这城后，就以残酷的手段统治它。（5）革尼土的阿迦沙西迪记录了亚历山大继业者的所作所为。他怪责我们迷信，认为正因如此，我们才失去了自由。（6）他说："有一个叫犹太的民族，他们住在伟大坚固的耶路撒冷城。这些人一点也不小心，因他们不合时宜的宗教,不以武力抵挡,竟让这城落入托勒密手中,以致臣服在残暴者的统治下。"(7)这就是阿迦沙西迪对我们民族的描写。托勒密从犹太的山区、耶路撒冷、撒玛利亚各地和基利心山附近掳掠了许多人,将他们迁到埃及,并让他们定居在那地。(8)他知道耶路撒冷人最忠于遵守誓约,因为当亚历山大击败大流士并差遣使者到耶路撒冷时,耶路撒冷人就根据誓言回答他。所以亚历山大将许多犹太人分派在驻防城,并让他们在亚历山大城享有与马其顿人同等的公民权,并要他们起誓忠于将这地赐给他们的人及其后裔。(9)另外还有不少犹太人,因为埃及肥沃的土地及托勒密宽大的政策而前往埃及。(10)然而他们的子孙与撒玛利亚人之间有一些冲突,在是否保存从他们先祖所承袭的生活准则上争执不休。那些由耶路撒冷来的人,认为耶路撒冷的殿才是圣殿,所以决定要将献祭之物送往耶路撒冷,但是撒玛利亚人却定意将祭物送去基利心山。

# 第二章

## 托勒密·腓拉德夫将犹太人的律法翻译成希腊文, 释放许多被掳者并献给神许多礼物

1. (11)亚历山大统治了埃及十二年,在他之后,托勒密·索特(托勒密一世)统治了四十年,之后托勒密·腓拉德夫(托勒密二世)取得了埃及帝国的政权,统治了四十年。他吩咐人翻译律法书,又释放那些由耶路撒冷被掳到埃及为奴的犹太人,共有十二万人。事情的经过是这样的:(12)德米特里·法勒如是为王管理图书馆的人,他竭尽所能地搜集

世上所有的书,并收买任何有价值或是王喜好的书籍[王非常喜欢收集书籍,德米特里很热心地迎合王的这项爱好]。(13)一次,托勒密问他收集了多少万本书,他回答说已有二十万本,不久后应会有五十万本。(14)但他又说,听说在犹太人中有许多律法书,十分值得研讨,配得收藏在王的图书馆。但那些书是以他们自己的文字和方言写的,若是翻译成希腊文,将会是一个大工程。(15)那些书好像是以正式的亚兰文所写,发音也像是他们的语言,而这语音是他们特有的。他说没有什么能阻挠他们把那些书翻译出来,为达此目的一切所需也都不缺,我们也能在这图书馆里收藏他们的书。(16)王认为德米特里非常热衷于为王收集大量书籍,他的建议远超过他的职责。于是,王写信给犹太人的大祭司,要求他遵照办理。

**2.** (17)王有一位非常亲密的友人,名叫亚利斯特,因他个性谦逊谨慎,王很愿意接纳他的意见。亚利斯特曾多次想请求王释放国内所有被掳的犹太人,使他们得自由,(18)他认为现在正是提出这项请求的时机。他先与王的两个侍卫长塔兰提的所西比乌斯和安得烈谈论这事,并说服他们,在他向王提出此事时帮助他。(19)于是亚利斯特就和上述那些与他有同样见解的人一起去见王,并对王说:(20)"王啊!我们审查事情时,不宜操之过急或对自己不实,而是应将实情公开。我们既已依王之意,决定抄录翻译犹太人的律法书,但有这么多的犹太人在您国中为奴,我们要怎么进行这事呢?(21)按照王的宽大与良善,您是否同意将这些在痛苦景况下的人释放出来?因为那位扶持您王国的神,也正是犹太律法的著作者,(22)这是我细查之后得知的。这些人和我们一样,敬拜同一位神,就是那位创造宇宙万有的主。我们称之为宙斯[或生命,或朱庇特]诚然不错，因为他赐给人生命气息。你可愿意因尊崇神而让这些人回到他们的故国？因他们对神有特别美好的敬拜。（23）再者，我虽然和他们没有血缘关系，也非他们的国人，仍然希望他们得到这样的恩惠，因所有的人都是受造的。我深知神会喜悦那些行善的人，所以我请求你施恩给他们。"

3. （24）亚利斯特说完后，王以一种愉悦的表情看着他，问道："你觉得这将使多少万人得到自由？"安得烈站在一旁回答说："超过十万人。"王说："亚利斯特，这可是你所要求的一件小礼物吗？"（25）这时，和其他人一起站在旁边的所西比乌斯说，王是因自己宽大的胸襟，以释放被掳者作为对神的感恩，因神将王国赐给了他。王对这个答复感到十分满意，就下令在他们发给士兵工价时，为每一位为奴者留下[一百]二十德拉克马。（26）王并应允要依照亚利斯特所说的，将他们的请求以庄严的指令公告全国，更重要的是要成就神的旨意。所以他说，他不但要释放那些被他父亲及军队掳掠为奴的犹太人，还要将在那之前就在国境内以及被带来此地为奴的犹太人都释放，让他们得自由。（27）在他们算出共要四百多他连得的赎金后，王就批准了这事。我决定要保存这指令的抄本，好让大家知道这王的宽大。（28）这指令的内容如下："所有在我父王治下为士兵的人，你们以前攻占叙利亚、腓尼基及摧毁犹太地时掳掠了犹太人为奴，将他们带到这国的城邑卖为奴隶，还有那些原先就在我国境内的，以及最近才被带到这里为奴的犹太人，拥有这些奴隶的都要还给他们自由，每个奴隶的赎金是[一百]二十德拉克马。士兵们在领取工价时可以同时拿到赎金，其他的赎金从王库支取。（29）我认为令他们为奴一事并没有得到我父的同意，也是一件不公平的事。士兵们高傲地攻击了他们的国家后，又将他们带到埃及为奴，从而赚取暴利。（30）为了公义，也因怜悯这些遭到不公平、残暴对待的人，我命令你们在拿到以上所提的赎金后，就让这些犹太人得自由；不许有任何欺诈的行为，要完全遵照这上面所命令的办理。（31）在这指令公布的三天内，我要你们将这些人的名字报上来，并将这些奴隶带给那些负责办理这事的人，好让他们能顺利完成任务。你们要检举那些不遵行此令的人，他们的产业要充公归入王库。"（32）当这指令最初读给王听时，它包括了以上所记的其余部分，只是没有明确提到那些先前被带来的犹太人，以及那些最近被带来的犹太人。王出于人道主义及宽大，将这些句子加入了这指令。由于这些赎金的领取要尽快完成，所以他命令他的仆人及库官分工合作，处理赎金事宜。（33）王下达指令很快就告一段落，到这事结束时，不过花了七天时间，赎金总共超过四百六十他连得，这数目是因为那些奴隶的主人也同样要求［一百］二十德拉克马来买赎那些奴隶的孩子。事实上，王也命令要付这笔钱，因为在他的指令里，是为每一个奴隶付出上述数目的赎金。

**4.** （34）在出色地处理完这事之后，王按着他的心意，命令德米特里将他抄录犹太经典的心境与感受写下来给他，因为这些君王在安排这类的事上从不草率，凡事都要审慎地处理。（35）为此，我会增添一封有关此事的书信。王又制作许多器皿作为礼物，送到耶路撒冷。见过这些器皿的人都可以看出它们是工匠精心制作出来的，每一件器皿都能证明工匠们的技艺精湛完善。上面所提到的书信内容如下：（36）"德米特里呈献给伟大的王。王啊！当你指派我负责收集书籍充实你的图书馆，并关注此事的妥善处理时，我就尽心竭力将这一切事做好。我也让你知道我们想要收集的犹太律法以及其他一些书，它们是以该国的希伯来文字母所写的，这是一种我们不懂的语文。(37)这些书曾被草率抄录过，但本不应如此，只因没有得到王室的支持。然而，我们必须为你取得正确的抄本。这些律法的确充满了隐藏的智慧，也全无瑕疵，因为是神的律法。(38)正因如此，就如阿布德拉的赫卡泰乌斯所说，诗人及史家们都没有提到这书，那些按照这律法生活的人也没有提起它，因它是神圣的律法，不应让世俗之人将其公之于世。(39)王啊！如果你愿意，可以写信给犹太人的大祭司，要求他在每一个支派里差遣六位熟悉律法的长老来，如此我们可以借着他们的知识，清楚明白这些书的精义，也可以正确地翻译它们，如此就能符合你的心意，得以典藏这些书籍。"

**5.** (40)当此信送交王时，王吩咐人就此事写一封信给犹太人的大祭司以利亚撒，也顺便将释放在他们中间为奴的犹太人的事告诉他。王也送了五十他连得金子给他，可做金盆、金瓶与金杯，还送他大量的宝石。(41)他又命令那些看管宝石箱子的人，让工匠自由挑选出适用的宝石。同时，他指定将一百他连得的钱送到圣殿，以供献祭及其他需用。(42)现在，我要描述这些器皿及其制作方式，但我先要将写给大祭司以利亚撒的信记录下来，他在以下所述的事上得了这样的尊荣：(43)当大祭司奥尼亚死后，他的儿子西门成为继位者，因他对神的敬虔以及对本国子民的亲切，他被称为"公正的西门"。(44)他死后留下一个幼子叫奥尼亚，西门的兄弟以利亚撒取得了大祭司的职位，就是我们先前所提的大祭司，托勒密以下这封信就是写给他的：(45)"托勒密王问候大祭司以利亚撒。有许多犹太人居住在我的国中，他们是在波斯帝国兴盛时被掳来的。我父尊重他们，将其中一些安置在军中，享有比常人高的工价；另外一些来到埃及，被安置在要塞负责守卫，好令埃及人畏惧。(46)我为王之后，人道地对待所有的人，尤其是你的国民。我释放了超过十万个为奴的犹太人，并由我的国库中支付赎金给他们的主人；(47)年龄适当的，我让他们成为我的士兵。我将他们放在这个职位，好让他们效忠于我，也适于在我的宫廷中守卫。我认为这样施恩给他们是一份很大也很适合的礼物，用来献给那位供应我一切的神。(48)在我渴望善待这些犹太人以及全地的犹太人时，我也决心要将你们的律法书由希伯来文翻译成希腊文，存放在我的图书馆里。(49)所以，你要好好地从各支派里选出六位品德良好又通晓律法的长者，能正确地解释律法。这事成就时，将带给我极大的光荣。(50)我派了我的侍卫长安得烈及亚利斯特去见你，他们都是我所尊敬的人。我也请他们带了我要献给圣殿初熟的果子，并带了一百他连得的钱，以供献祭和其他需用。如果你还需要什么，请差人来让我知道。你将行的这事，会使我十分喜悦。"

**6.** (51)以利亚撒收到王的信后，就极其尊敬地回复王："大祭司以利亚撒向托勒密王问安。只要王和王后亚西娜，以及你的众子女平安，我们就感到心满意足了。(52)我们收到你的来信，为你的意愿感到十分高兴；我们也在会众聚集时，将来信读给他们听，好让他们知道你对神的敬虔。(53)我们也将二十个金瓶、三十个银瓶、五个大洗濯盆和陈设饼用的桌子给会众看，还有一百他连得供给献祭及圣殿其他需用的钱，这些都是你最尊敬的友人安得烈及亚利斯特带来的，他们实在是品德良好、好学不倦、值得敬重的人。(54)我们想让你知道，虽然我们以前未曾这样做过，但我们会依照你的心意回报你，因你对我们的百姓行了许多宽大仁慈的事，我们理应如此回报。(55)因此，我们立刻为你、你的姊妹、子女及友人献祭,会众们还一起祷告,愿你心想事成,你的王国永保平安,按你心愿完成翻译我们的律法书之事,也对你有益。(56)我们由各支派中选出六位长老,将律法书交给他们送到你那里去。由于你的敬虔与正直,请于翻译工作结束后,将律法书送回来给我们小心收藏。再会。"

**7.** (57)这就是大祭司的回信,我认为没有必要将以利亚撒差派携带律法书的七十二位长老的名字记下,这些名字是附加在信后面的。(58)然而我觉得应该描述一下王献给神的那些贵重且精心制作的器皿,好让大家知道王对神极大的尊崇。因为王不但为了这些器皿花费许多财物,也常常去工匠那里视察他们的工作,不允许任何的粗心或疏忽破坏了他们的作业。(59)我会尽我所能地描述这些器皿的精致,虽然这段历史的本质可能不需要有这样的描述,但我还是认为应该向读这段历史的人,推崇王高雅的鉴赏力与他的慷慨。

**8.** (60)我首先要描述陈设桌的一切。王想要将这桌做得很大,但他还是吩咐他们去打听耶路撒冷城陈设桌的大小,并询问是否能做一个更大的。(61)在他得知原有陈设桌的尺寸,并且没有不能做更大桌子的禁令后,他说他愿意做一个比现有的桌子大五倍的陈设桌。但他又恐怕桌子太大,反而在举行圣事时无法使用。王希望他所送的礼物不但美观,也适用于他们的圣事。(62)根据这理由,陈设桌的大小适中,不是为了省钱,而是为了实用。王也决定,虽然桌子不比原来的大,但是所用的材质却比原来的更高雅且多变化。(63)王敏锐地观察各件事物,并加上适当的创新。在原本没有雕刻的地方,王自己创作合宜的图样,将它们给工匠们看,要他们照着雕刻。工匠们要时时比对图案,好使雕出来的图样尽可能精确。

**9.** (64)于是工匠开始做桌子,桌长二肘[半],宽一肘,高一肘半,完全是用金子做的。同时他们还做了一掌宽的顶饰围着这桌,上面有波浪式的巧工盘旋环绕,还有像是一条绳索的雕刻,优美地转向三处。(65)由于这是个三角形的图案,每个角的雕刻都一模一样,所以无论由哪个角度看,都是完全相同,没有丝毫差异。桌下的冠形雕刻十分美观,桌边则是更精致地以许多美丽的饰物装饰,因为桌边是站在一旁的人可以看到的,(66)这就是为什么桌子两旁向上延伸的部分做得很精确。前面所提到的三个角,无论由哪个方向看,也都完全一样。绳状的雕刻加上了许多宝石为饰,宝石镶在平行排列的金扣里。(67)桌子四周可见的部分就以椭圆形的珍宝倾斜地装饰,仿佛紧密排列的杖,将整个桌边包围起来。(68)工匠们在这些椭圆形的镶嵌下面做了一个冠状的饰物,将它四围环绕,里面放置的各色宝石代表各样水果,甚至有成串挂状的葡萄。他们又用金边包着桌子以固定这些装饰。(69)冠状饰物的下面有类似椭圆形及杖形的雕饰,桌子的任何一面都呈现出同样富有变化又高雅的装饰,甚至波浪形及冠状雕饰的位置都要完全相同,所以就算将桌子转到另一个方向,整体的设计直到桌脚也还是一样的。(70)他们又做了四指宽的金盘,把桌脚插进去,又在桌下冠形雕刻的地方以扣子和扣眼将它们固定并与桌子绑紧。所以若有人站在桌子的任何一边,都能看到同样匠心独具的设计以及在这上面所投入的庞大花费。(71)他们在桌面上雕刻了繁复的图案,并在其中镶上许多宝石,有如五彩斑斓的星星;红玉和翡翠各自散发出动人的光彩,其他各类珍宝奇石也都是精挑细选的上品。(72)在这蜿蜒曲折的雕刻旁,围绕着一个网状的装饰,中央有一菱形设计,是以水晶与琥珀镶嵌的,这两种宝石外观和谐,十分悦人眼目。(73)桌脚顶端的雕刻好像含苞待放的水仙,叶子下弯到桌下,枝干直立在其中。(74)它们的底部是以一块一掌深、八指宽的红玉做成的。(75)他们又用极精致的工具,花了很大的功夫,雕刻了栩栩如生的常春藤以及葡萄树上的卷须,还延伸出逼真的串串葡萄,它们精致到好像真是在随风摇曳,一点也不像是艺术品,倒像是大自然的产物。(76)他们制作整张桌子,看起来像是三层,几个接合之处都紧密相接,一点也看不出痕迹,接合的地方让人无法辨识;桌子的厚度不小于半肘。(77)因着王的慷慨恩惠,这件礼物用了许多贵重的材料和各种精巧绝妙的结构,加上工匠运用雕刻工具有技巧地刻画出近乎天然的图案,处处令它臻于完美。虽然它的大小与原来的陈设饼桌一样,但是王非常希望因为它精妙的技术、匠心独具的设计及华美的组合,使它的精致光彩远超过原有的桌子。

**10.** (78)器皿中有两个金制贮水盆,由底部到带状的环圈都以鳞状的雕刻装饰,上面螺旋形的花纹里镶嵌着宝石。(79)旁边有用各色宝石拼成的回纹图样,有一肘高。再过去是杖形的雕刻,然后沿着盆口延伸出网状的菱形图案。(80)中间满是以各色美石做成的四指深的小盾牌,靠近水盆的上端环绕着水仙与旋花的叶片以及回旋状的蔓藤卷须。(81)这就是两个金盆的造型。它们又各有两个银制的小桶,看起来比镜子更光耀夺目,反射出来的影像也更清楚。(82)王又下令制造三十个金瓶,里面装满珠宝,瓶上刻满了常春藤与蔓藤的叶子。(83)这些格外费心制作的器皿能达到如此完美的境界,部分是因为工匠的技巧细致,但更多是因为王的慷慨与殷勤。(84)他不只大方、充分供应工匠所需的一切,在制作时还禁止普通人观看,并亲自在工匠旁督导整个过程。这就是为什么工匠们的作品如此精确,因为他们尊敬王,也看重王对这些器皿的关切,所以他们不辞辛劳地专注工作。

**11.** (85)这些就是托勒密送到耶路撒冷献给神的礼物。大祭司以利亚撒在将这些礼物献给神并向带礼物来的人致谢后,就预备好礼物交给他们带回去给王。(86)托勒密听说那些人回到了亚历山大城,并有七十位长老同来,就立刻召见使者安得烈和亚利斯特。他们前来见王,将大祭司的回信交给王,并一一回答王所询问的各个问题。(87)王急于接见那些从耶路撒冷来翻译律法书的长老们,就下令所有因其他事情来见他的人都回去。这命令让人感到意外,因为他以前从来没有这样做过。(88)按照惯例,这些因事求见的人在每月的第五天来见王,各国使臣则是要到月底才能见王。王遣走那些人后,就等候以利亚撒差来的长老们。(89)长老们带着以利亚撒所赠的礼物及羊皮卷来见王,纸上是用金字写下来的律法,王就问他们有关那些书卷的问题。(90)他们就将羊皮卷的包装打开,让王能看到这些羊皮卷。王起身赞叹这些羊皮纸是如此薄,而且它们接合精密,难以察觉到相连之处[一张一张完好地相接]。王就这样欣赏了好一阵子。然后,他先谢谢这些长老们将律法书带来,更感谢送律法书的大祭司,但最要感谢的是神,因为这些都是他自己的律法。(91)所有长老和在一旁的人都众口同声,祝福王快乐。那时王就喜极而泣,所有人在非常高兴或非常难过时,都是以相同的方式来表达。(92)王吩咐他们将这些书卷送去给那些被指派接收的人,王也向他们致敬,对他们说,这次会见首先是要讨论他们来此要做的事,同时也借这机会让他们认识王。王还允诺在他有生之年,要将他们来见他的这日定为一个值得纪念的重要日子,(93)因为这日和王在海上战胜安提古刚好是同一日。王也请他们与他共进晚餐,并吩咐随从将他们安置在上城最好的住处。

**12.** (94)尼卡诺尔是负责接待宾客的人,他将负责提供他们需用的多罗特乌叫来,按照王的命令吩咐他为他们每一位预备食物及日用所需。(95)尼卡诺尔负责接待来自各城的宾客,他们各人的习惯不同,要按照他们的习俗及生活方式为他们预备所有的需要及食品,如此就不会有令他们不悦的事发生,他们也都能感到宾至如归。多罗特乌在生活所需各方面经验丰富,因此被派来负责此事,为这些宾客做最妥善的安排。(96)有关接待宾客的所有事项,他都安排得当。按照王的吩咐,他为每一位安排两人宽的座位。王也吩咐他们之中一半人的座位要在王的右手边,另一半要在王的对面,所有能对这些人表示敬意之处都不能忽略。(97)所有宾客坐好后,王吩咐多罗特乌按照犹太人的习俗招待所有从犹太来的宾客。因此,他遣走那些圣职的传令者、宰杀祭牲者以及平日备餐前的祈祷者,只请了一位名叫以利亚撒的祭司为大家祷告。(98)于是,以利亚撒站到他们中间祷告:愿一切的福祉都加诸王与他的子民身上。这时所有人都一起大声欢呼,之后便开始享用他们面前丰盛的晚餐。(99)王给了他们一段他认为足够的用餐时间,之后就开始和他们谈论哲理。他问他们每个人一道哲学问题,让他们在这些问题上指点迷津。他们就所有问题的要点一一解释后,王对这些答复感到非常满意,就以同样的方式款待了他们十二天。(100)想要得知这些问题细节的人,可以查看亚利斯特为此事所写的书。

**13.** (101)不仅是王,哲学家迈内德姆斯(Menedemus)也十分敬佩他们,他说,万事都由神来掌管,这些人的话语大有能力与智慧,原因可能就在于此。他们接着又问了更多的问题。(102)王说,因着他们的到来,他大为受益,因他从中学习到应该如何管理他的子民。王下令要给他们每一位三他连得,由那些负责他们住宿的人执行。(103)三天后,德米特里带着他们走过一条 1.4 公里长、沿着海岸通往一个岛屿的堤防。他们过了桥后,德米特里就向北行,并指出他们要聚集的地方。那是一栋靠近岸边的房子,十分安静,适合他们在一起讨论所要做的工作。(104)将他们带到那里后,德米特里就请他们专心工作,不要被任何事情打断[现在他们已有了翻译律法书的一切所需]。于是,他们非常殷勤热切地做精确的翻译,一直工作到当天的第九时。(105)接着,他们就休息养身。除了有大量的食物供应外,多罗特乌还在王的吩咐下,带给他们许多御用的物品。(106)次日一早,他们先进宫向托勒密请安,然后回到原地洗手净身,再开始翻译律法书的工作。(107)等到律法书都已翻译抄写完毕,已经是第七十二天了。德米特里将所有犹太人聚集到翻译律法书的地方,也就是译者所在之处,将律法书念给他们听,(108)所有会众都赞同这些长老们的翻译。他们也赞赏德米特里,因他建议此事,带给他们极大的快乐,并希望他能让他们的官长们宣读这律法书。既然翻译的任务已经圆满完成,他们所有的人,包括众祭司、长老中年高德劭者以及他们中的要人,又提出进一步的要求,就是保留这些律法现有的内容而永不更改。(109)他们确认这决定后,就吩咐大家,若有任何人发现有多余或遗漏的地方,就要再次检视,将它指出来给大家看,并加以改正。这是智慧之举,如此一来,律法书翻译经大家评定完备后,就不得再更改,得以永远保存。

**14.** (110)王非常高兴看到他所计划的事圆满完成，这对他大有益处。他最欣喜的就是听他们为他诵读律法，也因立法者的深意与智慧而惊叹不已。他就开始与德米特里讨论："这律法如此完备，何以没有任何诗人或史家提起过这书？"(111)德米特里回答道："因为这律法是神圣庄严的，没有人胆敢提及这些律法的描述，神也惩处了一些曾尝试这样做的人。"(112)他又说："赛坡普斯(Theopompus)很想写一些关于它们的书，但他立刻就有三十多天变得神志不清。在这异状稍缓和时，他祷告求神，因他怀疑这是他生病的原因。"然后他在梦中看到，当他对此圣言充满好奇怀疑，并想公告给世人时，这异状就临到他身。在他放弃这想法后，他就恢复清醒了。(113)德米特里又告诉王关于狄奥得提(Theodectes)这位悲剧诗人的事，他在一次戏剧演出时，想要提到这些圣书中的事情，就眼前一黑失去知觉。从这异状下恢复知觉后，他就祷告求神，如此这苦难才从他身上离去。

**15.** (114)如我们所说，王从德米特里手中拿到这些律法书后，就极为爱慕它们，并下令妥善保护它们，不致损毁。他也希望那些律法书的翻译者能常常从犹太来见他，(115)因他不但尊崇他们，也会送他们许多礼物。王说，现在是应将他们差回的时候，日后他们若想来见王，因他们所具备的智慧，王会慷慨并尽他所能地给予他们想要的一切。(116)于是王送他们回去，并给每人三件最上等的外衣、两他连得金子、价值一他连得的杯子以及他们筵席屋内的所有摆设，这些就是王送给他们的礼物。(117)王又请他们带着以下所记的礼物给大祭司以利亚撒，包括十张有银制床脚的床与附属这些床的家具，一个价值三十他连得的杯子、十件紫色的外衣、一个美丽的冠冕以及一百匹上等的麻织布，还有许多的瓶和盆,装溶液的器皿及两个金盆,都是用来献给神的。(118)他又写了一封信给大祭司说,若是这些翻译的人愿意来到他这里,请求大祭司允准他们,因为王非常重视与这些学者的谈话,也很愿意赐给他们财富。这就是犹太人从托勒密·腓拉德夫那里所得的荣誉。

# 第三章

## 亚细亚诸王对犹太民族的尊重,
## 并使他们成为诸王所建城邑的公民

**1.** (119)当犹太人成为亚细亚诸王的雇佣兵时,诸王都非常尊重他们。塞琉古·尼卡特让犹太人在首都安提阿,以及他在亚细亚及叙利亚南部所建的那些城邑中成为公民;又给他们与马其顿和希腊居民一样的特权,直到如今。(120)举一例子为证:由于犹太人不愿意用外邦人制造的油,于是他们将这些油从官员手中换成等值的钱。安提阿人想要剥夺他们这项权利,但在前次战争时,叙利亚王姆西努斯却为他们保留此权利。(121)在韦斯巴芗和他的儿子提图斯统领全地时,亚历山大城和安提阿的人民请求废止这项公民权利,但是他们未能如愿以偿。(122)我们可以从这事上看出罗马人的公正与慷慨,尤其是韦斯巴芗和提图斯,虽然他们在战争中使犹太人受了许多痛苦,也因犹太人不肯投降要战斗到最后而十分恼怒犹太人,(123)但他们并没有将前述这项属于公民的特权从犹太人身上剥夺,反而约束他们的怒气,压制亚历山大和安提阿人民的请愿。这两城的人都很有权势,(124)他们并未因偏袒这两城的人,或因憎恶他们过去在战争中所征服的邪恶对抗者而向这两城的人让步；也没有更改以往赐给犹太人的恩惠，反倒说那些以武力抗拒的人已受了惩罚，所以剥夺这些没有违法之人的权利是一件不公平的事。

**2.** (125)我们知道马尔库斯·亚基帕对犹太人的态度也是如此。伊奥尼亚的百姓对犹太人非常忿怒，他们恳求亚基帕说，只有他们能享有塞琉古［希腊人称之为"神"］之孙安提阿古赐给他们的公民特权，如果犹太人也得享同样特权的话，(126)就必须敬拜他们所拜的诸神。但审理这些事项时，犹太人得胜了，在大马士革的尼古拉的授权下，他们可以依据自己的习俗敬拜，因这是亚基帕所下的判决，尼古拉无法变更。(127)若有人想准确了解这事，可以查阅尼古拉的历史书第一百二十三和第一百二十四卷。至于亚基帕所做的这决定，并不是那么值得赞扬，因我们那时和罗马人之间并无战事。(128)但人们却应对韦斯巴芗和提图斯的慷慨加以赞佩，因我们与他们之间有许多大战和冲突，他们竟然可以这样温和地处理这事。我已经离题了，现在我要回到先前所述的那部分历史。

**3.** (129)在安提阿古大帝统治全亚细亚时，犹太人和叙利亚平原的居民都陷于极大的困境，他们的地土也遭受蹂躏。(130)安提阿古大帝曾与托勒密·非罗帕特（托勒密四世）和他儿子伊比芬尼打仗，无论是他胜利了或是对方胜利了，这两国都同样受害，所以这些居民好像是暴风雨中的船只，被船身两边的大浪抛来抛去，在安提阿古的顺境与逆境交错中苟延残喘。(131)结果安提阿古打败托勒密，取得犹太地。等到非罗帕特死后，他的儿子派出大军，在斯古帕将军率领下，攻打叙利亚平原的人民，因这些人占领了许多他们的城，特别是在我们国境内。(132)斯古帕击败了他们,国土归回他手中。但没多久,安提阿古和斯古帕在犹太的水源地会战,安提阿古灭了斯古帕大部分的军队。(133)之后安提阿古开始镇压那些斯古帕从叙利亚平原夺得的城邑,包括撒玛利亚在内。这时,犹太人却自愿投靠安提阿古,将他迎入耶路撒冷,供应他所有军队和他大象群的需要,并在他围攻耶路撒冷大本营中埃及人的军事要塞时,及时地帮助他。(134)安提阿古认为应该报答犹太人为他热心努力的付出,因此他写下犹太人对他所做的一切善行,给他军队的将领们及他的众友人看。他告诉他们,因犹太人所做的事,他决定给他们奖赏。(135)我将他写给将领们关于这事的信记下,但我要先将麦格勒波利(Megalopolis)的波力比乌(Polybius)的见证提出来,在他史书的第十六卷如此说:“托勒密军队的将领斯古帕很快去了国内较好之地,在冬天的时候,取得犹太人的国家。”(136)他在同一卷中又说道:“在安提阿古打败斯古帕后,他取得了巴塔尼亚、撒玛利亚、亚比拉和加大拉。不久,住在耶路撒冷附近的犹太人来投靠他。虽然我还有关于这事的话要说,尤其是有关神和那圣殿的事,但等下次有机会时,我再谈那部分的历史。”(137)这就是波力比乌提到的。我们先将安提阿古王的信记下,再回来看这段历史。(138)“安提阿古王向托勒密问安。我们一进入犹太人的国家,他们就对我们表示友善。我们到达耶路撒冷时,他们更是盛大地欢迎我们,与他们的众长老一起来迎接我们,又充分供应我们的士兵和大象的需要,并和我们一同除去埃及人在大本营里的要塞。(139)我们应当奖赏他们,并且帮助他们复兴他们的城邑,因为各样灾害临到该城的居民,所以城里人口大减,我们可以帮助他们把散居在国外的居民带回这城。(140)首先,因他们对神的敬虔,我们决定供给他们一笔钱,用来支付献祭之需,包括使用的祭牲、酒和油、乳香、两万块银子、六圣殿亚特罢细面、一千四百六十麦底母尼小麦以及三百七十五麦底母尼盐。(141)我已经命令你们,要完全支付这一切。我也要将圣殿、回廊的修缮工作,还有其他一切需要重建之处完成,让他们从犹太本地、其他各国以及黎巴嫩取得所需的建材,不用缴税。为使圣殿看起来更为辉煌,其他所需的建材,我已下令同样免税。(142)所有居民可以按他们本国的律法生活,众长老、祭司们、圣殿的书记以及唱圣诗的人可以免缴人头税、王税和其他各项税捐。(143)为了让城里的人口快速增长,我下令让现在城内的居民以及在亥坡伯勒托斯月前迁入的居民,三年不需要缴税。(144)将来他们也可以少缴三分之一的赋税,以弥补他们所受的损失。所有被带走为奴的国民与他们的子女,要被释放得自由,他们的产业也要归还他们。”

**4.** (145)这些就是此信的内容。他又在国内公布了一项尊崇圣殿的法令,内容如下:“按照律法,外邦人不可越过圣殿所定的界限;犹太人也是一样,除非他们已经按照民族的习俗洁净自己。(146)不可将任何野生的或是饲养的马、骡或驴的肉带进这城,豹、狐狸以及野兔的肉也不可以带入。总而言之,任何犹太人不准吃的肉类都包括在内。这类动物的皮也不可带进这城,也不许在城里饲养这些动物。只允许他们使用从先祖传承下来的祭牲,他们必须用这样的祭牲作为献给神的赎罪祭。违反这些命令的人,要付给祭司们三千德拉克马银子。”(147)安提阿古还在他另一封信里,为我们的敬虔和忠贞作了见证。那时他在北方省区得知弗吕家和吕底亚的动乱,就写了这信给他军队的将领,也是他最亲密的朋友宙赐斯,吩咐他将我国的一些百姓从巴比伦迁入弗吕家。这信内容如下：(148)"安提阿古向宙赐斯和他父亲问安。希望你们身体健康，我的身体也很好。(149)听说弗吕家和吕底亚的动乱刚刚开始，我认为要好好处理这事。我和一些朋友讨论如何做比较合宜，我们觉得可以将两千个犹太家庭，连同他们的财产，从美索不达米亚和巴比伦迁往他们最方便前去的城邑和地方。(150)我相信他们会成为我们产业的好管家，因他们对神敬虔，也因我先祖们见证了他们的忠诚。此外，他们对想要做的事非常敏捷。虽然这事并不容易，但我希望你能迁移这些犹太人，并允许他们使用自己的律法。(151)你要供给每一个家庭建屋的地方，耕作土地、种植葡萄，并免去他们十年果实的税收。(152)你要让他们有足量的小麦照顾他们的仆人，直到他们从地里收成谷物；你也要充分供应他们的生活所需。如此，在我们的恩泽下，他们将会更加乐意帮助我们处理事情。(153)你要尽你所能地照顾那一族人，使他们不受任何人搅扰。"我写的这些见证，足以显出安提阿古大帝对犹太人的友善。

# 第四章

## 安提阿古和托勒密结盟，奥尼亚激怒托勒密·友爱及第；
## 约瑟重整诸事，与托勒密建立友善关系；
## 以及约瑟和他的儿子希尔克努所做的事

**1.** (154)这事之后，安提阿古和托勒密建立起友好关系并结为同盟，又将女儿克娄巴特拉嫁给他，且以叙利亚平原、撒玛利亚、犹太和腓尼基城作为嫁妆。(155)至于税收的分配，所有要人收完他们各国的赋税后,就按分派给他们的总额,平分交给这两个王。(156)这时,正是撒玛利亚人的兴盛期,他们苦待犹太人,夺取他们部分的土地,也将一些人带去做奴隶。当时的大祭司是奥尼亚;(157)以利亚撒死后,他的叔父玛拿西取得大祭司的职位;玛拿西死后,奥尼亚得了这尊荣。奥尼亚是西门的儿子,人称他父亲为"公正的西门",(158)我在前面曾提过西门是以利亚撒的兄弟。但这奥尼亚心胸狭窄,又非常贪财,他的先祖要从自己的产业里交二十他连得银子给王作税金,但他因为贪财没有交这笔税金,使得托勒密王友爱及第(托勒密三世)十分气愤(友爱及第是非罗帕特的父亲)。(159)友爱及第差派使臣去耶路撒冷,抱怨奥尼亚没有交税,又威胁他们说,如果再收不到这税金,他就要占领并派军进驻这地。犹太人听到王的这消息,感到很惶惑而不知所措,但是污秽贪婪的奥尼亚对这事却一点也不觉得羞耻。

**2.** (160)有一位名叫约瑟的年轻人,因他的认真、谨慎与正直,在耶路撒冷很得民众的尊敬。他父亲是多比雅,母亲是大祭司奥尼亚的姐妹。约瑟的母亲将王的使臣要来之事告诉他,那时他正旅居于他的出生地非各村。(161)他立刻赶到耶路撒冷,指责奥尼亚因不缴税金,不但不能保护自己的国人,反而陷他们于险境。约瑟对他说,因他得了大祭司的权柄,所以有责任保守他的国人。(162)如果他实在太爱钱,甚至忍心看到他的国家遇险、人民受害,他就该去见王,求王减少或免除他的税金。(163)奥尼亚的答复是这样:他说他不在乎这权柄,如果可行,他已预备好放弃这大祭司的职位;他也不会去见王,因他一点也不被这事困扰。约瑟就问他,愿不愿意让约瑟作为代表国家的大使,(164)奥尼亚回答说可以。于是约瑟就到圣殿,召集了民众,劝他们不要因他舅父的粗心大意而烦恼或害怕，希望他们能有平安，不要恐惧。约瑟应允他会代表他们作为觐见王的使臣，让王明白他们并没有做任何对不起王的事，(165)会众听了之后很感谢约瑟。于是他从圣殿出来，隆重招待了托勒密的使臣。约瑟送了许多礼物给他，又宴飨了他许多天，并告诉大使，不久后他也会上埃及去。(166)因为使臣喜悦他坦诚慷慨的性情及庄重的举止，就鼓励他并热切说服他去埃及；使臣又应允，在他的帮助下，约瑟将会由托勒密那里得到想得的一切。所以，约瑟就更愿意去见王了。

3. (167)托勒密的使臣回到埃及后，就告诉王关于奥尼亚自私轻率的个性；又告诉王约瑟的纯熟善良，并说他是民众的保护者，即将前来见王。他求王原谅众民，因为他们并没有做任何危害王的事。使臣对这位年轻人赞不绝口，使王和王的妻子克娄巴特拉在约瑟来到之前就对他产生好感。(168)约瑟向他在撒玛利亚的友人借钱，用来预备这次行程所需要的一切，包括外衣、杯子和重驮的牲口，共花费了大约两万德拉克马，然后他就前往亚历山大城。(169)那时，刚好叙利亚和腓尼基的要人和官长们也要上亚历山大竞标税收权，因为每年王都将这收税的权力卖给各城中最具影响力的人。(170)这些人见到旅途中的约瑟，就讥笑他的贫穷和俭朴。约瑟到亚历山大时，听说王在孟菲斯，就去孟菲斯见王。(171)那时王正和他的妻子与朋友阿提尼翁坐在他的战车上，阿提尼翁就是出使耶路撒冷受到约瑟款待的那人。他一看到约瑟，就立刻将他介绍给王认识，又夸赞他是一位既善良又大方的年轻人。(172)于是托勒密先向他致意，又邀他上了王的车。约瑟才刚坐下，王就向他抱怨奥尼亚处事不当。约瑟回答说："请王因他年纪老迈而原谅他吧，王该知道，老人与婴孩的心智完全一样。王想要些什么就向我们年轻人要好了，这样你就无需再抱怨什么了。"(173)王因这年轻人的幽默诙谐很开心，好像和他是旧识，对他更有好感，甚至请他到王宫一起用膳，成为每天都与王同桌的贵宾。(174)王回到亚历山大后，那些叙利亚的官长见到他与王同座，就非常不高兴。

**4.** (175)到了王要出售各城税收承包权的那天，各国的显贵要人就来竞标，叙利亚平原、腓尼基、犹太和撒玛利亚〔这些是被竞标的城邑〕的税金共是八千他连得。(176)这时约瑟就控诉这些竞标的人，事先已经一致同意估算一个过低的税款。他说他自己一人就可以用两倍的价钱竞标，也要将不缴税金之人的产业交给王，这个特权原来是和税收承包权一起出售的。(177)王很高兴听到约瑟的提案，因为这可以增加王的收入，王就说要将税收承包权卖给他。王问他，有什么保证可以让人相信他会付这些钱，他很愉悦地回答说："我的保证人既善良又负责，你没有理由不相信他们。"(178)王吩咐他说出保证人的名字以及他们的出身，他回答道："王啊！除了你和你的妻子以外，我没有其他的保证人。你应该对这两人非常放心。"托勒密听了他的回答便笑了，在没有任何保障下，王将税收承包权交给他。(179)这过程令那些由各城来到埃及的要人感到非常难过，他们羞惭地各自回到本国。

**5.** (180)约瑟从王那里带了两千步兵回去，因他可能需要帮助，好让那些城中反抗的人交税。约瑟在亚历山大向王的友人借了五百他连得后，就尽快前往叙利亚。(181)到了亚实基伦，他向当地的人收税；他们一毛也不给，并公然羞辱他。约瑟就抓了大约二十个要人，把他们杀了，又将他们的产业集中起来送交给王，并让王知道他所做的一切。(182)托勒密欣赏他机警的作风，并为他所做的事称赞他，让他能随心所欲地办理事情。叙利亚人听说这事后非常吃惊，他们眼前就是亚实基伦人被杀的惨痛教训，于是他们都大开城门迎接约瑟，并缴纳应付的税金。(183)但是希托波里的居民企图羞辱他，既不付他们往年所应付的税金，也不与他商议，他就将那城的要人杀了，并将他们的产业送到王那里。(184)约瑟就用这方法得了一大笔财富，并由税收承包权获取暴利。他运用这些资产来巩固他的权力；他相信这样谨慎处理是现有好运的原因，也可作为现有好运的保障；(185)于是他送了大量的礼物给王和他的妻子克娄巴特拉、他们的朋友们以及那些在宫廷中有势力的人，如此他就收买了这些人，使他们都对他有好感。

**6.** (186)他享有二十二年这样的好运，也从同一位妻子生了七个儿子。另外，他还与他兄弟所里暮的女儿生了一个儿子，名叫希尔克努。(187)他在如下情况下娶了他兄弟的女儿。有一次，他和他兄弟一同去亚历山大，他兄弟的一个已达适婚年龄的女儿也一起同行，他们希望她能嫁给当地有名望的犹太人。约瑟与王共进晚餐，在他们宴饮时进来了一位非常美丽的女演员，约瑟就爱上了她，并将这事告诉他的兄弟。按照律法，犹太人不可以接近外邦人，约瑟就恳求他兄弟隐瞒他的罪，并帮助他，让他有机会满足他的欲望。(188)他的兄弟很乐意照他的提议为他服务，就妆扮了自己的女儿，在晚上将她带到约瑟的床上。约瑟因醉酒神志不清，不知道她是谁，就与他兄弟的女儿同睡。他这样做了许多次，也愈来愈爱她。他告诉他的兄弟他深爱这女演员［如果一定要与她分离］，他宁可不顾性命，然而王也可能不让他离开［如果他要带她一起走的话］。(189)他的兄弟叫他不要为这事担心，因他不但能没有危险地享受他所爱的人，还可以娶她为妻。于是他的兄弟将实情告诉他，并向他保证，他宁愿选择让自己的女儿受到亏损，也不能不顾及约瑟，让他在大庭广众之下受到羞辱。于是约瑟赞赏他的兄弟之爱，也娶了他的女儿为妻。正如我们前面所提，约瑟从她生了一个儿子，名叫希尔克努。(190)他这小儿子在十三岁时就展现出他的勇气和智慧，令他的兄长们十分嫉妒，因为他比他们都有天分，这就足以让他们嫉妒了。(191)约瑟曾经想要知道他哪个儿子德行最好，就将他们一个个送去当时最会教导少年的名师那里。他其余的儿子们都因懒惰又不愿意苦读，愚昧无知地回到他身边。(192)在他们之后，他给了最小的儿子希尔克努三百只负轭的牛，吩咐他走两天的路程去旷野耕种那里的土地，但却私下把那些套在牛上的轭拿走。(193)当希尔克努到了那里发现没有轭，就责怪那些赶牛的人。他们就建议他送一些牛回到他父亲那里，负上轭，再将它们带回来。但希尔克努不想为了回去拿轭而浪费时间，就想出了一个远超他年龄的策略。(194)他杀了十头牛，将肉分给那些工人，又把牛皮割成几块来做轭，让牛负着轭来耕种。这样，他就将父亲所吩咐他要耕种的土地都播种好了，再回到他父亲那里。(195)他父亲见他回来，就因他的智慧非常欢喜，赞许他聪明敏捷、做事勇敢。他父亲最宠爱他，认为他是自己唯一聪明的儿子，然而他的兄长们都为此感到不快。

**7.** (196)有人告诉约瑟，托勒密刚刚得了一个儿子，叙利亚和其他托勒密属国的要人都将前往亚历山大，为这孩子举办生日宴会，并带着许多随行之人去庆贺。约瑟年事已高，无法亲自前往，就问他的儿子们有没有谁愿意去见王。(197)那些较年长的儿子们都说他们不善于宫廷上的应对进退，建议差他们的弟弟希尔克努去。约瑟很乐意地听从这个建议，就叫希尔克努来，问他愿不愿意去见王。(198)希尔克努同意去见王,并说他不需要太多旅途上的花费,因为他会有节制地使用,只要一万德拉克马就足够了。约瑟因他儿子的节俭感到很欣慰。(199)没过多久,希尔克努建议他父亲不必从这里预备礼物带去给王,只要写一封信给他在亚历山大的管家,让管家为他预备好钱,去买最精美珍贵的礼物。(200)约瑟想,大概十他连得就足以购买送给王的礼物。于是,他赞许他儿子提出的好主意,并写信给他在亚历山大的管家爱伦。爱伦在那里的财产至少有三千他连得,(201)因约瑟把在叙利亚收到的钱都送到亚历山大,等到向王缴税的日子,就写信叫爱伦付钱。(202)希尔克努要求他父亲写信给管家,并在拿到信后立刻前往亚历山大。他走了以后,他的兄长们就写信给王的所有朋友,请他们杀了希尔克努。

**8.** (203)希尔克努到了亚历山大就将信交给爱伦,爱伦问他需要多少钱(爱伦猜想应该不超过十他连得或是稍微更多一点),他说要一千他连得。管家听后非常生气,斥责了他一顿,说他是个贪图奢华享受的人;又教训他说,他父亲好不容易才积蓄了这些财富。管家拒绝了他的要求,并希望他能以他的父亲为榜样。管家对他说,最多只能给他十他连得,这已包括买礼物给王的钱。(204)希尔克努被这些话激怒了,就将爱伦关进监狱。爱伦的妻子将此事告诉克娄巴特拉,恳求她因这孩子所行之事而责备他(因为克娄巴特拉很尊重爱伦),克娄巴特拉就将这事告诉王。(205)于是托勒密派人对希尔克努说,为什么他父亲差他来见王,连王的面都还没见到,就已经把管家送进监狱了。所以王命令他来见自己,并对此事加以说明。(206)据说他对王所差的使者如此回答说,有一条律法,禁止一个出生的孩子吃任何祭物,因他还没有去圣殿向神献祭。按这推理,他尚未亲自去见王,是因他还在期待有礼物带给王,因王是他父亲的恩人。(207)他惩罚这仆人，是因他不听他的话，无论主人是长或幼，仆人都理应听从。如果不处罚这样的人，甚至王自己也可能会被你的子民轻视。王听了他的回答后就大笑，也惊讶于这孩子的气魄。

**9.** (208)爱伦得知王的反应后，知道没有其他办法帮助自己，只好给那孩子一千他连得，才出了监狱。三天后希尔克努去见王和王后，并向他们致敬。(209)他们基于对他父亲的尊重，就欢喜接待他，又亲切殷勤地宴请他。之后，希尔克努私下去见一些商人，买了一百个有学识又俊美的男孩，每个值一他连得，又以相同的价钱买了一百个少女。(210)到了王举办宴会的那日，他被邀请和所有国中的要人同来参加。因他是个孩子，所以没人尊重他，让他坐在末座(座位是按照他们的身份地位安排的)。(211)那些和他坐在一起的人将一些骨头堆在希尔克努面前(因为他们把肉拿走了)，直到他桌前堆满了骨头。(212)这时座上的宾客就要求专为王在宴席上说笑话的小丑土鲁富(Trypho)讲话，想使希尔克努成为笑柄。于是，土鲁富站在王身旁说："我主啊！你有没有看到希尔克努身旁的骨头？你可以想象：他父亲如何剥光叙利亚全地，就如同这些骨头一般。"(213)王因土鲁富所说的而发笑，就问希尔克努为什么他面前有这么多的骨头？他回答说："我主啊！是这样的:因为狗吃东西都是连肉带骨一起吃下去的，如同这些客人一样(同时，他用眼睛看着他们)，所以他们面前什么都不剩;但有些人和我一样，是吃完肉将骨头丢了，就像我现在所做的。"(214)王很欣赏他这样聪敏的回答，吩咐大家喝彩表示认同他的笑话，因为实在很好笑。(215)次日，希尔克努去拜会王的友人们以及那些在宫廷里有权势之人;又向他们的仆人打听他们在王的儿子生日时要送些什么礼物。(216)有一些人说，十二个他连得;其他一些更尊贵的人,则按着他们财富的多少来送礼。面对他们每个人,他都故作为难,感叹他不能送这样的大礼,因他连五个他连得都没有。这些仆人们就将这情况告诉他们的主人。(217)这些人都很高兴,因这样小的礼物会令王对约瑟发怒,他们期待看到王不喜悦他。到那日,所有人送王的礼物,都不超过二十他连得,包括最贵重的礼物在内。然而,希尔克努吩咐他所买来的一百男孩与一百少女,让他们每人带一他连得为礼,将男孩引荐给王,把少女引荐给克娄巴特拉。(218)包括王和王后在内的所有人,都因这想不到的丰盛礼物而惊叹不已。他又送了价值好几个他连得的礼物给王的每一位侍从,如此他就可以逃脱所处的险境,因为他的兄长们正是写信给这些人,要他们杀死希尔克努。(219)托勒密赞许这年轻人的慷慨,就问他想要些什么样的礼物。他说他什么都不要,只请王写信告诉他父亲与兄长有关他的一切。(220)王对他大为尊重,送了他许多大礼,又将有关他的事写信告诉他的父亲、兄长、王的司令官和其他官员们,之后才将他送回。(221)当他的兄长们知道他从王获得礼遇有加,且要风光返回,就打算去接他并趁机将他杀死。他们的父亲也默许了此事,因他对希尔克努花了这么多钱在礼物上感到十分忿怒,所以不再顾惜他的性命。但因约瑟畏惧王,只能将他对儿子的忿怒隐藏起来。(222)在兄长们攻击希尔克努时,他就杀了许多与他们同来之人以及其中两个哥哥,其他人就逃往耶路撒冷投奔他们的父亲。希尔克努回到城里,没有人愿意接待他。他害怕遭到不幸,就退到约旦河外并住在那里,还强迫那些没有文化的蛮族缴纳他们的税。

**10.** (223)这时,塞琉古·索特统治亚细亚,他是安提阿古大帝的儿子。(224)希尔克努的父亲约瑟也在此时去世,他是一位善良慷慨的人,将犹太人带离穷困卑微，进入优渥的景况。他拥有叙利亚、腓尼基和撒玛利亚的税收承包权，共二十二年之久。[大约此时]他的舅父奥尼亚也去世了，由他儿子西门承继大祭司的职位。(225)西门死后，他的儿子奥尼亚得到了这个尊荣。拉塞德蒙王亚哩欧差派一位使臣带给大祭司一封信，内容如下：(226)"拉塞德蒙王亚哩欧向奥尼亚问安。我们从一些文件中得知犹太人和拉塞德蒙人有相同的祖先，都是由亚伯拉罕而来。所以你们是我们的兄弟，你们将任何顾虑告诉我们是理所当然的。(227)我们也会做相同的事，将你们的顾虑当成我们自己的，也将我们的顾虑当作是你们共同的。将此信带给你的底摩托利，会把你们的回信带给我们。这信是正方形的，印章是一只鹰，鹰爪上有一条龙。"

**11.** (228)这就是拉塞德蒙王信件的内容。约瑟死后，犹太人因他的儿子们起了动乱。(229)长老们向约瑟的小儿子希尔克努宣战，众民因此分裂，大部分人在战争中加入长老们这边。由于大祭司西门是长老们的亲族，所以也加入了他们。希尔克努决定不再回到耶路撒冷，就在约旦河外定居。在那里，他与阿拉伯人争战不休，杀了他们许多人，也俘虏了许多人。(230)他在那里建筑了一座坚固的城堡，全部是用白色的石头所造，连屋顶也是一样，城堡上刻有一些巨型的动物。他又在城堡的周围挖了一条又大又深的护城河。(231)他将一块大石挖空，形成一个好几百公尺长的洞穴，在里面建了许多大房间，有宴客用的，也有睡觉和起居用的。他也引水流经洞穴，更将宫廷装饰得清新美观。(232)但他将洞口建得很狭窄，一次只有一人能通过。他之所以要这样建造，有个重要的原因。万一他被他的兄长们包围或面临被他们捉拿的危险时，这里可以保全他的性命。(233)他将宫廷造得很大，并以许多极大的花园作为装饰。他将此地建为一个国家,名为推罗,位于阿拉伯和犹太地之间,在约旦河外,距离希实本不远。(234)他统治那些地区有七年之久,甚至在塞琉古做叙利亚王的所有时期,他也同样统治那地。在他死了以后,他的哥哥安提阿古,又称为伊比芬尼,接收了他的王国。(235)埃及王托勒密也死了,他也名叫伊比芬尼(托勒密五世)。他有两个年幼的儿子,大的名叫菲罗密特(托勒密六世),小的名叫菲斯康(托勒密八世)。(236)至于希尔克努,当他看见安提阿古有一支庞大的军队时,怕被他捉到后会因他对付阿拉伯人的所作所为而被惩办,就亲手结束了自己的生命,于是安提阿古得到他一切的产业。

# 第五章

## 当犹太人为大祭司职位争执不休时,安提阿古 远征并攻占耶路撒冷,劫掠圣殿,使犹太人陷入困境; 很多犹太人放弃本国律法;撒玛利亚人沿袭希腊人习俗, 将他们在基利心山上的殿命名为"朱庇特·希利尼的殿"

**1.** (237)大约这时,大祭司奥尼亚过世,他们将大祭司的职位交给他的兄弟耶书亚,因为奥尼亚的儿子当时还是个孩子,我们后面会让读者知道发生在这孩子身上的事。(238)但因王对奥尼亚的兄弟耶书亚很不满,就剥夺了他大祭司的职位,将它给了耶书亚的弟弟,他也名叫奥尼亚。我们在前面曾经告诉过读者,西门有三个儿子,都做过大祭司。(239)耶书亚将自己的名字改为耶孙,奥尼亚也叫米尼劳。前任大祭司耶书亚煽动群众，反对在他之后被按立的米尼劳，民众因此而分为两派。多比雅的儿子们站在米尼劳这边，(240)但是大多数人都支持耶孙，米尼劳和多比雅的儿子们为此深感不安。于是他们退到安提阿古那里，说他们愿意弃绝本国的律法和犹太人遵循律法的生活方式，改为遵循王的律法与希利尼人的生活方式。(241)他们希望王应允他们，在耶路撒冷建造一个竞赛场。他们得到王的许可后，就隐藏他们所受的割礼，好让他们在裸露时也看起来像希腊人。他们离弃了本国的习俗，模仿其他国家的生活方式。

**2.** (242)在国家情势稳定后，安提阿古决定远征埃及，一方面他想要占有那地，另一方面他也要借此谴责托勒密儿子的软弱无能、无法处理国事。(243)于是他背叛了托勒密·非罗密特，亲自率领大军前往佩卢西姆，攻取了埃及。其后他占领了孟菲斯附近的地方，接着又赶往亚历山大，想用围城战术攻下亚历山大，好使在那里掌权的托勒密投降。(244)但因罗马人对他宣战，警告他不准侵犯埃及，所以他不仅被赶出了亚历山大，也被赶出了埃及。正如我之前说过的，(245)在此，我要特别提及有关这王的事——他如何降服犹太地，劫掠圣殿。之前我曾约略提过这事，现在我觉得必须要详述那段历史。

**3.** (246)安提阿古王因惧怕罗马人，就退出了埃及，转而进军耶路撒冷，那年是塞琉古王国的第一百四十三年。他的同党为他打开城门，所以他没有经过战事就取得了耶路撒冷。(247)占领耶路撒冷后，他杀害了许多反对党的人。在大肆劫掠了大量金钱后，他就回安提阿去了。

**4.** (248)两年后，就是塞流古王国的第一百四十五年，我们称为基斯流月，马其顿人称为亚皮流斯月的第二十五日，那年是第一百五十三届奥运会。王来到耶路撒冷,假借和平之名,以诡计夺取了这城。(249)那时,他并没有放过那些让他进城的人,因他看到放在圣殿里的财富。在贪婪的驱使下(因他看到非常多的金子,还有许多摆设,都是献与圣殿的价值不菲之物),他撕毁所立的盟约,掠夺了这些财富。(250)他使圣殿空无一物,带走了金灯台、金香坛、陈设饼桌、燔祭坛,甚至连深红色细麻所做的幔子也不放过。他又将殿中珍藏的宝物劫掠一空,一点也没有留下。犹太人陷入极度的悲痛,(251)因他在劫掠全城后,不准他们按照律法像往常一样每日向神献祭。他杀了当地一些居民,又掳掠了一些人及他们的妻儿,这样被掳走的民众约有一万人。(252)他又烧毁了最好的建筑物。在拆毁城墙后,他在下城建了大本营,因为那里地势高,可以俯视圣殿。他以高墙和高塔来巩固大本营,又派马其顿人驻守其中。然而,大本营里也住着犹太人中邪恶又不敬虔的一部分人。由此可证,当时国人经历了许多惨痛的灾难。(253)王又在神的祭坛上面建了一个拜偶像的祭坛,并在其上杀猪。这样的献祭,既不合律法,也不按犹太人本国的敬拜方式。他命令他们放弃对神的崇拜,转为尊崇他所认可的诸神,还要他们在各城各村建造庙宇、设立拜偶像的坛,每天在坛上献猪为祭。(254)他又吩咐他们不可为儿子行割礼,威胁他们说,违反这令的人一旦被查证就要被处罚。他还指派监督的人,迫使他们遵照他的命令而行。(255)许多犹太人遵守了王的命令,或是出于自愿,或是惧怕因叛逆而临到的惩罚。但国中最优秀的和那些有高尚心灵的犹太人则不理会他,他们尊重、遵循本国的习俗,远超过不遵王命的惩处威胁,故此,这些人天天都过着悲惨痛苦的日子。(256)他们被杖打得遍体鳞伤,还没断气就被钉在十字架上。那些受割礼的孩子与他们的母亲则按照王的命令被处死，母亲们被钉死在十字架上，孩子则被吊死在她们的脖子上。任何神圣的律法书，一旦被找到就会被销毁，拥有那些书的人则被凌虐至死。

**5.** （257）撒玛利亚人看到犹太人受到这些苦难，就不再承认与犹太人有相同的血缘，也不将基利心山上的殿看作是属于全能神的。这就是他们的本性，就像我们先前所指出来的那样。现在他们自称是玛代和波斯的侨民，这也的确属实。（258）于是他们差派使臣带了一封信去见安提阿古，信是这样写的："住在示剑的西顿人，上呈如同神明一般的安提阿古·伊比芬尼王。（259）我们的先祖在遭遇多次瘟疫后，就遵循古时迷信所衍生出的一种习俗，遵守犹太人所称的安息日。他们在基利心山上建了一座没有名字的殿，就在那里献合宜的祭。（260）现在，这些邪恶的犹太人受了应得的处置。但管理这事的那些人以为我们与犹太人有相同的血缘，也按他们所行的去行，就想要我们受到同样的指控。然而依据各种公开的记录，都证明我们原是西顿人。（261）所以我们恳求王，我们的施恩者与拯救者，求你下令给这国的省长阿波罗纽以及管理这事的巡抚尼卡诺尔，叫他们不要再烦扰我们，也不要让我们与犹太人受一样的指控，因为他们的民族与习俗和我们完全不同；且让我们这座尚未命名的殿，称为"朱庇特·希利尼的殿"。这事一旦处理好，我们就不再被打扰，也能安心专注于我们的工作，这样就能带给你更多的税收。"（262）接到撒玛利亚人这项请求后，王就以下面这封信作答："安提阿古王致尼卡诺尔。住在示剑的西顿人所写给我的那信附于此信内。（263）代表他们的使者告知我们和我们的友人，他们与那些属犹太人的指控毫无关系，因他们选择按照希腊人的习俗生活。所以我们宣告他们不受控诉,同时依据他们的请求,将他们的殿命名为朱庇特·希利尼塞琉古王国的殿。"(264)他也送了一封内容相似的信给该地的省长阿波罗纽,那时是第四十六年①黑卡特贝恩月的第十八天。

# 第六章
## 安提阿古禁止犹太人使用本国的律法后,只有阿萨摩尼之子马他提亚藐视王,他击败安提阿古大军的将领们;马他提亚之死,以及继承他的犹大

**1.** (265)有一个住在摩丁的人,名叫马他提亚,是约翰的儿子。约翰是西门的儿子,西门是阿萨摩尼的儿子。马他提亚是耶何雅立班次的祭司,也是耶路撒冷的公民。(266)他有五个儿子,分别是称为"加底"的约翰、称为"马太"的西门、称为"马加比"的犹大、称为"奥兰"的以利亚撒,以及称为"阿弗"的约拿单。(267)马他提亚很悲伤地告诉他的孩子们现在他们所处的苦境、耶路撒冷受到的毁坏、圣殿遭遇的劫掠以及民众所处的困境;他还对他们说,宁可为他们国家的律法而死,也强过像现在这样羞辱地活着。

**2.** (268)那时,王差派一些人到摩丁来,迫使那里的人遵行王的吩咐,按照王的方式献祭。这些人要马他提亚先行献祭,因他伟大的品格受人尊崇,又是一个大家族的父亲。(269)如果他先如此行,其他的民众就会跟着这样做,他也会因此得到王给的荣誉。但是马他提亚说,他不

---

① 此处原文似有误,应为"第一百四十六年"。——译者注

会这样做。就算其他国家都听命于安提阿古，不论是出于害怕或想讨好王，他自己和他的儿子们都不会离弃本国的宗教敬拜方式。(270)他话音刚落，就有一个犹太人从人群中走出来，依照安提阿古所规定的方式献祭。马他提亚对此十分愤慨，他和他的儿子们勇猛地冲向这人，他的儿子们用剑杀了这献祭的人，也杀了那强迫他们献祭的王的将领阿佩莱斯，另外他们还杀了几个随行的士兵。马他提亚又推倒了偶像的祭坛，并大声说道：(271)"如果任何人热爱本国的律法以及对神的敬拜，就跟随我走吧。"说完，他就很快与他的儿子们退到沙漠中去，他们所有的产业都留在村里。(272)许多人也像他们那样带着自己的妻儿逃往沙漠，居住在洞穴里。王的将领们听到这事后，就聚集了在耶路撒冷大本营的所有军队，进入沙漠追赶这些犹太人。(273)追上之后，他们先试图说服这些人悔悟，选择对他们最有利的道路，不要迫使战事扩大。(274)但是这些犹太人不听从他们的劝说，决定继续按着自己的心意行。他们就在安息日对犹太人进行攻击，他们守在洞穴的出口，犹太人在不反抗的情况下就被他们烧死在洞穴里。犹太人在那日避免自卫，就算在如此困境中，他们也不愿意破坏对安息日的尊重（依据我们的律法，在那日必须休息）。(275)大约有一千人连同他们的妻儿，在那日被困在洞穴中窒息而死。另外还有许多人逃出来加入马他提亚，并以他为众人的首领。(276)马他提亚教导他们，即使在安息日也要争战，如果不这样做，他们就成为自己的敌人，因为他们的敌人在这日仍然攻击他们。若是他们依旧不知变通地严守律法，就无法保卫自己，只好在不战之下全体灭亡。(277)这样的教导说服了他们，直到今天，我们仍然遵循这条例，就是如果为情势所迫，我们在安息日可以战斗。(278)于是，马他提亚集合了一支大军,拆毁了他们的偶像祭坛,杀死了那些违背律法的人,连他手下的人也不例外。因他手下有许多各国流亡的人,因畏惧他而跟着他们。他又命令尚未行割礼的男孩要立刻行割礼,也赶走那些奉派来阻碍行割礼的人。

3.（279）掌权一年后,马他提亚患了疾病,就召集了他的儿子们到他身旁,对他们说:"孩子们啊! 我将要走所有人都要经过的旅程,现在我向你们提出我的决定,请你们务要遵循,不可轻忽,（280)不要忘记那生养你们之人的心愿。你们要保守民族的习俗,复兴古时的政治体制,因这些都有被倾覆的危险。不要跟随那些存心或被迫出卖国家的人,（281）要成为不令我羞愧的儿子,超越一切的权势和所需。要预备好在必要时弃绝你们的生命,为国家的律法而死,这也是理所当然的。当神看到你们如此行,他必不轻看,反要珍视你们的德行,把你们所失去的都完全补足,使你们重得平安度日的自由,享受属于你们的传统。（282）你们的身体注定是会朽坏的,但因着纪念这身体所行的事,就可以得到永恒的价值。我甚愿你们深爱这不朽的价值,能渴慕荣耀,就算在极度的困境中,也能毫不迟疑地为这些事牺牲生命。（283）我特别劝诫你们要同心合意,谁擅长哪方面,大家就要在那方面听从他,这样你们就能同得益处。你们要尊敬西门如同你们的父亲,因为他非常谨慎;你们也要听从他给你们的指示。（284）因着马加比的勇气与能力,让他成为你们军队的将领。他会报复你们的仇敌,为你们的国家报仇。要接纳你们中间那些正直与敬虔的人,并加增他们的权力。"

4.（285）马他提亚和他的儿子们说完这些话,就向神祈祷,求他做他们随时的帮助,并恢复百姓原有的体制。不久后,他就去世了,埋葬在摩丁,所有的人都因他的死十分悲恸。他的儿子犹大接续他管理众人的事宜,那时是第一百四十六年。(286)犹大在他的众兄弟和其他人的帮助下,将敌人赶出了国境,并将违背律法的人处死,地上一切污秽都得到了洁净。

# 第七章
## 犹大击溃阿波罗纽和塞戎的大军,杀死他们军队的众将领;
## 不久他又打败吕西亚和乔吉亚斯,并上耶路撒冷洁净圣殿

**1.** (287)撒玛利亚军队的将军阿波罗纽听到这事,就率领他的军队赶去对抗犹大。犹大与他交战并将他打败,杀了许多敌人,也包括阿波罗纽自己。犹大将阿波罗纽的佩剑据为己有。犹大杀伤的人数比杀死的更多,也从敌军营中得了许多掳物,之后便扬长而去。(288)那时,叙利亚平原军队的将军塞戎听说许多人加入犹大,使他的军队足以开战,塞戎就决定出兵征讨他,力图为王惩处那些触犯王法的人。(289)他尽其所能集合了一支大军,还联合了那些游民和邪恶的犹太人,前去对付犹大。他们来到犹太地一个名叫伯和仑的村落扎营,(290)在那里犹大想要向他开战。但是犹大看到自己的士兵向后退缩,因为他们人数稀少,又因他们正在禁食,想吃食物。于是犹大就鼓励他们,对他们说,战胜和征服敌人并不在乎人数多少,而是在乎对神有多敬虔。(291)在这方面,他们的先祖留下了许多明显的例证,那些人和他们的子孙因着他

们的正直,倚靠他们的律法,多次征服上万的敌人,因为单纯的信心就是最强大的军队。(292)借着这番话,他引导他的军队去攻打塞戎、谴责敌军,并在与叙利亚人的战事中将他们击败。那些敌人看到自己的将军和其他同伴都被杀死,就都飞快逃跑,因为他们相信逃走是避开危险的最好办法。犹大追击他们,到了一片平原之地,杀死了八百名敌人,其他的则逃往沿海之地。

2. (293)安提阿古王听到这些事,对所发生的一切感到忿怒,于是就集结了自己的军队,其中有许多是他从海岛上雇来的佣兵,决定在初春时率领他们去攻打犹大。(294)但安提阿古清点士兵时,发现他没有足够的钱,而雇佣这些士兵是要花钱的。由于各国内部动乱,无法收齐税款,加上他本人挥霍无度,因而钱款所剩无几,所以他决定先去波斯收税。(295)他将境内远至埃及、下亚细亚(Lower Asia)及幼发拉底河边的王国都交给他所敬重的吕西亚管理,又留下了部分军队和大象群,(296)并托付吕西亚在他回来之前尽可能好好养育他的儿子安提阿古。王又吩咐他要征服犹太,将当地的居民掳来做奴隶,彻底摧毁耶路撒冷,并将那国完全废去。(297)安提阿古王将这些事情交代吕西亚后,就启程到波斯去了,那时是第一百四十七年。他过了幼发拉底河,就到了北方诸国。

3. (298)吕西亚挑选了多利梅尼的儿子托勒密、尼卡诺尔和乔吉亚斯,他们都是王的友人中最有才干的。他交给他们四万步兵和七千骑兵去对付犹大。他们远行到以马忤斯,在那里的平原地带扎营。(299)叙利亚和邻国也派来一些补给的军队,再加上许多犹太的游民。此外,还有一些商人带着金银来买那些被俘虏的人(就是那些设有保释金的囚犯）。(300)犹大看到他们的军营和众多的敌人,就劝他的士兵要有勇气,鼓励他们将胜利的希望放在神的身上。他要他们按照本国的习俗,身穿麻衣祈求神,这是他们在极大危险时祈求神的方法,求神使他们能得胜仇敌。(301)于是,他按他们先祖在古时争战的方式摆阵,将众人分派给千夫长和其他将领管理,并遣散那些新婚的人以及刚得产业的人,以免他们为要享受这些祝福而太爱惜生命,战斗时像懦夫一样。(302)如此安置好众士兵,他就以下面的话语鼓励他们争战,他对他们说:"与我并肩作战的士兵们! 没有任何时候比现在更需要我们满有勇气、轻看危险,因为如果你们现在充满男子气概地争战,你们或许可以重获自由,这是所有人都希望拥有的。(303)我们也因此可以自由地敬拜神,所以我们更是渴望能成就这事。既然你们处于现在的情况下,就必须争取自由,得以重新按我们律法及习俗过蒙福快乐的生活,否则就会臣服于最卑贱的痛苦中。(304)如果战败,你们的民族就不会再留下余种。所以你们要勇敢地争战,就算你们不争战,你们也一定会死;更何况你们相信,除了你们民族、律法及宗教自由的光荣报酬外,你们还要得永恒的荣耀。因此,你们要一心一意做好准备,明天一早,就要与敌人争战了。"

**4.** (305)这就是犹大鼓励他们的话。但是,敌军却派了乔吉亚斯带领五千步兵、一千骑兵,想趁夜晚突袭犹大,他们为此还用了一些犹太人的游民做向导。马他提亚的儿子察觉了这事,就决定去袭击他们的营区,因为此时他们的军力已经分散了。(306)正当敌军快乐地享用晚餐,在营里留了许多营火时,他已连夜行军到以马忤斯的那些敌军处。当乔吉亚斯发觉犹大的营地没有敌踪时,他猜测他们可能退到山区躲藏起来,就决定跟去寻找他们。(307)但是,大约在黎明时分,犹大出现在以马忤斯的敌人面前,他只带了三千装备陈旧的士兵,因为他们很穷困。他看到敌军装备精良,就鼓励这些犹太人说,就算手中空无一物,也一定要作战,因为神曾经给予像他们一样的人力量,去对抗那些人数众多、武器精良的军队,因他看重他们的勇气。于是他命令号手吹号作战。(308)他们就这样出其不意地袭击敌人,使敌人惊慌失措,犹大将许多抵挡他的人都杀了,又将其他人追逐到加大拉、以土买的平原以及亚实突和雅比聂等地。他们就这样消灭了三千敌兵。(309)犹大劝他的士兵们不要贪恋掳物,因为他们仍要与乔吉亚斯以及他的军队战斗,一旦获胜,就可以安全掠夺敌人的营区,因为乔吉亚斯和他的军队是他们所剩唯一的敌人,不会再有其他敌人了。(310)就在他与他的士兵们说话的时候,乔吉亚斯的人从上面看到他们留在营区的军队已经被击败,营区也被焚烧。虽然他们离那里有一大段距离,但是焚烧营区的烟,已经明显告诉他们所发生的一切。(311)乔吉亚斯的士兵知道事情发展的情况后,以为犹大的军队已经预备好来攻击他们,他们就非常害怕,四处逃窜。(312)犹大不战而胜了乔吉亚斯的军队,随即回来掳夺财物。他带着大批金银以及紫色、蓝色的布欢喜回家,并为了他们的成功向神欢唱诗歌。这次的胜利是他们重获自由的主要原因。

　　5.(313)吕西亚因他所派的军队被打败而大为吃惊,于是他在第二年又召集了六万士兵与五千骑兵去袭击犹大。他上到犹太山区一个名叫伯夙的村庄扎营,(314)在那里犹大以一万士兵抵抗他。犹大一看到敌人的大军就向神祈祷,求神帮助。他一发现敌踪就开战,并将他们击败,还杀了大约五千敌兵。这样一来,其余的敌人就十分害怕。(315)事实上,当吕西亚看到犹太人的高昂气势及宁死也不愿失去自由的精神时，就对这种不怕死的战斗精神感到害怕，好像他们真的大有能力。于是，吕西亚就带着剩余的军队回到安提阿。在那里，他招募外籍人入伍，准备以更强大的军力攻打犹大。

**6.** （316）安提阿古军队的众将领一再败于犹大手下，犹大就集合了群众，告诉他们是神赐给他们这么多次的胜利，所以他们应该上耶路撒冷洁净圣殿，并向神献上当奉的祭物。（317）当他和所有的民众到了耶路撒冷，发现由于被弃置多时，整个圣殿荒芜、殿门被焚、杂草丛生。他和同行的人就开始哀哭，为眼前的景象伤痛。（318）于是他从士兵中挑选了一些人，命令他们对抗留在大本营的那些卫兵，直到他将圣殿完全洁净为止。他细心地清理圣殿，带来新的器皿、烛台、陈设桌以及金制的香坛，又在各个门口挂上幔子并加上门。他也拆除了献燔祭的坛，建造了一个用石头做的新坛，这些石头是没有经过铁器打凿的。（319）在基斯流月（马其顿人称为亚皮流斯月）的第二十五日，他们点燃了烛台上的灯，在香坛上献香，在陈设桌上放置陈设饼，又在祭坛上献燔祭。（320）这事恰好发生在他们的神圣敬拜被禁止，而流于亵渎神并为世俗所用三年后的同一天。安提阿古使圣殿荒芜了三年之久。（321）圣殿的弃置是在第一百四十五年（第一百五十三届奥运会）亚皮流斯月的第二十五日。在第一百四十八年（第一百五十四届奥运会）亚皮流斯月的同一天，这殿又重新奉献给神。（322）圣殿的荒芜是照着先知但以理在四百零八年以前所预言的，他宣告马其顿人会使圣殿的敬拜停止一段时间。

**7.** （323）犹大为了圣殿得以恢复献祭而欢庆了八天，在那期间尽情欢乐，又给所有人吃最上等的祭品。他以诗歌和诗篇将荣耀归给神，他们尽都喜乐。（324）他们都十分欢喜能复兴他们的律例，意外地重获敬拜的自由,特别是在长期中止敬拜与习俗之后。因此,他们因重新恢复圣殿敬拜而为后世子孙立定一条欢庆八天节期的律法。(325)从那时起直到现在,我们都庆祝这节期,称为"光明节"。我想定这节庆是因为这自由远超乎我们的所想所求,因此就如此命名这节期。(326)犹大重建城墙,并立高塔以对抗敌人入侵,塔内也设置了守卫。他又使伯夙城更为坚固,作为抗拒敌人侵略的大本营。

## 第八章
### 犹大征服邻近诸国;西门击败推罗和托勒密的百姓;犹大战败提摩泰乌,并迫使他逃亡,以及他在约瑟和亚撒利雅被打败后所行其他诸事

**1.** (327)这些事情结束后,犹太人的邻国都因他们又恢复了强盛而感到不安,就联合起来杀害了许多犹太人,又设下陷阱从他们身上得好处,并在暗中设计谋害他们。于是犹大持续征讨这些人,力图阻止他们的入侵,并防范他们对犹太人的伤害。(328)他在阿克巴特尼袭击以扫的后裔以土买人,杀死了他们许多人,并从那里得到了很多掳物。他又封锁了巴努的儿子们,因他们设下埋伏准备攻击犹太人;犹大控制并围剿他们,烧毁了他们的城堡以及城堡中的人。(329)之后他又去对付亚扪人,这些人军力强大,提摩泰乌是他们的统帅。犹大打败他们后取得了雅谢城,掳走他们的妻儿,在烧毁那城后就回到犹太地。(330)附近诸国知道他回来,就在基列集合了一大群人,攻击那些住在国境边界的犹

太人。那些犹太人逃往底阿提玛的驻军处，又写信通知犹大说提摩泰乌想要夺取他们所逃往的那地方。(331)当犹大读信时，加利利的信差也来告诉他，托勒密、推罗和西顿的居民，以及加利利的外邦人，已经联合在一起了。

**2.** (332)于是犹大考虑要如何处理这两件事。他命令他的兄弟西门率领三千精兵去帮助加利利的犹太人，(333)他自己则和他另一个兄弟约拿单带着八千士兵赶往基列。他留下撒迦利亚的儿子约瑟以及亚撒利雅，让他们去统领留下来的兵力，并嘱咐他们要好好守卫犹太地，不可和任何人交战，直到他回来为止。(334)于是西门前往加利利与敌人争战，令敌人逃跑。西门追杀他们直到托勒密的城门口，杀死了大约三千敌军，又掠夺了那些阵亡者的财物，之后就带着那些被敌人掳去的犹太人连同他们的行李一起回来了。

**3.** (335)至于犹大·马加比和他的兄弟约拿单，他们过了约旦河，经过三天的行程，就在拿巴提人那里休息，那些人和平地接待他们，(336)并告诉他们加利利的景况，以及有多少人陷入困境逃往驻军地及加利利各地。那些人又劝他尽快去对抗外邦人，将他本国的子民由外邦人手中拯救出来。他听从了这劝导，就回到旷野。他首先袭击波斯拉(Bosor)的居民，夺得了那城并击败了城内的民众，灭尽一切男人和能打仗的人，并烧毁了那城。(337)接着他连夜赶到犹太人被围困的驻军地，提摩泰乌正带着他的军队包围那地，犹大在天明时到达那城。(338)犹大看到敌人在攻城，有些人带着梯子想爬上城墙，有些人拿出器具来撞击城墙，于是他吩咐号手吹号，并鼓舞他的士兵为了他们的兄弟亲人勇于赴险对敌。他将兵力一分为三，从敌人的背后进行攻击。(339)当提摩泰乌的人知道是那个在战场上又勇敢又成功的马加比来攻打他们时，根据以往与马加比交战的丰富经验，他们就都急速逃逸。但是犹大率军追杀他们，杀死了八千敌军。(340)接着他又转往旁边一个名叫马拉(Malle)的外邦城，在夺取那城、屠杀该地所有的男子后，焚毁了那城。离开那地后，他又打败了卡斯伏、波斯拉以及基列地的其他许多城。

4.(341)过了不久，提摩泰乌预备了一支大军，征召了许多雇佣兵，又以奖赏劝诱了一些阿拉伯人和他一起远征，与他原有的军队一同过了河，(342)直到拉芬城边。他鼓励士兵们遇到犹太人时要勇敢作战，阻止他们过河，提摩泰乌事先就对他们说："一旦让他们过了河，我们就会被打败。"(343)犹大听到提摩泰乌已经准备好要打仗，就带领了所有的军队，迅速前去对抗他的仇敌提摩泰乌。犹大过了河突袭敌军，有些人迎面而来，被他杀死；另一些畏惧他的人则弃甲而逃；有些人成功逃脱，(344)但有一部分人逃到加宁庙，希望在那里保全性命，但是犹大取得那城将他们都杀了，并焚毁了那庙。犹大就这样以各种不同的方式歼灭了他的敌人。

5.(345)做完这事后，他就集合了那里的犹太人和他们的妻儿，带着他们的财产，要将他们带回犹太地。(346)他们到了一个名叫以弗仑的城，那城就位于回程的路上(因为他前面没有其他的路可走，又不愿意走回头路)。他就派人告诉那城的居民，希望他们打开城门，允许犹太人经过这城继续他们的行程，因为那城的人用石头堵住了城门，阻断了他们的通道。(347)当以弗仑的居民拒绝让他们经过时，犹大就鼓励那些与他同行的人日夜包围以弗仑，攻下了那城，杀尽了城里的男人，并烧毁了那城，如此他们才取得了通道；被杀的人数众多，他们甚至要踏着尸体才能走过去。(348)于是他们过了约旦,到达伯善城旁边的大平原,这城被希腊人称为希托波里。(349)离开这里后,他们很快就进入了犹太地,他们边走边唱着圣诗与诗篇,沉浸在得胜凯旋的喜悦中。他们也为着得胜与军队的保全而献上感谢祭,因为没有一个犹太人在这些战事中阵亡。

6. (350)当西门在加利利对抗托勒密人,犹大和他的兄弟约拿单在基列时,犹大所留下来统领其余军队的将领,就是撒迦利亚的儿子约瑟以及亚撒利雅,他们因为这些战争中英勇将领的影响,就带领手下的军队前往雅比聂。(351)雅比聂军队的将领乔吉亚斯就在那里与他们开战,他们失去了两千士兵后就逃走了,乔吉亚斯追赶他们直到犹太地的边境。(352)这样的不幸临到他们是因为他们违背了犹大的命令,犹大曾命令他们在他回来之前不可与任何人交战。除了犹大的其他明智建议外,人们也不得不感叹他对约瑟和亚撒利雅指挥的军队所遭遇不幸的预见。他知道,如果他们不遵守他的命令,必定会遭遇不幸。(353)然而犹大和他的兄弟并没有停止与以土买人的战斗,而是从各方面向以土买人施加压力,从他们手中取得希伯仑城,毁坏了所有的要塞,焚烧了所有的高塔,烧毁了外邦人住的村庄以及玛利沙城。他们又到亚实突夺得那地,摧毁了城中的一切,又从那里掠夺了大批掳物,然后才回到犹太地。

# 第九章

## 记载安提阿古·伊比芬尼之死；

## 安提阿古·欧帕特与犹大争战,他将犹大围困在圣殿,

## 后又与他和解并离去；以及亚息母斯和奥尼亚的事情

**1.** (354)大约此时,正在北方诸国的安提阿古王听说波斯有一个富庶的城,名叫伊鲁梅达,城中有一个豪华的狄安娜庙,里面充满了各式各样献给狄安娜的奉献、兵器和胸甲。经调查他得知那是马其顿王腓力的儿子亚历山大留下来的。(355)在这些动机的引诱下,他就急速前去攻击伊鲁梅达,并将那城包围。但是城里的人既不怕他的攻击也不怕他的围城,反而勇敢地抵抗他。他的美梦破灭了,他们不但把他驱离这城,还前去追赶他,使他远避到巴比伦,且失去了大部分的军队。(356)正当他为这失望而哀叹时,有人告诉他,那些他留下来对抗犹太地的将领们被打败了,又对他描述犹太人的强盛。(357)这些不利的消息对他来说真是雪上加霜,加上原有的焦虑,他就病倒了,且病了很长一段时间。当他越来越痛苦,终于相信自己快要死了,于是他召集了他的友人,告诉他们自己得了重病,也承认在他身上发生的不幸是因为他劫掠圣殿、指责犹太人的神,令犹太民族痛苦,说完之后他就死了。(358)你或许会对麦格勒波利的波力比乌所说的感到疑惑,虽然波力比乌是个好人,但是他却说"安提阿古之死是因为他想要劫掠波斯的狄安娜庙"。然而,想要做一件事却没有真的做到,是不至于遭到惩罚的。(359)如果波力比乌以为

安提阿古是因此而丧命，倒不如说这王的死是因他亵渎并劫掠耶路撒冷的圣殿，这还更有可能。但是我们不会和那些人争辩，他们认为麦格勒波利的波力比乌所说的原因较我们所认定的更接近事实。

**2.**（360）安提阿古死前召来他的一个朋友腓力，要他成为他王国的管理人，又把自己的王冠、外衣和戒指交付给他，要他带给王的儿子安提阿古，还希望腓力能让安提阿古接受好的教育，并将王国保留给他。（361）这位安提阿古死于第一百四十九年，是由吕西亚向民众宣布王的去世以及继位者是王的儿子安提阿古（当时是吕西亚负责照顾他），并称他为安提阿古·欧帕特。

**3.**（362）那时在耶路撒冷大本营的驻军以及犹太人的游民，对犹太人造成许多伤害。营中的士兵会出来突击那些上圣殿献祭的人，因为大本营与圣殿相连，又可以监视圣殿。（363）这类的不幸经常发生，犹大就决心毁掉这个大本营。他集合了所有的人，猛烈围攻大本营里的敌人，这是塞琉古统治下的第一百五十年。犹大制造了作战的器械，竖起防御的壁垒，竭力要攻下这个大本营。（364）但是里面住了不少犹太人的游民，他们晚上来到国中，会同一些和他们一样邪恶的人去见安提阿古王，求王不要在他们被自己国人攻击时，使他们受苦或是忽略他们。他们受这样的苦是肇因于王的父亲要他们离弃先祖的宗教敬拜，而他们选择了王的父亲所命令的方式敬拜。（365）现在大本营很危急，除非王能派出援军，不然那些守卫驻军会被犹大和他的军队胜过。（366）还是个孩子的安提阿古听了这些话非常生气，他召集了侍卫长及他的友人，下令他们集合军队，包括雇佣兵以及在他本国内适合打仗年龄的男子，就这样他们集结了约有十万步兵、两万骑兵，以及三十二头大象。

**4.** (367)于是，王和吕西亚(吕西亚拥有统领全军的权力)率领这支军队由安提阿迅速出发。他们到达以土买，由那里上伯夙城（那城十分坚固，要将它打下是很不容易的事），开始了围城之战。(368)城里的人奋勇抵挡他，并出来突袭他，烧毁他作战的器械。他们将许多时间都花在围城上面。(369)犹大听说王来了，就结束了大本营的围攻，而去面对王的军队。他在伯沙卡里亚的一些狭径上扎营，那地距离敌军约有十四公里。(370)王立刻撤离伯夙，率大军前往这些狭径之处，一到天明，就摆出作战的阵式，(371)让他的象群一头接着一头地通过狭径，因为它们无法并排通过。每头象的旁边都有一千步兵与五百骑兵。大象背上驮着高塔，内有弓箭手。他令剩下的军队上到山区，且把他朋友们置于其他人之先；(372)然后，他命令大军呐喊，向敌人进攻。他又拿出那些以金铜做的盾牌，它们反射的光耀眼夺目，当他们呐喊时，整个山区都充满回声。犹大见此声势并不惧怕，反而勇敢对敌，杀了六百个站在前排的敌军。(373)犹大的兄弟以利亚撒，又称为"奥兰"，他看到佩戴着王室胸甲的象群中最高的那头象，认定王在那头象上，就矫捷勇猛地攻击它。他杀了大象旁的许多士兵，又赶走其他的人，然后跑到大象肚子下面袭击它并将它杀死。(374)于是大象倒在以利亚撒身上，将他压死了。这人就这样走到生命的终点，他是第一个勇敢歼灭这么多敌人的人。

**5.** (375)看到敌人如此强大，犹大就退回耶路撒冷，准备忍耐围城之战。至于安提阿古，他派遣部分军队去围攻伯夙，自己则带着其他的军队上耶路撒冷。(376)伯夙的人害怕王的力量，又看到城里的供应不足，就在王发誓不会暴虐对待他们的保证下投降了。安提阿古就这样取得了那城,他没有伤害伯凤城的人,只将他们赤身赶出。他还在城中设置了一个驻军处。(377)耶路撒冷的围城战持续了很久,城里的人勇敢抵抗,不论王使用什么样的器械对付他们,他们都有办法以不同的器械对抗。(378)但是他们的储备越来越少,地上的果子都吃尽了,那年的地也没有耕种,因为是第七年,按照我们的律法,我们必须要让这地休息,不能开垦。同时许多被围困的人为了得到生存所需而逃走,只有部分人留在圣殿中。

**6.** (379)这就是那些在圣殿中被围困者的景况。那时,军队的将领吕西亚和安提阿古王得知腓力从波斯来攻打他们,力图夺得管理诸事的权力,于是他们就想快点结束围城战,好去对付腓力,然而他们决定不让士兵或军官知道。(380)于是,王命令吕西亚公开对士兵及军官们宣布说,这包围战将会持续很久;这地方很坚固;军队已缺乏补给;王国有许多事情需要处理;但是对腓力的事却只字不提。(381)他说,如果能和被围困的人结盟并与这国家建立友好关系,会是比较好的处理方式;就让他们依照他们先祖的律法生活,因这战事肇因于不许他们按他们先祖的律法生活。这样做的话,大家就可以回家了。吕西亚对大家宣布后,士兵和军官们都为这样的结果感到高兴。

**7.** (382)于是,王就派人去见犹大和他的属下,应允给他们平安,也让他们依照他们先祖的律法生活。他们对这个提议感到十分欢喜,当他们得到会保障他们安全的誓言后,就出了圣殿。(383)但是,当安提阿古进入圣殿,看到圣殿如此坚固,就违反了誓言,命令他的军队把城墙拆毁,然后他才回安提阿去。他也将被称为"米尼劳"的大祭司奥尼亚带走。(384)吕西亚建议说,如果要让犹太人平静下来不再惹事,就要将米尼劳杀死,因为让犹太人对他们做了这么多恶事的祸首就是这人,是米尼劳说服王的父亲逼迫犹太人离弃先祖的律法。(385)于是,王将当了十年大祭司的米尼劳送到叙利亚的庇哩亚城,在那里把他处死。米尼劳是一个邪恶又不敬虔的人,为要得到统治权,逼迫自己的国人违背律法。米尼劳死后,亚息母斯被立为大祭司,他又被称为雅克模。(386)安提阿古王发现腓力已经霸占了政府,就向他开战,并在征服他后将他处死。(387)至于我们前面所提到的大祭司的儿子奥尼亚,在他父亲死时还只是个孩子。他看到王杀了他的叔父米尼劳,并将大祭司的职位给了不属于大祭司家族的亚息母斯,认为这是王在吕西亚的诱导下把这尊位由他家移到别人家,就投奔到埃及王托勒密那里。(388)他发现在那里,王和王后克娄巴特拉极为尊重他,他就在海里欧坡力政区得了一块地,在那里建了一座圣殿,像耶路撒冷的圣殿一样。我们会在后面更适当的地方叙述这事。

# 第十章
## 德米特里的军队将领巴基德远征犹太无功而返;随后派尼卡诺尔对抗犹大,尼卡诺尔及其军队被消灭;以及亚息母斯之死和犹大的继位

1.(389)大约此时,塞琉古的儿子德米特里从罗马逃出,夺得了叙利亚的黎波里城,并自封为王。他又征召了一些雇佣兵,带着他们进入自己的王国,受到国人的欢迎,国人都降服于他。(390)他们抓到安提阿古王和吕西亚,就将他们带去见德米特里,他立刻命令处死他们。如同

我们在别处提到过的，安提阿古做了两年的王。(391)这时有许多邪恶的犹太游民一起去见他，大祭司亚息母斯也跟他们同去，他们控诉整个国家，尤其是犹大和他的兄弟们，(392)说他们杀了德米特里的所有朋友，还有那些等他回来的他的同党们，也都被他们处死了；又说犹大一党将他们这批人从本国赶出来，使他们在外邦寄居。于是这些人要求德米特里差派自己的朋友前去，让他们亲自告诉他犹大一党的恶行。

**2.** (393)德米特里听了之后很生气，就差派了安提阿古·伊比芬尼的友人巴基德。巴基德是个正直的人，得到美索不达米亚全地人的信任。德米特里给了他军队，并将大祭司亚息母斯交由他照顾，命令他去杀死犹大及其同党。(394)于是巴基德立刻带兵由安提阿出发，到了犹太地，就派人告诉犹大和他的兄弟，说他要和他们结为盟友和平相处，然而他心里打算到时候再变节将他们抓起来。(395)犹大并没有相信他，因为没有人会带着大军来求和平，只会带着大军开启战事。但是有一些人相信巴基德所宣称的，认为亚息母斯是自己的国人，不会对他们有太大的伤害，所以他们就去投靠巴基德。(396)他们得到了巴基德和亚息母斯双方的誓言，都说他们及同来的人不会伤害这些犹太人，于是这些人就相信了他们。但是巴基德毫不在乎所立的誓，杀其中六十个人。由于他没有对第一批来的人守信，其他想要来投靠他的人都因此打消了这个念头。(397)巴基德离开耶路撒冷到了一个叫伯特塞特的村落，他派人出去抓了许多逃亡的人和一些当地人，将他们全都杀死，并命令所有的国人降服于亚息母斯。他将亚息母斯留在那里，并交给他一部分军队，好让他在有需要的时候可以借着兵力安定那地，他自己则回到安提阿去见德米特里王。

**3.** (398)亚息母斯希望能确保这领土,他想如果能使民众成为他的朋友,他就能够更安定地治理这地。于是他向大家说友好的话,也和颜悦色地与他们一一交谈,如此没过多久,他就集结了一大批人和军队在他周围,(399)虽然其中大部分是邪恶或流亡的人。亚息母斯用这些人做他的仆役和士兵,到全国各地杀害犹大的同党。(400)犹大见亚息母斯的势力已大,又杀死了许多正直敬虔的人,他就到全国各地去杀害对方的党羽。亚息母斯知道自己势力也不及犹大,无法对抗他,就决定亲自去见德米特里王,求王来帮助他。(401)于是他前往安提阿,用犹大来激怒王,并控诉犹大,说他因为犹大的缘故而承受了许多痛苦,如果不及时阻止并制裁犹大,会造成更大的危害,所以必须要差派强大的军队来对付犹大。

**4.** (402)德米特里早就察觉,轻看犹大对他的国事是有害的。现在犹大的势力强大,王就派遣他最忠诚的友人尼卡诺尔去对付犹大,尼卡诺尔是和王一起从罗马逃出来的。王又给了尼卡诺尔他认为足以征服犹大的军力,并命令尼卡诺尔对那国完全不要顾惜。(403)尼卡诺尔到了耶路撒冷,决定先不攻打犹大,他想如果能将犹大诱骗到手就更好了。于是他送给犹大一个和平的信息,说他们不必冒着生命危险彼此作战,他向犹大保证不会伤害他,因此他只会和几个朋友同去,好让他知道德米特里王的心意,以及他对他们国家的看法。(404)尼卡诺尔传达这信息过去,犹大和他的兄弟们毫不怀疑就答应了他的提议,也保证以友好的方式接待尼卡诺尔和他的军队。但当尼卡诺尔正向犹大致敬与交谈时,他向他的士兵们做暗号,示意他们上前抓捕犹大。(405)犹大看出这诡计,就跑回自己的军队,并和他们一起逃走了。因尼卡诺尔的目的和对犹大设下的陷阱都被拆穿，他就决定对犹大开战。他集合了所有的军队，并做好战前准备。在他们会战的克发撒拉马村，他被犹大打败，因此退回耶路撒冷的大本营中。

5. （406）尼卡诺尔从大本营下到圣殿，有一些祭司和长老迎接他，向他问安，并将他们为王向神所献的祭物给他看。谁知他却亵渎诅咒这事，还威胁他们说，如果他们不将犹大交给他，他就要回来拆毁圣殿。（407）威胁完他们后，尼卡诺尔就离开了耶路撒冷，祭司们都因他所说的话痛哭流涕，祈求神将他们从敌人手中拯救出来。（408）尼卡诺尔出了耶路撒冷，在一个叫伯和仑的村庄扎营，另一支由叙利亚来的军队也加入了他。犹大在一个叫阿德萨的村落扎营，那里只有不到一千个士兵，距离伯和仑六公里。（409）犹大鼓励他的士兵不要因为敌人数目众多而沮丧，也不要在意双方人数的差距，只要知道他们自己是怎样的人、他们赴敌后将得到的极大奖赏，勇敢去杀敌就好了。于是他率领士兵与尼卡诺尔作战，这是一场险恶激烈的战争，他胜过敌人，杀死许多人，最后连光荣作战的尼卡诺尔也倒下了。（410）尼卡诺尔死后，全军无心再战，失去将领的军队丢下他们的武器四散逃逸。犹大继续追杀他们，并命令号手吹号，告诉邻近的村庄他们已经战胜了敌人。（411）附近居民听到号声，就急忙戴上盔甲，在敌人逃跑时迎面攻击他们，他们杀死众多敌人，连一个也没放过，杀死敌人的总数达九千人。（412）这个胜利发生在犹太人所称亚达月（马其顿人称之为底斯特罗斯月）的第十三天。从那时起，犹太人每年都会庆祝这个胜利，立为一个节期。在这以后，犹太人的国家有一段时期没有战事，人民得以平安度日，可过了不久，他们又回复到原先的战事和险境中。

**6.** (413)现在,大祭司亚息母斯想要拆除至圣所的墙,那墙年代久远,是圣先知们所建,但是亚息母斯突然被神重责而跌倒。这个打击让他倒在地上无法言语,经过多日的痛苦,最后就死了。他做了四年的大祭司。(414)在他死后,大家将大祭司的尊位给了犹大。犹大听说罗马人极为强大,以武力征服了加拉太、伊比利亚、迦太基以及利比亚;除此之外,他们又镇压了希腊和他们的诸王,如珀耳修斯、腓力及安提阿古大帝。于是,犹大决定要与罗马人结为盟友。(415)他派了几个朋友去罗马,包括约翰的儿子幼坡勒莫和以利亚撒的儿子耶孙,想借着他们使罗马人成为他们的朋友,帮助他们,这样罗马人就会写信给德米特里,要他不要和犹太人作战。(416)罗马的元老院接待了犹大差派来的使臣,与他们讨论此行的目的,也应允要帮助他们。他们也为这事发了一份公告,并送了一份抄本去犹太地。这公告在首都也存放了一份,是刻在铜上的。(417)这份公告内容如下:"元老院的公告是有关与犹太民族建立友好互助的盟约。任何罗马的公民和犹太民族争战是不合法的,也不可以用玉米、船只或金钱帮助那些与犹太民族作战的人。(418)若犹太人遭到攻击,罗马人会尽力帮助他们,若罗马人遭到攻击,犹太人也会来帮助罗马。如果犹太人要加添或删减互助盟约的内容,必须得到罗马人的一致同意。经由这过程而添加的内容与现有的盟约同样有法律效力。"(419)这公告是约翰的儿子幼坡勒莫和以利亚撒的儿子耶孙所写,那时的大祭司是犹大,犹大的兄弟西门是军队的将领。这是罗马人与犹太人所立的第一个盟约,这盟约就按照所写的被履行。

# 第十一章
## 巴基德再度被派来攻击犹大；犹大英勇奋战及其阵亡

1. （420）德米特里听说尼卡诺尔之死以及他全军覆没，就再派巴基德率军去犹太地。（421）巴基德出了安提阿到达犹太地，在加利利的阿贝拉城扎营。他围困了躲在山洞里的人并将他们抓起来〔因为有许多百姓逃到山洞里去了〕，然后就赶到耶路撒冷。（422）他听说犹大在伯特塞特村扎营，就带着军队前去对抗犹大，共有两万步兵和两万骑兵。（423）犹大只有不到一千士兵，当他们看到巴基德的大队人马，就感到害怕，有些人离营逃走，最后只剩下八百人。犹大被自己的士兵遗弃，又有大敌当前，根本没有时间招集他的军队，只能带着这八百人与巴基德的军队一战。他劝他们要勇敢面对危险，（424）鼓舞他们上前杀敌。他的士兵们说，他们人数太少，不足以对抗这样多的敌军，就建议犹大先退去以得保全，等到集合好了军队，再来攻打敌人。犹大回答说："永远不要让太阳看到我背对着敌人，（425）就算这是我丧命的日子，我也必须要死在战场上。宁可勇敢面对要临到的事，我也不打算逃跑，使我以往的伟大事迹或光荣战绩蒙羞。"这是他对那些留下来跟着他的人所说的话，然后他就鼓励他们向敌人进攻。

2. （426）巴基德将他的部队带出营区，摆列成队预备作战。他将骑兵安置在两翼，轻装士兵和弓箭手在大军的最前方，他自己则在右翼。（427）他将队形排好预备对敌开战，命令号手吹号表示战事已经开始，又令全军呐喊，向敌人进攻。(428)犹大也如此行来迎战，由于双方都很奋勇作战，这场战事一直持续到太阳西下。犹大看到巴基德和较强大的军力是在右翼，就带着一批最勇敢的士兵冲向右翼，攻击他们并冲散他们的队形，(429)将他们逼到中间迫使他们逃离，并追杀他们直到阿萨山。左翼的军队看到右翼溃散，就将犹大由四面包围，使他被困于敌军的中间。(430)犹大和与他同行的人既然无法插翅而飞，就只有奋力作战，在杀了许多前来攻击他的人之后，犹大自己也受了伤，后来就倒在地上勇敢地战死，如同以往一样英勇。(431)犹大死后，他的军队群龙无首，看到已经失去领袖，他们就都逃走了。(432)犹大的兄弟西门和约拿单与敌人协商，将他的遗体取回，抬到摩丁村，这是埋葬他父亲的地方，他们就将犹大埋在这里。民众为他哀恸了多日，并举行了庄严的葬礼，(433)这就是犹大的结局。他是一个勇敢的人，也是一个伟大的战士，并且忠于他父亲马他提亚一切的命令，为了国人得到自由历经所有的艰辛。(434)他的品格如此卓绝［他活着的时候］，死后也留下荣耀的名声与值得纪念的事迹。他为国家取得自由，又将国人从马其顿人的奴役下拯救出来。做了三年大祭司后，犹大就阵亡了。

第十三卷

从犹大·马加比去世到亚历山德拉王后去世（涵盖八十二年）

# 第一章

## 约拿单接续他的兄弟犹大执政；
## 以及他与他的兄弟西门一起对抗巴基德的战事

**1.** (1)在上一卷,我们已经叙述了犹太人如何从马其顿人的奴役中重获自由,以及他们的将领犹大为了整个民族,历经许多奋斗与无数大战,直至英勇阵亡。(2)犹大死后,那些邪恶并违背先祖律法的犹太人又在犹太地滋生壮大,令其他的犹太人在各方面都十分苦恼。(3)这时又发生了饥荒,更加助长了他们的邪恶,使整个国家陷在苦难里。许多人无法承受饥荒与仇敌带来的悲惨生活,为了得到生活的必需品,就离开了自己的国家前往马其顿。(4)巴基德集结了那些背弃自己先祖生活方式而选择仿效邻国生活方式的犹太人。他们将犹大的同党交在巴基德手中,巴基德先是任意凌辱折磨他们,再将他们杀死。(5)自从犹太人由巴比伦回归后,没有遭遇过这样大的灾难。那些犹大的同伴们看到国家即将惨痛灭亡,就去见犹大的兄弟约拿单,希望约拿单能效法他兄弟来照顾自己的百姓,因犹大就是为他们的自由而死。他们也希望约拿单不会让这个国家没有一个领袖,尤其是在现今就要灭亡的景况下。(6)约拿单回答他们说，他愿意为国人牺牲性命。于是，他们就像尊敬他兄弟一样尊敬他，任命他为犹太军队的将领。

**2.**（7）巴基德听说此事后，担心约拿单会像他兄弟犹大一样，给王和马其顿人带来许多烦扰，于是想要以诡计杀害约拿单。（8）然而，约拿单和他的兄弟西门都知道他的意图，他们得到通报后，就带着所有的同伴逃往最靠近城邑的郊野，在亚实发湖边住了下来。（9）巴基德知道他们现在的弱势以及他们居住的地方，就立刻率领所有的兵力去攻击他们，并在约旦河外扎营，集结他的军队。（10）约拿单知道巴基德要来对付他，就派他兄弟约翰·加底前往拿巴提的阿拉伯人那里，寄放他随身的行囊，直到与巴基德的战事结束为止，因这些人是犹太人的朋友。（11）但是阿玛里欧的儿子们在米底巴城设下埋伏，将约翰及与他同行的人抓住，并劫掠了他们所携带的一切财物，然后又把他们都杀了。然而阿玛里欧的儿子们也因现今所做之事被约翰兄弟们狠狠地惩治一番，这事我们马上就会提到。

**3.**（12）巴基德知道约拿单在约旦的湖泊区扎营，就打算等安息日去突击他们，因为律法规定那日要休息，所以他认为他们不会反击。（13）但是约拿单劝他的同伴们要争战，否则他们随时会丧命，因为他们被河流及敌军包围，无路可逃，眼前是逼近的敌人，身后又是河水。于是约拿单向神祈祷，求神带给他们胜利。祷告后他就去作战，（14）打退了许多敌人。约拿单看到巴基德狂妄地向他走来，就伸出右手突袭他，巴基德避开了这一击。约拿单和他的伙伴袭击不成，只好跳到河里游到对岸，逃至约旦河外之地，他的敌人并没有过河。巴基德失去了两千名士兵后，就回到耶路撒冷的大本营。（15）巴基德巩固了犹太地的许多城，诸如耶利哥、以马忤斯、伯和仑、伯特利、亭拿、法拉特、提哥亚和基色。(16)那些城的围墙都曾被毁坏,他在城里建筑高塔,并以高大坚固的城墙围绕它们,还派了军队驻守在内,以便就近伤害犹太人。(17)他更进一步坚固耶路撒冷的大本营,胜过所有其他的城邑。他又将犹太要人的众子当作人质关在大本营里,以此来加强大本营的防卫。

**4.**(18)约在这时,有人告诉约拿单和他的兄弟西门,阿玛里欧的儿子们正在庆祝一个婚礼,要从加巴他城将新娘接来,新娘是阿拉伯人中一个名人的女儿,所以会大肆铺张、阵容豪华地去迎娶新娘。(19)约拿单和西门认为这是为他们兄弟复仇的好机会,他们也有足够的武力从这些人中为约翰的死讨回一个公道。于是他们很快赶到米底巴,藏在山中等他们的仇敌到来。(20)当看到新郎新娘的队伍以及一大群被邀请参加婚礼的友人时,他们就从埋伏的地方冲出来,杀死了所有的人,并抢夺他们的饰物和所有的一切为掳物,然后就回去了。(21)他们就这样从阿玛里欧的儿子们、他们友人和这些人的妻儿身上,为他们的兄弟约翰复仇,被杀的敌人约有四百。

**5.**(22)约拿单和西门回到约旦河的湖泊区居住,巴基德也在驻军安定犹太地后回去见王,犹太地的战事自此平息了两年。(23)但是那些游民和邪恶的犹太人看到约拿单以及跟随他的人,因境内和平得以在国内平静生活,他们就去见德米特里王,煽动他派巴基德去抓捕约拿单。他们说抓到约拿单可以不费吹灰之力,只要一个晚上的时间就足够了。要是能趁他们没有防备的时候去偷袭,就可能将他们全都歼灭。(24)于是,王派巴基德前往犹太地。巴基德去犹太地时,写信给他所有的朋友,包括犹太人和外来的援军,要他们将约拿单抓来见他。(25)但他们尽了全力也没有办法抓到约拿单，因为约拿单很清楚他们所设的陷阱，也很小心地加以防备。巴基德就因那些游民欺骗王与他自己而发怒，杀了他们的五十个首领。(26)约拿单、他的兄弟和跟随他们的人因为害怕巴基德，就退居到伯曷拉，那是一个位于荒郊野外的村落。他在村里筑起高塔，又建了围墙，使它能有好的防御功能。(27)巴基德听说这事，就带着他的军队以及犹太的援军来对付约拿单，并攻击他的防御工程，将他围困了多日。(28)然而约拿单的勇气并未因巴基德的不懈围城而减少，反而勇猛地对抗他。约拿单令他的兄弟西门留守在城里与巴基德奋战，他自己则悄悄地出城，到国中聚集了一大批同党，在夜晚突击巴基德的军营，杀了他们许多人。他的兄弟西门知道是他击杀了这些敌人，(29)就由城里杀出来，烧毁了马其顿人的器械，并杀死更多的人。(30)巴基德看到自己被敌军前后包围就惊慌失措，也因为这包围战带来的意外失败而感到十分狼狈。(31)他将所有从这些霉运而来的怨气都发在那些游民身上，是他们欺骗了他，又令王差派他来到这里。他想尽可能以一种不羞辱的方式结束这场围城之战，然后回家。

**6.** (32)约拿单得知他这样的心态后，就差派使臣去见他，希望彼此建立互助友谊的盟约，并将双方所掳的人送回给对方。(33)巴基德觉得这提议给了他一个很好的台阶可以回家，就和约拿单结为友邦，并发誓不再互相争战。于是他将俘虏送回，带着自己的人回安提阿去见王，巴基德这次离去后，再没有回过犹太地。(34)约拿单趁这安定的时候，去到密抹城住了下来，在那里统治民众，惩罚那些邪恶与不敬虔的人，将他们从国中除去。

## 第二章

## 亚历山大[巴拉]在与德米特里的战争中给了约拿单许多好处，又指派他为大祭司，并说服他来协助自己，即便德米特里答应给约拿单更大的好处；以及德米特里之死

**1.** (35)在塞琉古王朝第一百六十年，安提阿古·伊比芬尼的儿子亚历山大上到叙利亚取得了托勒密城。那里的士兵因德米特里态度傲慢难以接近而与他不和，就背叛他去投靠亚历山大。(36)德米特里将自己关在他所建造的王宫里，不许任何人进入。那王宫离安提阿不远，有四个塔楼。德米特里也不勤于政务，令他的子民对他更为怨恨，就像我们在别处曾提到过的。(37)德米特里听说亚历山大在托勒密城，就率领所有的军队去对抗亚历山大，又差派使臣去见约拿单，希望与他建立互助盟约，成为友邦。德米特里决定要抢在亚历山大之前这样做，以免其他人先和约拿单立约，得到他的帮助。(38)德米特里这样做是出于害怕，他怕约拿单想起以前如何被他苦待，以至于加入这场战争来对付他。于是他下令让约拿单拥有军队、制造武器，并且领回那些被巴基德从耶路撒冷大本营抓来做人质的犹太人。(39)当这好运在德米特里认可下临到约拿单时，约拿单就前往耶路撒冷，将王的信读给那里的民众以及大本营里面的人听。(40)当读王的信时，大本营里这些邪恶的犹太人及游民知道约拿单得到王的许可拥有军队，并要领回人质，就非常害怕。约拿单将每位人质送回他们父母那里，(41)回到耶路撒冷定居。他将这

城整顿得焕然一新，并按照自己的喜好重新改建城中的建筑物，又下令用方形的石头重建城墙，好使它在遇到敌人攻击时更为坚固。(42)犹太地的那些驻军看到这情势，就离开他们逃回安提阿，除了在伯凤城及耶路撒冷大本营里的人(因这两地多是那些邪恶的犹太人及游民)，他们尚未将他们的驻军处移交出来。

**2.** (43)亚历山大得知德米特里对约拿单的承诺，又知道约拿单的勇气、对抗马其顿人的战绩以及他在德米特里及其军队将领巴基德手下遭遇的困境，就对他的朋友们说，他找不到一个比约拿单更适合在此刻来帮助他的人了，因为约拿单对敌勇猛，又因他与德米特里彼此间的过节与伤害，对德米特里特别恨恶。(44)所以，如果想让约拿单成为他们对抗德米特里的盟友，现在就去邀请他，会比其他任何时候更为合宜。于是亚历山大和他的朋友就决定送一封信给约拿单，信的内容是这样的：(45)"亚历山大王向他的兄弟约拿单问安。我们久仰你的勇气与忠贞，因此想与你结为友好互助的盟邦。我们在今日将你按立为犹太人的大祭司，你也要被称为我的朋友。我将一件紫袍与一个金冠送给你当贺礼，希望你从我们这里得到尊崇，也以同样的方式尊重我们。"

**3.** (46)约拿单收到这信，就在住棚节的庆典时穿上这件圣袍。这时距他兄弟犹大去世已经四年了，这期间没有大祭司。他又建立了一队大军，并制造了许多兵器。(47)德米特里听说这事大为懊恼，他怪自己动作太慢，不但没能阻止亚历山大得到约拿单的友善，反而给予他时间这样做。他就亲自写了一封信给约拿单和那地的百姓，内容如下：(48)"德米特里王向约拿单和犹太民族问安。由于你们在受到我们敌人诱惑时仍然保留了对我们的友谊，并没有加入他们的行列，我因而嘉许你们的忠贞，也鼓励你们继续如此行，你们会因此得到从我们而来的奖赏。(49)我要免除你们以往对先王与我所缴的大部分进贡与税金，还要免除你们一向以来献给我的盐税和王税。从今天起，我也豁免你们进贡三分之一田里的出产和二分之一树上的果子。(50)至于犹太地与邻接犹太地的撒玛利亚、加利利和庇哩亚每个居民要缴的人头税，我从此永不再向你们收取。(51)我也要使耶路撒冷成为神圣不可侵犯之地，免除十一税捐和其他税收，直达圣城最远的边界。我要将自己在大本营的职权归给你们大祭司约拿单所有，他可以在里面驻军，为我们管理这地，因为他的忠贞已得到肯定，这样做对他也有好处。(52)我王国里所有被掳或为奴的犹太人都要重获自由。我们也不可强制征用犹太人的牲畜作为我们的祭品，让他们在安息日和所有节期，以及从节期的三天前起，都不用课税。(53)同样的，在我王国里的犹太人都要得到自由，任何人都不许伤害他们。如果他们想要加入我的军队，就可以加入，最多有三万个名额，这些犹太的士兵无论被派到何处，都与我自己的军队有同等的薪饷。我会派一些人到驻军处，一些人做我的守卫，一些人在王宫前做侍卫长。(54)我让他们使用并遵行他们先祖的律法，并使他们管理加入犹太地的三个区。大祭司也有权督管所有犹太人只在耶路撒冷的圣殿敬拜。(55)我要从每年的岁入里留下一万五千德拉克马作你们的献祭花费，所剩银钱归你们所有。我要将诸王从圣殿所收取的一万德拉克马还给你们，因这笔钱属于管理圣殿的祭司们。(56)任何逃到耶路撒冷圣殿或其属地的人，无论他是欠王的钱或是犯了其他的法律，就让他们得到自由，他们所有的产业也得保全。(57)我会让你们有时间去整修重建圣殿，且提供给你们所需的经费。同时，我也允许你们在城外建造城墙，建立高塔,这些建设的钱都由我出。在犹太国境内,若有任何城镇需要防御工程以使这国强盛,就用我的经费去建造。"

**4.** (58)德米特里以此信应许赐给犹太人上述的一切好处。但是亚历山大大帝集结了包括雇佣兵以及从叙利亚出来投奔他的大军,率领他们向德米特里出兵。(59)开战后,德米特里的左翼将敌军击溃,追击他们到很远的地方,杀了许多人,并劫掠了他们的军营;然而德米特里所在的右翼却被打败,(60)其他的人也都逃走。德米特里英勇作战,杀了许多敌人。追赶其他敌军时,他连人带马陷入一个很深的泥沼,要从泥沼中出来十分困难。他的马倒下后,他也难逃一死。(61)他的敌人看见他的景况,就转回来将他包围,以标枪掷向他。德米特里站着勇敢地对抗他们,最后受伤严重,不能再支撑下去,终于倒地而死。这就是德米特里统治十一年后的下场,正如我们在别处所提说的。

# 第三章

## 奥尼亚和托勒密·非罗密特的友谊;以及
## 奥尼亚如何在埃及建了一座与耶路撒冷圣殿相同的殿

**1.** (62)我们已经说过了,大祭司奥尼亚同名的儿子逃到名叫非罗密特的托勒密王那里,现在住在亚历山大城。这位奥尼亚见犹太地遭受马其顿人及其诸王的压迫,(63)就想为自己赢得一个永远被纪念的名声。于是,他决定写一封信给托勒密王和克娄巴特拉王后,请求他们让他在埃及建造一座与耶路撒冷圣殿相同的殿,也让他从他们本族人中按立利未人与祭司。(64)奥尼亚想这样做的主要原因,是因他相信六百年前先知以赛亚曾预言,在埃及将会有一个犹太人为全能神建立一座圣殿。奥尼亚因这预言而振奋,就写了下面这信给托勒密和克娄巴特拉:(65)"在神的帮助下,我为你在叙利亚平原及腓尼基的战事上成就了许多大事,然后我和犹太人到了列翁托波利斯以及你国境的其他地方。(66)我发现你子民中的大多数殿宇并不合宜,百姓为此互相敌视,甚至在埃及人中也是这样,因他们的殿宇众多,对神的敬拜也有不同的看法。现今我在一城中找到一个非常合宜之地,它的名字是由布巴斯提而来,这地各类物资丰富,献祭用的祭牲也很充裕。(67)因此,我请求你让我洁净这圣地,这地既无主人又残破不堪。我想在那里按耶路撒冷圣殿的样式和规格,为全能神建造一座圣殿。如此,在埃及的犹太人就有一个聚会的地方,彼此和睦相处,这样对你及你的妻儿都有益。(68)因为先知以赛亚预言,'在埃及地中必有为耶和华筑的一座坛'(参赛 19:19),先知还说了其他许多有关这地的预言。"

**2.** (69)这就是奥尼亚写给托勒密王的信。由他们的回信中,可以看出托勒密、他姐妹和他妻子克娄巴特拉的敬虔。他们在信中将违背律法的责任推到奥尼亚的头上。他们回信如下:(70)"托勒密王和克娄巴特拉王后问候奥尼亚。我们读完了你的请求,得知你希望在海里欧坡力省的列翁托波利斯洁净破败的殿宇,那地的名称是由布巴斯提而来。在这事上,我们无法不感到诧异,在这样一个不洁净且充满祭牲的地方建殿,会令神喜悦吗?(71)但你既然说这是先知以赛亚早已预言过的事,我们就让你这样做。你要按照你们的律法行事,让我们不至于在这事上冒犯神。"

**3.** (72)于是奥尼亚得到这地,并在上面建了一座圣殿,也为神筑了一座坛，和耶路撒冷的一样，只是规模较小，也没有那样华美。我认为不需要描述它的尺寸或器皿，因我已在《犹太战记》第七卷记载了。(73)奥尼亚发现其他的犹太人和他一样，喜欢与利未人和众祭司一起在那里参与敬拜。关于这殿，我们叙述的已经足够了。

**4.** (74)那时，在亚历山大城的犹太人，与那些在基利心山圣殿敬拜的撒玛利亚人起了纠纷，那殿是建于亚历山大的时代。他们在托勒密前为圣殿的事争论不休，犹太人说依照摩西的律法，圣殿应该建在耶路撒冷，撒玛利亚人说应该建在基利心山。(75)他们希望王与王的友人们能坐下来听取双方的辩论，失败的那方要被处死。其中撒倍欧和狄奥多西代表撒玛利亚人；麦撒拉莫的儿子安多尼古代表犹太人。(76)他们在神与王面前立誓，要按照律法表达他们的意见。他们也要求托勒密王，如果发现任何一方违背所立的誓言，那人就要被处死。于是，王带了几位朋友坐在评审会上，为要听双方辩论者的说辞。(77)亚历山大城的犹太人非常担心那些为耶路撒冷圣殿争辩的人，因这些犹太人不能忍受这古老且被全地尊崇之圣殿的声誉受到任何污损。(78)撒倍欧和狄奥多西让安多尼古先发言，他开始讲述律法，提到大祭司的传承，如何一代接续一代，由他们父亲手中接续这份尊荣，管理圣殿的事宜。他又说到亚细亚所有的王都以最华贵的礼物为奉献来尊崇这殿，至于基利心山的那殿，他连提都没提，好像那殿根本就不存在。(79)安多尼古借着这篇演说及其他的论点，说服了王认定耶路撒冷的圣殿是根据摩西律法所建，于是王就处死了撒倍欧和狄奥多西这两个人。这就是托勒密·非罗密特在位时，发生在亚历山大城犹太人身上的事。

# 第四章

## 亚历山大格外尊重约拿单；以及德米特里
## 的儿子德米特里击败亚历山大，与约拿单结盟

**1.** (80)我们前面提到德米特里在战场上阵亡，亚历山大取得叙利亚的王权，就写了一封信给托勒密·非罗密特，希望能娶托勒密的女儿为妻。他说，这样做是对的，托勒密应该与如今在神眷顾下得到先祖领土又征服了德米特里的人结亲，从各方面来说，和这人建立关系都是值得的。(81)托勒密很高兴地接受了这项求亲的提议，就回信给他，为他得到先祖之地向他致敬，也答应将女儿许配给他，并保证他会陪伴女儿从埃及前去见他，将女儿嫁给他。(82)托勒密写了这信，就立刻将女儿克娄巴特拉带到托勒密城，看到亚历山大已在那里等候，就把女儿嫁给了亚历山大，他以王的身份给了女儿许多的金银。

**2.** (83)婚礼后，亚历山大写信给大祭司约拿单，希望他到托勒密那里去。于是约拿单来见这些王，并送给他们极大的贺礼，约拿单也得到这两王的尊重。(84)亚历山大勉强约拿单脱下身上的外衣，穿上紫袍，并要他与王同坐王位；亚历山大又命令他的侍卫长们带着约拿单进城，并宣告不许任何人顶撞或是搅扰他。(85)侍卫长们这样做了之后，那些对约拿单心存敌意、想要控告他的人，见到王对他公开表示尊敬，就都逃走了，因为他们害怕会有不幸临到己身。王对约拿单非常仁慈，让他坐于王友人中的要位。

**3.** (86)然而在塞琉古王朝第一百六十五年，德米特里的儿子德米

特里率领克里特人拉斯特尼为他带来的雇佣兵，从克里特坐船来到基利家。(87)听到这事后，亚历山大非常担忧，立刻离开腓尼基前往安提阿。在德米特里到来之前，他在那里先将事情妥善安排。(88)他将叙利亚平原留给阿波罗纽·大乌斯统管；阿波罗纽带了大军来到雅比聂，又写了一封信给大祭司约拿单，说约拿单不应该坐拥兵力却置身事外，不臣服于王，这样不向王称臣，是侮辱了所有人。(89)"你自以为拥有武力，却躲在山里不声不响，难道不是在自欺？你如果敢靠自己的力量，就下到平地来，让我们的军队比一比，战争会表明谁才是最勇敢的人。(90)但是你要小心，每个城里最英勇的人都在我的军队里，就是这些人，总是将你的先祖们打败。让我们到一个可以使用武器而不是石头的地方作战，那地方也要令战败的一方无处可逃。"

**4.** (91)约拿单被这信激怒了，于是他亲自挑选一万士兵，和他的兄弟西门迅速离开耶路撒冷，到了约帕城外扎营，因为约帕城里有阿波罗纽所设的驻军处，他们将城门关闭起来。(92)但当约拿单预备围城之战时，约帕城的人害怕约拿单用武力对付他们，所以就打开城门让约拿单的大军进城。阿波罗纽听说约拿单取得了约帕，就率领三千骑兵、八千步兵来到亚实突。他从亚实突悄然缓慢地向约帕推进，看起来像是从那里退去，引诱约拿单下到平地。他很看重他的骑兵，认为他们可以靠骑兵大获全胜。(93)但约拿单突袭他们，将阿波罗纽追赶到亚实突。阿波罗纽察觉到敌军已到了平地，就回过头来与他们作战。(94)阿波罗纽将一千骑兵埋伏在山谷中，故意让敌方看到，使他们误以为大军在他们后面。约拿单看出这计谋，就毫不畏惧地把军队列成四方队阵，命令他们对付前来攻击他们的敌人，并从前后两方攻击敌军。(95)这场战斗一直打到天黑,约拿单将一部分兵力交给他的兄弟西门,吩咐他向敌军进攻,自己则带着身旁那些人,命令他们身穿盔甲抵御对方骑兵掷来的标枪,因为那些骑兵是奉命投掷标枪。(96)这些敌方的骑兵们掷出所有的标枪,却无法对他们造成任何伤害,因所掷的枪都被紧密相连的盾牌挡住。这些密合的盾牌很容易就阻隔了标枪的杀伤力,使其不能刺入他们的身体,他们不费吹灰之力就令这些骑兵四散逃逸。(97)这些敌军因从早到晚投掷标枪而精疲力竭,西门看出他们的疲惫,就对眼前的敌人进行攻击。西门的士兵们展现出他们的矫健,使敌人迅速逃走。(98)骑兵们看到步兵逃走,也不敢恋战。在整日的争战后他们非常疲乏,原本指望步兵能得胜的希望已完全落空。他们在混乱中逃走,分散在平原各处。(99)约拿单将他们追杀到亚实突,杀死了许多人,又将剩下的疲于奔命的人赶到亚实突的大衮庙中。约拿单取得了亚实突城,将它付之一炬,连四周的村庄也一并烧毁。(100)他又焚毁了大衮庙和逃入庙里的人,在这次战役里杀死的敌军加上庙里烧死的人,总共是八千人。(101)约拿单击败这大军后,就离开亚实突前往亚实基伦,并在城外扎营。那城的人带着丰盛的礼物出来迎接他,对他十分尊敬,约拿单接受了他们的好意,就由那里回到耶路撒冷,并带回许多征服敌人后所得的掳物。(102)亚历山大听说他军队的将领阿波罗纽被打败了,就假装很欢喜,好像阿波罗纽是违背他旨意去攻打他的盟友约拿单。同时,为了表示对约拿单的尊重,他赠送给他一个金纽扣作为奖赏,以此为礼是王对男性至亲的习俗。王也把以革伦及其周围地区赐给他为业。

**5.** (103)这时,托勒密·非罗密特王率领一队军旅由水路和陆路前往叙利亚,帮助他的女婿亚历山大。(104)亚历山大吩咐各城邑接待王,所以托勒密从那里直到亚实突一路受到款待。亚实突人向他大声抱怨约拿单烧毁了大衮庙,使那地成为废墟,又焚烧了邻近的村庄,并杀死许多人。(105)托勒密对于这些抱怨不置一辞。约拿单也远行到约帕去迎接托勒密,并从他手中接受许多象征尊敬的贵重礼物。约拿单一直将托勒密送到以留特罗河边才转回耶路撒冷。

**6.** (106)但是当托勒密在托勒密城时,他差点意外丧命,这是亚历山大借着他友人阿摩尼乌预谋的致命叛变。(107)由于这叛变太过明显,托勒密就写信给亚历山大,告诉他阿摩尼乌所设的陷阱,要求亚历山大按照阿摩尼乌的行为给予应有的惩处。当亚历山大没有应允他的要求时,托勒密就察觉出这是亚历山大本人设下的计谋,于是对亚历山大十分恼怒。(108)亚历山大从前就和安提阿人关系很不好,那地的人为此受了不少苦。最终,阿摩尼乌也为他傲慢的罪行得到应有的惩罚:在他企图男扮女装时,他像一个女人一样被羞辱至死,这是我们在别处所提到的。

**7.** (109)这时,托勒密后悔将女儿嫁给亚历山大并与他结盟,协助他对抗德米特里。于是他断绝了与亚历山大的一切关系,(110)将女儿从亚历山大身边带走,并立刻转向德米特里,提议与他结为互助的盟友,且要把女儿嫁给德米特里,并要将他先祖之地还给他。德米特里对此十分满意,就接受了他的建议,并娶他女儿为妻。(111)但是托勒密还有更多的事要处理,他必须说服安提阿的人民接纳德米特里,由于德米特里的父亲德米特里伤害过那地的人,所以他们很不喜欢德米特里。(112)于是托勒密就转去办另一件事,我们曾提过安提阿的人民为了阿摩尼乌的事情而憎恨亚历山大，他们很想把亚历山大赶出安提阿，因此亚历山大就被赶到了基利家。(113)托勒密到了安提阿，被当地的人民和军队拥立为王，他被迫戴上两顶王冠，一个是亚细亚的，另外一个是埃及的。(114)托勒密原本就是一个善良正直的人，并不想贪图别人的东西，除了这样的性格之外，他也是一个会为将来打算的智者。为了避免罗马人的嫉妒，他召集安提阿人聚会，说服他们接受德米特里，(115)又向他们保证德米特里在接受了他们的恩惠后，不会再介意他们对他父亲所做的事。他还承诺要监督、管辖德米特里，不让他对他们有任何不善的举动。至于托勒密自己，他能拥有埃及帝国就已经感到满足了。托勒密就以这样的论述，说服了安提阿的人民接受德米特里。

8.　(116)这时亚历山大集合了大军，迅速从基利家来到叙利亚，将安提阿的属地焚毁，并劫掠了那地。于是托勒密和他的女婿德米特里〔托勒密已把女儿嫁给了德米特里〕就率领军队将亚历山大击败，(117)亚历山大逃往阿拉伯。在战争中，托勒密的马受到大象叫声的惊吓，将托勒密摔到地上，他的敌人看到这情况就攻击他，在他身上留下多处致命的创伤，等到他的侍卫把他救出来时，他已奄奄一息。托勒密神志不清、不能说话有四天之久。(118)阿拉伯人中有一个叫撒巴第业的王子，将亚历山大的头砍下来送给托勒密。第五天，托勒密的伤势慢慢恢复，神智也清醒了。他立刻听到并看见最令他高兴的事，就是亚历山大的死与他的头颅。(119)他因亚历山大的死欢欣满意，但之后不久，他还是离开了人世。正如我们在别处提到的，亚历山大（巴拉）统治了亚细亚五年。

9.　(120)德米特里·尼卡特取得王权后十分邪恶，他苦待托勒密的士兵，既不纪念与托勒密之间的互助盟约，也不顾念他在娶了克娄巴特拉后，成为托勒密的女婿与亲戚。于是，那些士兵为了脱离德米特里的邪恶就离开了亚历山大城，德米特里仍然保留了托勒密的象群。(121)大祭司约拿单从犹太地征召了军队，攻击并包围了耶路撒冷的大本营。大本营里有马其顿的驻军以及那些离弃先祖律法的恶人。(122)这些人最初倚仗着大本营的坚固，不把约拿单的意图放在眼里。但是其中有些恶人趁夜从那里逃出来去见德米特里，通知他大本营已经被包围了。(123)德米特里被这消息激怒，就打算从安提阿带着他的军队去对付约拿单。他还在安提阿时就写了一封信给约拿单，命令他立刻到托勒密城来见他。(124)约拿单并没有因为这信就停止包围大本营，他只是带着长老与祭司们，以及金、银、外衣和许多表示友好的礼物去见德米特里，想用这些礼物安抚王的忿怒。于是王对约拿单表示敬意，并再次肯定了他大祭司的职位，因为这职权是先王所赐。(125)后来犹太人的游民再控诉约拿单时，德米特里根本不相信他们的说辞。当约拿单请求王从犹太全地及撒玛利亚、庇哩亚和加利利三地征收的进贡不要超过三百他连得时，王应允了他的建议，并写信确认这些承诺。这信的内容是这样的：(126)"德米特里王向他的兄弟约拿单及犹太全国的人问安。我们已经将我们写给亲人拉斯特尼的信的抄本送到你们那里，好让你们知道这信的内容。——(127)'德米特里王向我们的父亲拉斯特尼请安。我已决定要回报并施恩给犹太民族，他们为了我们的事持守公义。所以在撒玛利亚之外，我托付他们三个管区，就是阿菲利玛、吕大和拉玛，连同它们的属地，都加给犹太地辖区。(128)我也豁免先王们在耶路撒冷向那些献祭者收取的钱，还有土地及树上的出产及其他属于我们的东西。他们以前交给我们的盐税和王税也得豁免。从今起他们也不必再缴所有的果子税。请将此信的抄本送给约拿单,好将它安置于他们圣殿的重要之处。'"(129)这些就是信的内容。这时德米特里看到四境安定,无需担忧会有战事,就解散了大部分军队,也减少士兵的薪酬,甚至只付钱给那些从克里特和其他岛屿来的外籍兵。(130)从这时起,德米特里不再给他的士兵们任何东西,不像以前诸王在和平时也付士兵们薪酬,一旦发生战事,士兵们才会愿意赴险作战;德米特里的做法使得士兵们对他心怀怨恨。

# 第五章
## 土鲁富击败德米特里后将王国献给亚历山大
## 的儿子安提阿古,并得到约拿单的支持;
## 以及约拿单的作为及其所差派的使臣

**1.** (131)亚历山大军队里有一名将领,名叫狄奥多图,又名土鲁富,是阿帕尼米亚人。他留意到士兵们对德米特里的敌意,就去见那位抚养亚历山大的儿子安提阿古长大的阿拉伯人马勒古。他告诉马勒古亚历山大军队对德米特里的敌意,并说服马勒古将安提阿古交给他,好让他拥戴安提阿古为王,恢复他父亲的王国。(132)马勒古起先因为不相信他而反对他的提议,但是在土鲁富长期不断的纠缠下,终于被说服按照土鲁富的意愿和请求去做。这就是土鲁富所做的事。

**2.** (133)大祭司约拿单希望能除去耶路撒冷大本营里的军队以及

里面那些犹太的游民与恶人，也想要除掉国内所有驻军处的人，于是差派使臣带着礼物去见德米特里，要求德米特里将犹太地要塞里的驻军撤走。(134)德米特里回答说，他正忙于战事，等到战争结束，他不仅要答应约拿单这些请求，还要给他更大的好处。德米特里也告诉约拿单他的军队离开了他，想请约拿单派兵帮助他。于是约拿单挑选了三千士兵，派他们去德米特里那里。

**3.** (135)但是那些在安提阿的人民痛恨德米特里，因为德米特里苦待他们，他的父亲德米特里也虐待过他们，所以他们一直在等待机会报复他。(136)当他们听说约拿单差派军队来帮助德米特里时，就想在德米特里集结大军之前阻止他并将他抓起来，于是他们立刻拿起武器包围了德米特里的王宫，所有的出口都派人看守，希望能征服他们的王。(137)德米特里看到安提阿的人民成为怀恨他的敌人并拿着兵器来对付他，就带着身旁的雇佣兵以及约拿单派来的犹太人，前去攻击那些安提阿人，却被他们打败，因他们有好几万人。(138)那些犹太人看到安提阿人占了上风，就爬上王宫的屋顶，从那里向他们射击。犹太人身居高处，自身都没有受到伤害，反倒是给对方造成了很大的打击，并将他们由邻近的屋中赶出来。(139)犹太人随即点火烧屋，火势蔓延到全城，烧毁了整个城邑。这是因为那些屋子都紧密相连，又多半是木制的。(140)于是，安提阿人在无法自助又不能将火扑灭的情况下东奔西逃。犹太人则从一个屋顶跳到另一个屋顶，以这样的方式追赶他们，事情有这样的发展实在是出人意料。(141)当王见到安提阿人忙于救出他们的妻儿而不再争战时，就从狭窄的通道中攻击他们，杀死了许多人，直到他们被迫丢下武器向德米特里投降。(142)德米特里原谅了他们反叛的行为，结束了这次暴动。他从丰盛的掳物中分出一些给犹太人作为奖赏，感谢他们帮助他得胜，他将他们遣回耶路撒冷约拿单那里，且附上许多他们帮助他的见证。(143)然而日后他却对约拿单反目，违背自己的承诺，威胁约拿单要呈上犹太民族以往向叙利亚诸王所有的进贡，不然就要与约拿单开战。是土鲁富阻挠了他，使他放弃对约拿单进军，转而关注自己如何保命。(144)土鲁富从阿拉伯带着安提阿古这孩子回到叙利亚，将王冠戴在他的头上。由于德米特里的军队没有薪饷，士兵们都离开德米特里来帮助土鲁富，于是土鲁富对德米特里开战，将他打败，夺取了他的象群以及安提阿城。

**4.** (145)德米特里受到挫败后回到基利家，安提阿古这孩子也差派使臣带着信函去见约拿单，使约拿单成为他的友邦，并确认他大祭司的职位，还加给犹太地四个辖区。(146)除此以外，安提阿古又送器皿、金杯和紫色外袍供约拿单使用，另颁送他一个金纽扣，尊他为重要朋友之一，并且指派他的兄弟西门为推罗至埃及的军事将领。(147)约拿单得到安提阿古这些奖赏很高兴，就差派使臣去见安提阿古和土鲁富，表明自己愿意成为他们的友邦，参加他们对抗德米特里的战争。他说他无法好好回报安提阿古对他的仁慈，因为安提阿古给他的一切都是他最需要的，对于这所有的好处，他唯有以保护安提阿古不受到伤害来回报。

**5.** (148)于是安提阿古让约拿单从叙利亚和腓尼基招募他的军队，好对德米特里的将领开战。约拿单立即前往好几个城邑，但是那些城邑虽然热情地接待他，却不肯提供任何兵力。(149)他就从那里前往亚实基伦，亚实基伦的居民带着礼物来迎接他，并热情地款待他。约拿单就劝他们以及所有叙利亚平原的人，背叛德米特里，加入安提阿古，好惩罚德米特里冒犯他们的罪行。约拿单又对他们说，有许多原因可以支持他们如此行，他们应该一心这样做。（150）在说服了那些城邑来帮助安提阿古后，他就前往迦萨，劝说那地的人也成为安提阿古的助力。但是他发现迦萨的居民意外地疏远他，并将城门关上。虽然这地的居民离弃德米特里，却未决定要加入安提阿古这方。（151）这事激怒了约拿单，于是他包围那城，攻击四境，命令部分军队包围迦萨，其他的人就劫掠他们的属地，烧毁其上的一切。迦萨的居民发现他们陷入这样的困境，德米特里却没有来援助他们。他们的危难近在眼前，但可得的利益却遥不可及，甚至也不确定这些利益到底会不会临到。他们认为比较慎重的做法，就是离开德米特里，投靠另外一方。（152）所以他们派人去见约拿单，表示愿意成为帮助他的朋友。这就是人性，在危难考验尚未来到之前，并不知道怎样做是对自己最好，往往要等痛苦真正临到才改变心意，在深受其害后才去做那些早在破坏临到之前就可以做的事。（153）约拿单虽与他们结盟，但也因他们的所行，将他们中间一些人送到耶路撒冷为人质，他自己则遍行全国，远及大马士革。

**6.**（154）约拿单听说德米特里军队的将领们率领大军到了基低斯［那城位于推罗和加利利之间］，他们以为可以因此将约拿单逐出叙利亚。因为约拿单与加利利人同族，他不会不顾及他们，必要保全加利利，只要加利利有战事，约拿单就会来帮助他们。（155）约拿单将西门留在犹太地，西门尽其所能从全国招募了一支大军，在伯凤前驻扎，并将那城包围，那城是犹太全地最坚固的城，有德米特里留下的一个驻军处，我们先前曾提到过。（156）西门在城外筑垒，把作战的器械运到伯凤，迫切要进行围城之战。驻军处里的人唯恐西门用武力夺得这地后会用刀砍杀他们，就派人去见西门，要得到他的承诺。如果他们离开这地回到德米特里那里，他就不可伤害他们。（157）西门按照他们所请求的立下誓言，并将他们逐出这城，又在城里安置了一个自己的驻军处。

7.（158）约拿单离开加利利以及他以前扎营的革尼撒勒湖区，前往一个叫作夏琐的平原。那时，他并不知道敌人就在那地。（159）德米特里的人一天前就知道约拿单要来对付他们，于是在山区设下埋伏，要出其不意地攻击约拿单，其他的军队等在平原与约拿单交战。约拿单看到敌军，就预备他的军队迎战。（160）因德米特里的将领们所布下的埋伏是在这些犹太人后方，所以他们害怕在两面夹击下丧生，就匆忙逃跑。（161）大家都离开了约拿单，他身边只剩下约五十人，包括押沙龙的儿子马他提亚和查坡色的儿子犹大，他们是全军的指挥官。他们不惧死亡，勇往直前地对抗敌人，将敌人逼退，以勇气使对方受挫，又以手中的武器迫使敌人逃跑。（162）那些从约拿单军队中逃跑的人见敌人后退，就集合起来追杀他们，一直追到基低斯敌军驻扎之地。

8.（163）约拿单就这样大获全胜，回到耶路撒冷，此役共杀了两千敌军。约拿单看到在神的供应下，所有事情都按着他的心意成就，就差派使臣去见罗马人，希望和他们重续以前建立的友好关系。（164）他也吩咐这些使臣在回来时要去斯巴达人那里，提醒他们双方的友谊与血缘关系。于是这些使臣到罗马后就前往元老院，将大祭司约拿单吩咐的话告诉他们，说约拿单派他们来确认彼此间的友好关系。（165）元老院就再次确认以前与犹太人的友好关系的相关公告，并让他们带信给亚细亚和欧洲的诸王，以及各城的省长们，好让这些使臣得以平安回国。使臣们回去后又前往斯巴达人那里,将约拿单的信送交给那里的人。（166）那信的抄本如下:"犹太国的大祭司约拿单、公会以及犹太全体民众向拉塞德蒙人的长官们、元老院以及全体民众问安。只要你们一切安好,国内外诸事如意,我们的心愿也就达到了。我们也一切安好。（167）以前你们的王亚哩欧曾托底摩托利带一封信给我们那时的大祭司奥尼亚,内容是关于我们彼此间的血缘关系,信的抄本附在后面。我们接到来信后非常高兴,也对底摩托利和亚哩欧此举十分满意,虽然我们已有神圣的记录记载了这事,并不需要这样的表示,（168）但我们认为先向你们宣称这关系是合宜的,免得我们好像急于得到你们所赐给我们的荣耀。我们已经很久没有重申彼此间的这项关系,但在每个圣日和节期,当我们向神献祭时,都为你们的长存和得胜祷告。（169）至于我们自己,虽因邻国的贪婪而起的战事不断困扰着我们,但我们决心不因我们的事,给你们或他人带来困扰。现在我们已征服了敌人,也有机会差遣安提阿古的儿子努梅尼乌斯和耶孙的儿子安提帕特去罗马人那里。他们两位都是我们元老院里面受到尊敬的人,如今我们也差派他们将此信带到你们那里,好让他们重申我们之间的友好关系。（170）你们如果愿意写信给我们,让我们知道你们对我们有什么需求,我们会不计代价照你们的期望去行。"于是拉塞德蒙人友善地接待来使,制订了友谊和互助的法令,交给他们带回去。

**9.**（171）这时有三派的犹太人,他们对人的行为有不同的见解。一派叫作法利赛人,一派叫作撒都该人,还有一派叫作艾赛尼派。（172）法利赛人认为部分事情的发生是出于命运,另一部分则是在人的掌握中,虽然易受命运的影响,却不是命运造成的。艾赛尼派则认为万事皆受命运所支配,除了命定的事以外,没有任何事会降临到人身上。(173)撒都该人认为没有所谓的命运,不能说命运主宰了所有发生在人身上的事,我们的行为都是靠着自己的力量完成的,所以我们因自己的好行为而获益,也因自己的愚昧而致祸。我在《犹太战记》第二卷对这些见解有更精确的描述。

**10.** (174)德米特里的将领们想要洗雪战败的耻辱,就集合了比以前更大的军队来攻打约拿单。约拿单一听说他们要来,便立刻前往哈马迎战,坚决不让他们有机会进入犹太地。(175)约拿单在离敌人十公里远之地扎营,并派探子到敌方的营区探查,看敌人驻扎的情况。他的探子将所有的情报告诉他,又趁夜间捉了几个敌人回来。这些人告诉约拿单,他们很快会来攻击他,于是约拿单事先就得到消息,(176)可以做万全的准备。他将守卫安置在营区各处,要全军在夜晚戒备。约拿单不向他们隐瞒敌人的计划,要求他们鼓起勇气,也预备他们的心,必要时能在夜间作战。(177)德米特里的指挥官们得知约拿单已经知道他们的计谋后非常震惊,他们的计划也因此被打乱。他们不认为有其他方法可以胜过约拿单,如此一来,他们的计谋就算是失败了,因为如果公然作战,他们绝不是约拿单军队的对手。(178)于是他们决定逃跑,他们点燃许多营火,好让对方以为他们还驻扎在那里,然后就悄悄地撤退了。约拿单在次日清晨进攻他们的营区,发现那里已被弃置,敌人也已逃走,就立刻前去追赶他们,(179)但因为敌军已经过了以留特罗河远离了危险,所以无法赶上敌人。约拿单从那里返回后,就去阿拉伯攻打拿巴提人,带走了许多的掳物和俘虏,又在大马士革将所得的一切卖掉。(180)大约同时,他的兄弟西门到了犹太地和非利士各地,甚至远到亚实基伦,坚固了所有的要塞。他不但将建筑加高，也在里面设置驻军处，做好这些事后，他就前往约帕。西门取得了约帕城，并在其中安置了一个很大的驻军处，因为他听说那城的人想要将城献给德米特里的将领们。

**11.** (181)西门和约拿单处理完这些事情就回到耶路撒冷，约拿单集合了所有的人，计划修补耶路撒冷的城墙，重建被拆毁的圣殿周围的墙垣，并要以高塔让相连的各地更为坚固。(182)除此以外，还要在城中建造一堵围墙，分开大本营里的驻军处与市场，如此就可以拦阻里面的人得到大量的补给。另外他还巩固境内的碉堡，让它们的防御性比以前更好。(183)众民同意了这些提议后，约拿单就亲自处理城里的建筑工程，并差派西门坚固国境内各地的碉堡，使它们比以前更安稳。(184)德米特里过了幼发拉底河到了美索不达米亚，想要继续占有那地与巴比伦；(185)他又去占领北方诸国，想为恢复整个王国奠基。因为在那些地方居住的希腊人和马其顿人常常派大使来见他，应允说只要他到他们那里，他们就会降服于他，并帮助他攻打帕提亚王阿尔萨斯。(186)德米特里因有这盼望而兴致高昂，就急忙赶到他们那里，心中定意要在推翻帕提亚人、取得自己的军队后，再向土鲁富出兵，将他赶出叙利亚。那地的人很热烈地欢迎他，于是他集结了军队去攻打阿尔萨斯。在战役中他全军覆没，自己也被活捉，就像我们在别处提到过的那样。

# 第六章

## 约拿单因叛乱被杀；犹太人立西门为他们的将领及大祭司；以及西门的英勇行为，特别是在他对抗土鲁富时

**1.**（187）土鲁富得知发生在德米特里身上的一切，就不再对安提阿古忠心，反而图谋以狡计杀害他，好夺取他的王国。但是他担心约拿单成为这计谋的绊脚石，因为约拿单是安提阿古的朋友，于是土鲁富就决定先除掉约拿单，再来执行他对安提阿古的计划。（188）土鲁富觉得除掉约拿单的最好办法是欺蒙与叛变，于是他从安提阿前往被希腊人称为希托波里的伯善，约拿单带了四万名精兵在那里等候他，因为约拿单以为土鲁富是来攻打他的。（189）当土鲁富得知约拿单已经做好了备战的工作，就决定以礼物和友善来赢取约拿单的好感。他又命令他的守卫长们要听命于约拿单，这些举动都是想要向约拿单证明他的好意，好让约拿单除去戒心，不再小心谨慎，这样他就可以趁机抓到约拿单。（190）土鲁富又建议约拿单解散他的军队，因为那地没有战事、四境和平，实在不需要带兵。他也劝约拿单带着少许随身侍卫，和他一起去托勒密城，因为土鲁富要在那里将那城送给约拿单，并将国境内所有的碉堡交给约拿单管理。他又对约拿单说，这一切都是他亲自为他安排的。

**2.**（191）约拿单在土鲁富的布局下不疑有他，相信土鲁富的建议是出于善意和诚心。于是约拿单解散了军队，只留下不到三千人在身边，又将其中两千人留在加利利，自己带着剩下的一千人随同土鲁富前往托

勒密城。(192)托勒密人在土鲁富的命令下将城门关上,土鲁富就活捉了约拿单,并将跟随约拿单来的人尽都杀死。他又派兵去消灭留在加利利的两千士兵,(193)但是那两千人已经听说了约拿单的遭遇,为了避免被杀害,他们披上盔甲防身,在土鲁富的军队还没有到达前就出来迎战。当那些被派来消灭他们的人看到他们已经准备好决一死战,就回到土鲁富那里,没有侵扰约拿单留在加利利的士兵。

**3.** (194)耶路撒冷的民众听到约拿单被俘以及跟随他的士兵被杀,都为约拿单悲惨的遭遇感到哀伤,每一个人都真心关切约拿单的景况。(195)他们感到非常害怕与难过,生怕一旦失去约拿单的勇敢与指挥,四邻的国家会对他们不怀好意,因这些国家以前是因约拿单之故才不敢轻举妄动,现在则可以对他们开战,陷他们于险境。(196)他们所疑惧的事竟然真的临到了,当四境诸国听说约拿单被抓,就攻打如今已没有省长的犹太人。土鲁富自己也集结军队,想要进军犹太地,攻击那地的居民。(197)西门见到耶路撒冷的民众因眼前的景况而陷入恐慌,就向他们说话,为的是一旦土鲁富前来对付他们,他们能更有决心抵抗。于是他在圣殿中召集了民众,用下面的话激励他们:(198)"我的国人啊! 你们不是不知道我的父亲、我自己,以及我的兄弟们是如何心甘情愿为你们的自由而牺牲性命,我眼前就有许多例子证明我全家已决心为我们的律法及敬拜而死,没有任何恐惧可以让我们放弃这决心,也没有任何世上的荣华富贵能取代它。(199)你们是否愿意紧紧地跟随我,无论我带你们往何处去,好让你们不至于缺乏一个愿为你们的好处而受苦的领袖。我虽没有比我的兄弟们更好,但我愿意牺牲我的性命。我也没有比不上他们,避免或拒绝去行他们认为最崇高之事,我指的是为了你们的律法或敬拜神而面对死亡。(200)因此我会证明给你们看,我是犹大和约拿单的亲兄弟,我要在敌人的身上为他们报仇雪恨。我也要在神的帮助下,从敌人想要对你们的伤害中拯救你们及你们的妻儿,并要保守圣殿不受他们的破坏,因为我看到这些国家见你们没有省长,就轻看你们,想要向你们开战。"

**4.** (201)西门以这些话鼓励众百姓拿出勇气,使他们从原本因惧怕而丧胆的景况中,生出对美好未来的盼望,以致他们同声高呼要西门做他们的领袖;众百姓也要西门成立政府来管理他们,不像他们对待他的兄弟犹大和约拿单;他们也应允无论他命令他们做什么,他们都预备好要完全服从。(202)于是西门立刻为自己召集了适合作战的军队,迅速展开重建城墙的工作,又以高大坚固的塔来加强城墙的防御性,并差派他的友人,就是押沙龙的儿子约拿单前往约帕,吩咐他将该城的居民赶出去,以免他们将城送给土鲁富。他自己则留守在耶路撒冷,保护这城。

**5.** (203)土鲁富从托勒密城率领大军前往犹太地,并带着被捆绑的约拿单同行。西门带着军队在亚底达城与他会面;亚底达位于山上,其下就是犹太地的平原。(204)当土鲁富得知犹太人立了西门为省长后,就送信给西门,想要欺骗他说,如果他想要约拿单被释放,就必须给土鲁富一百他连得银子并以约拿单的两个儿子为人质,在约拿单被释放后,也不可反叛王。他说约拿单被因,是因他以前向王所借的钱没还,现在这些钱是欠土鲁富的。(205)但是西门知道土鲁富的把戏,如果给他钱,这钱就等于是丢掉了,土鲁富是不会释放约拿单的,更何况还要将约拿单的儿子送去敌人手中。但是西门又恐怕土鲁富恶意中伤,对百姓说因为西门不将钱和约拿单的儿子送去才害死了约拿单。于是西门集合了他的军队，告诉他们土鲁富的提议，(206)虽然知道这是个骗局，但是将钱和约拿单的儿子送去，比不遵行土鲁富的提议而拒绝救他的兄弟可能受到的责难更为合宜。于是西门将约拿单的儿子和钱送去，(207)然而土鲁富收到后并没有按照他的承诺释放约拿单，反倒带着他的军队在国内四处游行，想要经过以土买前往耶路撒冷。西门也带着军队到各地抵挡他，一路上在土鲁富的营区旁扎营对抗。

**6.** (208)那些在大本营里的人派人去见土鲁富，恳求他尽快到他们那里，并带给他们补给品，土鲁富就预备好他的骑兵，想在当天晚上就进入耶路撒冷。但是那晚天降大雪，把所有的通路都掩盖了，雪深到不能通行，尤其是骑兵，更是无法通过，这事就阻止了土鲁富前往耶路撒冷。(209)于是土鲁富离开那里前往叙利亚平原，猛烈攻击基列地，并在那里杀死了约拿单。他下令埋葬约拿单后，就自行回安提阿去了。(210)于是西门派了一些人到巴斯卡，将他兄弟的遗骨带回，葬在他们自己的城摩丁。所有人都因约拿单的死而悲痛万分。(211)西门又以磨光的白石为他父亲和兄弟们立了一个极大的纪念碑。这碑非常高，从很远的地方就可以看到。他在周围建了回廊与柱石，每一根柱子都是用一块完整的石头建成，这项工程非常令人赞赏。除此之外，西门还为他父母与兄弟们建了七座金字塔，每人一座，这些金字塔壮观华美，令人惊叹，(212)到今日仍然保存在那里。我们可以因此得知西门为了安葬约拿单付出了多少心力，也因他之故建造了这些具有纪念性的建筑物。约拿单在做了四年大祭司及全民的省长后去世。这就是他过世时的相关情形。

**7.** (213)西门在被民众推举为大祭司的第一年，就把在马其顿人手中为奴的犹太人拯救出来，让他们不再向马其顿人进贡。在塞琉古•尼卡特取得叙利亚领土、建立叙利亚国第一百七十年后,他们得到自由与不再纳贡的权利。(214)众百姓非常拥戴西门,甚至在彼此间的合约或公开的记录里,都写下"在犹太人的行政长官、施恩者西门的第一年",因为他们征服了四围的敌人,在西门的统治下非常欢喜。(215)西门攻克了基色城、约帕和雅比聂,又以包围战术夺取了耶路撒冷的大本营,将它夷为平地,使它不再成为敌人伤害他们后的避难所,就像它过去到现在所扮演的角色。这事以后,西门认为对他们最有益的乃是将大本营所在的山铲平,好让圣殿高过那地。(216)于是他招集民众聚会,说服他们铲平那山,提醒民众过去因为那里的驻军和犹太游民令他们所遭受的痛苦,并说万一有外邦人取得这国家又在那里驻军,人民将会因之遭遇许多苦难。(217)这些话让民众信服,因他只是劝他们为自己的好处着想。于是民众就开始一起铲平那山,他们夜以继日地劳苦工作了三年,才将那山夷平,使那地与城里其他平地一样高。当大本营与其所在地的山被铲平后,圣殿就成为全城最高的建筑物。这些事都是在西门领导下所成就的。

# 第七章

## 西门与安提阿古联盟对土鲁富作战,
## 不久他又起来对抗安提阿古军队的将领肯迪比乌;
## 以及西门因他女婿托勒密的叛变而被谋杀

**1.** (218)德米特里被俘后不久,他的省长土鲁富就除灭了亚历山大的儿子,被称为"神明"的安提阿古,他曾统治了王国四年,安提阿古是死在他医生们的手里。(219)土鲁富派他的朋友及亲信去到士兵们那里,应允他们如果拥立他为王,就会给他们一大笔钱。他告诉他们德米特里已经成为帕提亚人的俘虏,如果让德米特里的兄弟安提阿古为王,安提阿古一定会因他们背叛了他的兄弟而报复他们,令他们饱受痛苦。(220)士兵们为了得到土鲁富应允的酬劳,就将王国给他,拥戴他为统治者。但是土鲁富掌握全局后,立刻显露出他邪恶的企图:当他还是平民时,他常常亲近民众,建立起平易近人的假形象,以便任意摆布他们;等他得到了王国,就抛开了一切伪装,将本来面目显露出来。(221)土鲁富这种行为,让他的敌人占了优势,因为士兵们都厌恶他,所以背弃他而投向德米特里的妻子克娄巴特拉,那时她和她的子女们被监禁在塞流西亚。(222)当德米特里的兄弟安提阿古因土鲁富的缘故而不能进入任何城邑时,克娄巴特拉就派人去要求安提阿古娶她,并允诺将王国给他。克娄巴特拉之所以这样做是有原因的:一是因为她朋友们的劝说,再者她也怕塞流西亚人将这城献给土鲁富,那她的生命就会有危险。

**2.** (223)安提阿古来到塞流西亚后,兵力与日俱增,就前去攻打土鲁富并将他打败,把他从叙利亚北部赶到腓尼基,又继续追赶,最后在多珥包围他,但因那地碉堡坚固难以攻下,土鲁富就从那里逃走了。安提阿古差派使臣去见犹太人的大祭司西门,要和他成为友好互助的盟邦。(224)西门接受了这邀请,即刻送给安提阿古许多钱,并送了大量的补给给多珥的那些围城的士兵。西门对他们的大力资助,使安提阿古没过多久就将他视为亲信。土鲁富从多珥逃往阿帕米亚,在那地的围城战中被抓并且被处死,土鲁富一共统治了三年。

**3.** （225）然而安提阿古忘记了西门在他需要时所提供的帮助，反而派了他的朋友肯迪比乌带领军队去攻打犹太地，想把西门抓起来。（226）西门听说安提阿古毁了盟约，虽然他年事已高，却被安提阿古的不公义对待所激怒，立刻做了一个超出他的年龄所能承受的决定——像年轻人一样亲自统领军队。（227）他又派他的众子与最勇敢的士兵们并肩作战，自己则带领军队朝另一个方向前进，又在山区的狭径上设下许多埋伏，西门所有的布局都打击了他的敌人，每一个都对敌方造成很大的伤害。他余下的年日是在平静中度过的，他自己也和罗马人结为同盟。

**4.** （228）西门在这八年里做了犹太人的统治者，然而一场盛宴却结束了他的生命。这是由于他的女婿托勒密的叛变而造成的。不仅如此，托勒密也将西门的妻子和两个儿子监禁起来。托勒密又派人去杀他第三个儿子约翰·希尔克努，（229）但这个年轻人察觉到他们前来，就在民众的帮助下快速地逃入耶路撒冷城，躲过一劫，因为百姓曾经从他父亲那里得到益处，他们也恨恶托勒密。在希尔克努进城后，托勒密想从另一个城门进入，百姓将他赶走了。

# 第八章
## 希尔克努得到大祭司职位，并将托勒密赶出国境。
## 以及安提阿古攻击希尔克努，后来又与他结盟的经过

**1.** （230）于是，托勒密退到耶利哥以北一个叫作大衮的碉堡里。希尔克努在承袭了他父亲大祭司的职位后，立刻向神献祭，讨神的喜悦，然

后再征讨托勒密。希尔克努攻打那地时，虽在许多方面占了上风，但因他对母亲与兄弟们的怜恤而显出软弱。(231)托勒密将希尔克努的母亲与兄弟们带到城墙上，在众人面前折磨他们，并威胁说除非希尔克努撤除包围，不然就要将他们头朝下丢到城墙下。希尔克努为了阻止加在他至亲之人身上的不幸，就考虑放弃包围，不欲夺取这地，他热切攻击的心也冷却下来。(232)这时，他的母亲伸出双手，求他不要因为她的缘故而耽延，反当义愤填膺，尽快将这地攻下，好让敌人臣服在他的势力下，再依据托勒密对他亲人所做的一切报复他。如果他们的敌人因为对他亲人的伤害而得到制裁，就算被折磨至死，她也能甘之如饴。(233)因为母亲的这番说辞，希尔克努决定立刻攻下碉堡，但当他看到母亲被殴打得遍体鳞伤时，他又失去了勇气，为他母亲所受的痛苦悲伤，攻击的行动也因而受挫。(234)包围战在这种影响下一再拖延，直到犹太人的安息年到来，犹太人每七年守一个安息年，好像每七天的安息日一样。(235)托勒密趁机由战事中脱逃，在杀了希尔克努的兄弟和母亲后，就去投奔非拉铁非城的独裁者克提拉·西挪。

**2.** (236)安提阿古因西门给他带来的痛苦感到不安，就在他即位的第四年入侵犹太地，那是希尔克努掌权的第一年，那年是第一百六十二届的奥运会。(237)安提阿古焚烧了那地，将希尔克努关在城里，并以七个营区的兵力包围那城。起初由于城墙巩固及被围困者的英勇，安提阿古无法有任何行动。虽然城中的人一度急需要水，但是借着昂宿星的排列，天降大雨拯救了他们。(238)但是北边城墙有一部分刚好与外界的地面同高，安提阿古就建了一百座三层楼高的塔，在里面安置士兵。(239)安提阿古每日攻击他们，并在城外挖了两个既深又宽的壕沟，将城内的居民围困在里面。那些被困者经常设法出击，趁敌人没有防备时突击他们，带给他们许多打击，若是敌人有所察觉，他们也能轻易地回到城里。(240)希尔克努意识到城里的人太多，所有的粮食很快就会被吃完，且城中大部分人并没有什么贡献，于是就将那些没有用的人分别出来隔离到城外，只留下那些年轻且适于争战的人。(241)但是安提阿古不让那些被隔离的人离去，所以那些人就在城墙间流浪，因饥饿而惨死。当住棚节来临时，城里的人因怜悯他们就再将他们接到城中。(242)希尔克努派人去见安提阿古，希望能因节期停战七天，因这是对神的敬虔，安提阿古就让步，依照希尔克努所请求的停战七天。除此之外，安提阿古还送了大量的牲祭、角上涂金的公牛、各类香料以及金杯银杯。(243)那些城门口的人从送祭礼的人手中接过祭礼，并将它们送到圣殿，安提阿古也在这时与士兵们欢宴庆祝，这点和安提阿古·伊比芬尼大不相同。安提阿古·伊比芬尼取得这城时，将猪献在祭坛上，又把肉汁遍洒圣殿，就是要触犯犹太人的律法以及他们先祖所传下来的信仰，正是因为这事，我们的民族才与他作战，永远不与他和好。(244)但是这位安提阿古因为对信仰的热忱而被人们称为"虔诚的安提阿古"。

**3.** (245)希尔克努欣然接受了安提阿古的美意，在他了解了安提阿古对神的敬虔时，就派了使臣去见安提阿古，希望他能恢复犹太人从先祖那里所承袭的律法敬拜。于是安提阿古拒绝了那些要他因为犹太人不合群的生活方式而彻底消灭这国家之人的意见，(246)并被说服认同犹太人的行为完全是出于对宗教的忠心。于是他告诉使臣们，只要那些被围困者交出武器，为约帕和与犹太地相邻的城邑纳贡，并让他安置一个驻军处，他就不再与他们作战。(247)犹太人虽然对他所开出的条件感到满意,但因为他们不和外界来往或交谈,所以不同意驻军处的设置,然而他们愿意以人质及五百他连得银子交换驻军的条件,他们可以先付三百他连得并立刻交出人质。安提阿古王接受了这项建议,希尔克努的兄弟就是人质中的一个。不过,安提阿古还是将这城周围的防御工程拆除,(248)在这些条件下,安提阿古撤除包围并离开这地。

**4.** (249)希尔克努打开了大卫的墓,大卫是所有王中最富有的。他从里面拿出三千他连得,他也是第一个靠这财富而保有外籍军队的犹太人。希尔克努和安提阿古结为友好互助的盟邦,结盟后希尔克努让他进城,并送给他军队所想要的一切,对他们非常慷慨。(250)希尔克努在安提阿古出征帕提亚时还与他一同跋涉,这事在大马士革的尼古拉所写的历史书中有确切的证明:(251)"当安提阿古征服了帕提亚的将领印大提时,在里古河竖起了一个胜利纪念碑,并在那里停留了两天。这是犹太人希尔克努的要求,因为这时正值他们先祖留传下来的节期,根据犹太人的律法,在节期间不可以出外走动。"(252)他这样说并不虚假,那是我们的五旬节,刚好在安息日后一天,在安息日或节期的日子外出都是不合律法的。(253)安提阿古在与帕提亚王阿尔萨斯作战时几近全军覆没,自己也被杀死,他的兄弟德米特里在阿尔萨斯的同意下承袭了叙利亚帝国。阿尔萨斯也在安提阿古攻击帕提亚时释放了德米特里,这事我们会在别处正式提到。

# 第九章

## 希尔克努在安提阿古死后出征叙利亚，又和<br>罗马人结盟。以及德米特里王的事迹和亚历山大的死

**1.** (254)希尔克努听说安提阿古阵亡，就立刻出征叙利亚，希望能因他们缺少争战的人而将他们打败。(255)但是希尔克努直到第六个月，才在士兵们付出极大的牺牲下取得米底巴。之后，他又取得撒摩迦和邻近之地，此外还有示剑、基利心以及古他人的国家，(256)这些人住在一座和耶路撒冷圣殿类似的殿宇中，这殿是亚历山大让他的军队将领参巴拉为他的女婿玛拿西所建，玛拿西就是大祭司押杜亚的兄弟，这事我们以前提到过。这殿建了两百年，如今已经荒芜了。(257)希尔克努也占据了以土买的城多珥、玛利沙，并降服了所有的以土买人。他对他们说，如果你们愿意受割礼并遵照犹太人的律法，就可以在原有的地方居住。(258)由于他们渴望仍住在先祖之地，就同意行割礼并遵照犹太人的方式生活。从这时起，他们与犹太人之间就没有区别了。

**2.** (259)大祭司希尔克努想要重申他们与罗马人之间的盟友关系，就派了一个大使团去罗马人那里。罗马的元老院接受了他们的信件，便以下述方式与他们建为友邦：(260)“执政官法尼欧的儿子马尔库斯在二月伊底斯日前的第八天在元老院中集合了元老们，门提拿家族卢修斯的儿子卢修斯·曼流以及法勒拿家族该犹的儿子该犹·塞姆坡若尼乌都在场。这次聚会的原因如下，犹太人派来的使臣们有多斯特乌的儿子西门、亚历山大的儿子阿波罗纽，和耶孙的儿子狄奥多鲁，他们都是正直与

品德良好的人，(261)他们提议在罗马人与犹太人中间建立友好互助的盟约。至于其他方面，他们希望我们能归还安提阿古在战争中违反元老院的法令，从他们那里夺取的约帕及其港口、基色、[约旦的]泉源，还有其他属于他们的城邦；(262)王的军队经过他们国家或属地应该是不合法的；此外，没有元老院的法令，安提阿古在战争时所做的一切也应是无效的；(263)他们将派遣使臣处理归还安提阿古从他们那里夺取的地方，并估计一下战争中荒废的土地；也希望我们能让他们带着给诸王和自由人民的信件，保护他们安全回家。(264)因此我们就这几点写下布告，与这几位由正直友善的民族差派来的正直人士，重申彼此间友好互助的盟邦关系。"(265)如同这信想要表达的，他们的答复是，元老院会用处理完内部事宜后的空闲时间来商讨这事，他们也会尽可能地保护使臣们不受伤害，执政官法尼欧也会从国库中支出给他们回家的费用。(266)于是法尼欧就从国库中给这些犹太使臣回程的需用，并交给他们元老院给执行者的布告，好让使臣们平安地回家。

**3.** (267)这就是在大祭司希尔克努时所发生的各项事宜。德米特里王想要对希尔克努发动战争，但是没有时机和余力来做这事。叙利亚人和士兵们都不喜欢德米特里，因他心存邪恶。这些人就遣使去见托勒密·菲斯康，请他派塞琉古家族里的人来接收这个帝国。(268)托勒密就派了亚历山大·撒比拿带着军队前来，亚历山大和德米特里之间发生了战事，德米特里战败后逃往他的妻子克娄巴特拉所在的托勒密城，但是他的妻子没有收留他。于是他就去推罗，在那里被捕，他的敌人折磨了他一番后才将他杀死。(269)于是亚历山大得到了帝国，并和希尔克努结为盟邦。后来亚历山大在与德米特里的儿子安提阿古·哥吕浦作战时失利被杀。

# 第十章

## 安提阿古·哥吕浦和安提阿古·西齐克努为争国权反目，希尔克努趁机取得撒玛利亚并将其彻底毁掉；以及希尔克努脱离法利赛派与加入撒都该派的始末

**1.** （270）安提阿古取得国权后不敢向犹太地进军，因为他听说同母异父的兄弟安提阿古要从西齐库姆起兵对抗他，（271）于是他决定留在本土，准备迎战他的兄弟。他的兄弟被称作西齐克努，因为西齐库姆是他成长的地方。他的父亲是死于帕提亚的安提阿古·索特，索特是哥吕浦的父亲德米特里的兄弟，如我们在别处所提到的，同一位克娄巴特拉嫁给了这兄弟二人。（272）安提阿古·西齐克努到叙利亚，与他的兄弟作战多年，在这段时期，希尔克努的生活过得很平静。（273）安提阿古死后，希尔克努背叛马其顿人，也不再尊重他们或做他们的子民与友人，希尔克努的国势在亚历山大·撒比拿时已经非常强盛，在这两兄弟时更加兴旺，因他们彼此间的战争给了希尔克努机会在犹太地休养生息，积聚了大量财富。（274）当安提阿古·西齐克努向希尔克努的国土施压时，希尔克努公然表明自己的意图。他又看到安提阿古没有埃及来的援军，且和他的兄弟关系恶劣，就更不把他们二人看在眼里。

**2.** （275）于是，希尔克努出兵撒玛利亚，这是一个坚固城，现在叫作塞巴斯特。希律重建了这城，这事我们会在适当的地方加以说明。他尽

其努力攻击、包围撒玛利亚，因撒玛利亚人曾对玛利沙的居民造成许多伤害，使他十分不悦。玛利沙是依据叙利亚诸王的旨意，归属为犹太人的殖民地，也是犹太人的盟邦。(276)希尔克努挖了壕沟，又建了十六公里长的双层城墙，然后命令他的儿子安提古和亚里斯多布负责围城，这使撒玛利亚人陷入严重的饥荒，被迫去吃那些平时不吃的东西，也迫使他们向安提阿古·西齐克努求援。(277)安提阿古立即前去帮助他们，但被亚里斯多布打败，那两兄弟追赶安提阿古直到希托波里，却让他逃脱了。于是兄弟俩回到撒玛利亚继续围困那城，迫使撒玛利亚人再度向同一位安提阿古求助。(278)安提阿古这次由托勒密·莱提拉那里得了六千士兵，但是托勒密的母亲并没有同意此事，后来她就不再让托勒密·莱提拉参与国事。安提阿古最初使用这些埃及人以抢夺的方式入侵，并破坏希尔克努的国家。因为他的武力不足，不敢与希尔克努正面交锋，只想不断搅扰希尔克努的国家，迫使他撤除对撒玛利亚的包围。(279)但是安提阿古在一次埋伏中失去了许多士兵，他也因此离开此地，前往的黎波里，将对犹太人作战之事交给卡里曼德和伊壁克拉底负责。

**3.** (280)卡里曼德因为急于向敌人进攻，很快就被消灭了。伊壁克拉底则因太爱金钱，把希托波里和附近的地方出卖给犹太人，然而他也无法使犹太人撤离撒玛利亚。(281)一年后希尔克努取得撒玛利亚，但是他并不因此而满足，他将这城彻底摧毁，并挖了很深的沟渠引入河水将它淹没，甚至连这城曾经存在过的痕迹都被完全消除了。(282)这位大祭司希尔克努还有一件令人惊叹的事，就是神亲自对他说话。据说，就在他的儿子们和西齐库姆人安提阿古作战的那天，希尔克努独自一人在圣殿里献香，他听到一个声音告诉他说，他的儿子们刚刚战胜了安提阿古。(283)希尔克努一出圣殿就在民众前宣告了这事，后来也证实了这个事实，这就是在希尔克努时诸事发展的情形。

**4.** (284)这时不仅耶路撒冷和犹太地的犹太人很富裕，亚历山大城、埃及和塞浦路斯的犹太人也是一样。(285)因克娄巴特拉和她儿子托勒密·莱提拉不睦，就指派奥尼亚的两个儿子希勒家和亚拿尼亚作为她的将领。奥尼亚曾在海里欧坡力建造了一座和耶路撒冷圣殿一般的殿宇，我们在别处曾提过这事。(286)克娄巴特拉将军队交给他们，凡事都照着他们的建议去做。卡帕多西亚的斯特拉博也证实了这样的情形，他说：(287)"不论是从塞浦路斯和我们同来的，或是后来差派去那里的，大部分人都立刻投靠托勒密，只有那些所谓奥尼亚党的犹太人还继续效忠，因为他们的国人希勒家和亚拿尼亚是王后的亲信。"这些是斯特拉博所记载的。

**5.** (288)但是诸事的兴盛使得犹太人嫉妒希尔克努，其中对他最没有好感的是法利赛人。我们在前面曾提过他们是犹太人里的一派，在群众中极有影响力，就算他们说王或大祭司有什么不好的地方，民众都会相信他们。(289)希尔克努曾是法利赛人的门徒，很得他们喜爱。一次，他邀请法利赛人参加一个宴会，尽情地招待他们。当他看到他们都很开心时，就对他们说，大家都知道他想成为合神心意的义人，这也是所有法利赛人的宣言。(290)希尔克努说，如果他们看到他在任何事上犯错或误入歧途，就要叫他回转并指正他。那时，他们都证实他的德行是完全的，希尔克努对这样的赞赏感到十分高兴。但他的宾客中有一位名叫以利亚撒的法利赛人，(291)他的脾气很坏，又喜欢煽动是非。以利亚撒说:"你既然想要听到实话,若你真心想要成为义人,就应当放弃大祭司的职位,以管理百姓的民事为满足。"(292)希尔克努想知道为什么自己必须放弃大祭司的职位,以利亚撒回答说:"我们听以前的人说过,你的母亲是安提阿古·伊比芬尼掌权时的俘虏。"希尔克努被他激怒,因为这是一个谎言;所有的法利赛人也对他感到忿怒。

**6.** (293)希尔克努有一个名叫约拿单的好朋友,是撒都该人,撒都该人和法利赛人的主张相反。他告诉希尔克努,以利亚撒这样侮辱他,是出于所有法利赛人的一致想法,只要他问他们应当怎样惩罚这人,就可以明白真相。(294)根据法利赛人有没有照着以利亚撒的罪行惩处他,就可以看出加在希尔克努身上的侮辱是不是出于他们的认可。法利赛人的答复是要鞭打以利亚撒并监禁他,但不宜因污蔑的罪行处死他。事实上法利赛人在其他情况下也不常用严厉的惩罚。(295)希尔克努对于这样轻的处分感到生气,以为这人对他的侮辱是出于法利赛人的认可。主要是因为约拿单想激怒并影响希尔克努,(296)使他离开法利赛派,废止他们加在民众身上的法令,并处分那些遵守法令的人。因为这个缘故,激发了民众对希尔克努和他儿子的忿怒,(297)我们会在后面提到这些事。我现在要解释的是,法利赛人从他们先祖那里承袭了许多规条加在众人身上,这些规条并没有记在摩西律法上,这也是撒都该人反对他们的原因。撒都该人说,我们有义务尊重律法书上所记载的,而不是遵行先祖留下的传统规条。(298)这样的见解,在撒都该人和法利赛人之间产生了极大的争论与分歧,撒都该人只说服了有钱人,并没有得到一般人的支持,群众都站在法利赛人那边。我在《犹太战记》第二卷里对这两派以及艾赛尼派有详细的说明。

7. (299)希尔克努平息了这次骚动后就过着快乐的生活,他将政府管理得非常好,在三十一年之后才去世,留下了五个儿子。神在三方面加给他尊荣:国家的政权、大祭司的职位以及说预言的能力。(300)因为神与他同在,使他能预知未来的事,特别是在他的两个长子身上,他预言他们继续管理众人之事的时间不会太久。他们不愉快的结局值得我们加以叙述,从那里我们可以得知他们父亲的年日远比他们的年日快乐许多。

# 第十一章

## 亚里斯多布得到政权后就先为自己加冕,又对他的母亲及兄弟们极为残暴;在他杀了安提古后自己也过世了

1. (301)在他们的父亲希尔克努去世后,长子亚里斯多布决定将政府改为帝国,就先为自己加冕,这是在民众从巴比伦的奴役中被拯救出来回归故土后第四百八十一年的第三个月。(302)亚里斯多布非常喜欢他的大弟弟安提古,对他好像对自己一般,但却把其他的弟弟们监禁起来。他又因他母亲与他争论政权的事而将她关入监狱,因为希尔克努将诸事都留给她管理。亚里斯多布甚至打算继续他的残暴行为,将他的母亲饿死在监狱中。(303)他也因为别人恶意中伤而与安提古反目,将安提古也列入到那些他想要杀死的人中。然而亚里斯多布还是对安提古有一种特别的感情,又将他高举在众人之上,成为与他共同治理帝国的伙伴。起初亚里斯多布并不听信别人对安提古的诽谤,一方面因为他喜爱安提古,所以不相信不利于安提古的传言;另一方面他也认为那些污

蔑是出于传话者的嫉妒。(304)但有一次安提古从军中回来,那时刚好是荣耀神的住棚节期,亚里斯多布正在病中。装饰华贵的安提古和身着盔甲的士兵们一同上圣殿去庆祝节期,并献上许多祷告,祈求他哥哥身体康复,(305)但是有一些心存邪恶的人想要离间他们兄弟,就利用安提古盛大庆祝的机会,借故以他在节庆中的豪华排场在王面前恶意中伤他,(306)说他这样做不是一般人的行为,而是觊觎王权的表现;而且安提古带着一批壮士,显然有杀王的意图。他们说安提古一定是这样想:自己很傻,明明自己就有治国的力量,却好像是因他哥哥的恩惠,给他一个较次等的荣耀。

**2.** (307)亚里斯多布听信了这些诋毁,但是他小心翼翼,既不想让他的兄弟怀疑他,又不让自己有危及性命之忧。于是他命令侍卫们躲在地下一个幽暗之处[那时他在安东尼堡中养病],如果安提古没带兵器来见他,任何人都不可伤害他,如果安提古身佩兵刃,就要将他杀死。(308)同时他却派人告诉安提古不要携带兵器,可是王后和那些与她同谋的人说服了传话的信差说相反的话,说他的哥哥听说他为战争做了一套新的盔甲,希望他穿着那套盔甲来,好让他哥哥看看那盔甲有多么好。(309)安提古不疑有他,信了这话,就像往常一样全副武装地穿着整套盔甲去见亚里斯多布,好将盔甲展示给他看。当他走到一个叫斯特拉托塔的地方,那处通道特别黑暗,那些侍卫就将他杀了。(310)这样的死,证明了没有什么比嫉妒和谗言更厉害,这类情绪离间了人与人之间的善意和亲情。(311)在此,你可能会因一个名叫犹大的人感到惊讶,这人属于艾赛尼派,他的预言从来没有落空过。当他看到安提古从殿旁经过,就对与他同住、向他学习预知未来的伙伴和友人们大声哭喊:(312)"最好让自己现在就死,因为自己对安提古所说的预言尚没有实现,安提古现在仍然活着,我刚刚才看到他经过,虽然自己预言安提古今天就要死在一个叫斯特拉托塔的地方,但这里离预言安提古被杀的地方还有十二公里远;而且今天已经过去大半,所以宁愿自己可能会被证明是假先知。"(313)正当他以忧郁的心情这样说时,安提古在一个地下之处被杀的消息就传来了,那地也被称为斯特拉托塔,和在海边的凯撒利亚之地同名。这事件使得这位先知心乱如麻。

**3.**(314)亚里斯多布立刻就因他弟弟之死而懊悔,他的病情也因之加重,罪恶感使他心绪不宁,甚至五脏六腑都因这难忍的痛苦而受损以至吐血。那时有一位服侍他的仆人将他吐的血拿走,我不能不承认是天意使那仆人滑倒,使得一部分的血洒到安提古被杀后所残留的血迹上面。(315)当目击者认为那仆人是故意将血洒在那地而呼叫时,亚里斯多布就询问为什么会有呼叫声,大家没有回答他。他就更想要知道究竟,这是人的天性,怀疑一切向自己隐瞒的都是不好之事。(316)在他的威胁恐吓下,他们最后只好将实情告诉他。听了之后,他流了许多眼泪。在亚里斯多布意识到所做的一切后,他心里不安地发出痛苦的呻吟,说:"我知道无法向神隐瞒所犯的那些不敬虔又可恨的罪孽,突来的惩罚临到我身上,因我流了亲人的血。(317)你这轻率的人啊,你必死的灵魂还能存活多久,好平息你兄弟与母亲的亡魂呢? 你为什么不立刻放弃一切? 为什么将自己的血一滴一滴流到我恶意谋害的人身上?"这就是他死前所说的最后一些话,亚里斯多布统治了一年的时间。(318)他喜爱希腊式的风格,并为自己的国家谋了许多福利。他攻打以土利亚,为犹太地夺得这国大部分的领土,又迫使那些想要留下来的居民行割礼,并遵行犹太人的律法。(319)亚里斯多布是个本性正直又十分谦逊的人，斯特拉博·提玛革尼所作的见证是这样："这人非常正直，对犹太人的帮助很大，因为他为他们扩大国土，得了以土利亚人的部分土地，并借着割礼将以土利亚人和犹太人联合起来。"

# 第十二章
## 亚历山大得到政权后出兵征讨托勒密城，
## 但因惧怕托勒密·莱提拉而解除围城之战；
## 以及亚历山大遣使说服克娄巴特拉对托勒密作战，
## 表面上却假意与托勒密友好，托勒密因而攻打亚历山大，
## 并且将犹太人击败

**1.** (320)亚里斯多布去世后，他的妻子撒罗米（希腊人称她为亚历山德拉）就将他的兄弟们从狱中释放[我们曾提到亚里斯多布将他们监禁起来]，并立了亚历山大·雅尼斯为王，因他最年长且最温和。(321)亚历山大这孩子一生下来就被父亲所恨恶，从来不被允许到父亲面前，直到父亲去世。相传他之所以被憎恨是因为：(322)希尔克努最喜爱他两个最年长的儿子安提古和亚里斯多布，他求问神要立哪一个儿子做他的继承人。神在梦中向他显现，展现亚历山大的面貌。希尔克努因亚历山大将要承袭他所有的一切而悲叹，就苦待亚历山大，让他在加利利成长。但是神并没有欺骗希尔克努，(323)亚历山大就在亚里斯多布去世后得到王国。他杀了一个在王国里有影响力的弟弟，但却尊崇另一位选

择过平静生活的兄弟。

**2.** (324)亚历山大·雅尼斯自认为已将国事安排妥当,就出兵去征讨托勒密城。在胜过那里的人后,他把他们关在城里,并驻扎在城外。沿海的城邑,除了独裁的佐伊鲁拥有斯特拉托塔和多珥以外,只剩下托勒密城和迦萨尚未被征服。(325)由于安提阿古·非罗密特和安提阿古·西齐克努互相争战,消灭对方的武力,所以托勒密城的居民无法从他们那里得到援助。(326)就在托勒密的居民被包围而饱受搅扰时,占据斯特拉托塔和多珥、保有一队大军、并在王与王偶发争竞时受到波及的独裁者佐伊鲁,为他们带来了些许帮助;(327)因托勒密人民与这二王并没有交情,所以也不指望会从他们得任何帮助。这二王好像角力的选手,虽然发现自己已经力竭,却羞于认输,只好尽可能拖延躺在地上的时间,用懒惰来浇熄战火。(328)托勒密人仅存的盼望,就是埃及诸王和托勒密·莱提拉。托勒密·莱提拉是被他的母亲克娄巴特拉从埃及政权下赶走,后来去了塞浦路斯。于是,托勒密城的民众就派人去见托勒密·莱提拉,希望他能将他们从亚历山大的势力下拯救出来。(329)使者们给莱提拉带来希望,应允说,只要他过了叙利亚,就会得到与托勒密人站在同一边的迦萨人。他们又说,除了这些人之外,还有佐伊鲁、西顿人及其他许多人都会来帮助他们。莱提拉因使者这番话感到非常兴奋,就将他的船队尽快预备好。

**3.** (330)这期间,对百姓具影响力且身为民众领袖的底梅尼托,说服托勒密人改变初衷。他告诉他们,宁可冒着成为犹太人子民的危机,也强过将自己交给一个主人,成为他的奴隶。更何况,除了眼前的战事外,还会导致由埃及而来的更大的战争,(331)因为克娄巴特拉当初曾苦心将她儿子托勒密放逐到塞浦路斯，她绝不容许他在邻近之处拥有自己的军队，所以一定会率领大军来攻击他们。至于托勒密，万一他失败了还可以退到塞浦路斯，但托勒密的人民却将处于更大的险境。(332)虽然托勒密听说托勒密人的改变，但他仍旧出航，到一个叫作叙卡玟的国家，他命令军队在那里上岸。(333)这军队共有约三万兵马，托勒密率领他们向托勒密城进发，并扎营城外。当托勒密的人拒绝接待他的使臣，又不肯与他们交谈时，托勒密就非常关切这事。

**4.** (334)这时，佐伊鲁和迦萨的人民来见托勒密，说他们的国土因犹太人和亚历山大的缘故成为荒地，希望托勒密来帮助他们。亚历山大出于对托勒密的畏惧，就将围城的军队撤除，回到他自己的国家。回国后，他用了一个策略，就是私下邀约克娄巴特拉来对付托勒密，但在表面上却佯装与托勒密建立友好互助的盟约。(335)亚历山大还应允给托勒密四百他连得银子，希望以这样的酬劳将独裁的佐伊鲁除去，好将他占据的土地给犹太人。托勒密也情愿除去佐伊鲁，与亚历山大建立友好盟约，(336)但他后来听说亚历山大私下与他母亲克娄巴特拉联合，就断绝了这盟约，去攻打亚历山大，将不肯接待他的托勒密城包围。他将一部分兵力留给他的将领继续包围托勒密城，自己则率领其余的军队去夷平犹大国境。(337)亚历山大得知托勒密的意图，也集结了国内五万名士兵(有些记录说是八万)。他带着大军去迎战托勒密，而托勒密却趁着安息日以武力夺取了加利利的城邑阿琐克，俘虏了约一万人为奴，并得了大量的财物。

**5.** (338)托勒密又继续攻打邻近的塞弗里斯城，在那里损失了不少军力，但他仍然前去攻打亚历山大。亚历山大在约旦河附近离敌军不远的扎芬扎营。(339)亚历山大军队的前排有八千名持铜制盾牌的战士，每人都能抵挡一百人。托勒密前排的士兵也是持包铜的盾牌，但是托勒密军队在其他方面的配备皆不如亚历山大的军队，更有逃跑的危险。(340)但是他们的统领非罗司提反尽力鼓舞他们，命令他们渡过横贯在双方营区之间的约旦河。亚历山大不想截断他们的通路，因他认为敌人过河后，在战败时身后有河流阻断就无法逃跑，将他们俘虏就容易多了。(341)战事初期，双方敏捷地徒手互相残杀，亚历山大较占优势，直到非罗司提反适时以佣兵帮助那些战败的士兵。(342)犹太人没有佣兵帮助，就战败逃跑了，身旁的士兵不但没有助他们一臂之力，反而与他们一起逃跑。托勒密的军队却完全不同，(343)他们一路追杀犹太军队，直到他们死的死、逃的逃，托勒密士兵的武器都因杀戮而变钝，他们的手臂也因此而疲累。(344)根据记录，共有三万人被杀，其余的人不是被俘就是逃回自己的国家。

6. (345)经过这次胜利，托勒密的势力扩展到全国。夜晚，他在犹太地境内的村落休息，如果村内有妇人与孩童，他就命令士兵将他们勒死，切成块状丢到滚沸的大锅里，然后吞食他们的肢体如同祭物。(346)这样的命令，是要让那些在战役中逃跑的人，一旦回来偷袭而见到这景象，会以为他们是吃人血肉的食人族，因而更加害怕他们。(347)斯特拉博和大马士革的尼古拉都证实他们是如此对待那些人民，正如我所述的一样。托勒密也以武力夺取托勒密城，就像我在别处所记载的。

第十三章

亚历山大与克娄巴特拉建立共同御敌的盟约后，

就出兵叙利亚平原，彻底推翻迦萨，将上万名背叛

他的犹太人处决；以及有关安提阿古·哥吕浦、塞琉古、

安提阿古·西齐克努、虔诚的安提阿古和其他人的事宜

**1.** (348)克娄巴特拉看到她儿子日益强大，如入无人之境般地劫掠犹太地，又将迦萨纳入自己的势力范围，就决心不再坐视，因为托勒密已经快要打到她的城门口了。她认为托勒密现在比以前强盛许多，一定想得到埃及的王权。(349)于是她立即以水陆两军向托勒密城进军，并以希勒家和亚拿尼亚两个犹太人为全军的将领。同时，她将自己大部分的财产、孙子孙女及遗嘱运到哥士人(Cos)那里。(350)她又命令儿子亚历山大率领一支庞大的舰队前往腓尼基。在那国叛乱时，她到了托勒密城，由于托勒密人不接待她，她就将那城包围。(351)但是托勒密早已离开叙利亚赶往埃及，因他认为埃及没有军队，可以很快将它占领，但他却没有如愿以偿。这时，克娄巴特拉的将领之一希勒家在追赶托勒密的途中死于叙利亚平原。

**2.** (352)克娄巴特拉得知她儿子的企图，以及他出征埃及并没有达成心愿，就派了部分军队到那里，将托勒密逐出埃及。托勒密再度离开埃及，在迦萨地区过冬。(353)那时，克娄巴特拉以围城之战取得托勒密城和其中的驻军处。亚历山大带了许多礼物来见她，他对她的尊重是理

所当然的,因为他历经托勒密带来的困境,除了克娄巴特拉之外已别无避难之所。克娄巴特拉的一些友人劝她将亚历山大囚禁,好夺取他的国家,不要坐视这么多勇敢的犹太人臣服在一人之下而不顾。(354)但是亚拿尼亚的建议与他们相反,他说,如果克娄巴特拉这样对待盟友,将盟国据为己有,是不义的行为,而且这人与我们极有关联。他说:"我不愿你不明白,你对他的不义,会令我们所有犹太人成为你的敌人。"(355)克娄巴特拉听从了亚拿尼亚的忠告,没有伤害亚历山大,且与他在叙利亚平原的希托波里城结为互助的盟邦。

**3.** (356)亚历山大不再因托勒密害怕,就开始进军叙利亚平原。他在围城十个月后占领加大拉,并征服了约旦以北居民所属的坚固碉堡亚马太,那里存放了西挪之子狄奥多鲁最珍视的主要宝藏。西挪突击犹太人,杀死了一万人,并夺取了亚历山大的物品。(357)这不幸并没有令亚历山大害怕,他仍然向这国家的沿海地区进攻,就是拉菲亚和安提顿[日后希律王将这地改名为亚基帕],并以武力夺得那地。(358)后来,看到托勒密由迦萨退回塞浦路斯,他母亲克娄巴特拉也回到埃及,亚历山大就对迦萨人民发怒,因为是这些人请托勒密来帮助他们,导致犹太人的城池被围,国土荒废。(359)夜间,迦萨军队统帅阿波罗托带领两千外籍兵及一万本国兵突袭犹太营区,他们的军队在夜里占了优势,因犹太人误以为来袭的敌人是托勒密。天明后,犹太人得知实情,澄清了误会,就又回来进攻迦萨,杀死了一千人左右。(360)然而,迦萨人民勇敢地抵挡犹太人,不因犹太人的要挟或众多的死亡人数而退缩[他们宁可饱受艰难,也不愿意在敌人的权柄下生活]。那时,著名的阿拉伯王亚哩达鼓励他们敏捷地对抗犹太人,也应允要来帮助他们。(361)但在他来到之前,阿波罗托就被他的兄弟利西马古所杀，因利西马古嫉妒阿波罗托在民众中的声望。利西马古聚集了军队，将城邑交给亚历山大。(362)亚历山大刚入城时十分平和，后来就以武力对付迦萨的居民，罚他们离开那地。于是有些人往一方走，有些人往别方去，还有些人被处死。就算在这样的景况下，迦萨人也不怯懦，他们反抗那些来处决他们的人，并杀了相当数目的犹太人。(363)另一些人知道他们被驱逐，就将房子烧毁，使敌人无法得到他们的财物，甚至有人还亲手杀死自己的妻儿，以免他们成为奴隶。(364)至于为数五百的元老们，他们逃到阿波罗的殿里〔这个攻击发生时，他们正好坐在一处〕，亚历山大将他们全都杀了。经历一年围城，亚历山大将迦萨彻底摧毁，之后才回耶路撒冷。

**4.** (365)约在此时，安提阿古·哥吕浦去世，是因赫拉克里暗叛变之故。他享年四十五岁，统治了二十九年。(366)他的儿子塞琉古继承王位，对父亲的兄弟安提阿古·西齐克努作战，将他打败，囚禁并杀死他。(367)后来，安提阿古·西齐克努之子虔诚的安提阿古到了亚瓦底，在那里加冕为王，并对塞琉古开战，将他击败，把他赶出叙利亚。(368)塞琉古逃离叙利亚，去到末普色特，向当地人征税。那地的人因他所做的事感到愤慨，就将他的宫殿烧毁，杀了他和他的朋友们。(369)当西齐克努之子安提阿古做叙利亚王时，塞琉古的兄弟安提阿古对他兴起战事，却被打败了，他与他的军队都被歼灭。后来他的兄弟腓力继承王位，统治部分的叙利亚。(370)那时，托勒密·莱提拉封他的第四个兄弟，来自革尼土的德米特里·幼克流为大马士革王。(371)安提阿古激烈反对这两兄弟，但他们现在已死。因安提阿古是基列人王后老底嘉向帕提亚人作战时的佣兵，他英勇奋战而阵亡，正值德米特里和腓力统治叙利亚之时，这些我们在别处提到过。

**5.** (372)至于亚历山大，他自己的人民起来反对他。在节期庆典中，他站在祭坛上预备献祭时，民众群起向他投掷香橼树枝〔他们手上拿着香橼树枝，因为犹太人律法规定，在住棚节时每个人都要手执棕榈树枝及香橼树枝，这是我们在别处提到过的〕，像对待俘虏般地辱骂他，一点也不尊重他的尊严及献祭。(373)亚历山大对此十分忿怒，就将他们约有六千人全部杀死。他又做了木墙将祭坛和圣殿隔开，只有祭司可以进入，如此可以阻止民众靠近他。(374)他也保留了从彼西底和基利家来的外族人，但因他曾与叙利亚人争战，所以无法使用他们。亚历山大又击败了阿拉伯人，诸如摩押人和基列人，并令他们进贡。此外，他还打败了亚马太，趁着他与狄奥多鲁休兵之时。(375)但当他与阿拉伯王奥比达作战时，在一个险峻难行的地区遭到埋伏，被基列地加大拉村的骆驼队伍丢下深谷，好不容易才保住性命，从那地逃回耶路撒冷。(376)除了其他的不幸，全国都无礼地对待他，他与他们进行了长达六年的战争，杀死了不下五万人。亚历山大希望他们不要再敌视他，他们却因过去的遭遇更加恨他，当他问他们应该怎么做才对时，他们都大声呼喊，要他自行了断。他们还遣使去见德米特里·幼克流，希望他能与他们建立共同防御的盟约。

## 第十四章

### 德米特里·幼克流击败亚历山大，但出于对犹太人的畏惧，他很快就从那地撤出；以及亚历山大诛灭反对他的犹太人，解决了国内的困境，以及德米特里之死

**1.** (377) 于是，德米特里率领军队以及邀请他来的人，在示剑附近扎营；亚历山大集合了自己的六千士兵和两千佣兵，加上与他同党的两万犹太人，一起抵抗德米特里（德米特里有三千骑兵和四万步兵）。(378) 双方都用尽全力，德米特里想将亚历山大的佣兵带走，因为他们是希腊人；亚历山大则想将德米特里那里的犹太人带回来。在他们都无法说服彼此后，就开启了战事。德米特里是胜利者，他将亚历山大所有的佣兵都杀尽了，这些人表现出他们的忠贞及勇气。德米特里的许多士兵也阵亡了。

**2.** (379) 亚历山大逃往山区，约有六千犹太人从德米特里那里出来投奔他，因为他们同情他的处境。德米特里为此感到害怕，就离开了那地。后来犹太人又和亚历山大作战，在数场战事中被击败，许多人被杀。(380) 亚历山大将他们中间最具影响力的人逼入伯特姆，把他们围困在城里，等到他攻下那城后，就将他们掳回耶路撒冷，并对他们做了惨绝人寰的事。当亚历山大与嫔妃们庆功时，在全城人面前下令将其中的八百人钉死在十字架上。这些人尚未断气时，他又命人在这些人眼前，将他们妻儿的喉咙割断。(381) 虽然他这样做是报复他们对他的伤害，但是

这种惩罚是违背人性的。我们相信亚历山大实在因他们而苦恼万分，又是战争不断，且屡遭险境。他自己及他的国家都是如此，他们自己与他作战还不够，又邀约外籍兵团来攻打他。（382）他们甚至迫使他将所征服的摩押、基列和这两地上的所有一切交还给阿拉伯王。这样一来，这些地方的人倒也无法与那些犹太人联合对付亚历山大了，因为那些犹太人曾经做了无以数计的事情来反抗和羞辱他。（383）然而，这种野蛮的刑罚实在是不必要的，也因这事，亚历山大在犹太人中间被称作色雷斯人。这事以后，那些曾与他争战的士兵，为数约有八千，就趁夜晚逃跑了。在亚历山大有生之年，他们一直是逃亡的游民。亚历山大再也没有被他们骚扰，他的余年是在极度的平稳宁静中执掌政权。

**3.**（384）至于德米特里，在离开犹太地后，就带领了一万步兵与一千骑兵，前往庇哩亚围困他的兄弟腓力。庇哩亚的独裁者斯特拉托是腓力的盟友，他请了阿拉伯人部落的统治者西琐，以及帕提亚王米提利达·西纳克来救援。（385）这二人率领大军，在德米特里的军营将他包围，用弓箭将他赶入营区，又以不供应饮水来迫使德米特里的军队自动投降。于是，这二王从那里带走了许多的战利品，并将德米特里送给帕提亚王米提利达。至于那些安提阿的战俘，他们无偿地将这些人归还给安提阿人。（386）帕提亚王米提利达礼遇德米特里，直到德米特里病逝为止。这次战役后，腓力取得安提阿，继续统治叙利亚。

## 第十五章

## 安提阿古·狄奥尼修和跟随他的亚哩达征讨犹太地；

## 亚历山大在取得许多城邑后回到耶路撒冷，

## 病了三年之后去世；以及亚历山大给亚历山德拉的忠告

1. (387)这事以后，腓力的兄弟安提阿古·狄奥尼修想要得到王权，就到大马士革夺权，在那里统治国家。他的兄弟腓力听说他正在与阿拉伯人作战，就去到大马士革。(388)在那里留守大本营的统领米利修以及大马士革人将全城奉送给腓力。但腓力对米利修并不感恩，也不因米利修迎接他进城而馈赠他，反而认为米利修让他入城是出于害怕而非好意。因他没有回报米利修，就受到米利修的猜疑，使他不得不再度离开大马士革。(389)因为米利修趁他在战车竞赛场外行走时，将他关进竞赛场里面，并将大马士革留给安提阿古［幼克流］。幼克流听说腓力的事情后，就立即从阿拉伯回来，并以八千步兵与八百骑兵远征犹太地。(390)亚历山大因此事感到害怕，就从克发撒巴［也就是现在的安提帕底］开挖了一条壕沟，直到约帕的海边，如此一来，只有他自己的军队才能靠近他。他又筑了一道墙，并立了几座木塔，中间又建了多座堡垒，长达三十公里，就在这样的预备下等待安提阿古的到来。(391)但是不久后，安提阿古就将这一切都烧毁，并令他的军队行经这条路线进入阿拉伯地。阿拉伯王亚哩达起初撤退，但后来率领一万骑兵突然现身。安提阿古与他们会战，奋不顾身赢得胜利。正当他将一些雇佣兵带到他在危难中的军队时，他被杀了。安提阿古死后，他的军队逃到迦拿村，大部分人都因瘟疫死在那里。

**2.** (392)亚哩达继他之后统治叙利亚平原，占有大马士革的那些人请他去执政，因为他们痛恨托勒密·梅纳厄斯。亚哩达也从那里出兵犹太地，在亚底达附近打败亚历山大。在和亚历山大订下协议后，他退出犹太地。

**3.** (393)亚历山大又出兵攻下狄奥斯城，再征讨西挪大部分宝藏的所在地爱色，他以三层围墙包围那地，在攻占那城后又向哥兰及塞流西亚进军。(394)取得这些城邑后，亚历山大又占据"安提阿古的谷"和加马拉的碉堡。亚历山大还控诉那些地方的长官德米特里多项罪状，并将他从那里逐出。经过三年战事后，亚历山大回到自己的国家，犹太人因他的伟大功绩而欢迎他回国。

**4.** (395)这时，犹太人所占领的叙利亚人、以土买人与腓尼基人的城邑如下：海边有斯特拉托塔、阿波罗尼亚、约帕、雅比聂、亚实突、迦萨、安提顿、拉菲亚以及利挪克罗拉；(396)在国境的中部有靠近以土买的阿多拉和玛利沙；靠近撒玛利亚的迦密山、他泊山、希托波里以及加大拉；在高拉尼提斯有塞流西亚和加马拉；(397)在摩押国有希实本、米底巴、兰把、何罗念、伊基拉、琐珥、西订谷以及佩拉。犹太人将佩拉完全毁灭，因为那地的居民不肯将他们的宗教仪式改为犹太人独特的仪式。犹太人也占有并毁灭了叙利亚其他一些主要城邑。

**5.** (398)此后，亚历山大虽因酗酒而身心异常，并受到四日疟的缠扰长达三年之久，却仍然不放弃与他的军队一起出征，直到劳累过度并死于约旦河外一个叫作拉革巴的碉堡边。(399)亚历山大的王后亚历山德拉看到他没有痊愈的希望，快要死了，就伤心地在他身旁哀哭，也为自己与儿子们将要面临的孤立无援的景况悲伤。她对他说："你为我和孩子们留下些什么呢？我们无依无靠，你也知道你的国民对你心怀恶意。"（400）于是亚历山大给了她下面的建议：她只要遵照他的吩咐去做，就可以与孩子们安稳地保有王权。直到她如此布局后，才能将他的死讯告知军队；（401）之后她还要以胜利的姿态行经耶路撒冷，将她部分的权柄交给法利赛人。法利赛人会因她尊重他们而赞许她，也会将国家协调一致交给她。亚历山大告诉她，法利赛人在犹太人中最有威信，他们讨厌的人就会受到伤害，他们喜欢的人就会得到利益。（402）民众最信任他们的意见，甚至他们只是出于嫉妒所说的中伤人的言语，也让民众深信不疑。亚历山大说，就是因为这些人的缘故，他的国人才对他不满，虽然他也真的伤害过他的子民。（403）他说："你到了耶路撒冷，要去请他们中间的领袖来，以诚恳的态度将我的尸体给他们看，让他们随心所欲地处置我的尸体，不论他们因我所受的困苦决定羞辱我的尸体不予埋葬，或是在忿怒中毁坏我的尸体。你还要允诺他们，所有的国事都会在他们的参与下处理。（404）如果你这样对他们说，我会从他们那里得到一个葬礼，要比你为我预备的更为尊荣。当他们可以随意处置我的尸体时，他们一定不会伤害它，你也可以安稳地治理国家。"亚历山大交代完妻子这些事就过世了，共做王二十七年，享年五十岁。

# 第十六章

## 亚历山德拉在得到法利赛人的好感后继续执政了七年，
## 在成就了许多光荣事迹后就去世了

**1.** （405）亚历山德拉取得碉堡后，就依照她丈夫的建议去和法利赛人谈话，并将亚历山大的尸体与国家各项事宜的主权交给他们，如此就安抚了他们对亚历山大的怒气，且让他们对她产生好感与情谊。（406）这些法利赛人接着就在群众间发表演说，叙述亚历山大一生的功绩，并告诉他们国家失去了一位公义的王。因着法利赛人对亚历山大的推崇，民众都为他的死心情沉重悲伤，他也因而得到一个史无前例的尊荣葬礼。（407）亚历山大留下两个儿子，分别叫希尔克努和亚里斯多布，但是他将国家托付给亚历山德拉。至于这两个儿子，希尔克努实在没有管理国事的能力，也甘于过平静的生活；但小儿子亚里斯多布则既勤勉又勇敢。而亚历山德拉本人非常受民众的爱戴，因她看起来也不喜悦她丈夫触怒人民的罪行。

**2.** （408）于是她立希尔克努为大祭司，一方面因他是长子，更重要的是因他不喜欢插手政局，这样就可以让法利赛人处理一切国事。同时，她也命令民众服从法利赛人，她也恢复了法利赛人依先祖传统而制订的习俗，这些是被她公公希尔克努所废止的。（409）于是，她有摄政之名，法利赛人则拥有实权，使他们将废止的习俗重新恢复，使被囚的得自由。总而言之，他们与统治者毫无区别。但是王后也干预国事，她有一大队的雇佣兵，兵力大到使邻近的独裁者们害怕，她将这些人都抓来作为人质。(410)于是这国家得到完全的和平，只有法利赛人例外。这些法利赛人去搅扰王后，要她处死那些说服亚历山大残害那八百人的人。后来，他们将其中一个名叫狄奥革尼斯的人的喉咙割断。其后，他们又这样一个接着一个地杀死了很多人，(411)直到那些人中的几位能者与亚里斯多布一同来到王宫。亚里斯多布似乎对所发生的事感到不悦，很显然，如果他有机会，一定不会允许他母亲继续这样做。这些事让王后想到，这些人经过了多大的危险，他们做了多大的事，也显出他们对主人的忠心，也因此从主人那里得到了蒙喜悦的最大记号。(412)他们恳求王后不要完全让他们失去希望，因为现在的情况是，他们避开了外敌的危害，却在自己家中被如同凶残野兽般的内敌杀害，无法得到任何的帮助。(413)他们又说，如果他们的敌人已经对过去的杀戮感到满意，那么他们应以统治者的爱心接受过去发生的一切。但若要他们接受未来的情况并不会改变，他们恳求不再服侍她。因为除她以外，他们没有别的拯救。若她不肯原谅他们，他们宁愿死在她的宫门前。(414)这样的话，对他们以及王后都是莫大的羞辱。因为如果王后坐视不顾，他们就会落在她丈夫对头的鞭下。而阿拉伯王亚哩达及其他的君王就会不计代价地想得到他们成为外籍兵团，因为在还没有听到他们的声音以前，光是他们的名字就已经令人丧胆了。(415)若他们的第二个请求也不被应允，即她仍然决定将法利赛人置于他们之前，他们还是要坚持她将他们每一个人安置在她的众碉堡里，这样若有致命的恶魔对亚历山大家心怀恶念，他们也愿意在隐秘处生活，好尽他们的本分。

**3.** (416)他们说完后，就求告亚历山大的灵魂怜恤那些已经被杀的人和那些处于险境的人，所有旁观者都为此哭泣。最主要的是亚里斯多布明确表达了他的感受，他用许多申斥的话对他母亲说：(417)"他们的确是自作自受，竟然不按常理，让一个疯狂又有野心的女人统治他们。他们中间有些人正值壮年，更适于管理国事。"亚历山德拉不知该怎样合宜地处理这事，就将所有的碉堡给了他们，除了希尔克尼亚、亚历山大里姆和马盖耳斯这些安放她大多数财宝的地方。(418)过了不久，她派她的儿子亚里斯多布带兵前往大马士革对付托勒密·梅纳厄斯，因为托勒密对这城邑很不友善，不过亚里斯多布在那里没有什么建树就返回了。

**4.** (419)这时有消息传来，说亚美尼亚王提哥拉尼已率领五十万大军入侵叙利亚，正向犹太地前进。这消息使王后和全国大为震惊。于是他们遣使去见他，并送给他许多贵重的礼物。那时，他正在包围托勒密城，(420)因为叙利亚的统治者是王后色利尼·克娄巴特拉，她说服那地的居民拒绝提哥拉尼。犹太人的使臣就游说并恳求提哥拉尼说，他必会发现犹太人的王后与国民都没有做任何不可宽恕的事。(421)于是，提哥拉尼赞扬他们长途跋涉来向他致敬，也向他们表达了他的善意。在攻下托勒密城后，提哥拉尼得到消息说，卢库路斯进攻米提利达无功而返，就逃往伊比利亚并蹂躏亚美尼亚地，围困那里的城邑。听说这事后，提哥拉尼就返回自己的国家了。

**5.** (422)后来王后患上一种危险的疾病，亚里斯多布就决心要夺取王权。他趁夜带着一名仆人前往那些碉堡，那里有他父亲在世时就结交的友人。(423)亚里斯多布非常不满意他母亲的作为，现在她将要去世，他更害怕他们全家会落在法利赛人手中。虽然他的哥哥会继承政权，但是他却没有执政的才能。(424)除了亚里斯多布的妻子外，没有人知道他要采取什么行动，他将他的妻儿都留在耶路撒冷。他先是前往阿革巴，在那里有我们前面提过的一位能者，名叫革雷斯提，革雷斯提接待了亚里斯多布。(425)天亮后，王后发现亚里斯多布逃跑了，但她不以为他的离去与改革政局有关，直到信使一个个回报说，亚里斯多布已经一一取得了所有的地方，因为一旦有一个地方开始投靠他，其他的就会跟着臣服于他。现在王后与全国上下都陷入了极大的混乱，(426)因为他们知道，用不了多久亚里斯多布就会得到政权。他们害怕的主因是亚里斯多布会因他们对他家的无理对待而报复他们，于是他们决定将他的妻儿拘禁，安置在圣殿上面的碉堡里。(427)许多来自各地的人投靠亚里斯多布，多到像是有王室的随员在他身边。在十五天左右，他取得二十二个重地，这使他有机会从黎巴嫩、特拉可尼和各地君王那里征召军队。因为人们容易跟随并服从多数。此外，亚里斯多布没有想到的是，他们若帮助亚里斯多布，一旦他得到王位，他们彼此都会得到好处，因这王国是在他们的帮助下得到的。(428)犹太人的长老和希尔克努进宫去见王后，希望她能告诉他们她对现今事情发展的看法。如今，亚里斯多布实际已近乎是全国的王，他占领了那么多的要塞，如果他们想要自行处理这事是不智的。王后虽然病重，但仍可指引他们，因为过不了多久，危险就要临到他们了。(429)但是，王后吩咐他们按照他们认为妥善的方式去做，毕竟她的身体衰残，没有心力顾及国事，更何况他们还有许多有利的条件，诸如全国的向心力、军队和分布在几个国库的金钱。

**6.** (430)说完这些话后没过多久，王后就去世了，她统治了九年，享寿七十三岁。她虽是女子，却不因性别而有软弱的表现，她在御国的雄心上展现出睿智，她的行为也立时成为印证。在心智上，亚历山德拉极能胜任国政，甚至胜过许多男人，因为都不了解自己的才干，所以在治国时不断犯下错误。（431）亚历山德拉总是先顾及现在的事再盘算未来，且将执掌王权放在万事之前，只要能掌权，她不会计较代价与是非。然而她却将自己的家庭带入这样的不幸：她将权柄得来，但掌权后不久，各样的不幸和危险就接踵而至。这一切都是因为执政的欲望不应属于女人，她又与那些对她家族心存恶念的人同谋，加上在执政方面缺乏有能之士的辅助。（432）她执政时期的确给她身后的王室留下许多危难与纷争。即便这是亚历山德拉执政的方式，她仍然为国家带来了和平。这就是有关亚历山德拉时期的总结。

第十四卷

从亚历山德拉王后去世到安提古去世(涵盖三十二年)

# 第一章

## 亚里斯多布和希尔克努争夺王国之战；以及他们之间的协议，就是亚里斯多布为王，希尔克努以平民之身度日；也记载了希尔克努后来被安提帕特说服去投奔亚哩达

**1.** (1)在前一卷中，我们叙述了亚历山德拉王后的生平及离世，现在要记述其后与那段历史有关的事件。但在开始之前，我们要先声明我们并非存心因无知或偷懒而略过一些事实，(2)只因那段历史及解说的绝大部分都因时代久远而让我们感到陌生，我们希望将它以尽善尽美的文笔表达出来，好让读者们在阅读这段历史时能觉得赏心悦目，(3)对我们所记载的感到相当满意及喜悦。然而除了上述因素以外，作者们的主要目的还是清楚地将那时所发生的事件记录下来，好令那些不熟悉史实的人能信赖作者们的记述。

**2.** (4)希尔克努于第一百七十七个奥林匹亚周期的第三年开始做大祭司，那时罗马的执政官是昆图斯·赫田秀和被称为克里特的麦特鲁的昆图斯·麦特鲁。亚里斯多布立刻展开对希尔克努的战事。在耶利哥一役中，希尔克努的许多士兵离弃他去投靠他的弟弟。(5)在那样的

情况下，希尔克努就逃往他母亲以前囚禁亚里斯多布妻儿的大本营里，这事我们在前面曾经提到过，希尔克努攻击并征服了那些躲藏在圣殿围墙里反抗他的人。(6)然后希尔克努送信给他弟弟，内容是关于他们之间的协议，他愿意放下目前一切的敌意，让亚里斯多布为王，自愿不干预国事，平静地享受他所拥有的产业。(7)他们二人在圣殿中就这些条款达成一致，并以誓约再次确认，且在众人面前拥抱及互握右手。这事之后他们就分道扬镳，亚里斯多布前往王宫，希尔克努则以平民之身住在亚里斯多布以前的居所。

**3.** (8)希尔克努有一位以土买友人，名叫安提帕特，这人非常富有且本性活跃喜好煽动，他对亚里斯多布怀有敌意，并因对希尔克努友好而与亚里斯多布不睦。(9)正如大马士革的尼古拉所说，安提帕特是从巴比伦回到犹大地的重要犹太人之一，他这个说法是为了让安提帕特的儿子希律欢喜，希律因缘际会成为日后犹太人的王，我们将会在适当之处叙述他的历史。(10)这位安提帕特最初被称作安提帕，与他父亲同名，他父亲被亚历山大王及王后封为以土买全地的将领，且与阿拉伯人、迦萨人和亚实基伦人建立起友好盟约，这些人是他的同党，也是他以许多贵重礼物所结交的忠诚友邦。(11)现在他的儿子安提帕特对亚里斯多布的势力心存疑虑，生怕亚里斯多布会因他的敌意而做出不利于他的举动，所以安提帕特就煽动那些有权势的犹太人，在私底下说亚里斯多布的坏话。他说不应忽视亚里斯多布的行为，亚里斯多布以不义的手段赶走他的哥哥而取得政权，那是他哥哥拥有长子名分理应承袭的。(12)安提帕特也以同样的说辞告诉希尔克努，并要希尔克努注意自己生命的安全，摆脱亚里斯多布的威胁，安提帕特还说亚里斯多布的友人不会放过任何叫亚里斯多布除掉希尔克努的机会,如此才能巩固亚里斯多布的王权。(13)希尔克努本性温和,又不轻易相信中伤他人的言词,所以并未将安提帕特的话放在心上。希尔克努缺乏气魄、不愿参与国事的性情,有时会令旁观者认为他是懒散怯懦的人;亚里斯多布的个性正好相反,充满活力又有雄心壮志。

**4.** (14)虽然希尔克努不为安提帕特的话所动,但安提帕特并没有放弃,还是天天捏造一些对亚里斯多布不利的罪状,在希尔克努面前诽谤亚里斯多布,好像亚里斯多布存心要杀害希尔克努。于是安提帕特鼓动希尔克努逃到阿拉伯王亚哩达那里,并说如果希尔克努照着他的建议去做,他也会助他一臂之力,和他一同前往亚哩达那里。(15)希尔克努听了之后也认为投奔亚哩达对自己有利。阿拉伯王国与犹大地比邻,于是希尔克努先派安提帕特到阿拉伯王那里去取得保证,确保日后他投奔阿拉伯王时,王不会将他交在敌方手中。(16)安提帕特得到了这样的保证,就回到希尔克努所在的耶路撒冷,不久之后他们就趁夜离开那城,长途跋涉来到亚哩达王宫所在的佩特拉城。(17)由于安提帕特和王是旧识,他就想说服王帮助希尔克努回到犹大地夺权,安提帕特日复一日地这样劝说,同时也提议要因这次的帮助给王许多礼物,最后他终于在亚哩达面前达到了他的目的。(18)除此之外,希尔克努还应允在取得王权后,要将他父亲亚历山大从阿拉伯人那里得到的十二个城邑归还亚哩达,那些城邑是米底巴、拿巴鲁、吕彼亚、他拉巴撒、阿革拉、阿度尼、琐珥、奥拉尼、玛利沙、鲁大、路撒以及俄鲁巴。

## 第二章

## 亚哩达和希尔克努出兵征讨亚里斯多布，并包围耶路撒冷；罗马将领斯考鲁斯解除了围城之困。以及奥尼亚之死

1. （19）亚哩达得到了这些承诺之后就出兵征讨亚里斯多布，他率领五万名骑兵与步兵，在战役中击败亚里斯多布。这次的胜利使得许多人离弃亚里斯多布去投奔希尔克努，令亚里斯多布孤立无援地逃往耶路撒冷。（20）在此情况下，阿拉伯王接收了他的军队，并带兵去攻击他，将他围困在圣殿里，除了祭司们支持亚里斯多布外，其他人都站在希尔克努那边助他围城。（21）于是亚哩达联合了阿拉伯人与犹太人的军力，猛烈地进行围攻。这时正逢除酵节的庆典，我们称之为逾越节，犹太人中的领袖们都离开国境逃往埃及。（22）那时有一位神所喜悦的正直人士，名叫奥尼亚，这人曾经在一次久旱之后，向神祈祷停止这样的酷热，神听了他的祷告而降雨给他们。奥尼亚见这次骚乱会持续下去，就将自己藏匿起来，但是他们仍然将他找出来带到犹太人的营中，希望他能像往昔停止旱灾般祈祷，以同样的方式降灾给亚里斯多布及他的同党。（23）奥尼亚用了各种理由拒绝他们，但是他仍然被群众强迫发言，他就站在他们当中说：（24）"全地之君的神啊！这些与我站在一起的是你的子民，那些被围的也是你的祭司们，我恳求你不要听从或应允他们之间彼此伤害的祷告。"那些在他身旁的邪恶的犹太人听完他的祷告后，就用石头将他

打死了。

**2.**（25）但是神立刻因这样残暴的行为惩罚他们，由于他们谋杀了奥尼亚，神就以下面的方式报复他们：祭司们和亚里斯多布被围时正值逾越节的庆典，我们的习俗是向神献上许多祭牲。（26）那些与亚里斯多布在一起的人希望从他们的国人那里得到献祭的供应，并保证付给国人他们想要的价格。他们的国人向他们要求每头牲畜一千德拉克马，亚里斯多布和祭司们心甘情愿地按照他们的要求付款，于是城内的人将钱从墙垣上放下去交给他们。（27）但是对方收到钱后并没有将祭牲给城里的人，反而极为可恶地违背他们的承诺，没有预备好祭司们和亚里斯多布所需的祭牲，以如此不敬虔的方式得罪了神。（28）祭司们发现他们被城外的人毁约而受骗，就向神祷告，求神为他们报复外面的国人。神没有延迟对这些人的惩处，他降下一阵强烈的风暴，将境内所有的蔬果都摧毁了，那时一斗麦要卖到十一德拉克马。

**3.**（29）就在此时，庞培派遣斯考鲁斯去叙利亚，自己则在亚美尼亚与提哥拉尼作战。斯考鲁斯到了大马士革发现路流和麦特鲁刚刚取得了那城，就急忙赶到犹大地去。（30）斯考鲁斯到了那里，见到了亚里斯多布和希尔克努差派来见他的使臣，他们二人都是来寻求他的协助，也都应允以金钱为酬劳，亚里斯多布的酬金是四百他连得，希尔克努的酬金也不少于前者。斯考鲁斯接受了亚里斯多布的要求，（31）因为亚里斯多布既富裕又有雄心，而且他的要求不高；反观希尔克努，他既没有钱又固执，也想要以这样的酬劳获取更大的回报；斯考鲁斯拥有的是一大批不擅于军事的拿巴提人，想要攻下一个极为坚固的城池，和将一些亡命之徒赶走，所花的力气是大不相同的。（32）基于上述理由，斯考鲁斯和亚里斯多布达成协议，在收到报酬后就为亚里斯多布解除了围城之困，又吩咐亚哩达离去，否则就是与罗马为敌。(33)于是斯考鲁斯再次回到大马士革。亚里斯多布率领大军与亚哩达和希尔克努在帕皮仑交战，并将他们击败，杀死了大约六千名敌军，其中包括亚哩达的兄弟法利恩。

# 第三章

## 亚里斯多布和希尔克努在庞培面前争论谁应该取得王权；以及在亚里斯多布逃往亚历山大里姆的碉堡时，庞培率兵来攻打他，并命令他将所拥有的碉堡全部交出来

**1.** (34)过了不久，庞培就来到大马士革，并行军于叙利亚平原，叙利亚、埃及以及犹大地都差派使臣来见他，亚里斯多布还送他一份大礼，是价值五百他连得的金葡萄树。(35)卡帕多西亚的斯特拉博以这样的文字描述这件礼物："埃及差派了一位使臣并送上一个价值四千金子的王冠；犹大地也送了一份礼物，不管你称它为'葡萄树'或'果树'，他们都称它为'欢喜'。(36)我们见到这礼物存放在罗马的朱庇特神庙中，上面有这样的题字：'犹太人的王亚历山大的礼物'，它的价值是五百他连得，记录上说是犹太人的省长亚里斯多布送来的。"

**2.** (37)不久后又有使臣来见庞培，他们分别是希尔克努派来的安提帕特和亚里斯多布派来的尼哥底母，使臣们控诉加比尼乌和斯考鲁斯受贿，前者收了三百他连得，后者收了四百他连得。于是除了原有的仇敌外，庞培也将这二人视为敌人。(38)庞培下令叫这些互相纷争的人等

到初春时再来见他，他自己则率领军队由冬季的军营中出来，行军到大马士革的国境，他沿途摧毁了安提阿古·西齐克努在阿帕米亚所建的大本营，(39)审判了邪恶的托勒密·梅纳厄斯的国家，这人不比被斩首的的黎波里的狄奥尼修更好，他们之间也有姻亲的关系。然而托勒密·梅纳厄斯以一千他连得买赎了罪孽带来的惩处，庞培就用这笔钱支付士兵们的薪饷。(40)庞培又征服了吕西亚，那地的独裁者是犹太人西拉，然后他行经海里欧坡力和卡尔息斯两城，越过叙利亚平原边境的山区，再从佩拉到达了大马士革。(41)庞培在那里听取了犹太人的事宜，就是有关他们的统治者希尔克努与亚里斯多布不和之事，全国都反对他们二人，因为犹太人从先祖那里承袭的是要臣服于所敬拜之神的祭司之下，不愿意有王来治理国家，然而这二人虽然是祭司的后裔，却仍然想要改变治国的形式，好奴役全国人民。(42)希尔克努抱怨他虽有长子的身份，却被亚里斯多布剥夺了长子的权益，因亚里斯多布以武力取得了整个国家，只留下其中一小部分给他。(43)希尔克努也控诉亚里斯多布，说邻国遭受入侵及海盗的猖獗，都是因为亚里斯多布，若不是因为亚里斯多布的暴行与丧心病狂，国人是不会群起反抗的。在安提帕特的号召下，有不下千名的犹太人证实了这项指控，其中还包括一些最受敬重的人。(44)然而亚里斯多布反控这完全是希尔克努自己的个性造成的，希尔克努令人憎恶的怠惰让他失去了王权，亚里斯多布是怕王权落到外人手里才不得已出来执政。至于王的称号，也是沿袭他父亲以前所使用的。(45)亚里斯多布也找来了一些证人，这些人既年轻又傲慢无礼，他们的紫袍、仔细梳理过的头发以及身上的各样饰品都是法庭所不喜悦的，他们好像在参与一个豪华的游行，而不是到法庭为自己申诉。

**3.**（46）庞培在听取了双方的辩解并谴责了亚里斯多布的暴行后，就婉言将他们遣返，又说会在下次造访他们国家时，为他们解决所有的纷争，现在他先要将拿巴提人的事情厘清。庞培同时也命令他们不要采取任何行动，并温和地对待亚里斯多布，免得他鼓动国人反叛，阻挠庞培回来。（47）然而亚里斯多布不认为庞培会依照承诺进一步作出决定，于是他就自行由德留斯城（Dellius）行军进入犹大地。

**4.**（48）庞培被亚里斯多布的行为激怒，就带领他原本用来对付拿巴提人的军队、来自大马士革和叙利亚的雇佣军以及跟随他的罗马军团前去征讨亚里斯多布。（49）在经过佩拉和希托波里，到达内陆地区进入犹大地的第一个入口科勒亚时，他见到了一座建在亚历山大里姆山岭上的最美好的碉堡，那是亚里斯多布逃往的地方，于是庞培命令亚里斯多布来见他。（50）有许多人劝亚里斯多布不可与罗马为敌，在这样的情形下，他就从山上下来。当他和他哥哥为了王权暴发争执之后，他曾在庞培的同意下再回到大本营，（51）并来来回回这样做了两三次，希望借此抬高自己获得王权的机会。亚里斯多布假意遵行庞培所有的命令，同时却退回到自己的碉堡，以防万一他所害怕的事发生时［庞培将王权交给希尔克努］，可以不在士气低落的情况下备战。（52）然而庞培命令他交出在他管辖下的所有碉堡，并要他亲自下令让那些碉堡的统治者遵行，因为那些统治者接受过禁令，不会在其他人的指令下交出碉堡，于是亚里斯多布只好确实地遵命而行，他心怀不满地退回到耶路撒冷，在那里备战。（53）这事过后不久，庞培正预备要指挥他的部队前去攻打亚里斯多布，有人从本都来通知他米提利达的死讯，米提利达是被他的儿子法勒拿克斯杀害的。

# 第四章

## 耶路撒冷的人民不开城门，庞培以武力包围
## 并夺得了那城；庞培在犹大地所行的其他事迹

**1.** (54)庞培在耶利哥扎营［那地遍生棕榈树，所产的香液是最珍贵的香膏，只要用锋利的石头将树干割一道口，就有汁液流出来］，并在清晨进兵耶路撒冷。(55)这时亚里斯多布已因所做的事感到懊悔，就去见庞培，［应允］付款给他，并将他迎入耶路撒冷，只希望庞培不要兴起战事，以和平的方式做他想要做的事。庞培在亚里斯多布的恳求下原谅了他，并差派加比尼乌和士兵去接收金钱与耶城。(56)但是事情并没有这样发展，加比尼乌不但被拒于城外，也没有收到所应允的款项，这是因为亚里斯多布的军队不同意执行这些协议。(57)庞培为此感到非常生气，将亚里斯多布关入监狱，然后亲自前往耶路撒冷。耶城的四围除了北面外都十分坚固，因为北面被一条深阔的沟渠环绕，并没有很完善的防御工事，城内的圣殿本身则被一堵坚固的石墙包围。

**2.** (58)这时城里有一些人对目前的状况不满而发起暴乱，认为最好是将城献给庞培；但亚里斯多布的同党劝说他们关上城门，因为亚里斯多布还被关在牢里。亚里斯多布的这些同党为了预防那些人有所行动，就夺取了圣殿，截断了圣殿通往城邑的桥，做好长期围城的准备。(59)然而那些人仍然让庞培的军队入城，并将城邑与王宫都献给他。于是庞培派了他的尉官皮森带领军队在城内和王宫设置驻军处以确保那

两地,再加固那些与圣殿比邻的屋宇,至于那些远处的房舍就没有加固。
(60)起初庞培提出了一些和解的条件,但是殿内的人并不同意,于是他就将圣殿及附近的地区以墙垣包围,希尔克努在这一切事上都很积极地协助他。庞培还在墙内圣殿的北端扎营,(61)虽然北边有多座高塔及一条沟渠与深谷环绕,但是朝城邑的那面是悬崖绝壁,而庞培入城所行的桥梁也已被毁,所以只有北端最适合扎营。罗马人在附近地区砍下建材,以大量的劳力慢慢地筑起一座堤防,(62)当堤防筑得足够高时,沟渠就被填满了,虽然因沟渠的深度使这项工程不尽完善,但庞培已从推罗运来攻城器械,将它们架在堤上,用来发射大量的石块攻击圣殿。(63)若不是因为先祖传下的习俗要在第七天休息,守安息日,这堤防是不可能完成的,因为我们犹太人一定会不断阻挠他们的工程。虽然我们的律法允许我们在安息日可以因他人的攻击而反抗自卫,但不允许我们在那日干扰敌人其他的行动。

3. (64)罗马人了解我们这习俗,就不在安息日射击石块,也不与犹太人间有任何投掷的互斗,只是用那日来加高他们的堤防,并将器械往前安置,好在接下来的日子进行攻击。(65)由此可知我们如何虔敬地侍奉神并遵守他的律法,祭司们也完全没有因害怕包围而停顿任何服侍神的礼仪,每日两次在祭坛上献祭,一次在清晨,另一次约在第九个时辰,就算飞来横祸,遭到石头的攻击,他们也不曾间断献祭。(66)在第三个月的禁食日,接近第一百七十九届奥运会,罗马执政官该犹·安东尼和马尔库斯·土利乌·西塞罗率领敌军占领了全城。他们攻击圣殿,将殿内的人都割喉杀死。就是在这样的情况下,(67)这些献祭的人也没有因为怕死或看到被杀的人数众多而逃走,因为他们宁愿在自己的祭坛前承受加之于身的苦难，也不愿忽略律法要求他们应做的一切。(68)以上所述并非仅是自夸或谬赞，这些都是实情，证明我们对神的敬虔不是虚假的。我已求证于那些写庞培传记的人，比如斯特拉博和大马士革的尼古拉。除此之外，《罗马史》的作者提图斯·李维(Titus Livius)也会为此作证。

**4.** (69)那些射击的器械越来越靠近后，最大的那座高塔就因被它震动而倒塌了，要塞出现的缺口使敌人迅速涌入。西拉的儿子哥尼流·浮士图和他的士兵最先爬上城墙，接着是由另外一边上来的百夫长富立乌和跟随他的人，另一位百夫长法比乌由中间爬上城墙，有许多人跟在他后面，他们都大肆屠杀犹太人。(70)有些犹太人被罗马人杀害，也有一些是互相杀害的，甚至有些人不能忍受所受的痛苦而从悬崖上跳下去，或是焚烧自己的家园。(71)丧生的犹太人有一万两千名，丧生的罗马人则非常少。亚里斯多布的叔父暨岳父押沙龙被俘，圣殿本身也遭到极大的羞辱：以前圣殿是不可以进入的，没有人能见到圣殿的内部，(72)但是庞培和他身旁不少人进入了圣殿，他们看到了除大祭司以外不应被其他人看到的一切，这是违背律法的。圣殿中有金制的陈设桌、圣烛台、洗濯盆以及大量的香料，此外在珍宝中还有价值两千他连得的用于圣工的钱。出于对宗教的尊重，庞培并没有触摸所有这些东西，在这一点上，他展示了令人敬佩的美德。(73)次日，庞培吩咐那些负责圣殿的人将圣殿清洗干净，并按照神的律法献祭，也将大祭司的职分归还给希尔克努，一方面因为希尔克努在许多方面对他仍有用处，再者也因希尔克努阻止了国内的犹太人帮助亚里斯多布在战事中对抗庞培。庞培处死了发起战事的那些主谋，并给予浮士图和那些迅速攻上城墙的人适当的奖赏。

(74)他把耶路撒冷纳入罗马人的属地，并将犹大地居民所征服的叙利亚平原诸城交由罗马的总督管辖，再把这个曾如此高举自己的国家，限制在它的国境之内。(75)此外庞培也重建了前些时损毁的加大拉，作为给加大拉的德米特里的报酬，这人是他所释放的奴隶并将希坡、希托波里、佩拉、狄奥斯、撒玛利亚、玛利沙、亚实突、雅比聂以及亚哩突撒归还给它们原来的居民。(76)这些是内陆的部分，至于靠海的城邑，除了已被摧毁的之外，其他的还有迦萨、约帕、多珥和斯特拉托塔。斯特拉托塔由希律以奢华的方式重建，并在其中修缮了避难港和殿宇，还将它改名为凯撒利亚。庞培让这些城邑保留着自由的状态，只是将它们纳入了叙利亚省。

**5.** (77)耶路撒冷遭遇这场劫难，都是肇因于希尔克努和亚里斯多布彼此间的纷争，这令我们臣服于罗马人之下失去了自由，也失去了我们靠着自己的力量由叙利亚人那里得来的国土，我们被迫将这一切都归还给叙利亚人。(78)此外，罗马人在短时间内就向我们强索超过一万他连得的钱，而原本由家族承袭专属大祭司的尊贵王权也落入一般民众手里，这事我们会在适当的地方再提到。(79)庞培将远至幼发拉底河与埃及的叙利亚平原之地，以及两队罗马军团托付给斯考鲁斯，自己则经由基利家赶回罗马。他还带着亚里斯多布及他的孩子们同行，亚里斯多布有两个女儿和两个儿子，其中一个儿子逃走了，小儿子安提古和他的两个姐妹一起被带回了罗马。

# 第五章

## 斯考鲁斯与亚哩达互建盟邦;以及加比尼乌在征服了 亚里斯多布之子亚历山大后,在犹大地的一切作为

**1.** (80)斯考鲁斯出兵征讨阿拉伯的佩特拉,由于接近那地非常困难,他就将邻近所有的地方付之一炬。在他的军队面临饥饿而力量衰败时,安提帕特在希尔克努的指示下,从犹大地运送谷物给他,又供应他其他一切的需要。(81)因为安提帕特曾经和亚哩达一起生活,就被斯考鲁斯以使臣的身份差派到亚哩达那里,安提帕特说服了亚哩达给斯考鲁斯一笔钱,好让斯考鲁斯不至于将他的国土烧尽;安提帕特又以三百他连得为他作保。斯考鲁斯在这样的条件下终止了这场战事,这是斯考鲁斯和亚哩达双方都期盼的结果。

**2.** (82)过了不久,亚里斯多布的儿子亚历山大入侵犹大地,加比尼乌以罗马军队指挥官的身份从罗马前往叙利亚,他勋业彪炳,尤其是在对亚历山大的战事上。那时希尔克努的武力还不足以与亚历山大抗衡,却尝试重建耶路撒冷的城墙,那墙是被庞培所毁的,(83)留在那地的罗马人试图阻碍他的重建工程。亚历山大到全国各地武装了许多犹太人,一下子就集结了一万步兵与一千五百骑兵,并加强了阿拉伯山区附近靠近科勒亚和马盖耳斯的碉堡亚历山大里姆的防御工程。(84)于是加比尼乌在派遣了马可·安东尼及其他的指挥官之后,就亲自前来迎战亚历山大。他们率领武装的罗马人及所管辖的犹太人,以皮投劳斯和马略古

为领袖；与他们同行的还有他们的友人，那些人是和安提帕特在一起的。这些人就和亚历山大交锋，加比尼乌及他的军团随行在后。(85)亚历山大退到耶路撒冷附近，双方在那里激战，罗马人歼灭了约三千敌军，并俘虏了等量的敌人。

**3.** (86)这时加比尼乌前往亚历山大里姆，劝说碉堡里的人在有条件的情况下将碉堡交出来，并应允宽恕他们原先的冒犯。但是碉堡前早有许多敌军扎营，罗马人就攻击他们，马可·安东尼英勇作战并杀敌无数，得到了极大的尊荣。(87)于是加比尼乌留下了部分军队接收该地，然后自行前往犹大地各处，下令重建他行经的所有被毁坏的城邑。(88)那时被重建的有撒玛利亚、亚实突、希托波里、安提顿、拉菲亚和多珥；另外还有不少其他城邑被重建，比如玛利沙及迦萨等等。大家遵照加比尼乌的命令将各城邑建好，这些荒废已久的城邑到这时才再度有民众安居其中。

**4.** (89)加比尼乌在犹大地境内完成了这些事后就回到亚历山大里姆，督促他们进行围城之战，这时亚历山大差派大使来见加比尼乌，请求加比尼乌原谅他先前的冒犯，并交出了希尔克尼亚、马盖耳斯以及亚历山大里姆这几座碉堡，(90)加比尼乌就将这些碉堡毁弃。但是当亚历山大的母亲来见加比尼乌时，加比尼乌应允了她所求的一切。亚历山大的母亲是站在罗马人这边的，因为她的丈夫和其他子女们都在罗马。(91)加比尼乌处理完这些事后，就将希尔克努带回耶路撒冷，把圣殿交给他管理，并设立了五个地方公会，将国境分为五区，以这些地方公会管理各区的人民，第一个地方公会在耶路撒冷，第二个在加大拉，第三个在亚马太，第四个在耶利哥，第五个在加利利的塞弗里斯。于是犹太人在贵族政体的统治下脱离了君权统治。

# 第六章

## 加比尼乌在亚里斯多布从罗马逃脱时将他捕获，并将他再度遣返罗马；同一位加比尼乌在由埃及返回罗马的旅程中，于战役中击败了亚历山大和拿巴提人

**1.** (92)亚里斯多布从罗马逃往犹大地，想要重建刚被毁坏的亚历山大里姆，于是加比尼乌派兵来捉拿他，西瑟拿、安东尼和瑟韦里乌是士兵们的指挥官，目的是要再次捉到亚里斯多布，以阻止他得到犹大地。(93)实际上有许多犹太人因为亚里斯多布从前的光荣事迹及革新带来的喜乐而前来投奔他。有一位耶路撒冷的尉官名叫皮投劳斯，他带着一千人弃官来投效亚里斯多布，不过这些人多数没有武器。(94)亚里斯多布决定前往马盖耳斯时，带着八千名武装的士兵前行，将那没有武装的一千人解散，因为他们对他即将采取的行动没有什么帮助。(95)当罗马人向他们猛烈进攻时，这些犹太人英勇地反击，尽管他们有敏捷的反应，却仍在战役里被敌方压制和击败，四散逃逸。在战争中被杀的有五千人，其他的有些被驱散，有些被审讯，有些则保住性命逃跑了。(96)不过还剩下一千多人跟随着亚里斯多布，他就和他们一同逃往马盖耳斯，并加强那地的防卫。虽然他出师不利，却仍然对自己的未来抱着极大的希望，直到他经过两天的包围战身受多处创伤，并和与他一同逃离罗马的儿子安提古被俘，押解去见加比尼乌为止。(97)这就是亚里斯多布的命

运——再度被遣返罗马监禁。他曾身兼王与大祭司的身份达三年六个月，位高权重，他也确实是一位胸怀大志的人。元老院在加比尼乌的书面指示下，释放了亚里斯多布的子女们，这是因为加比尼乌应允过他们的母亲，只要她将那些碉堡献出，就释放她的孩子们。于是她和她的子女就回到了犹大地。

**2.** (98)就在加比尼乌过了幼发拉底河前去征讨帕提亚人时，他改变了心意，决定要回到埃及，重建托勒密为他的王国。这件事情在别处曾提到过。(99)安提帕特为加比尼乌派去对抗亚基老的军队提供了玉米、武器与金钱。加比尼乌又使那些在佩卢西姆以北居住的犹太人成为他的友人及同盟，并成为前往埃及旅途上的保护者。(100)但是当加比尼乌从埃及回来时，他发现叙利亚因各样暴动骚乱而局势不安，这是因为亚里斯多布的儿子亚历山大再次以武力夺得政权，令许多犹太人倒戈来归向他，于是亚历山大率领大军到全国各地，将遇到的罗马人全都杀死，并着手包围基利心山，用这地作为他们退避的据点。

**3.** (101)加比尼乌知道叙利亚的情况后，就派了行事谨慎的安提帕特前去，看他能否整治那些暴民的愚昧行为，或是说服他们恢复理性。(102)安提帕特去到暴民那里，劝服其中许多人回心转意，改行他们所当行的事。但是他却无法制止亚历山大，亚历山大拥有三万名犹太人的军队，与加比尼乌在他泊山附近会战，亚历山大战事失利，损失了大军中的一万人。

**4.** (103)于是加比尼乌按照安提帕特的意思处理完耶路撒冷城的一切事宜后，就自行前去对抗拿巴提人，在战役中将他们击败。他以友善的方式将米提利达和俄鲁撒尼逐出，这两个人是投奔加比尼乌的帕提

724

亚流亡者,虽然也有传言说这两人是从加比尼乌那里逃走的。(104)加比尼乌在战争中取得辉煌的战绩后,就回到罗马,并将政权交给了克拉苏。大马士革的尼古拉和卡帕多西亚的斯特拉博都记载了庞培与加比尼乌征讨犹太人的事件,他们两人对此事的说法一致。

# 第七章

## 克拉苏进入犹大地劫掠圣殿;又率领军队向帕提亚人进军,全军覆没。本章也记载了加修占领叙利亚,阻止了帕提亚人的野心,然后前往犹大地

**1.** (105)克拉苏在出征帕提亚人途中进入了犹大地,夺取了庞培留在圣殿里共两千他连得的钱以及圣殿中所有的金子,一共是八千他连得。(106)克拉苏也将一根以纯金打造的重达三百弥拿的梁柱带走,一弥拿相当于两磅半,这梁柱是看管圣物的祭司以利亚撒给他的。以利亚撒心中没有恶意,(107)他是位敬虔且正直的人,受托照管圣殿的帐幕。帐幕无比华丽,由许多贵重精致的工艺制成,垂挂在这根梁柱上。以利亚撒看到克拉苏忙于搜刮殿中的财物,生怕所有的饰物都会被劫掠一空,就以这根梁柱赎回殿里其他的一切物品。(108)在克拉苏发誓只要能得到这根价值数万舍客勒的金柱就心满意足,不会再拿走圣殿里的其他物品后,以利亚撒才将这根梁柱给他。这根金柱藏在一根空心的木梁中,除了以利亚撒以外,没有人知道这件事。(109)于是克拉苏在应允不拿走圣殿中其他器皿的条件下,就将这金柱带走了。但是他很快就违背

了誓言，又将殿里所有的金子劫掠净尽。

**2.**（110）你们不要怀疑我们的殿中有这样多的财宝，那是因为从很久以前开始，全地的犹太人以及所有敬拜神的人，包括那些住在亚细亚和欧洲的人，都将他们的奉献送到圣殿。（111）而且这么多的产业是有真凭实据的，不是我们凭空捏造，在没有依据的情况下将总数提高到这个巨大的数额。这事有许多证人，尤其是卡帕多西亚的斯特拉博，他的描述如下：（112）"米提利达派人去到哥士，将克娄巴特拉王后存放在那里的钱拿走了，也拿了八百他连得属于犹太人的钱。"（113）我们没有属于公众的钱，只有属神的，显然那些亚细亚的犹太人出于对米提利达的惧怕而将这笔钱放在那里，因为犹大地的人有坚固的城池与圣殿，不可能将钱送往哥士，而在亚历山大城的犹太人也不可能这样做，因为他们并不怕米提利达。（114）斯特拉博自己在另外一处也见证了这事。就在同一个时期，西拉行军进入希腊去和米提利达作战，又差派卢库路斯前去终止我们这遍及全地的民族在古利奈引发的动乱。斯特拉博是这样描述的：（115）"古利奈有四种不同阶级的人，一种是公民，一种是农民，第三种是外来的人，第四种是犹太人。这些犹太人已经遍布各城，只要是有人居住的地方，很难找到一个地方没有犹太人，不被他们所占有。（116）在拥有相同总督的埃及和古利奈，以及其他许多国家，都有人仿效犹太人的生活方式，并以特殊的方式在境内保留着大量的犹太人，与他们一同茁壮兴盛，并和犹太人使用同样的律法。（117）因此，除了在亚历山大城特别划分给犹太人的一大块土地以外，埃及另有为该民族设定的居住地区。他们还设立了管理犹太人的行政长官，为他们判定公理并处理他们的契约及律法事宜，这人就好像是一个自由国家的治理者。

(118)所以这民族在埃及非常有权势,因为他们本来是埃及人,也因为他们占据的地方离埃及很近。他们也迁入了古利奈,因为这地隶属埃及政府,犹大地以往也是由相同的政府管辖。"以上就是斯特拉博所记的。

**3.** (119)克拉苏斯按着自己的心意将诸事安排妥当后,就带兵前往帕提亚(Parthia),他和他的军队都在那里丧生,这事曾在别处描述过。帕提亚人战胜克拉苏后,就趁势入侵叙利亚,但是从罗马逃到叙利亚的加修占领了叙利亚,阻止了帕提亚人的野心。(120)后来加修回到推罗,又前往犹大地攻占了塔里齐亚,俘虏了三万犹太人,并杀了皮投劳斯。皮投劳斯在安提帕特的游说下,在暴动中承袭了亚里斯多布的地位,(121)证据显示安提帕特非常关注皮投劳斯,而安提帕特在那时又得到了以土买人的尊重,因他在该国娶了一位要人的女儿为妻,此女名叫赛普萝斯,赛普萝斯为安提帕特生了四个儿子,分别是法撒勒,后来为王的希律,约瑟以及费洛拉,还生了一个名叫撒罗米的女儿。(122)这位安提帕特也和许多有权势的人(尤其是阿拉伯王)建立了友谊与互惠的关系,在与亚里斯多布作战时,就将他的子女托付给阿拉伯王。于是加修率军拔营前往幼发拉底河,迎战那些来攻打他的人,其他人曾经记述过此事。

**4.** (123)过了一段时间,凯撒夺得罗马,庞培和元老们越过伊奥尼亚海逃亡之后,凯撒释放了亚里斯多布,决定将他送往叙利亚,并给了他两个军团,让他能重新起步,在那里成为一个有权势的人。(124)但是亚里斯多布没有从凯撒给他的势力中得到预期的快乐,因为庞培的党徒阻碍了这事,并以毒药害死了亚里斯多布,而后凯撒的人将他埋葬了。他的尸体被用蜂蜜涂抹防止腐烂,在那里放置了好一阵子,直到后来安东

尼把他送返犹大地，使他得以葬在皇室的墓地里。（125）但庞培差派西
庇阿去刺杀亚里斯多布的儿子亚历山大，因这年轻人被指控有反对罗马
人的罪行，西庇阿将他的首级割下，因此他死在安提阿。（126）黎巴嫩山
下卡尔息斯的统治者梅纳厄斯之子托勒密，想将亚历山大的兄弟们带到
他这里，就派了他的儿子腓立比恩到亚实基伦去见亚里斯多布的妻子，
要求她让她的儿子安提古及女儿们与腓立比恩一同回来，腓立比恩爱上
这些女儿中的亚历山德拉，并娶她为妻。但是后来腓立比恩的父亲杀了
他，将亚历山德拉娶了过来，也继续照顾她的兄弟们。


# 第八章

## 在凯撒与埃及交战时犹太人与他联盟。
## 安提帕特的功绩，以及他与凯撒的友谊。
## 犹太人从罗马人及雅典人那里得到的殊荣


    **1.** （127）在凯撒战胜了庞培且庞培离世后，治理犹太人事务的安提
帕特在希尔克努的命令下对埃及作战，成为对凯撒非常有价值的人。
（128）当别迦摩的米提利达带着他的雇佣军前行，却无法通过佩卢西姆、
被迫停留在亚实基伦时，安提帕特率领了三千名武装的犹太人前来帮助
米提利达。此外安提帕特也对阿拉伯人的领导者安抚有加，所以他们都
来助安提帕特一臂之力；（129）甚至所有的叙利亚人都因安提帕特的缘
故而来帮忙，这是因为他们不愿意在为凯撒效力时显得迟缓，这些人包
括统治者雅比利库、他的儿子托勒密、居住在黎巴嫩山的萨摩斯之子多

罗买,以及几乎叙利亚的所有城邑民众。(130)在安提帕特的助力下,米提利达由叙利亚率兵前往佩卢西姆,那地的人不愿意让他进城,米提利达就包围了那城。在这场战事里,安提帕特的著名功绩是他率先将部分城墙攻破,为大军开了一条路,使大家能顺利进城,将佩卢西姆夺下。(131)然而居住在奥尼亚那地的埃及犹太人不肯让安提帕特和米提利达以及他们的军队经过该处去见凯撒,后来安提帕特好言相劝,出示大祭司希尔克努指示他们要与凯撒建立友谊的信函来说服这些埃及犹太人加入他们的行列,因为大家本来就是同种族的人;安提帕特又要他们供应军队所需的一切以及经费。(132)他们得知安提帕特和大祭司的想法一致后,就按照安提帕特的吩咐去做。孟菲斯附近的犹太人听说这些犹太人投向凯撒后,也邀请米提利达到他们那里去,等米提利达到达后,就加入他的军队。

**2.** (133)米提利达行遍埃及三角洲后,就在犹太人营附近与敌人展开战事。米提利达拥有右翼,安提帕特掌管左翼。(134)米提利达那方在战事中失利,可能会遭到极大的损伤,除非安提帕特率领他沿岸的军队赶来救援,那时安提帕特的军队已经战胜了敌军。于是安提帕特解救了米提利达,将那些顽强的埃及人赶走。(135)安提帕特又占领了埃及人的军营,并继续追杀他们。他还将败退到远处、景况狼狈的米提利达召回,米提利达折损了八百名士兵;安提帕特则失去了五十名。(136)于是米提利达将这战事的记录送去给凯撒,并公开宣布安提帕特是得胜此役的主导者,也是拯救米提利达的功臣。凯撒因此大大褒奖安提帕特,并在对埃及的战争中最艰难的计划里重用他。安提帕特在其中的一场战事里受伤。

**3.** (137)一段时间后战争结束了，凯撒预备要航行回叙利亚，那时他盛大地表扬安提帕特，并确立了希尔克努大祭司的职分。凯撒还颁赠给安提帕特罗马公民的殊荣，又让他在各地享有免税的特权。(138)许多地方都记载了希尔克努在这次征战中与安提帕特同行，并亲自到了埃及。卡帕多西亚的斯特拉博为此事作证，他以亚西纽之名说道："在米提利达入侵埃及后，犹太人的大祭司希尔克努与他在一起。"(139)这位斯特拉博在另一处又以赫皮希克拉提之名如此记载："最初米提利达是独自出兵，但是他后来将管理犹太人事宜的安提帕特召至亚实基伦，安提帕特预备了三千士兵同行，并鼓吹国内其他的君主与他一起去。大祭司希尔克努也在这次远征的行列中。"这就是斯特拉博所记的。

**4.** (140)这时亚里斯多布的儿子安提古来见凯撒，向凯撒哭诉他父亲的命运，并抱怨说是因为安提帕特的缘故，亚里斯多布才会被毒死，他的兄弟也因此被西庇阿割下首级。他希望凯撒能怜悯他，因为他应得的王权被剥夺了。他又指控希尔克努和安提帕特以暴力统治国家，并且残害他。(141)安提帕特当时在场，就因这样的控诉为自己申辩。他指证安提古及他的同党喜好煽动与改革，他也提醒凯撒自己在战争中立下的汗马功劳，这些都是凯撒可以作证的。(142)安提帕特接着又说，亚里斯多布被带到罗马是罪有应得，因为他是罗马人的仇敌，根本不可能与他们为友，至于安提古的兄弟则是在抢劫时被捕，所以西庇阿对他的惩处也是恰当的，不应该以这事来中伤他，说他残暴不仁。

**5.** (143)安提帕特这样辩解后，凯撒就指派希尔克努为大祭司，并让安提帕特自己决定要选择哪一项要职，于是安提帕特成为犹大地的行政长官。(144)凯撒又应允了希尔克努重建耶路撒冷城墙的请求，那墙是被庞培毁坏的。凯撒将这许可令送交罗马的执政官，让他们将它刻在议会厅里。元老院对此事的公告如下：(145)"执政官卢修斯之子卢修斯·瓦勒里乌于十二月的伊底斯日，在和睦殿（Temple of Concord）将以下之事委托元老院。这公告成文时在场的有科邻族卢修斯之子卢修斯·科坡纽、库利那族的帕皮里乌以及关心此事的犹太人使者耶孙之子亚历山大、安提阿古之子努梅尼乌斯以及多斯特乌之子亚历山大，这些犹太人的使者都是优秀可敬的人，他们前来提议重申与罗马人间的友好盟邦关系，这也是我们之间一直保有的关系。(147)他们带来了一面金盾牌作为盟约的标记，价值五万金币。他们希望我们能交给他们信件，让他们带去给那些自由的城邑以及诸王，用以保障他们的国境和避难处平安，不会遭到任何伤害。(148)元老院很愿意与他们结为友邦，给予他们所要求的一切，并收下他们带来的金子。这是在大祭司暨行政长官希尔克努的第九年帕尼目月订立的。"(149)希尔克努也因为在多方面帮助雅典人而获得他们的尊崇，在他们给他的信件里，附有下述告示："埃色库拉皮乌之子狄奥尼修为执政暨圣职的帕尼目月后期的第五日，我们将雅典人的这项公告送达各地的长官们，(150)这时的执政官是阿革特克利，书记是亚利姆西亚的米南德之子幼克利。在木尼克闻月，他执政的第十一日，民意代表们在剧场召开议会。大祭司多罗特乌及他的同侪们代表人民投票，由狄奥尼修之子狄奥尼修宣判。(151)亚历山大之子，即身兼犹太人大祭司及行政长官的希尔克努，一直以来都对我们的民众心存善意，尤其是以各样的恩慈对待我们的每一位公民；任何雅典人民去见他，不论是以使节身份或是私自去的，他都殷勤地款待他们，也确保他们回程的平安，(152)在这类的事上，我们以前已有多次的见证。因此，现在狄奥多鲁之子狄奥多西正式公告，因这人对我们全民心存善意，而他期望在他的权限下尽可能地帮助我们，（153）所以我们以一顶金冠冕来表示对他的尊崇，这是按照我们律法的惯例予以回报，并要在'民众和恩典殿'（Temple of Demus and of the Graces）中竖起他的铜像。我们致赠希尔克努金冠冕一事要在剧场新上演的狄奥尼修悲剧中公开表扬，并且也要在潘提尼阿、以留西尼阿，还有运动场比赛中公开表扬。（154）这人一直对我们表达友好与善意，因此所有的指挥官们要留意，尽可能在各种情况下回报他，表示我们的善意与尊崇，以感谢他的爱心及慷慨。我们这样做是为了表现出我们接受别人善待时的厚道，并给予他们适当的答谢，令人更愿意因我们所回赠的尊荣而继续善待我们。（155）我们从所有雅典人中选出的使节们要将这项公告带给希尔克努，期盼他接受我们对他的各样尊崇，也继续尽力对我们这城表示友好。"这段话足以印证我们所记述罗马人及雅典人对希尔克努的尊崇。

# 第九章
## 安提帕特将加利利交给希律管理，将耶路撒冷交给法撒勒斯管理；犹太人对安提帕特的嫉妒，致使希律在希尔克努面前受到指控

**1.**（156）凯撒将叙利亚的诸事安排妥当后就循海路返国；安提帕特把凯撒送离叙利亚后立刻回到犹大地，重建被庞培毁坏的城墙。安提帕特到达后，以恩威并施的方式平息了国内的动乱。（157）他告诉他们，如

果他们站在希尔克努那边,就可以拥有快乐平静的生活,并享受他们的产业;但是倘若他们妄想借着改革而致富,他们将会得到一个严厉的主人,而不再是现在这位温和的执政者,希尔克努将由王变为专制之君,罗马人及凯撒也将由统治者变为犹太人的仇敌,因为他们不会眼睁睁地看着所指派的执政者被赶出犹大地。安提帕特就是以这样的说辞亲自安抚了这地之民。

**2.** (158)由于看到希尔克努迟疑与软弱的个性,安提帕特就任命自己的长子法撒勒斯为耶路撒冷及附近各地的执政官,并将加利利交给次子希律管理,那时希律还只是个十五岁的年轻人。(159)然而他的年龄并未对他造成任何阻碍,他是个有雄心壮志的青年,又正好遇上一个让他展现勇气的机会:他得知那里有个名叫西家斯的人,是一群土匪的头子,他率领一大班匪徒控制了叙利亚邻近的地区,希律将他逮捕并处死,又杀了他的许多党羽。(160)因着这项行动,希律得到了叙利亚民众的爱戴,因他们渴望四境没有土匪的巢穴,而希律正为他们除去了这个大患。于是他们在村庄城邑中歌颂希律,赞扬他为他们取得了平安,并使他们能安享自己的产业。也是因着这事,希律的名声传到了塞克斯都·凯撒的耳中,这人是凯撒的亲戚,也是叙利亚的长官。(161)希律的哥哥法撒勒斯因他这样的举动而感到竞争与威胁,加上他嫉妒希律获得的名声,于是他非常积极地为自己争取好名声,让耶路撒冷的居民在他执政时对他产生最大的好感,因为他处事合宜,又不滥用职权。(162)这样的做法使全国如君王般地尊敬他,如此的尊荣就如同他是一国之君。然而,他虽然常常是功绩显赫,却从来不减少他对希尔克努的友好与忠贞。

**3.** (163)犹太人中的显要人士见到安提帕特和他的儿子们大得民

心,以及他们从犹大地获得的财源、从希尔克努那里所得的金钱,就对安提帕特心存不满。(164)因为安提帕特和罗马诸皇建立友好关系时,确实占了希尔克努的便宜,他将希尔克努送给罗马诸皇的钱据为己有,将这些钱以自己的名义送给他们为礼,而不是以希尔克努之名送去。(165)希尔克努听说安提帕特处理这些钱的方式后没有采取任何行动,这并不表示他是心甘情愿的。这事使得犹太人的领袖们感到惧怕,因为他们认为希律既凶猛又大胆,且非常希望独裁专政,于是他们去见希尔克努,并公开指控安提帕特,他们这样说:"您对所发生的这一切要静默到几时呢? 难道您没看到安提帕特和他的儿子们已经掌握了政权,所差的只不过是加在您身上的王的名称罢了。(166)难道您不因这些背着您所做的事受到伤害吗? 您认为您对自己或自己的国家这样不关心能使您免于危险吗? 安提帕特和他的儿子们并不是您国事的管家,您不要再自欺了,他们显然是这国真正的主人了。(167)安提帕特的儿子希律将西家斯和他的党羽们杀了,触犯了我们的律法,律法禁止杀任何人,就算这人是邪恶的,也要先经过公会定下死罪后才能执行,但是希律竟在没有您的授权下独断专行。"

**4.** (168)希尔克努听了他们的控诉后同意他们所说的,加上那些被希律杀害者的母亲们每天上到圣殿,在那里说服王及殿中的人,要他们同意希律应该为他所做的一切受到公会的裁决,这些事情都激起了希尔克努的义愤。(169)于是希尔克努激愤地传唤希律,要他亲自来为他所做的事受审。希律遵命前来,不过他的父亲劝他不要像一般百姓那样只身前往,而应带着侍卫保护自身安全;并且要在尽可能对自己有利的情况下处理好加利利的事宜,之后再去接受审判,然而他必须要带足够的随从，以确保行程的平安，随行人数不能多到对希尔克努产生威胁，但要能让他不致在全无防范的情况下落入对方之手。(170)然而叙利亚王塞克斯都·凯撒写了一封信给希尔克努，希望他能在审判中无罪开释希律，并且他事先就胁迫希尔克努，倘若不从，就会对他不利。由于希尔克努喜爱希律如同自己的儿子一般，他就以这信为由，使希律免受公会的任何刑罚。(171)但是当希律带着他的侍卫们站在公会前时，他把所有人都吓住了，原先的控诉者没有一个人上前来指控他，会场一片沉寂，大家都不知如何是好。(172)就在这样的僵局中，有一位名叫撒每阿斯的正直之士不畏惧地挺身而出，说道："你们这些与我一同为审判官的以及我们的王，我本人从来没有听说过这样的事，相信你们也没人能指出类似的事。任何人被我们召来受审，从来没有人会以如此的态度前来。每个在公会前受审的人，都表现出顺服的样子，好像为自己的安危担忧，他们头发蓬乱，身着黑色的丧服，以这样的态度来感动我们，博取同情。(173)然而这位堂堂之士希律被指控谋杀，在前来面对这么严重的控诉时，竟然身穿紫袍站在这里，仪容整齐，还带着自己的侍卫，好像在警告我们，若是我们按法律制裁他，他就要置我们于死地，以此来挟制公义，逃避死罪。(174)虽然希律显然关注自己超过尊重律法，但我所抱怨的并不是希律，而是你们这些审判官以及王，是你们放纵他这样做的。你们要小心，神是至大至公的，你们因为希尔克努的缘故而即将赦免释放的这个人，有朝一日会反过来惩处你们及王。"(175)撒每阿斯的预言一点也没落空，当希律取得王位后，除了撒每阿斯以外，他杀了公会所有的成员以及希尔克努，(176)因为希律极为敬重他的正义感，再者也是因为在希律和索西乌斯围城时，撒每阿斯说服大家让希律入城，并告诉他们由于他们的罪恶，使他们无法逃离希律的控制。我们会在适当之处说明这些事情。

**5.** （177）希尔克努见到公会预备宣判希律死刑，就将审判延后，并私底下送信给希律，劝他逃离这城，好借此避免受审。（178）于是希律假装是要逃避王而退到大马士革。他一直和塞克斯都·凯撒在一起，等到他将自己的事处理妥当后，就决定这样做：倘若他再被召到公会前为此事受审，他不会听命前去。（179）公会的成员见到这种情况，都感到义愤填膺，他们定意要说服希尔克努，使他相信这一切的状况都不利于他，更何况希尔克努不是不清楚当时所发生的一切，他却出于怯懦及愚蠢什么也没做。（180）但是当塞克斯都将叙利亚平原军事将领一职卖给希律时，希尔克努就害怕希律会对他用兵，不过他长久以来所担心的事并没有发生，因为希律虽然因为受到公会的审判而感到忿怒，想要带兵来攻打希尔克努，（181）不过他的父亲安提帕特和他哥哥法撒勒斯来见他，阻止他侵犯耶路撒冷。他们安抚了他的火暴脾气，说服他不要公然进兵，只要以威胁来吓唬他们，而不应更进一步地对付那位将尊荣带给他的人。（182）他们也劝他不仅不要因为被传唤而生气，反而应该听命前往受审，要记得他上次没有受到责罚就被开释，理应对希尔克努的做法心存感激，他实在不该只看别人不同意他的地方，而不为自己的获释感恩。（183）因为战果是在神的掌管中，所以他们希望他考虑到战局的不确定性，如果他与王交战，未必能得胜，加上这王一向支持他，又赐给他许多恩惠，也未曾严厉地对待过他；至于对他的指控，都是出于那些恶毒的议士，并非出于王本人，而且原先以为他会受到相当程度的惩罚，然而却没有任何惩处。（184）希律被这些论点说服了，加上他觉得目前所做的足以在国人面前展现他的实力,于是就不再继续推进战事。这就是犹大地当时的国情。

# 第十章
## 记述犹太人所得到的尊荣;
## 以及罗马人和其他国家与他们联盟

**1.** (185)正当凯撒来到罗马,预备航行到非洲攻打西庇阿和加图时,希尔克努差派使臣去见他,希望能确认彼此间的友好互助同盟。(186)我认为必须在这里记录下来罗马人以及他们诸王加给我们的尊荣,以及与我们所订的互助盟约,好让大家知道欧亚诸王对我们的重视,他们也对我们的勇气与忠贞感到非常满意,(187)否则许多人可能不相信波斯人和马其顿人所写的有关于我们的记载,这类记载不是随处可见,也没有安置在公共场所,只是保存在我们中间以及其他几个偏远的国家。(188)由于罗马人的告示是安放在城邑中的公共场所,并且现在仍旧保存在神殿里,镌刻于铜柱上,所以没有什么可争议之处。此外尤利乌斯·凯撒还为亚历山大城的犹太人立了一根铜柱,公开宣告他们是亚历山大城的公民。(189)我是以这些证据来阐明我所说的,我也将元老院和尤利乌斯·凯撒所公布的有关希尔克努及我们民族的告示记录于后。

**2.** (190)"身为罗马大将军暨大祭司以及连任执政官的该犹·尤利乌斯·凯撒,向地方长官们、元老院以及西顿人民问安,希望你们都身体

安康,我和我的军队也很好。(191)我已经将一份公告送交你们,那公告
已记录于册,是关于亚历山大之子希尔克努的,他是大祭司兼犹太人的
行政官。这告示可与官方资料放在一起,我也希望将它以希腊文和拉丁
文两种语言公开展示于铜桌上。(192)这公告的内容如下:我,尤利乌
斯·凯撒,以二度担任罗马大将军暨大祭司的身份,在元老院的认可下
宣布这份公告:犹太人亚历山大之子希尔克努对我们的国事表现出他的
忠贞与努力,不论是现在或过去,平时或战时,我们的许多将领都可以作
证,(193)他且在上次亚历山大的战役中以一万五千步兵助我们一臂之
力,他被我派到米提利达那里,在那里的大军面前展现出他的勇猛。
(194)由于上述诸因,我定意要亚历山大之子希尔克努以及他的子孙,按
照他们先祖留下来的传统,世世代代作为犹太人的行政长官与大祭司,
他与他的儿子要成为我们的盟国,此外,他们每一位都要被视为我们特
殊的友人。(195)我也下令让他和他的子孙保留大祭司的一切特权,以
及一切曾经加给他们的恩惠,今后若有任何关于犹太传统的问题,我都
会赐他全权处理;我也认为要求他们为我们预备冬营或是缴钱给我们都
是不合宜的。”

**3.** (196)“罗马执政官该犹·凯撒的公告里已经定案的部分如下:
希尔克努以及他的子孙要管理犹太全族,并享有留给他们的土地上的一
切出产,他本人要以大祭司暨犹太人行政首长的身份保护受到冤屈的
人;(197)受差派去见犹太人的大祭司暨亚历山大之子希尔克努的使臣,
可以与他商议友好互助同盟的协议;一个包含前述事项的铜桌要公开展
示在罗马神殿、西顿、推罗、亚实基伦和圣殿中,并要以罗马和希腊两种
文字雕刻下来;(198)要将这公告通知各城的执政官员以及犹太人的友

邦；使节们可以携带礼物，将此公告送到各地。"

**4.**（199）"罗马大将军、独裁官暨执政官该犹·凯撒下令，出于人类对名誉、美德和仁慈的尊崇，加上这也有利于元老院和罗马人民，我封亚历山大之子希尔克努及他的子孙为耶路撒冷和犹太民族的大祭司与祭司，按照他们先祖传下来做祭司的律法与权柄履行祭司的职分。"

**5.**（200）"第五次为罗马执政官的该犹·凯撒做了以下的公告：犹太人理应拥有耶路撒冷，也可以筑城墙保护这城；身为犹太人大祭司暨行政长官的亚历山大之子希尔克努可以采用自己的方式保有它；（201）允许犹太人民每隔一年从他们的赋税中扣除安息期间土地的出产一柯珥，这样他们的贡赋不至于妨碍农事，也不是年年都缴同样额度的赋税。"

**6.**（202）"二度担任罗马大将军的该犹·凯撒规定，除了约帕以外，所有犹太人的领地每年都要缴税给耶路撒冷，只有第七年的安息年例外，因为那年他们不从树上采收果实，也不播种；（203）西顿地区在安息期的第二年缴赋四分之一的播种量；除此以外，他们还要给希尔克努及其子孙缴纳与他们祖先同样的什一税。（204）我不允许任何行政长官、将军或使节在犹大地的境内另行征赋，士兵们也不许以冬营为由或假借其他名目向犹太人收费，犹太人民有权不受到任何的伤害。（205）从现在起，他们所获得的一切，无论是现有的或是买来的，都可以保留。我们很荣幸让犹太人继续拥有约帕，他们在最初与我们建立友好盟邦时就拥有那地，在那之前也是一样。（206）亚历山大之子希尔克努以及他的子孙每年可以从那城邑的居民得到两万零六百七十五摩底，这是给他们国家以及每年供给西顿所需的，除了称为安息年的第七年之外，因为那年他们既不耕种，也不从树上采收果实。(207)元老院也荣幸地宣布，希尔克努与他先祖原有的大平原上的村落，仍然属于他和犹太人，他们原先所有的特权也照样保留。(208)有关犹太人大祭司的法令依旧有效，就是原来元老院和人民同意他们所享有的权益。他们也在吕大(Lydda)享有类似的特权。(209)元老院很高兴能让行政官希尔克努与犹太人拥有原属罗马盟邦叙利亚和腓尼基诸王的那些地区、国家和村落，那是他们赠予犹太人的礼物。(210)我也特准希尔克努、他的众子以及他们所遣来的使节，坐在元老们当中观赏竞技者间的争斗或是与野兽的搏斗。倘若他们想要觐见，断事者或是骑兵队长应将他们带入元老院，在听完他们的陈述后，元老院要就他们所提出的事宜回复他们，最多不可超过十天。”

7. (211)"身为罗马大将军、四度为独裁官、五度为执政官，且终身被委任为独裁官的该犹·凯撒发表了这项关于犹太人的大祭司暨行政长官亚历山大之子希尔克努的权利与特权的演说。(212)由于在我之前，这地的军队首长们已经在元老院和罗马人民面前见证了希尔克努以及犹太人民的善意，当民众与元老院向他们表达谢意时，我们最好能记得他们对我们的一切善行，以便酬谢希尔克努、犹太民族以及希尔克努的众子们，元老院和罗马人民这样做是合宜的，因为他们一直对我们表示友好，也给予我们各样的益处。”

8. (213)"罗马执政官尤利乌斯·该犹向各地的行政长官、元老院以及帕利安(Parian)的人民问安。那些居住在底罗斯的犹太人和另外一些寄居那地的犹太人，在你们的使臣面前向我们表示，你们宣布的公告禁止他们沿用先祖流传下来的习俗以及敬拜的方式。(214)我非常不喜悦这种对我们友人及盟邦的告示，使他们不能按照他们的习俗生活，或带着捐项来参与聚餐和节期，甚至他们在罗马也没有这样的限制。(215)连我们的大将军与执政官该犹·凯撒在他那份禁止暴徒在城邑里集会的诏书中，都允许这些犹太人带着捐项来参加聚餐。(216)因循此例，我在禁止其他暴徒聚集的同时，仍然允许这些犹太人按照他们先祖传下来的习俗聚会，保留这样的传统。基于他们的美德和对我们的友善，如果你们有任何与我们友人及盟邦对立的公告，最好将它们撤销。"

**9.** (217)该犹被刺杀后，马可·安东尼及部百流·都拉波拉成为罗马的执政官，他们二人召集了元老院，将希尔克努派来的使节介绍给元老们，并讨论他们想与罗马人结为友好同盟的意愿。元老院也下达公告，应允了他们提出的所有意愿。(218)我将这份公告收录于下文，好证实我们所言不虚。这份公告的内容是这样的：

**10.** (219)"从国库内刑事推事(quaestors)的目录里抄出来的元老院公告，那时的刑事推事为昆图斯·鲁提留和该犹·哥尼流，是第一类的第二份目录，日期是四月伊底斯的前三天，地点是'和睦神殿'。(220)见证这份公告书写的人如下，门尼尼亚族的卢修斯·卡普里纽·皮森、利莫尼亚族的希罗比乌斯·帕皮尼乌·昆图斯、提任提族的该犹·卡尼纽·利比鲁、希革亚族的部百流·提底提乌与卢修斯之子卢修斯·阿普利努、利莫尼亚族的卢修斯之子弗拉维斯、帕皮利族的部百流之子部百流·波拉托、米克亚族的马尔库斯之子马尔库斯·阿克流、斯特拉提族的卢修斯之子卢修斯·伊罗克、波力阿族的马尔库斯之子马尔库斯·昆图斯·波兰克罗以及部百流·希利乌。(221)执政官部百流·都拉波拉与马可·安东尼对元老院提及：元老院记录该犹·凯撒对犹太人褒扬的公告，至今都还未存入国库，我们及我们的执政官部百流·都拉波拉与马可·安东尼都期望将这些公告收录在官方目录里，并交付于城邑的刑事推事，好让他们能将这些公告收录于他们的双目录中。（222）这事是在二月伊底斯的前五天，在'和睦神殿'中完成的。那时大祭司希尔克努所遣的来使有保撒尼亚之子利西马古、狄奥多鲁之子亚历山大、查利亚之子帕托勒克以及奥尼亚之子约拿单。"

11.（223）希尔克努又派其中一位使者去见当时亚细亚的提督都拉波拉，希望他能遣散军旅中的犹太人，让他们保留他们先祖传下的习俗并按其生活。（224）都拉波拉接获希尔克努的来信后毫不迟疑地送了一封有关犹太人的信到亚细亚全地，尤其是亚细亚的中心都市以弗所人所居之城。信的内容如下：

12.（225）"在利尼恩月的第一日，亚达曼为执政官时，大将军都拉波拉向元老院、地方长官以及以弗所的人民问安。（226）犹太人的大祭司暨行政长官亚历山大之子希尔克努差派使者狄奥多鲁之子亚历山大到我这里来，向我表示他的国人无法在军中服务，这是因为他们在安息日不可以携带武器或行军，并且他们也无法取得他们从先祖时期就惯于食用的食物。（227）因此我比照以往提督们的惯例，赐给他们不从军的自由，也让他们使用先祖的习俗，依据他们律法的需要，为献祭与宗教的缘故集会，并允许他们为献祭用的牺牲收奉献。我的意思是要你们将这指令抄送给你们辖区里的各城。"

13.（228）这些就是在希尔克努遣使去见都拉波拉时，他所给予我们民族的特权。而执政官卢修斯的公告是这样的："在我的裁决下，这些身为罗马公民且遵循犹太宗教仪式的犹太人,虽然居住在以弗所,也可以因为信仰的缘故不必入伍。这公告是在十月十二日以前订立的,那时的执政官是卢修斯·仁托罗和该犹·马克鲁,(229)在场者有赫拉提亚族尉官提图斯之子提图斯·阿皮乌斯·巴布斯、克罗斯土敏族的提图斯之子提图斯·统吉乌、昆图斯之子昆图斯·利西乌、提图斯之子提图斯·庞培·朗吉努斯、提任提族的该犹之子该犹·瑟韦里乌、军团指挥官布拉库、维托利亚族的部百流之子部百流·卢修斯·加鲁斯、撒巴提族的该犹之子该犹·散提乌,(230)以及作为尉官兼副执政官的提图斯之子提图斯·阿提鲁·布勒布,我们向行政长官们、元老院以及以弗所的人民问安。执政官卢修斯·仁托罗在我的仲裁下给予居住在亚细亚的犹太人不需入伍的自由;不久以后,我也呼吁并促成大将军番尼乌和副刑事推事卢修斯·安东尼给予他们同样的特权。我要求你们注意,不要让任何人打扰他们。”

**14.** (231)德里亚人的公告如下:“在他罗格仑月的第二十天、庞特斯为执政官时,长官们的答复是这样的:当马尔库斯·皮森作为尉官居住在这城并掌管兵士遴选时,他招聚了我们以及许多的市民,吩咐我们说,(232)任何人不得为了从军的事冒犯身为罗马公民的犹太人,因为执政官哥尼流·仁托罗在考虑了他们的信仰后,已经给予他们不参军的自由。因此你们也必须服从执政官。”撒狄人也发布了类似这样的有关我们民族的公告。

**15.** (233)“大将军暨执政官、该犹之子该犹·番尼乌向哥士的行政长官们问安。我要让你们知道,犹太人的使臣来见我,希望得到元老院为他们发布的公告,这些公告收录于后。我希望你们尊重并照顾这些人，按照元老院的公告，使他们能平安地经过你们的国境回家。"

**16.** (234)执政官卢修斯·仁托罗的宣告如下："我已遣返那些身为罗马公民的犹太人，他们来见我，让我知道他们有自己的宗教仪式，由于他们的信仰，他们遵循以弗所的犹太人的律法。这是在十月初一的前十三天定案的。"

**17.** (235)"副刑事推事暨副长官、马可之子卢修斯·安东尼向行政长官们、元老院以及撒狄的人民问安。与我们同为罗马公民的那些犹太人来见我，向我表示，按照他们先祖的律法，他们从一开始就有属于自己的公会和地方，在那里断定他们彼此间的诉讼与纷争。因此他们向我提出请求，希望这一切能合法化，于是我下令让他们保留这些特权，得以按照他们的律法行事。"

**18.** (236)斯普利乌之子马尔库斯·部百流、马尔库斯之子马尔库斯以及普布乌之子卢修斯的宣告如下："我们去见地方总督，将亚历山大城的克娄巴特利达之子多斯特乌的意愿阐明，如果他以为合宜，(237)就可以遣返那些身为罗马公民，又愿意在他们的信仰下遵循犹太宗教仪式的犹太人。地方总督依照所请，遣返了那些犹太人。这是在十月初一的十三天前成就的。"

**19.** "卢修斯·仁托罗和该犹·马克鲁为执政官的昆提利斯月，(238)在场的有赫拉提亚族尉官提图斯之子提图斯·阿皮乌斯·巴布斯、克罗斯土敏族的提图斯之子提图斯·统吉乌、昆图斯之子昆图斯·利西乌、提图斯之子提图斯·庞培、哥尼流·朗吉努斯、提任提族的该犹之子军团指挥官该犹·瑟韦里乌·布拉库、维托利亚族的部百流之子部百流·克流西武·加鲁斯、埃米利亚族的该犹之子军团指挥官该犹·提提乌、以斯昆林族的塞克斯都之子塞克斯都·阿提鲁·希拉奴、(239)撒巴提族的该犹之子该犹·庞培、提图斯之子提图斯·阿皮乌斯·米南德、部百流之子部百流·瑟韦里乌·斯特拉博、科邻族的卢修斯之子卢修斯·帕克乌·凯皮托、奥路之子奥路·富立乌·特提武，以及阿皮乌斯·梅拿斯。(240)就在这些人面前，仁托罗宣布了这份公告。我在法庭前正式遣散那些身为罗马公民的犹太人，由于信仰之故，他们习于遵循在以弗所的犹太人所采用的敬拜仪式。"

**20.** (241)"老底嘉人的行政长官们向执政官该犹之子该犹·鲁比留问安。大祭司希尔克努的使臣所帕特送来一封希尔克努的信，信中告诉我们犹太人的大祭司差派一些使臣送来一封有关他们民族的信，(242)里面提到他们希望能恩准犹太人，按他们先祖传下来的律法守安息日及其他的宗教仪式，并且不在军队的辖管下。他们是我们的友人及盟邦，在我们境内不许任何人伤害他们。虽然那里的特拉利人对犹太人有异议，也对这些公告感到不满意，但是你仍要命令他们遵守，又知会我们你一直期望将有关犹太人之事写信告诉我们。(243)所以我们在收到你的来函后，一定会遵守你下达给我们的命令，并将这信收录于我们的官方档案中。至于信上提到的其他事项，我们会妥善处理，不让别人对我们发出怨言。"

**21.** (244)"地方总督迦巴族的部百流之子部百流·瑟韦里乌，向行政长官们、元老院以及米利修的人民问安。(245)你们的公民希耳米之子波里他尼到特拉利来觐见我，并告诉我你们没有按照我的意思对待犹太人；你们禁止他们守安息日、遵循他们先祖的宗教仪式，或是依照他们原有的习俗处理土地上的出产。你们的法律指定这人为公告的宣扬者，

(246)因此我要让你们知道,在听完双方的申诉后,我裁定犹太人不应当被禁止使用他们自己的传统。"

**22.** (247)别迦摩的公告如下:"在戴袖月的第一天、克拉提普为执政官时,长官们的公告是这样的:罗马人遵循他们先祖所行,为全人类的安全不惧险阻,并竭力为他们的盟邦和友人谋取幸福与和平。(248)那时犹太人的大祭司希尔克努差派使臣来见罗马人,这些使臣是狄奥达图之子斯特拉托、亚历山大之子阿波罗纽、安提帕特之子埃尼亚、(249)亚敏他之子亚里斯多布以及腓力之子所西巴德,他们都有良好的德行,这些人为了他们的国情提出了特殊的要求,因此元老院按他们所请发布了一项公告,就是安提阿古之子安提阿古王不可以伤害罗马人的盟友犹太人;他从犹太人那里取得的城堡、港口、土地以及其他任何东西都要归还给他们;犹太人也可以合法地从自己的港口出口他们的产物。(250)除了盟友亚历山大王托勒密之外,没有任何人或王可以不缴税就从犹大地或他们的港口出货。按照他们的请求,约帕的驻军处应被拆除。(251)我们元老中有位德高望重的卢修斯·皮提欧,他命令我们要依照元老院的公告去行,也要确保犹太使节们归途的平安。(252)于是我们让狄奥多鲁进入我们的元老院和议会,从他手中取得书信和元老院的公告,狄奥多鲁以热切的态度谈论犹太人并描述希尔克努的品格与慷慨,(253)说他乐于帮助任何人,尤其是那些前去求助的人。我们将信收录于官方文件中,并另写了一份公告,因为我们是罗马人的盟友,我们也会按照元老院的公告,尽可能地帮助犹太人。(254)送信来的狄奥多鲁希望我们的长官能将公告的抄本送给希尔克努,并派使节去见他,表达我们人民对他们的友好;他们也强调了彼此间的友谊,随时预备施恩予我们,

(255)也希望由我们这里得到回报。我们希望他们记得，从希伯来人的祖先亚伯拉罕起，我们的祖先就对犹太人很友善，我们也在官方的文件里找到这样的记载。"

**23.** (256)哈利卡那索的公告如下："在亚利斯特伦月的第[⋯]天，亚利斯特德之子，就是被幼欧尼幕收养的孟能为祭司时，马尔库斯·亚历山大代表人民发布的公告是这样的：(257)由于我们重视对神及圣洁的敬虔，我们决定跟随施恩给众人的罗马人，按照他们所写有关我们城邑与犹太人结为友好互助的盟邦，并让他们的宗教仪式、节期及聚会得以保留。(258)我们因而有如下的公告，无论有多少犹太男女愿意按照犹太律法守安息日并进行宗教仪式，他们都可以这样行；他们也可以依照先祖传统，以海边为祷告的地方。任何阻止他们如此行的行政长官或平民会被罚款，所收的钱将用于市政支出。"

**24.** (259)撒狄人的公告如下："在长官们的代表下，元老院与人民做了以下的公告：鉴于与我们同居这城、同为公民的犹太人，未曾从人民那里得到许多利益，现在他们到元老院来，(260)希望能在元老院及罗马人民的同意下恢复他们的律法与自由，并得以按照古时传统聚会，不会受到我们的控告；也希望我们能给他们一个聚会的地方，好让他们与妻儿像他们先祖一样在那里向神祈祷和献祭。(261)现在元老院与人民公告，让他们按照他们的律法而行，在预定的日子聚会，行政长官们要根据他们所需，提供合适的建筑物与地点为聚会场所。为城邑提供采买的人也要供应适合他们吃的食物，如果需要的话可以由城外购入。"

**25.** (262)以弗所人的公告如下："亚达米西乌月的第一天，梅努菲鲁为执政官时，人民做了以下的公告：幼腓穆之子尼卡诺尔在行政长官们的代表面前发表了这项宣告。(263)由于居住在这城的犹太人向副执政官布鲁图之子马尔库斯·尤利乌斯·庞培请愿,希望他们能够不受阻扰,按照他们先祖所定的传统守安息日以及其他的节期与习俗。长官已经同意了他们的请求。(264)在罗马人也关心的这件事上,元老院与人民公告,没有人可以阻止他们守安息日,或因此向他们收罚款,他们也可以按照他们的律法行各样的事。"

**26.** (265)另外还有许多由元老院和罗马大将军们发出的公告,不是我们前面所收录的,也同样支持希尔克努及我们的民族。另外还有各城的公告,以及罗马长官们就这封有关我们权益的信所下的诏书。当然,这些与我们所记的并不冲突,由我们节录的这些例子就可以看出它们共同的目的。(266)因为我们提出了至今仍然存在的证据,证明我们与罗马人之间的友谊,这证据是镌刻于神殿的柱子与铜桌上的,直到如今都还存在,我们省略了一些,没有将所有的都收录进来,因为那样既无必要又易引发争议。(267)我不认为在罗马人以如此大量的公告表明与我们之间的关系后,还会有人固执到不相信我们与罗马人之间的友谊,或是怀疑其他公告的可信度,因为我们所收录的公告包含了相同的信息。如此我们可以充分地说明那时我们与罗马人之间的友谊和盟约。

# 第十一章

## 塞克斯都因巴素的叛变被刺后马可继位的经过；

## 凯撒死后加修进入叙利亚，给犹大地带来许多苦难；

## 以及马略古杀害安提帕特，后来他自己也遭希律杀害

**1.**（268）这时的叙利亚正处于极度混乱中，事情的经过是这样的：庞培的同党之一克可流·巴素对塞克斯都·凯撒计划了一场叛变，将他刺杀身亡，夺取了他的军队，并亲自管理凯撒的政务，于是凯撒的将领们率领骑兵与步兵，在阿帕米亚附近与巴素展开大规模的战事。（269）安提帕特想到曾经接受过凯撒的恩惠，就派出援军与他的儿子们一同前往，在这件事上，他认为只有报复那谋杀凯撒的人，使他受到应得的惩罚才是公义的。（270）随着战事不断迁延，马可就从罗马前来接管塞克斯都的政权，但凯撒在取得政权三年六个月后，被加修和布鲁图刺杀在元老院里。这个史实会在他处说明。

**2.**（271）由于凯撒之死引发了战事，那里的权贵都往四处去募兵，加修从罗马进入叙利亚，以便接收留在阿帕米亚营里的军队，（272）在解除了包围后，他就将巴素和马可纳入自己的派系。接着他又到各个城邑征收武器与士兵，并在那些地方强行收敛高额的赋税，主要是压榨犹大地，打算从那里勒索七百他连得。（273）安提帕特见到当地动荡不安，就将这总数分摊，并派他的儿子们前去收取，于是其中一部分是向马略古索取，马略古因而对安提帕特非常不满。（274）希律最先将摊派给他的

部分从加利利收齐,因此最受加修的青睐。希律觉得必须与罗马人建立友谊,就算是牺牲他人以博得罗马人的好感也是值得的。(275)不过另外有许多城邑的管理者,连同他们的市民,都一起被卖为奴隶。由于加修之故,四个城邑陷入为奴的境地,其中两个较为重要的是歌弗那和以马忤斯,除此以外还有吕底亚与他目拿。(276)不但如此,加修还对马略古怀怒,甚至打算将他杀了[因为马略古曾经攻击过他],希尔克努自己拿出一百他连得,经由安提帕特交给加修,如此才平息了他对马略古的怒气。

**3.** (277)等到加修离开了犹大地,马略古设下陷阱要害死安提帕特,他认为只有安提帕特死了,才能保全希尔克努的政权。安提帕特知道了他的计谋,就退到约旦河外,并在那里集结了军队,部分士兵是由阿拉伯人招募来的,另一部分是他自己的国人。(278)马略古十分狡猾,否认设下任何陷阱,并向安提帕特和他的儿子发誓,辩称法撒勒斯在耶路撒冷有一个驻军处,而希律控制了那里所有的武器,自己根本从未有过杀害安提帕特的念头。安提帕特见到马略古这样懊恼,就与他和解,(279)并立下协定。这时叙利亚的长官是马可,他认为马略古给犹大地带来太多动乱,甚至想除掉马略古,但是在安提帕特的调解下,马略古保住了性命。

**4.** (280)安提帕特万万没有料到,救了马略古正是救了自己的谋杀者。这时加修和马可召集了大军,将兵权完全交给希律,封他为叙利亚平原军事将领,并给他一支舰队,以及一队骑兵与步兵,此外还允诺在战事结束后,要立他为犹大地的王。这时安东尼与年轻的凯撒间已经爆发了战事。(281)马略古十分惧怕安提帕特,就以金钱买通了希尔克努的家宰，在他们两人与他吃饭时，下毒将安提帕特害死。安提帕特死后，马略古以武力安定了耶路撒冷城。(282)但是安提帕特的儿子法撒勒斯和希律洞悉了谋害他们父亲的阴谋，就大为震怒，马略古却声称自己完全不知情。(283)安提帕特就是这样死的，他实在是有超越常人的敬虔与正义感，又充满了对国人的爱。他的儿子希律决定立刻为父亲报仇，想要带领军队去找马略古复仇，但是安提帕特的长子法撒勒斯认为如果能用策略抓到这人会更理想，不然会引发内战。(284)于是他假装接受马略古所言，相信他与父亲之死无关，然后为安提帕特立了一座纪念碑。希律前往撒玛利亚，发现那里动荡不安，就鼓舞他们的士气，使他们平静下来。

5.(285)不久之后，希律因为节期近了要进入耶路撒冷，马略古对此感到不安，就说服希尔克努不要让他进城。希尔克努答应了马略古，借口说当民众自洁时，城中不适合有许多外人出入。(286)但是希律不理会来使所言，仍然在夜间入城，此举吓坏了马略古，他还是像以前一样伪装，为安提帕特哀哭，伤痛之声大到好像是为自己的好友痛哭。(287)希律和他的友人认为此时不宜揭开马略古的假面具，反而要向他表示友好，以免引起他的怀疑。

6.(288)不过希律写信给加修，通知他父亲被谋杀的事，加修知道马略古的操守与为人，就回信要他为父亲报仇，又私下命令推罗的军队将领们帮助希律的正义之举。(289)加修取得老底嘉后，众人都带着金钱与花环去向他道贺，希律认为那正是惩罚马略古的时机。(290)那时马略古正在图谋一件大事，当时他的儿子在推罗为人质，他就前往那城想将儿子偷偷带出来，然后由那里直驱犹大地。因为那时加修正忙于对付安东尼，马略古就想趁机鼓动这地叛变，然后由自己执掌政权。(291)然而神阻止了他的计划。机警的希律洞悉了马略古的意图，就事先派了仆人前去推罗，名义上是说到那里预备宴会，这是因为希律曾经说过要在那里宴请大家，事实上却是去见军队的指挥官们，说服他们以匕首来对付马略古。(292)于是他们出城，在近城之处拦截马略古，将他刺死于海边。希尔克努被这事惊吓得说不出话来，茫然了好一会后才回过神来，他问希律究竟是怎么回事，到底是谁杀了马略古，(293)希律回答说是加修的命令，这行动是他所委派的，因为马略古心性邪恶，图谋叛国。这也是马略古以恶毒对待安提帕特所得到的惩罚。

**7.** (294)加修离开叙利亚后，犹大地开始动荡不安。因为留在耶路撒冷握有兵权的腓力斯突然对法撒勒斯发动攻击，人们只好以武力自卫。(295)希律去见大马士革的提督法比乌，希望他能前去助他哥哥一臂之力，不过一场疾病阻止了他，这战事直到法撒勒斯以其强劲胜过了腓力斯，并将他关进一个城堡后才终止，后来法撒勒斯有条件地释放了腓力斯。法撒勒斯又抱怨希尔克努，因他从他们那里得到许多好处，却仍然去帮助他们的敌人；(296)因马略古的兄弟在多处鼓动叛乱，还在其中设置驻军处，尤其是在马萨德建立了最坚固的碉堡。与此同时，希律由病中康复，就前去将腓力斯占领的地方一一收回，并有条件地释放了腓力斯。

# 第十二章

## 希律将亚里斯多布的儿子安提古逐出犹大地，
## 并以大量的金钱与来到叙利亚的安东尼建立友谊；
## 在这样的情形下,安东尼就不会容许别人控诉希律:
## 这是借着安东尼代表犹太人写信给推罗人而成就的

**1.**（297）这时梅纳厄斯之子托勒密将亚里斯多布之子安提古带回犹大地,安提古已经拥有大军,又因与法比乌有血缘关系而以金钱收买了他的友谊,马利昂也帮助他。当初加修将马利昂留在推罗镇压那地;这位加修就是夺得了叙利亚后进行独裁统治的人。（298）马利昂进军比邻的加利利,取得那里的三座碉堡,并在里面设置驻军以便保有那些地方。但是希律来了以后,就将他所取得的地方都拿了回来,也以文明的方式解散了推罗人的驻军处,为了表示他的好意,他还送礼物给其中的一些士兵。（299）他迅速处理完这些事后,就前去与安提古会战,并打败了他,将他赶出了犹大地。希律到了耶路撒冷,希尔克努及人民都以花环加在他的头上,（300）因为他已经娶了希尔克努的后人,和希尔克努家族建立了姻亲关系,因此希律特别照顾希尔克努。希律娶的是亚里斯多布之子亚历山大的女儿,也就是希尔克努的孙女,他与这个妻子生了三男二女。在这之前他曾娶过本族一位地位较低的女子,名叫多丽斯,他们生了长子安提帕特。

**2.**（301）那时安东尼和凯撒在腓立比击败了加修,这事别人已经记载过了，战胜后凯撒前往高卢［意大利］，安东尼进军亚细亚，当他到达庇推尼时，从各地派来的使臣都来迎接他。(302)犹太人中的显要人士也来了，他们向他指控法撒勒斯和希律，说希尔克努虽然有掌权之名，实权却操控在这两个人手上。(303)但是安东尼十分尊重希律，因为希律曾经前来帮助他与他的指控者抗辩，在这事上令他的敌人无法取得听证机会，这个恩情是希律以金钱买来的。(304)等安东尼到了以弗所后，大祭司希尔克努与我们国人派了使臣来见他，并带了一顶金冠给他，希望他能写信给各省的长官，请他们释放那些被加修掳去为奴的犹太人，那些人一点也没有对抗过加修，并要求他们归还那些在加修时期被夺去的土地。(305)安东尼认为犹太人的请求合理，就立刻回信给希尔克努和犹太人。同时他也送去一份公告给推罗人，内容就是为了要达到上述目的。

　　3. (306)"身为罗马大将军的马可·安东尼向大祭司暨犹太人的行政官希尔克努问安。希望你身体健康，我和我的军队也都好。(307)你所派来的使臣，就是保撒尼亚之子利西马古、梅纳厄斯之子约瑟夫，以及狄奥多鲁之子亚历山大，他们到以弗所来见我，不但重申了以前带到罗马的信息，又恪尽职守地将这次的信息带来，这信息是你和你的国家托付他们的，内容充分表达出你们对我们的善意。(308)你们的友好表现让我对你们的行动和言词都感到非常满意。我知道你们的生活行为有一定的宗教性，也将你们视为我们自己人，(309)若有人与你们或是与罗马人作对，任意进入城邑及殿宇，也不遵守他们的誓言，不仅我们要与他们抗衡，所有的人也要一起反对他们。我们要报复那些对人行事不公、对诸神心怀恶念的主导者，就是因为他们的缘故，太阳才不光照我们，因它不愿见到那些人对凯撒所行的恶事。(310)我们也识破了他们以不敬虔与傲慢无礼的态度威胁马其顿诸神的诡计。此外,我们还胜过了那些困惑溃败的人,他们对我们怀着半疯狂且恶毒的敌意,聚集在马其顿的腓立比,要占那些符合他们条件的地方,就是那些有高山深海环绕且只有一个城门控制出入要道的城邑。由于众神对他们邪恶的惩罚,让我们取得了胜利。(311)布鲁图逃到腓立比时被我们捉到,将其与加修一起关在牢狱中。现在这些人得到了他们应有的惩罚,我们也应该可以享受眼前的和平,亚细亚也得以免受兵灾之苦。(312)因此我们愿意将神赐给我们的和平与我们的盟邦们共享,由于亚细亚大部分地区尚未因为我们的胜利而由动乱不安中恢复过来,所以我心中惦记着你和你的国家,希望你们要为自己的利益着想。(313)我也写信给多个城邑,告诉他们,无论他们原来是为奴还是自主,只要是因该犹·加修或他的下属以武力逼迫而被卖为奴的,如今都可以得到自由。我希望你们善加使用我和都拉波拉赐予你们的恩惠。我也禁止推罗人对你们施暴,他们现在所占有的任何原属犹太人的土地,都要归还给你们。同时我也接受你们送给我的冠冕。"

**4.**(314)"身为罗马大将军的马可·安东尼向行政长官们、元老院及推罗的人民问安。大祭司暨犹太人的行政官希尔克努派来的使节们到以弗所来见我,让我知道你们占了他们国土的一部分,那是你们在我们的敌对者掌权时进占的。(315)因此我们开启战事,夺回了政权,以虔诚和公义处理这些事情,让那些忘恩负义又违背誓约的人受到惩罚,我希望你们以和平的方式对待我们的盟友。还有,你们借着我们的敌对者所得到的地方也不能据为己有,要归还给原来拥有它们的人,(316)因为这些土地和军队并非元老院送给他们的礼物，而是他们以武力夺得的，并以暴力将他们所得到的送给对他们有利的人。（317）这些人已受到他们应得的惩处，所以我们希望我们的盟友能不受干扰地保有他们原先拥有的一切，你们也要归还原属犹太人行政官希尔克努的地方，虽然你们曾经拥有过那地一天，那是在该犹·加修入侵我们国境，对我们展开不合理的战事之前发生的事。你们并未以武力对抗加修，使他的力量减弱，自顾不暇。（318）你们若是曾为了本身的权利起来与他抗争，那你们可以对我们所提的这些理由提出合法的申辩，我们也同样保有听取我们盟友申诉的权利。"

**5.**（319）"身为罗马大将军的马可·安东尼向行政长官们、元老院及推罗的人民问安。我已经将我的公告送交你们，我期望你们以罗马与希腊两种语言将它镌刻于官方目录上，也要将它刻在名胜之处，让所有人都能看到。（320）罗马大将军暨三人执政官之一的马可·安东尼做了如下的宣告：因该犹·加修在他自己引发的暴动里劫掠了不属于他的领土，他虽然在那里被我们盟友驻军处的士兵阻止了，但仍然在战争里毁坏了与罗马人为友的犹太人的国家。（321）我们已用武力制服了他的疯狂行为，现在也要用公告和司法判决来纠正他所毁坏的，并将它们归还给我们的盟邦。至于那些被贩卖的犹太人或物品，都要释放与归还，若是人就要让他们恢复自由之身，若是物品则要物归原主。（322）不遵守我公告的人会因不服从而受到惩罚，我若抓到这样的人，一定会让他们得到合宜的处置。"

**6.**（323）安东尼也写了同样的信给西顿人、安提阿人以及阿拉伯人。我们记下这些公告是为了要给后人作见证，让他们知道我们所说的罗马人十分关切我们国家的话是千真万确的。

# 第十三章

## 希律和法撒勒斯被无端控诉后,安东尼任命他们为分封王; 帕提亚人在将安提古带回犹大地后,俘虏了希尔克努和法撒勒斯。 希律败走;希尔克努和法撒勒斯承受了许多苦难

**1.** （324）这事之后安东尼前往叙利亚,克娄巴特拉到基利家来见他,并使他爱上了她。这时约有百位犹太显贵来指控希律,由其中最有口才的人作为代表发言。（325）但是麦撒拉站在希律这边起来反驳他们,希律的岳父希尔克努也在场。安东尼在达夫尼听完了双方的论点后,就问希尔克努谁最善于治理国事,他回答说是希律与他的友人。（326）听完这话,安东尼又念及当初在加比尼乌时与希律的父亲安提帕特建立的友谊,就任命希律和法撒勒斯二人为分封王,将犹太人的政务交给他们管理,并为这决定写了几封信。他又将与他们二人作对的十五个人关了起来,本来是打算处死他们,但在希律的求情下没有这样做。

**2.** （327）然而这些人再来时并没有默然不语,他们听说安东尼要到推罗来,就聚集了上千人前来见他。但是安东尼被希律和他哥哥的金钱攻势腐化了,于是命令地方首长处罚那些犹太的使节们,那些使节们的目的本来是要提出革新建议,变革希律的政权。（328）但是希律火速前去见他们,希尔克努也和他一同前往[那些人站在城前方的河岸边],劝他们赶快逃走,若是一意孤行继续控诉,将会有更大的灾难临到他们。

(329)然而他们不听劝告,于是罗马人带着短剑来攻击他们,杀死了一些人,杀伤得更多,其余的人都逃跑了,他们回去后惊恐得无法动弹。后来当人们高声抗议希律时,安东尼震怒,将所有的囚犯都处死了。

**3.** (330)次年,帕提亚王之子帕克鲁斯和帕提亚人的一位将领巴撒法尼斯占领了叙利亚。那时梅纳厄斯之子托勒密已经去世了,他的儿子吕撒聂继承王位,与亚里斯多布之子安提古建立了友好同盟的关系(他是利用那位将领想与他建立关系而得到这盟约的)。(331)安提古允诺帕提亚人,若他们能从希尔克努手上将政权夺来给他并将希律杀死,他会给他们一千他连得和五百个女人。(332)虽然他未曾践行对帕提亚人的诺言,他们还是为了这缘故进军犹大地,且带着安提古同行。帕克鲁斯沿着海岸前进,将领巴撒法尼斯则走内陆。(333)推罗人不让帕克鲁斯入城,但是西顿人和托勒密的民众却接待他。帕克鲁斯还派了一队骑兵去犹大地窥探那地的情况,并助安提古一臂之力,他也将与他同名的王的家宰差派过去。(334)那些住在迦密山的犹太人去见安提古,预备和他一同进入犹大地,安提古希望能借助他们的力量得到部分国土。那地名叫杜艾密。当很多人加入他们时,这些人就私下袭击耶路撒冷;后来有更多人加入,他们便聚众将王宫包围起来。(335)法撒勒斯和希律的部众前来救援,在街市里展开战斗,这些人击败了他们的敌人,将他们追赶到圣殿里,又派了一些武装士兵到与圣殿相连的房屋中,以防止他们逃脱。这些人没有后援,当一些人起来抵抗他们时,将他们连同他们所在的房屋一并烧毁了。(336)但是希律很快就报复了这些伤害他的乱民,他与他们交战,杀死了许多的人。

**4.** (337)虽然每天不断有小的冲突,这些敌人还是在等待我们称作五旬节的节期,那时会有许多民众由各地前来耶路撒冷。(338)到了那天,数以万计的人聚集在耶路撒冷,他们包围了圣殿,有些备有武器,有些没有武器。这些来的人看守着圣殿与圣城,王宫有希律的士兵们防卫。(339)法撒勒斯负责守护城墙,希律自己则带着一些士兵,潜出城去攻击那些埋伏在郊区的敌人。他们勇猛作战,将数以万计的敌人打得落花流水,一部分逃向圣殿,一部分逃往市区,还有一些逃到外围的军事要塞,那些要塞刚好就建在附近,法撒勒斯也前来帮助他。(340)在安提古的要求下,帕提亚人的将领帕克鲁斯被允许入城,他带了一些骑兵,假装是来平息暴动,实际上是要来帮助安提古夺权。(341)法撒勒斯友善地接待帕克鲁斯,帕克鲁斯就欺骗他,要他以使节的身份前去见巴撒法尼斯。法撒勒斯不疑有他,应允了这项提议,但是希律不同意,因为他认为这些外邦人的话不可信,希律希望法撒勒斯能留下来抵御那些入城的人。

**5.** (342)于是希尔克努和法撒勒斯二人就一同出使,帕克鲁斯只将两百骑兵和十个我们称为"自由人"的人留下给希律,其他人都在他指令下踏上旅途。当他们到达加利利时,那些城邑的官长们都全副武装地来见他们。(343)巴撒法尼斯最初是以欢欣的态度接待他们,并致赠礼物,但是后来他也和其他人同谋来对付他们。法撒勒斯和他的骑兵被安置在海边,当他们听说安提古应允要付帕提亚人一千他连得和五百个女子,好得到帕提亚人的帮助来对付他们时,就对这些外邦人起了疑心。(344)加上有一个守卫偷偷跑来通知他们,说那些人已经在夜间设下陷阱来对付他们。要不是那些人等待耶路撒冷的帕提亚人先抓到希律,以免希律得到希尔克努和法撒勒斯被杀的通报,就会逃离他们的手掌,希尔克努和法撒勒斯早就会被抓起来。这就是他们那时所处的景况，到现在他们才知道这些看守者的真面目。(345)有些人劝法撒勒斯立刻骑马逃走，不要再逗留，尤其是当中一个名叫俄费留的人，他十分诚恳地劝法撒勒斯这样做，因为他从当时叙利亚人中最富有的撒拉玛拉那里听说了这次叛变，撒拉玛拉还应允提供船只带他离开，因为他们就在海边。(346)但是法撒勒斯不愿丢下希尔克努，或是陷他的弟弟于险境，就不肯自行离去，反而去见巴撒法尼斯，告诉他以如此的诡计对待他们是不公正的；如果他要的是钱，他们可以给他超过安提古所应允的，更何况他们是在他保证安全的誓言下前来，而且对他没有任何敌意，这样将他们杀死是极端令人发指的。(347)然而这个外邦人发誓说他的疑虑毫无根据，只是被捕风捉影的事困扰罢了，说完巴撒法尼斯就去见帕克鲁斯。

**6.** (348)巴撒法尼斯一走，立刻有人来将希尔克努和法撒勒斯捆绑起来，法撒勒斯怒斥这些背信的人。那个被派去对付希律的家宰，想要趁着城墙无人守卫时抓住希律，(349)但是法撒勒斯早已派人去通知希律有关帕提亚人的背信弃义。希律一得知他们被捉，就立刻去见帕克鲁斯以及帕提亚人中的最有权势的人，即那些地方的首领们，(350)这些人虽然知道事情的来龙去脉，但却虚伪地在他面前装作不知情；他们要希律跟他们一起到城墙前面，去迎接那些给他送信的人，因为他们并没有被他的敌人抓住，乃是要告诉他法撒勒斯所取得的胜利。(351)希律不相信他们所言，因为他也从别人那里听说他哥哥被抓的事；他所娶的希尔克努之孙女，也是他的耳目[不相信他们]，这更令希律对帕提亚人产生怀疑。虽然人们不把她所说的当回事，但是希律相信她，因为她是个有智慧的妇人。

**7.**（352）这时帕提亚人正在计划下一步如何做,因为他们认为不宜公开对付像希律这样的人。当他们决定次日再定夺时,希律的内心也十分烦乱。他倾向于相信他所听到的有关他哥哥和帕提亚人的传闻,而不是其他人的言辞。于是他下决心利用天黑的时候逃跑,不再耽延,仿佛敌人带来的危险还没有确定似的。(353)希律带着他的士兵们同行,他安排妻子们上了坐骑,并带着他的母亲、姐妹和即将要娶的玛利安,她是亚里斯多布之子亚历山大的女儿,还有她的母亲,就是希尔克努的女儿,以及他的幼弟、所有的仆人和那些与他在一起的群众同行,他们就在敌人不知情的情况下到达了以土买。(354)他的任何敌人都不可能在见到他如今的光景时,还能硬着心肠不同情他的遭遇:妇女们拖着她们的婴幼儿背井离乡,朋友们都在狱中,他们眼中含着泪水,伤痛哀叹,只有悲戚,没有任何的盼望。

**8.**（355）然而希律本人却在这种光景下打起精神,以无比的勇气面对他的不幸,在从民众面前经过时,他吩咐大家提高士气,不要向悲伤投降,因为那样会阻碍他们的逃亡,而逃亡是他们重得平安的唯一指望。(356)于是他们遵照嘱咐试图在苦难中忍耐,不过希律自己却曾想过要自杀,那是在他母亲马车翻覆而有丧命危险之时。他这样想有双重的原因,一是他非常担心她,再者他也害怕这会耽误他们的行程,让敌人有机会追上他们;(357)不过就在他想拔剑自刎时,身边的人阻止了他,由于身旁人数众多,使他无法自尽成功。他们叫他不要丢下大家,使得所有人成为敌人的战利品,因为以这样的方式逃避危难,不顾身陷同样危难的友人们,不是勇者的行为。(358)于是希律只好放弃自杀的企图,一方面是为他们所说的感到羞愧,另外也是因为他们人多势众,不容许他这样做。他只有鼓励他的母亲，在时间许可的范围内会尽可能地照顾她，并继续以最快的速度按照原定路线前进，目的地是马萨德的碉堡。尽管一路上希律与追赶或攻击他的帕提亚人不断爆发小冲突，但他在所有的冲突中都取得了胜利。

**9.** (359)希律在逃亡途中也没能完全摆脱犹太人，就在城外十二公里远的地方，他们前来攻击他，与他近距离搏斗，希律胜过了他们，(360)并将他们打得四处逃逸，这样的表现完全不像是一个处于悲惨与匮乏中的人，反而像是一个有充分准备随时可以作战，又有足够供应的人。日后希律就在这个战胜犹太人的地方建起一座最豪华的宫殿，并建了城池环绕着它，将它命名为希律堡。(361)当他到达以土买的特利撒时，他的兄弟约瑟来见他，他就召开了一个会议，广纳各方对他现在状态的建议与适合实行的做法，因为除了雇佣兵外，还有许多民众跟随他，而他建议逃往的目的地马萨德不足以容纳所有人，(362)于是他遣散了与他同行的九千多人中的大部分人，吩咐他们从不同的方向散去，这样他们就可以在以土买保全自己，他也给了他们足以支付旅途所需的用度。希律带着那些最不会造成负担且与他最亲近的人前往碉堡，在那里将他的妻子们和跟随者共八百人安顿下来（那里有足够的玉米、水和其他必需品），他自己则直接前往阿拉伯的佩特拉。(363)天明时帕提亚人展开了对耶路撒冷和王宫的劫掠，但除了希尔克努的三千他连得外，他们什么也没有得到。(364)希律大部分的钱都在他的远见下事先被送到以土买，城里所剩的实在不能满足帕提亚人，于是他们大肆劫掠市郊，并摧毁了玛利沙城。

**10.** (365)帕提亚人的王将安提古带回犹大地，并将希尔克努与法撒勒斯作为囚犯交给他,然而安提古却非常失望,因为所有的女人都逃脱了,而女人和钱是他应允敌人的酬佣。(366)安提古害怕在帕提亚人看守下的希尔克努会在民众拥护下重得王位,于是割去希尔克努的双耳,如此希尔克努就永远无法取得大祭司的职位,因为他已成残废,律法规定这个尊荣的职位只能加在没有残疾的人身上。(367)这时法撒勒斯的刚毅不屈实在令所有人敬佩,他知道自己必死无疑,所以一点也不畏惧死亡;但若是死在敌人手里,却是既悲惨又不光荣的,而敌人为了防止他自杀而将他的双手捆绑,但是他仍然以头猛烈撞击大石而自尽。法撒勒斯认为处于如此悲惨的情况下,这个做法是最好的,这样一来他就将自己的生死之权从敌人手中夺回来。(368)也有传说当法撒勒斯头上撞了一个大伤口时,安提古派了医生们去包扎,但却命令他们在伤口上下毒将他毒死。(369)不过有一个女子说,法撒勒斯临死前听说他的弟弟希律逃离了敌人的魔掌,就安心愉悦地死去,因他知道留下来的这位会为他复仇,将惩罚加在他的敌人身上。

# 第十四章
## 希律离开阿拉伯王就迅速前往埃及,再由那里尽快进入罗马;希律以大量的金钱收买了安东尼,因而得到元老院及凯撒的任命,成为犹大地的王

**1.** (370)希律所处的艰困处境并没有令他丧志,反倒使他更为敏锐地发掘奇径。他先到他以往非常恩待的阿拉伯王马勒古那里,希望马勒

古能有所回报，因希律如今实在比平时更期望马勒古会念在以往由他那里得到的许多利益而借钱或是送钱给他。（371）（希律这时并不知道他哥哥的情形，只想将他从敌人的手中赎回，甚至愿意付出高达三百他连得的赎金。）希律为了这事还带着法撒勒斯年仅七岁的儿子同行，就是打算在必要时以他为人质，作为将来一定会还钱的保证。（372）然而马勒古却派了使臣来见希律，希望他能离开，因为帕提亚人命令他不可接待希律。其实这只是一个借口，他的心意是不愿意回报希律；此外，阿拉伯人中的许多有权势的人也想借此骗他，说他们由希律的父亲安提帕特那里得到的钱是安提帕特对他们行为忠贞的报酬。（373）希律回答来使说他并不想因自己的到来给人造成任何困扰，他来的目的只是要与马勒古讨论一些对自己非常重要的事情。

**2.**（374）在这样的情况下，希律决定离去，他谨慎地选择了前往埃及的路，并在一个特定的殿宇住下，因他以前在那里留下了许多跟随他的人。次日他就上利挪克罗拉，他在那里才得知发生在他哥哥身上的一切。（375）马勒古很快就为自己所做的事后悔，急急忙忙前去追赶希律，然而希律已经走远了，且迅速踏上前往佩卢西姆的路途，所以马勒古徒劳而返。那些停在那里的船只阻碍了希律航行到亚历山大城的计划，他就去见当地的指挥官们，后者出于对希律的尊敬，帮助并带领他到亚历山大城，希律在那里得到克娄巴特拉的接待。（376）不过她也无法说服他留下，因他急着要赶到罗马去，虽然那时的天气正值狂风暴雨，且得知意大利的政局动荡不安，完全失序。

**3.**（377）于是希律从那里启航前往旁非利亚，途中遇到大风暴，在历经艰苦并失去了一切后才逃到罗得岛。他的两个朋友撒皮纳和托勒密,在罗得岛与他会合。(378)希律发现那城在与加修的战事中遭到严重破坏,虽然他自己非常需要帮助,但是他决定先不去管自己的事,反而尽可能地帮助那城恢复旧观。希律也在那里建了一艘有三层甲板的船,与他的友人乘着这艘船一起航向意大利的布伦德西姆港,(379)再从那里前往罗马。他先告诉安东尼在犹大地发生在自己身上的一切,又说他的哥哥法撒勒斯如何被帕提亚人捉去并处死;而希尔克努又是如何被他们留下来当作俘虏,以及他们如何在安提古应允了一千他连得及五百个女人的条件下将王位给了安提古(这些女子本来是要从当地的犹太显贵家中得到的,但是希律已在夜间偷偷地将她们带走);他自己也历经千辛万苦才逃脱了敌人的魔掌。(380)希律又提到与他有关的许多人也遭遇到包围及逮捕的危险,因此他才不顾暴风启航,并克服万般阻碍尽快来见安东尼,因安东尼是他如今唯一的希望与拯救。

**4.** (381)这样的陈述令安东尼十分同情希律的遭遇,他心想就算是像希律这样位高权重的人也免不了造化弄人,于是定意要帮助希律。他这么做也是因为想到以往与安提帕特的情谊,(382)以及希律曾将安东尼助他成为分封王时给他的钱回赠安东尼,好助他为王,但是更重要的是安东尼厌恶安提古,认为他擅长制造动乱,是罗马人的公敌。(383)凯撒也因为曾经与希律的父亲安提帕特一同在埃及艰苦作战,安提帕特当时对他的款待以及一直以来的友善,所以提供给希律所需要的一切帮助,并高抬他的地位;凯撒这样做也是为了讨好安东尼,因安东尼非常热心于希律的事务。(384)于是他们召开了议会,麦撒拉和阿特拉提努相继介绍了希律,并夸大地描述了他们从希律的父亲那里得到的好处,令罗马人感到他的友善。同时他们也控诉安提古,将他列为敌人,因他以往反对他们，现在更是不将罗马人放在眼里，竟然从帕提亚人手中取得政权。(385)在这种情况下，元老们都非常忿怒，而安东尼又对他们说，让希律为王对他们与帕提亚人的战事是有利的。所有的元老们都觉得他们说得有理，于是就按着所请的拟定了公告。

**5.** (386)这是安东尼对希律情谊的表现中最重大的事件，他不但给了希律未曾希冀的王位[因他前来时并没有想为自己求取王位，也不认为罗马人会给他王位，通常他们是将王位赐给与皇室有关的家族，(387)所以他原来只想为他妻子的兄弟求王位，因那人从父系而言是亚里斯多布的孙子，从母系而言是希尔克努的孙子]，且是如此突然地使希律得到了这个王位，这样希律就得到了远超过他所求的，并在短短的七天内离开了意大利。(388)后来希律将这个年轻人（亚里斯多布和希尔克努的孙子）杀了，我们会适时地描述这事。会议结束后，安东尼和凯撒从元老院中出来，希律走在他们两人中间，他们的前面有许多执政官和行政长官，如此他们就献祭，并将公告陈列在他们的神殿中。(389)安东尼也在希律统治的第一天大摆宴席，如此希律就得到了王位，那时是第一百四十八个奥林匹亚周期，该犹·多米提乌·卡勒比努第二次为执政官，该犹·亚西纽·波力欧第一次为执政官。

**6.** (390)这一切都是在安提古包围马萨德时发生的，马萨德城里的人所有的需用都不缺，唯独缺水，甚至到了一个地步，连希律的兄弟约瑟都想带着跟随他的两百人设法逃离马萨德，往阿拉伯人那里去（因他听说马勒古为了他对希律所做的事后悔不已）。(391)然而神在夜晚降下雨水，阻止了他的行程，他们的池子里装满了水，他也不再需要为了旱灾而逃走。如今他们士气高昂，因为上天所降下的及时雨，象征了神的供应,于是他们进行突击,与安提古的士兵展开肉搏战(其中一些是公开的战事,另一些则不是公开的),消灭了许多敌军。(392)与此同时,罗马的将领万蒂迪乌斯被派到叙利亚,奉命将帕提亚人逐出那地,他追击他们,迫使他们进入了犹大地,这样做看起来好像是要拯救约瑟,但事实上这整件事只是他的计谋,为要从安提古那里得到金钱。于是他们在离耶路撒冷不远的地方扎营,借此从安提古那里勒索了许多金钱,(393)然后他就带着大部队撤军。为了不让他的罪恶被发现,他将部分士兵与希洛一同留在那里的军营中,安提古与那些留下来的人建立了关系,这样他们就不会骚扰他,他仍然抱着希望,等待帕提亚人再一次来帮助他。

# 第十五章
## 希律从意大利航行前往犹大地,在那里与安提古作战;以及当时发生在犹大地的其他事情

**1.** (394)这时希律已经从意大利经海路到了托勒密,并集结了一支人数不少的军队(其中一些是外邦人,另外一些是他自己的国人),带着军队行经加利利前去对抗安提古。希洛和万蒂迪乌斯也在德留斯的劝说下前来帮助希律,德留斯是安东尼派来协助希律回到本国掌权的。(395)万蒂迪乌斯的任务是在各城邑借着帕提亚人制造纷乱;希洛本人虽在犹大地,但是却被安提古收买了。至于希律,他的军力一天胜似一天,加利利除了极少数地区外,所有人都加入了希律那方。(396)但是当他要前往马萨德时〔希律有义务尽力去拯救在那碉堡里的人,他们是他

的亲人，又正在被包围中]，约帕成为他的拦阻，因这城与他不合，所以希律必须先夺下这城，以免日后在他进军耶路撒冷时，约帕成为敌人手中的要塞。(397)那时希洛假装从耶路撒冷起兵，因而被那里的犹太人追杀，希律立刻带了一小群人去攻击他们，将那些人击溃，解救了不堪一击的希洛。夺下约帕后，希律立刻赶到马萨德将他的家人从围困中拯救出来。(398)许多国内的人民都加入了希律一方，有些是因为与他父亲过去的情谊，有些是因为他表现出来的辉煌战果，有些则是因为受过他们父子俩的恩惠，然而绝大部分加入希律一方的人，都是指望有一天他在国内的王权稳固时，能从他那里得到一些好处。

**2.** (399)希律现在有一支强而有力的队伍，在他行军途中或是所到之处，安提古都在最适合埋伏之处设下陷阱来突袭他们，不过并没有对他们造成任何伤害。(400)希律将他的家人由马萨德及利撒碉堡接出来之后，就动身前往耶路撒冷。那些希洛的士兵以及民众们都因害怕他的权势而与他同行。(401)他一安营在城西，那里的守兵们就向他们掷镖箭，(402)另一些人也从群众中出来突袭他们，和希律军队里的第一排士兵展开肉搏战。希律下令他的士兵们要先在城墙边发表声明，表明他的来意是为了人民的好处，也要保持这城邑的完好，对那些公然敌对他的人完全没有任何的怨恨，他也原谅了敌人对他的一切伤害。(403)希律的声明令安提古必须作出公开的响应，于是他在罗马人和希洛面前回答说，将王国交给希律是不义的，因为他只是一介平民，又是只有一半犹太血统的以土买人，他们只应按照传统将王国交给皇族的成员。(404)安提古这样说是怕万一人民对他心怀不满，看到他是从帕提亚人手中取得王位而要推翻他时，他家庭里还有不少成员可以按照他们的传统继承王位；况且他这样做也不至于触怒罗马人，身为祭司家庭，得罪罗马人是不值得的。（405）希律和安提古如此对话后，双方就互相斥责叫骂，安提古允许那些站在城墙上的士兵们自卫，于是他们就以手边的弓箭加上敏捷的技术对付敌方，轻易地把他们从防御的高塔边驱走了。

**3.**（406）这时希洛收受贿赂之事也被发现了：他派了许多士兵大声抱怨他们缺乏军需，需要得到金钱来买粮食，这是由于安提古命令他的士兵们将一切需用都拿走，城邑附近已成荒地，这时理应让希洛的军队移到适合之处设立冬营。于是希洛下令拔营，试图行军离开这地，（407）但是希律强迫希洛不可离去，也劝慰希洛的侍卫长与士兵们不要离弃他，因为既然是凯撒和安东尼与元老院派他来到这地，他就必定会大量地供应他们一切所需，也会轻易且充分地得到他们需求的物资。（408）经过这样的恳请后，希律即刻前往四境，不让希洛有任何借口离开，因他已经为他们带来超过所求的供应；希律又要求那些住在撒玛利亚附近的友人们将玉米、酒、油、牲畜以及其他物资运送下来，带到耶利哥，如此士兵们在接下来的日子里也能得到所需的一切。（409）安提古察觉到此事，就派人到境内各处设下埋伏，好突袭并阻止那些筹备供应补给的人。于是这些人在安提古的命令下集结了大批武装之士到了耶利哥附近，躲在城边的群山里窥伺那些运送物资的人。（410）希律这时也没闲着，他带着十队士兵来到耶利哥，五队是罗马人，五队是犹太人，其中掺杂着一些雇佣兵，还有少数的骑兵。他们发现城中没有人居住，只有五百人带着妻小安顿在山坡的顶端，希律就将那些人遣送到他处。但是那些罗马人却袭击并劫掠耶利哥，发现城中的房舍装满了各类的补给。（411）于是希律在耶利哥设立了驻军处，并再度回到这地，将罗马人分派到那些归附他的地区的冬营里，包括犹大地、加利利和撒玛利亚。(412)安提古贿赂希洛的成果如下，希洛将部分军队留在吕大以取悦安东尼，而他麾下的罗马士兵放下他们的武器，坐享各样充分物资的供应。

**4.** (413)然而希律并不甘于按兵不动，于是他派遣弟弟约瑟带着两千武装步兵和四百骑兵去攻打以土买，他自己则将由马萨德转移出来的他的母亲及亲人们送往撒玛利亚，然后再到加利利夺取了一些安提古的驻军处。(414)在他前往塞弗里斯的途中，神降下大雪，令安提古的多个驻军处自行撤退，留下了大批物资。(415)希律也决定由那里出发，去歼灭那些居住在岩洞中的强盗，他们在国境里造成了不少危害，他派了一队骑兵和三组武装步兵去对付他们。这些士兵非常靠近一个叫阿贝拉村的地方，(416)四十天后希律也带着所有的军队加入他们。他的敌人猛烈地袭击他们，令他的左翼败退，但是希律带着一批人出现，将战胜的敌方击溃，并将那些由自己队伍中败走的士兵们召回。(417)他又继续对敌军施压，虽然敌人循着不同的路径逃逸，他仍旧追击他们直到约旦河边。于是除了住在洞穴中的人之外，他收服了加利利全地，并发给所有士兵每人一百五十德拉克马，尉官们所得的更多，然后希律就让他们回到冬营。(418)这时希洛带着他的指挥官们来见希律，因为安提古不再供应他们，他只供应了他们一个月的需用。不但如此，安提古还派人到境内各地，命令大家将所有的物资带走，退居到山区，让罗马人因得不到供应而饿死。(419)希律就将此事交给他的幼弟费洛拉办理，又命令他修复亚历山大里姆。于是费洛拉迅速且充分地供应了士兵们的需要，并重新修建荒芜失修的亚历山大里姆。

**5.** (420)这时安东尼已在雅典待了一段时间，万蒂迪乌斯则在叙利亚,他起初派希洛去协助希律,现在则希望希洛尽快结束那里的战事,好前去盟国那里为他们自己的战事寻求帮助。(421)希律立刻将希洛遣送回万蒂迪乌斯那里,自己则积极去对付那些躲藏在洞穴中的盗匪们。(422)那些岩洞都位于地形险峻的山里,四周有尖锐的大石环绕,其中除了绝壁外只有几个通往洞穴的入口,盗匪们就和他们的家人躲在这样的地方生活。(423)但是王吩咐大家做了一些用来摧毁他们的箱子,这些箱子是以机械带动铁链由山顶垂下,否则因为山势的陡峭根本无法由下面攀登或由山上爬下,去接近那些住在洞里的人。(424)这些箱子里满载了武装的士兵,手里都拿着长钩,如此他们就可以用长钩拉出那些反抗他们的人,让他们掉到山崖下面,以这样的方式除掉他们。(425)不过将箱子垂下去是非常危险的,虽然箱中有足够的供应,但是因为下垂的距离甚远,所以危险性也极高。箱子垂下去后,那些在洞口边的人都害怕得趴着不动,不敢靠近他们。箱里的一些武装士兵将他们的武器绑在身上,以双手握住用来绞动箱子的铁链,从洞口进入岩洞,因为敌人因焦虑而耽延,不敢从洞里出来。(426)这些士兵来到每一个洞口,都是先以标枪杀死洞口的敌人,然后用长钩拉出那些反抗的人,将他们摔下绝壁,接着再进入洞里杀死更多的敌人,之后才回到箱中按兵不动。(427)洞里其他的人听说了这些悲惨的事都感到十分害怕,就急着想要逃跑,不过夜晚的来临使得这一切都暂时停止。这时王派了一位传令官对他们宣告,只要是投降他的人都可得到赦免,于是有许多人接受了这提议。(428)第二天他们又以同样的方式进行攻击,他们向前推进,从箱中出来与敌人在洞口交战,因洞中有许多易燃物,他们就点火焚烧洞穴。(429)这时有一位年长者和他的妻子与七个子女被困在其中一个洞里,他们就求他让他们出来投降，但是他挡在洞口，只要他的子女一出来，就将他们杀死，他杀光了自己所有的孩子后，又杀了他的妻子，并将他们的尸首丢下悬崖，最后他自尽而死，他宁可选择死亡也不愿为奴。(430)然而在他这样做之前，他严厉斥责希律和他家族的卑鄙，虽然那时希律已被敕封为王。希律见到他预备寻死，就伸出手想要尽其所能地挽救他的性命。就这样，所有的洞穴最终都完全被控制了。

**6.** (431)王授命托勒密为管理这些地方的将领后，就带了六百骑兵和三千武装步兵前往撒玛利亚，想要去攻打安提古。(432)但是托勒密接管军队一事并不顺利，那些曾在加利利制造纠纷的人起来攻击他并将他杀死，做了这事之后，他们就逃往湖泊间或是其他一些难以到达的地区，并在可及的范围内破坏并掠夺所到之处。(433)希律很快就赶回来，为他们的行为惩戒他们，他杀了一些反叛者，包围了另一些逃到要塞里的叛徒，后来就处死了那些叛徒并拆毁了他们藏身的要塞。如此希律平息了暴动，他还对那些城邑处以一百他连得的罚金。

**7.** (434)这时帕克鲁斯在战争中打败了帕提亚人，万蒂迪乌斯也派遣了马奇拉斯率领两个军团和一千骑兵去帮助希律，安东尼鼓励他加快行程。(435)但是马奇拉斯在安提古的教唆及金钱的贿赂下，没有得到希律的许可就开始视察他的国事；不过安提古对马奇拉斯的来意起了疑心，不让他入城，并用石头丢向他，明确地表达自己的意思。(436)马奇拉斯这时才发现希律给了他很好的建议，只是他自己做了错误的决定，没有听从希律。马奇拉斯退到以马忤斯城，为自己的遭遇感到忿怒，于是他杀死了所有他遇到的犹太人，不论他们是敌是友。(437)王对他的行为感到震怒，就前往撒玛利亚，想要将这一切情形告诉安东尼，让他知道自己不需要像马奇拉斯这样的帮助，因他带给希律的伤害比他带给希律敌人的伤害更大，而希律自己就可以击败安提古。（438）但是马奇拉斯在后面跟着他，希望他不要去见安东尼，倘若希律执意要去，马奇拉斯就会加入希律的弟弟约瑟，和他们一起与安提古作战。于是在马奇拉斯诚恳的请求下，希律与他和好。希律让约瑟留下来，并把他的军队留给约瑟，交代他不可赴险，也不可与马奇拉斯争执。

8.（439）希律本人则加紧前去见安东尼（他那时正在包围幼发拉底河上的撒摩撒他）和他的军队，有骑兵与步兵，都是他的雇佣军。（440）当希律到了安提阿时，遇到了许多集结在那里的人，他们都非常想去见安东尼，但是出于惧怕而不敢成行，因为有外邦人会突袭路上的行人，将许多旅人杀死，于是希律鼓励他们前行，并成为他们的领导者。（441）当他们距离撒摩撒他还有两天路程时，那些外邦人在那里设下埋伏，骚扰那些去见安东尼的人，他们在树林通往平原的小径上密布了不少骑兵，那些人按兵不动，直到路人通过到达宽广之处。（442）等到第一排的人刚刚过去（希律是在后面），就有为数大约五百的埋伏者出其不意地前来攻击他们，将最前面的人击溃，王快马加鞭地带着身边的人赶来，立刻把敌人击退。这给他身边的人带来极大的勇气，使他们无所畏惧地前行，甚至那些原先逃走的人也回来了，他们的四周都是被杀死的外邦人。（443）王又继续追杀他们，将所有的行李都夺回来，并得到了许多担负重物的牲口以及奴隶，然后才继续前行。（444）另外还有不少躲在树林里攻击他们的人，那些人距离通往平原的小径不远，希律带着一些勇士对他们展开突袭，把他们击溃，又杀死了许多人，为后来的人打开了一条平安的途径，这些人就称希律为他们的拯救者和保护者。

**9.**（445）当希律到了撒摩撒他近郊时，由于他对安东尼的帮助，安东尼就派了他的军队穿戴整齐的军装来迎接他，表示对他的敬意。安东尼早已听说那些外邦人（在犹大地）对希律的攻击。（446）安东尼也非常高兴在那里见到希律，因他得知希律在路途上的英勇行为，于是安东尼热情地款待希律，十分佩服他的勇气。他一见到希律就拥抱他，以最真挚的情谊向他致敬，因他最近才封希律为王，所以就更加尊敬他。（447）不久以后安提古交出了碉堡，为这场战事划上了句点。安东尼将其余的事交由索西乌斯负责，并命令他协助希律后就动身前往埃及。索西乌斯遵照吩咐先派了两个军团进入犹大地帮助希律，随后自己也带着一支军队前往犹大地。

**10.**（448）这时约瑟已在犹大地被杀，事情的经过是这样的：约瑟忘记了他哥哥希律去见安东尼前对他的嘱咐，当马奇拉斯借给他五支军队时，他就扎营在山区里，并带着他们迅速前往耶利哥，好收割那里出产的玉米。（449）由于罗马人的团队是新近组成的，多数人是刚从叙利亚征召来的，没有作战的经验，所以约瑟就在艰困的情况下遭到敌方攻击，于英勇作战的过程中被杀害，且全军覆没，一共损失了六支军队。（450）安提古得到敌方的尸身后，就将约瑟的头颅砍下，虽然约瑟的弟弟费洛拉表示愿意以五十他连得把他的尸首赎回。经过这次胜利后，加利利人起来反抗他们的统领，希律派系的人被淹死在湖里，犹大地大部分地区都陷于动乱中，然而马奇拉斯却在［撒玛利亚］巩固吉他这地。

**11.**（451）这时使臣们来见希律，将所发生的事告诉他，在经由安提阿到达达夫尼时，希律才得知约瑟的死讯，这对他而言并不意外，因他已在梦中看到了一些景象，清楚地显明了他弟弟之死。（452）于是希律加紧行军,在黎巴嫩山那里接收了约八百名愿意跟随他的人,此外也有一个罗马军团与他同行,希律就带着这些人来到托勒密,他又从那里带着大军于夜间沿着加利利往前行进。(453)他的敌人在那里攻击他,被他击败后回到一个坚固的据点,他们前一天就是从那里出来袭击希律的。于是希律就在早晨攻打那地,但是因为暴风雨的缘故,他无法做任何的攻击,只好带着大军进入邻近的村落。等到安东尼派来援助他的另一个军团到达后,那些躲在那地驻军处里的人感到十分害怕,就趁着夜里弃守那地逃走了。(454)于是王急行军到达耶利哥,想要亲自为他弟弟复仇。他一搭好营帐,就先宴请那些主要的将领们,待客人都散去后,他回到了自己的住所。(455)这时我们可以看到神加给王的恩典,因为就在房中空无一人的时候,屋顶整个倒塌,却没有造成任何伤亡,大家都认为这是神对希律特别的爱护,让他避开了这场出人意外的极大危险。

12. (456)次日有六千名敌军从山顶下来攻打罗马人,这令他们感到非常害怕,那些轻装的士兵们近前来,以标枪和石头攻击那些出来抵抗的王的侍卫们,其中一人的标枪还打到了王的侧身。(457)安提古也派了一位名叫帕卜斯的将领,带着一些士兵去攻打撒玛利亚。帕卜斯急欲在敌人面前展现他的能力,就在与敌交战中放敌人离去,他在那里与马奇拉斯对峙。希律则完全不同,他在攻下五个城邑后,捉住了里面大约两千个人,把他们都杀死后再将城烧毁,然后回来对付帕卜斯。(458)那时帕卜斯在一个名叫伊撒讷的村子扎营,有许多人从耶利哥和犹大地前来投奔希律,敌人就在那地附近对他展开攻击,虽然对方来势汹汹,但希律还是在交战中击败了他们。为了报复杀弟之仇,他猛烈地追击他们,在敌人奔逃的过程中将他们杀死。(459)那时房舍里躲满了武装的敌军，有些人甚至逃上了屋顶，希律擒获屋顶上的敌人后，就拆下屋顶，他看到屋子里满是被捕获的士兵，便命令他们重叠地躺着，(460)希律这方的人投掷石块在他们身上，以这样的方式杀死了他们。任何战事都没有比这更惨不忍睹的景象，就在墙的另一边，无以计数的尸体一具又一具地交叠在一起。(461)这次行动之所以令敌人丧胆，主要是因为他们不知道希律接下来会怎样对付他们，原本有不少人从远处来到这村子附近，在得知这事后就都逃跑了。王的军队也因为这样的战果而士气振奋，要不是严冬的阻碍，他们立刻就会前往耶路撒冷，而安提古早已在打算如何逃离这个城邑。

**13.** (462)这时天色已晚，王就下令让士兵们用餐，他自己因过于疲惫而回到住所洗澡，就在这里他遇到了最危险的状况，然而在神的保守下，他躲过了这个险境：(463)当他脱下衣服且只有一位仆人在内屋服侍他沐浴时，有一些全副武装的敌人出于惧怕逃到那里，就在王洗澡的时刻，他们一个接着一个拿着出鞘的刀离开了那屋，在惊恐慌乱下没有伤害王，他们还觉得能从那屋全身而退已经非常幸运了。(464)第二天，希律割下帕卜斯的首级，算是对他的惩罚，因他那时已死，他就将帕卜斯的首级送去给费洛拉看，他们的兄弟约瑟就是被这人以如此的方式亲手杀害的。

**14.** (465)寒冬过后，希律带着军队离开这地前往耶路撒冷，他们在城边稳固地扎营。这时已是他在罗马被立为王的第三年。(466)之后他又拔营，移往最容易攻破的城墙边，在圣殿前扎营，打算学习庞培的方式攻城。于是他以三层壁垒包围那地，并竖立楼塔，又雇用许多人做这些事，还将城邑附近的树都砍下。(467)当他指派专人监督这项工程后，甚至军队都还留在城外，他自己就前往撒玛利亚完婚，娶了亚里斯多布之子亚历山大的女儿；我在前面曾经提过，他们原先是订过亲的。

# 第十六章

## 希律与玛利安结婚后，就在索西乌斯的协助下
## 以武力取得了耶路撒冷；以及阿萨摩尼家族统治的结束

**1.** (468)婚礼后索西乌斯经由腓尼基来到犹大地，他来之前已派遣军队由陆路先行，身为军队统领的索西乌斯自己也带了许多骑兵和步兵同行。王则从撒玛利亚带领大军前来，除了原有的军力外，又加添了三万士兵。(469)他们在耶路撒冷城墙边集合，并于城北扎营，一共是十一个军团，有武装的步兵和六千骑兵，另外还有从叙利亚征召来的雇佣兵。他们有两位将领，一位是安东尼派来协助希律的索西乌斯，另一位是希律本人，他打算从被罗马人宣布为敌人的安提古手里取得政权，依照元老院的公告成为犹大地的王。

**2.** (470)那些被困在耶路撒冷城里的犹太人极为欣然热切地起来对抗希律（因为全国的人都同心合力），他们也传出许多关于圣殿的预言，以及迎合众人的说辞，好像神会将他们从所在的险境里拯救出来。(471)他们把城外的物资都运走，免得留下任何给人或是野兽的供应；此外他们也在私底下借着盗匪，夺取更多的资源。(472)希律了解这种情形后，就在最适当的地方以突袭来抵抗那些匪徒，并派武装士兵由远方将资源运来，没过多久，他们就囤积了许多补给品。(473)如今在许多人不停地赶工情形下，那三层壁垒很轻易地就建了起来，这时已是夏天，所

以没有任何气候或人为因素来阻拦他们的建筑工程，于是他们带着器械，对城墙进行攻击，想尽办法要攻入城里。(474)然而城内的人毫不畏惧，他们设计了多种机关，用来对付对方的器械。他们也由城里出来突袭，烧毁敌方已完工或是未完工的器械；当双方正面搏斗时，他们的勇猛并不亚于罗马人，只是在技巧上略逊一筹。(475)当有工程被毁时，他们就将那处工程重新建好，又在地底下挖坑道，双方相遇时，就在那里互相格斗。他们的勇气如野兽般顽强，而不是胆怯谨慎的，这些城里的犹太人如此地坚持，直到战事的最后一刻，就算敌人的大军四围环伺，又因安息年而面临饥荒与物资缺乏的困境，他们依然是这样坚守下去。(476)最先登上城墙的是二十位精选出来的士兵，接着是索西乌斯的百夫长们，第一部分城墙被占是在战事开始后的第四十天，十五天后第二部分城墙被占，那时环绕圣殿的回廊也被烧毁了部分，希律散播谣言说这事是安提古做的，好令犹太人因此而憎恨他。(477)等到外殿和下城被占领后，犹太人就逃往内殿和上城，由于害怕罗马人会阻扰他们每天对神的献祭，犹太人就派了使者去见罗马人，希望罗马人能让他们将祭牲带入那里，希律应允了这项请求，想要借此软化犹太人对他的态度；(478)但是当他发现犹太人并没有如他所想而是依然仇视他，希望将王国保留给安提古时，希律就对耶路撒冷发起攻势，凶暴猛烈地夺取了那城。(479)由于罗马人对长期的围城感到忿怒，加上那些支持希律的犹太人的狂热，不愿意有任何异议者存活下来，这样的状况使得城里布满被杀害者的尸首。(480)那些犹太人不停地被众人在窄巷和房屋里谋害，或在他们逃往圣殿避难的途中被杀，甚至婴孩与老人都不能幸免，妇女们也惨遭毒手，虽然王要求大家不要殃及无辜百姓，但是却没有人停止屠杀，好像是一群疯狂的人，完全失去理性地杀害所有的人。（481）至于安提古，他不顾及自己过去或是如今的景况，由大本营里下来，跪在索西乌斯的脚前求饶，索西乌斯没有因此而同情他或改变他的命运，反而极尽所能地侮辱他，称呼他为安提古妮（Antigone）［就是像女人一样，不是个男子汉］，不过索西乌斯可不是以对待女人的方式对待安提古，他没有给他自由放他走，而是将他双手反绑，严密地看守着他。

　　3.（482）希律已经征服了他的敌人，现在要做的是管理那些由外地前来帮助他的人，因为大批的外邦人拥进来，想要看看圣殿和里面的圣物，（483）但是王认为在律法下不允许人见到的物品若是被他们看到，这个胜利就不是胜利而是个极大的不幸，于是他以恳求、威胁，甚至有时要用到武力的方式，来限制他们进入圣殿。（484）希律也禁止他们破坏城邑，并多次质问索西乌斯，罗马人是否要将城里的钱和男子掠夺一空，让他当一个废墟的王；他还告诉索西乌斯他尊重他们在全地的统治权，但是如此残害他的同胞绝对是令人极为不满的。（485）希律又说只有那些经历了长时间包围战的士兵们才有理由劫掠这城，但是他愿意由自己的私囊里拿出每个人的佣金。（486）希律就是以这样的方式赎回了尚未被破坏的部分城邑，他兑现了对索西乌斯的允诺，送给每一位士兵一份丰厚的礼物，再给每一位将领成比例的报酬，当然最大的一份礼物是给索西乌斯本人的，于是他们所有人都满载而归。

　　4.（487）这样的破坏临到耶路撒冷正值第一百八十五届奥运会那年第三个月的严肃禁食期，那时罗马的执政官是马尔库斯·亚基帕和卡尼纽·加鲁斯，好像发生在庞培时期那些犹太人身上的不幸又定期地循环回来：（488）那些犹太人就是在这一天被庞培掳去，只不过此次事件是发生在二十七年之后。索西乌斯把一顶金冠献给神之后，就带着军队离开耶路撒冷，并将被绑着的安提古带回去交给安东尼。(489)然而希律唯恐安东尼〔只〕将安提古关在牢里，等到安东尼把他带到罗马后，元老院可能会听取他的申诉，让他有机会阐明他才是皇室成员，而希律不过是一般的平民；基于家族承袭之故，就算因为安提古自己的行为触怒了罗马人，也应该由他的儿子们继承政权。(490)就是因为这样的忧虑，希律决定以大量的金钱收买安东尼，说服他将安提古杀掉，唯有如此，他才能免于惧怕。阿萨摩尼家族的统治是在这种情形下结束的，它开始于一百二十六年前。这个家族既伟大又优秀，这不只是表现在他们家族成员的高尚品德上，也是出于他们大祭司的尊荣身份，此外他们的先祖也为我们民族成就了极为辉煌的大事。(491)然而他们却因内讧而失去政权，使它落入安提帕特的儿子希律的手中，他只不过是庶民出身，也没有尊贵的血统，又臣服于其他诸王之下。以上就是阿萨摩尼家族统治如何结束的历史。

第十五卷

从安提古去世到希律完成建殿工程(涵盖十八年)

## 第一章

## 有关波力欧和撒每阿斯之事。

## 希律杀害安提古的主要友人，以及安东尼将安提古斩首

**1.**（1）在前一卷中，我们叙述了索西乌斯和希律以武力夺取耶路撒冷，以及他们将安提古俘虏的经过。（2）在这里我们要继续记述后来发生的事。如今希律握有犹大全地的政权，就开始不断提拔他同党里的平民，也随时随地借机报复与惩罚他仇敌的党羽。（3）希律将法利赛人波力欧和他的门徒撒每阿斯高举在众人之上，因为在耶路撒冷被围时，他们劝说国人接受希律，所以希律以此大大地报答他们。（4）从前在希律为他所做的事受审判、定生死的时候，就是这位波力欧斥责希尔克努及那些审判官，说如今虽然让希律逃避了责罚，但是日后希律必定会报应他们所有的人。神在时候满足时，成就了他所说的话。

**2.**（5）希律拥有了耶路撒冷的政权，也得到了王权的一切附属品，他强夺了有钱人的财富，以这样的手段为自己积攒了大量的金银，他把这所有的钱都给了安东尼以及安东尼周围的朋友们。（6）他也把安提古党羽里最重要的四十五人处死，并在所有的城门安置卫兵，不让任何物

品与他们的尸首一起被运出城外。他们还搜查死者的身体，无论找到任何的金银或珍宝，都一律送去给王。希律给这些人带来了无止境的痛苦。(7)造成这苦难的部分原因是出于执政王的贪婪，他索求无度，还想得到更多，加上正逢安息年，土地没有收成，因为我们不可以在安息年播种。(8)如今安提古成为安东尼的俘虏，安东尼本来打算留下他作为战利品，但是他听说国人对希律的敌意以及仍对安提古怀有好感，使得国家愈来愈动荡不安，就决定在安提阿将安提古斩首，(9)否则犹太人永远也不会臣服下来。卡帕多西亚的斯特拉博见证了我的看法，他是这样说的："安东尼下令把犹太人安提古带到安提阿，在那里将他斩首，据我所知，这个安东尼是第一位把国王斩首的人，好像若非如此，他就无法令犹太人改变心意去接纳希律，而希律是由他封立为王来取代安提古。由于犹太人十分喜爱他们原来的王，没有任何磨难能迫使他们称希律为王，(10)所以他认为这样不光荣的死，会减少他们对安提古的怀念，同时也会减少他们对希律的仇视。"这就是斯特拉博所记载的。

# 第二章
## 希尔克努被帕提亚人释放，回到希律那里；以及
## 亚历山德拉听说亚拿尼鲁被封为大祭司后所做的一切

**1.** (11)希律执掌王权时，大祭司希尔克努还是帕提亚人的俘虏，他再度来见希律；他从被掳到获释的经过如下：(12)帕提亚人的将领巴撒法尼斯和帕克鲁斯将原先被立为大祭司、后来被封为王的希尔克努以及

希律的兄弟法撒勒斯掳去,把他们带到了帕提亚。(13)法撒勒斯无法忍受被俘的耻辱,认为在这种情况下,求死要比偷生更为光荣,于是他执行了自己的死刑,这是我在前面提到过的。

**2.** (14)希尔克努被带到帕提亚后,帕提亚王弗拉特以十分温和的方式对待他。由于王知道他的显赫背景,就将他释放赐他自由,并在巴比伦给他一处居所,那地住了许多的犹太人。(15)那些犹太人尊敬希尔克努,把他视为他们的大祭司和王,甚至远到幼发拉底河的犹太人地域都是如此尊崇他,这一切都令希尔克努非常满意。(16)当得知希律取得了王权时,他又有了新的盼望,因为他与希律的关系仍然良好,希尔克努希望希律没有忘记以前从他这里得到的恩惠:在希律受审面临被判处极刑的危难时,是希尔克努将他由极刑的判决与惩罚中拯救出来。所以每当希尔克努和那些常来见他的犹太人谈及此事时,他的语调里总是充满了情感。(17)但是那些犹太人决意要将希尔克努留在他们中间,并提醒他,因他从他们这里得到的帮助和尊荣,完全不亚于大祭司或君王,希望他能留下来;他们又告诉他做此决定的更大动机,是基于他身体的残缺,他根本不可能[在犹大地]得到同等的礼遇,他的残缺是安提古加在他身上的;更何况那些作为君王的人,通常不会酬谢那些在他们仍是平民时对他们施恩的人,因为临到他们身上的好运往往将他们完全改变了。

**3.** (18)虽然这些人就希尔克努的立场举出了这么多的论点,他仍然决定要离去。同时希律也写信给希尔克努,说服他不要按着弗拉特和那里犹太人的心意而行,他们不应该吝于给他皇族的特权,那是他与生俱来的权利,而现在正是希律回报他恩惠的适当时机,因希律不但是由希尔克努抚养长大的，他的性命也是希尔克努拯救的，他希望希尔克努能接受这样的回报。(19)他在写这信的同时，也差派了使臣撒拉玛拉去见弗拉特，并带了许多的礼物，极尽恳切地请求他不要阻拦希律报答他的恩人。(20)然而希律如此恳切并非出于真心，因为他在没有正当理由的情形下取得了统治权，唯恐发生什么令他地位不保，于是他急于把希尔克努控制在自己手中，甚至想要彻底除掉他。日后希律也实现了后面这一点。

**4.** (21)于是希尔克努在帕提亚王的应允及犹太人提供金钱的资助下，满怀信心地来见希律，希律也尽可能地以各式的尊崇来接待他，在公众集会里高举他，并在宴会中让他坐在首席，以种种手段蒙蔽了希尔克努。希律称希尔克努为父亲，又竭尽所能地使希尔克努不会怀疑希律设计了任何对付他的阴谋。(22)希律也做了其他许多巩固政权的事，然而这中间穿插了一次他自己家族的内讧，是因为他想谨慎选择一个人来担任神的大祭司这显要职位，于是他从巴比伦找了一个地位卑微、名叫亚拿尼鲁的祭司，将大祭司的尊荣加在他身上。

**5.** (23)但是希尔克努的女儿亚历山德拉不能忍受这样的羞辱；亚历山德拉的丈夫是亚里斯多布王之子亚历山大，她和亚历山大育有两个孩子。她的儿子容貌极其俊美，名叫"亚里斯多布"；她的女儿玛利安嫁给了希律，也是以她出众的才貌著称。(24)亚历山德拉因为希律以这样羞辱的方式对待她的儿子而感到非常不满，她认为只要亚里斯多布活着一天，这大祭司的尊荣就应该加在他的身上。于是她写信给克娄巴特拉〔是一位音乐家帮助她把信带去的〕，希望她和安东尼可以居中协调，使她儿子能得到大祭司的职位。

**6.** (25)就在安东尼迟疑未决之时，他的友人德留斯前往犹大地去处理一些事务。德留斯一见到亚里斯多布，就因这孩子的高大俊美而赞赏不已，他对王的妻子玛利安的推崇也不亚于亚里斯多布，他公开地赞美亚历山德拉是育有最完美子女的母亲。(26)当亚历山德拉与德留斯谈话时，他劝说她将这两名子女的画像送去给安东尼，因为安东尼看过他们的画像，就不会不应允她的请求。(27)亚历山德拉因他所说的这些话而充满希望，就将他们的画像送去给安东尼。德留斯又夸大其词，说这对儿女不像是从人所生，而像是从神或其他神灵而来的。他这样说的用意，是想吸引安东尼对他们有好感，(28)安东尼觉得要请希律的这位美丽妻子前来十分不恰当，也不想因此引起克娄巴特拉的不满，于是他以最合宜的方式邀请这位年轻人前来，然而他附加了一句话：如果希律认为实在无法让他前来的话，就只好作罢。(29)希律收到这信后，觉得让亚里斯多布这样俊美又年仅十六正值黄金年华的少年人去罗马实在不妥，加上亚里斯多布又系出名门，更是不可将他送到像安东尼这样的人面前，因他在罗马人中位高权重，又极其自负，喜爱弄权，他甚至公然在权势许可下纵容自己逸乐，没有一点自律。(30)基于这些原因，希律就回信说，要是这孩子离开国境，会造成战乱与骚动，因为犹太人还在盼望有另外的王来统治他们。

**7.** (31)希律借故推辞安东尼后，就决定不能完全以屈辱的方式对待亚历山德拉的孩子，而他的妻子玛利安也热切地要求他将大祭司的职位给她的兄弟，希律判断如此行是对他有利的，因为只要亚里斯多布有这个职分，就无法离开国境。于是他召集了他的家人和友人们，对他们说亚历山德拉私下谋取他的王权，(32)想要借着克娄巴特拉以及安东尼，让这年轻人掌管众人之事，从而从希律手中夺回政权。(33)希律说她这样做是不公义的，因为如此做的同时，会剥夺她女儿现有的尊荣，并为国家带来不安，而现有的安定是希律费尽心血历经万难才换来的。(34)然而希律说他虽然知道亚历山德拉的恶谋，却仍然要做正确的决定，就是立刻让亚里斯多布成为大祭司，过去是因为亚里斯多布太年幼才让亚拿尼鲁担任这职位的。(35)希律说完这番经过精心设计用来蒙蔽这几个女人以及他常咨询的众友人的话后，亚历山德拉就因这出乎意料的承诺而大喜过望，但又因希律对她疑虑而感到畏惧，于是她就哭泣并为自己的行为道歉，(36)说她是担心儿子没有得到大祭司之职而感到羞辱，所以才想尽办法要为儿子争取到这位置，但是她却一点也没有觊觎王权，就算是将王位给她[儿子]，她也不会接受；如今她已经因她儿子得到的尊荣感到十分满意，希律应该继续掌管政权，她对希律杰出的治理才能充满信心，而她整个家族对这事的看法也与她的想法一致。(37)现在她受了希律这样大的恩惠，只能以十分感恩的心接受希律带给她儿子的荣耀，此后她会完完全全地顺服希律；如果希律认为她自以为是地靠着家族权势而任性行事，在这事上做得太过鲁莽与草率，她希望希律能够原谅她。(38)经过这样的对话后，他们取得了共识，到目前为止，所有疑虑总算是一扫而空。

## 第三章

## 希律授命亚里斯多布为大祭司后不久就将他谋杀了；
## 他因为亚里斯多布之事对安东尼所致的歉意；
## 以及有关约瑟和玛利安的事情

**1.** (39)于是希律王立刻将大祭司的职位由亚拿尼鲁手里拿走。我们提到过,亚拿尼鲁原本不是住在这个国中,而是属于那些被掳到幼发拉底河外的犹太人,这样被掳去的不少于数万人,他们居住在巴比伦附近,(40)亚拿尼鲁就是从那里过来的。亚拿尼鲁出身于大祭司的家族,也是希律的一位老友。希律最初为王时,将这份尊荣加给亚拿尼鲁,但是又很快从他手里拿去这职分,好平息自己家里的纷争,他所做的完全不合乎律法,因为[古时]从来没有人在得到了这尊荣后又被夺去这职分的。(41)第一个破坏这律法的是安提阿古·伊比芬尼,他将大祭司的职位从耶书亚那里夺去给他的兄弟奥尼亚。第二个破坏这律法的是亚里斯多布,他从他兄弟[希尔克努]手里抢了这尊荣。希律则是第三个这样做的人,他[从亚拿尼鲁那里]取得大祭司的职位,将它给了这个年轻人亚里斯多布。

**2.** (42)希律如今好像弥合了家庭里的分裂,但是他心中仍有疑虑,这样的心态常常出现在重建关系的双方身上。他想到亚历山德拉早已企图有所行动,如果她找到另一个适当的时机,恐怕又会再次有所不轨,(43)于是他下令让亚历山德拉住在宫里,不许插手公众事务;也命令她的侍卫们要特别留心,将她每天的一举一动都报告给希律知道。(44)这样的限制让亚历山德拉失去了耐性,她开始逐渐憎恶希律,因为她是极有尊严的女性,对这样被怀疑与监视感到忿怒,宁可被处置也不愿意没有说话的自由,名义上她有侍卫们保护她,事实上她是生活在为奴和恐惧中。(45)于是她写信给克娄巴特拉,长篇大论地抱怨了一番她现在的处境,并请克娄巴特拉尽力来帮助她。克娄巴特拉建议她带着儿子立刻到埃及来投靠她。(46)亚历山德拉对她的建议感到满意,就开始策划逃走。她叫人做了两副棺材,好像要装死人,她自己躲在其中一副棺材里,另一副装着她的儿子,她吩咐那些知情的仆人,在夜间将他们抬出宫去。他们计划前往海边,在那里已有预备好的船只,将他们带到埃及去。(47)她的仆人之一伊索,恰巧遇到她的友人撒比恩,伊索以为撒比恩知道这事,就与他谈起来。撒比恩得知这事后[这人原来是希律的敌人,人们认为他是以毒药谋害希律的父亲安提帕特的人之一],希望能借着这个机会将希律对他的敌意改变为善意,就把亚历山德拉的计谋告诉了王,(48)于是王当场将亚历山德拉捉到,令她的计划落空,却假意接受她的辩解,故作宽大,没有对她有任何严重的处分,因为他知道克娄巴特拉不会坐视不顾,任凭他因为亚历山德拉对他的憎恶而惩罚她,所以演了一出戏,令自己看起来像是有一颗宽宏的心,合宜适度地原谅了他们。(49)不过他心中已定意无论如何要除掉这个年轻人,只是现在必须尽可能将这想法按捺下来,要做的话一定要等到过了这阵子再说。

**3.** (50)等到我们一向要庆祝的住棚节来临之时,希律让所有人过了一个好节,大家都享受了一段非常快乐的时光,然而这时也激起了他内心的嫉妒,使他冲动地要尽快去执行他一直想要做的那件事。(51)这是因为年方十七的亚里斯多布按照律法到祭坛上献牲祭，他穿戴着大祭司的服饰去执行这圣礼，看上去十分得体，也比实际年龄看来高大，展现出世家子弟的风范。(52)民众们自然而然地产生了对他的爱慕和喜悦，加上他祖父亚里斯多布的事迹对众人来说仍然记忆犹新，所以对他的喜爱就支配了他们的一举一动，令他们无法不表现出对这年轻人的喜爱。那时民众们欢喜庆祝并乱成一团，又掺杂着对他的祝贺与欢呼声，直到大家对他的爱慕表现得过于明显，加上他们又急着宣告他们从亚里斯多布家族那里所得到的喜乐，这些行为都超越了君权制度所能容忍的极限。(53)见到这样的情景，希律决心要实施他一直想要对这年轻人所做的事。节期结束后，亚历山德拉在耶利哥宴请希律，他表现出非常喜爱亚里斯多布的样子，将他拉到一个无人之处，在那里和他像孩子般一起戏耍。(54)那地方比其他地方都热，所以他们疯疯癫癫地光着身体跑来跑去，那时正值燥热的午时，当他们跑到一些像屋子般大的鱼池边时，就决定跳下去［以沐浴的方式］凉快一下。(55)最初希律和亚里斯多布只是在一旁观看希律的仆人们和一些熟识的人游泳，过了一会儿，这年轻人在希律的怂恿下也跳下去和大家一起游泳，这些希律特别指派的友人们就趁他在天黑游泳时将他压到水底，好像是竞技游戏，只不过他们没有让他起来，直等到他溺毙为止。(56)这就是亚里斯多布被害的经过，他活了不到十八年，只当了一年的大祭司。亚拿尼鲁又重获大祭司的职位。

**4.** (57)当那些女士们得知这个不幸的消息时，原本的欢乐立刻化作悲戚，面对着眼前的尸体，她们的悲痛实在难以言喻。消息传出后，全城［耶路撒冷］都陷入了哀伤，各个家庭都将这悲剧看作是发生在自己家人身上，不觉得是别人的事。(58)亚历山德拉所受的影响最深，因为她知道亚里斯多布是被蓄意谋害的。她在得知他被害的经过后，就比一般人更为伤心，但是她却明白必须将这一切隐藏起来，否则接下来可能会发生更大的不幸。(59)她有时会有自尽的念头，不过她不允许自己这样做，因为她想或许她会活得够久，可以报复这在暗中所行不义的谋杀，于是她决心好好活下去，不使别人在任何情况下怀疑她知道儿子被蓄意谋害的事，希望日后能有适当的时机与力量为亚里斯多布复仇。(60)亚历山德拉收敛自己，不让人注意到她的怀疑；而希律更是定意不使任何国外的人觉得是他的阴谋造成这年轻人的死亡，于是他不仅表现出伤心的样子，还痛哭流涕，甚至好像疯了一般，让人以为他看到这孩子如此年轻俊美的遗容，感情受到打击而导致疯狂。实际上这孩子的死却使他得到安全感。(61)到目前为止，希律的哀痛好像让他减少了一些愧疚，他也将亚里斯多布的葬礼办得极为隆重，费尽心思地为他预备好坟墓以及大量的没药，并以无数的饰品陪葬，甚至连所有的女士们都为这样盛大的丧礼感到讶异，她们也从中得到了一些安慰。

**5.** (62)然而这一切都不能抚平亚历山德拉的伤痛，想到这事就令她有深刻且无法挥去的悲伤。于是她将这叛逆的事件写下来告诉克娄巴特拉，诉说她儿子是如何被谋杀的。(63)克娄巴特拉一向就希望能尽力满足亚历山德拉的需求，在同情她的不幸之际，她也自作主张地让安东尼介入，鼓动他严惩亚里斯多布的谋杀者，因为安东尼立了希律为王，但那王国根本就不该为他所有，他也没有配得王位的贡献，这样的人应该为他对真正皇室成员所犯的罪行被惩处。(64)安东尼被这些理由说服了，就在他到达老底嘉时，命令希律前来为他对亚里斯多布所做的事申辩,看他是否在这叛逆事件上有份。(65)希律因这指控以及克娄巴特拉对他的反感感到非常害怕,因为她好像非要使安东尼对希律产生恨意才肯罢休。但他决定顺服命令,反正他也没有机会可以逃避,于是他留下叔父约瑟代理他执政,并私下交代他,若安东尼杀了他,就要立刻将玛利安杀死,(66)因他非常喜爱这位妻子,怕她在他死后会因貌美而改嫁别人。(67)其实他表现这爱意的真正原因是害怕安东尼会爱上玛利安,因为安东尼早就风闻了她的美丽。希律这样交代之后,就在毫无把握留存性命的情况下去见安东尼。

6.　(68)约瑟处理国政常常需要与玛利安共事,这不仅是因为国事上的需要,也因他要表现出对王后的尊重,他常提起希律的仁慈以及他对玛利安的爱慕。(69)这些女人,尤其是亚历山德拉,总是把他的话当作对女人开的玩笑,于是约瑟更是想要将王对王后的倾心表达出来,甚至连希律对他私下交代的事都说了出来,好证实希律没有玛利安就无法活下去,而希律若遭到不幸,至死也不愿与她分开;约瑟就这样说出了这件事。(70)但是这些女人出于本能,并没有将他的话当作是希律对她们有强烈的爱,反而认为希律只是在利用她们,让她们在暴君死亡后也无法避免一死,[约瑟]这一番话令这些女人日后对希律产生非常深的怀疑。

7.　(71)这时耶路撒冷城里希律的对头当中有一则传闻,说安东尼对希律施以酷刑,并打算将他处死。这听似合理的传闻扰乱了宫里的人,尤其是那些女人。(72)于是亚历山德拉决定说服约瑟离开王宫,和她们一起逃到罗马军团的旗帜下,那时罗马军团在尤利乌斯的命令下防守这国,因而在离城不远处扎营。(73)如此一来,若宫里发生什么动乱,她们也会比较安全，因为罗马人对她们是友善的；加上她们认为只要让安东尼见玛利安一面，她们就可以得到至高的权位并借此夺回王国，由于她们是皇室出身，这样的要求是再合理不过的。

8.（74）正当她们这样反复思量时，希律写信来报告那里发生的一切，证实原先的传闻和她们所期望的恰恰相反，（75）希律一去见安东尼，就很快地因其从耶路撒冷带去的礼物让安东尼重新建立起对他的喜爱，他也在彼此的对话里，诱导安东尼放下对他的忿怒，令克娄巴特拉的言辞不及希律用来赢回安东尼友谊的辩解与礼物的力量大。（76）于是安东尼就说，要求一个国王为他的内政作出辩解是不对的，因为这会使一个王不能尽到他的职责，那些封他为王的人应该让他使用所拥有的权力。他也以这样的话告诉克娄巴特拉，叫她不要忙着干扰别国的内政。（77）希律将这些事情写下来，并夸大他从安东尼那里得到的荣誉：安东尼如何要希律坐在他身旁听他的申诉，又如何让希律每天与他一同进餐，而希律也非常享受这样的礼遇，虽然克娄巴特拉对他十分反感，想要夺得他的政权，尽可能地恳求安东尼将这个国家给她，又想尽办法除去希律，（78）但是希律发觉安东尼仍然是以公正的方式对待他，让他不再担心安东尼会苛待他。现在他即将返国，更会带着安东尼嘉许他治国理政的坚定保障；（79）而克娄巴特拉的贪婪不可能实现，因为安东尼已经将叙利亚平原作为代替品给她，这样做立即安抚了她，使她不再要求安东尼将犹大地给她。

9.（80）当这些女士们收到希律的信后，就不再想要逃到罗马人那里去了，那是原来以为希律已死时的想法。她们的这个目的并不是秘密。就在王护送安东尼前去攻打帕提亚人的旅途上，他回到了犹大地，他的姐妹撒罗米和他的母亲都将亚历山德拉的企图告诉了他。(81)撒罗米更是中伤并诋毁约瑟,说他常常和玛利安有不轨的对话。她之所以这样说,是因为她一直对玛利安没有好感,当她们之间有冲突时,玛利安总是肆无忌惮,以别人卑微的出身来污辱人。(82)但是希律对玛利安一向宠爱有加,虽然嫉妒带来的痛苦令他受到搅扰,他还是因着对她的爱而隐忍,没有对玛利安采取任何严厉的举动,不过他激烈的爱和嫉妒促使他去询问玛利安本人有关约瑟的事。(83)玛利安发誓说他们之间绝对没有任何关系,并且也将无辜的女人所能申辩的话都说尽了,如此才慢慢地说服王抛开疑虑,除去对她的忿怒。对妻子的强烈情感征服了王的心,他就为了好像听信了关于她的传言而道歉,对她谦和的举止也大为赞赏,(84)并表现出对她特殊的情爱与温柔,最后就好像一般恋人一样,他们都流下了眼泪,以最温柔的爱互相拥抱。(85)但是当王越来越确信玛利安的忠贞,也希望玛利安对他有同样的信心时,玛利安却说道:"难道您下令一旦您被安东尼惩处,就算我没有在其中,也要与您一同灭亡,就是您对我的爱的表现吗?"(86)玛利安说了这话后,王感到大为震惊,他放开玛利安,又大声地痛哭,用手撕扯着自己的头发说道,现在他找到了明显的证据,证明约瑟与妻子之间有图谋不轨的对话,(87)因为约瑟绝对不会无意地将希律和他单独的对话说出,除非他和玛利安之间非常地熟悉与信任。虽然希律内心有冲动想要杀了他的妻子,但是出于对她的爱,他压抑了这冲动,不过他心里还是有种不能磨灭的伤痛和不平。于是他下令将约瑟立刻处死,不让约瑟见到他的面,至于亚历山德拉,希律把她捆绑起来叫人看守,因为是她造成这一切伤害。

## 第四章

### 克娄巴特拉从安东尼那里得到了部分犹大地和阿拉伯后，就来到了犹大地；希律送给她许多礼物，并护送她回到埃及

**1.** (88)由于克娄巴特拉不断怂恿安东尼去进攻叙利亚各地的领土，使那里的状况一片混乱，她说服安东尼从他们的诸王子手里夺得领土，并将夺来的土地给她。安东尼对克娄巴特拉的喜爱令他好像是她的奴仆，也让克娄巴特拉对他极具影响力。(89)克娄巴特拉心性贪婪，总是做邪恶的事：她在她兄弟十五岁时就毒杀了他，因她知道他会成为埃及的王；她也借着安东尼令她的姐妹亚西娜被杀害，那时亚西娜是以弗所城里狄安娜神庙的祈愿者。(90)只要有任何可以夺得财物的希望，她连圣所或坟墓都会去破坏，就算是最不可亵渎的圣地，她也要取得里面的装饰品。对她而言，没有什么地方是神圣不可侵犯的，只要对她有利，任何地方都会遭到最恶劣的摧残，就只是为了满足这怪物的贪婪本性。(91)然而这一切仍无法满足这贪得无厌的女人，她成为自己欲望的奴隶，不断想要获得她所能想到的一切东西，并尽其所能去得到它们。基于这原因，她不断催促安东尼去抢夺别人的领土，再将这些抢来的地方给她；她又与安东尼同去叙利亚，企图把叙利亚也纳入她的所有。(92)于是安东尼杀了托勒密之子吕撒聂，罪名是他将帕提亚人带领到那里。克娄巴特拉又请求安东尼把犹大地和阿拉伯赐给她，她想借着这个恳求，使安东尼从这些地方的统治者手中夺得政权。(93)安东尼完全被这

个女人所征服,一般人可能不认为她的话语有这么大的力量,但是安东尼好像是中了邪一样地按照克娄巴特拉所说的话去做。不过他有时也会对克娄巴特拉最不义与恶劣的要求感到可耻,那时他就会不听从她去犯下那些恶名昭彰的大罪。(94)安东尼虽不按照她的话去做,却也不完全拒绝她的要求,他就像是一个心理不健全的人,把那些国家的一部分从它们原来的统治者手里夺来,再交给克娄巴特拉。(95)安东尼就是这样将以留特罗(Eleutherus)河那边一直到埃及的诸城给了她,除了推罗和西顿以外,安东尼知道那两个城邑从他们先祖到现在都是自主的,虽然克娄巴特拉一再向他施加压力,要他也将那两地给她,但是安东尼还是没有那样做。

**2.** (96)克娄巴特拉陪伴着安东尼远征亚美尼亚,直到幼发拉底河,在她得到这许多的地方后,就起身回国,归途中经由阿帕米亚和大马士革来到犹大地,希律在那里迎接她,并为她经营阿拉伯属她的那部分土地,也帮她收取耶利哥附近地区的税收。这地出产制造香液的树,是该地所产最名贵的药材,也唯有这里才有这种树,这地还盛产棕榈树,质量既好数量又多。(97)当克娄巴特拉在那里和希律有机会经常接触时,就想要和希律幽会,她从不掩饰自己纵情于这类的事。或许她对他怀有某种程度的爱意,但更有可能的是她别有用心,想通过与他通奸来陷害他。不过从大体上来看,克娄巴特拉好像还是被自己对希律的感情所征服。(98)然而希律长久以来就对克娄巴特拉没有好感,他知道她是一个人人都厌恶的女人,希律认为倘若克娄巴特拉是出于贪欲而有这企图,就更可恨了;希律甚至想,若克娄巴特拉坚持,就必须将她杀死以阻止她的阴谋。由于希律不愿顺从克娄巴特拉的建议,就召集了他的友人来商议,看是否应趁她还在他的势力范围中时将她处死，(99)如此他就拯救了那些被她恶毒伤害又对她感到厌恶的人，更何况克娄巴特拉看起来以后也不会改变。希律认为这样做对安东尼是有益处的，因为若在某种情况下安东尼需要克娄巴特拉的忠贞，克娄巴特拉一定不可能忠于他。(100)就在希律想要这样做时，他的友人们阻止了他，他们告诉他现在根本就不是做这样重大事情令自己陷入险境的时候。他们坚决反对，又恳求他不要冲动行事，(101)因为就算明白告诉安东尼这样做是为他好，他也绝对不会容忍这事。用这种阴险暴力的手段将她从安东尼身边带走，说不定反而会使安东尼对她的感情比以前更为炽烈，更何况希律也无法有力地为自己辩护，让他有充足的理由对当时全世界地位最高的女人做出这样的事，希律若真的这样做只会显示出他的傲慢自大，并且会为所做的事受到惩罚，根本不可能为他带来任何好处。(102)这些考虑让事情变得再明显不过了，杀了克娄巴特拉会对希律的政权有长久且不良的影响，殃及希律和他的子孙；而且他现在还有能力拒绝她的游说不去做那邪恶的事，以尊严崇高的态度来避免它。(103)他们将做这事的各种可能的后果与危险向希律陈明后，希律就胆怯下来不去做这事。于是他以和悦的态度对待克娄巴特拉，又送给她许多的礼物并护送她回埃及。

**3.** (104)这时安东尼征服了亚美尼亚，将提哥拉尼的儿子亚达巴西俘虏，又将亚达巴西的孩子们与教养者一同带到埃及，以他们作为礼物献给克娄巴特拉。(105)亚达巴西的长子亚达克夏逃过了这场灾难，继续执掌亚美尼亚的政权，但是一段时间之后，他还是被亚基老和尼禄·凯撒驱逐，他们又另外立了亚达巴西的弟弟提哥拉尼为王。

**4.** (106)说到那些由希律为克娄巴特拉代收贡赋的地方，就是安东尼送给克娄巴特拉之地,希律以全然的公平对待克娄巴特拉,因他认为让克娄巴特拉有任何憎恶他的理由都是不智之举。(107)阿拉伯王的贡赋也是由希律为克娄巴特拉代收的,有一段时期他甚至付给希律高达两百他连得的贡赋,但后来他就吝于付钱,也常常拖欠,连一部分都不愿意付,就算付的话也是尽量克扣。

# 第五章
## 希律与阿拉伯王争战,经过多场战事后终于将他征服,他也被阿拉伯人选为该国的执政者;以及那时发生的一次大地震

**1.** (108)由于阿拉伯王对希律的忘恩,并且完全不以公义待他,希律预备对他作战,但是罗马战事的发生,延迟了希律对阿拉伯王的战事。(109)在第一百八十七届奥运会那年,亚克兴的战事迫在眉睫,凯撒和安东尼要在那里争取世界霸权。那时希律国内的物资丰盈,经过长期的税收与聚兵,他拥有了强大且装备完善的兵力,并预备以此作为安东尼的援军。(110)但是安东尼说他不需要希律的帮助,加上他从希律和克娄巴特拉双方那里都听说了阿拉伯王的不忠诚,所以就命令希律去惩处阿拉伯王。这正是克娄巴特拉最想看到的,她希望这两个王闹得越厉害越好,认为这种情况对她自己最为有利。(111)得到安东尼的指示后,希律就带着大军折回,好立刻对阿拉伯开战,一旦他的骑兵与步兵都预备妥当,就进军狄奥斯波里,阿拉伯人对这战事并非全不知情,他们就在那里

迎战,经过了一场激烈的战事后,犹太人取得了胜利;(112)不过阿拉伯人很快又在叙利亚平原的迦拿聚集了大军。希律事先得到情报,就带着他最强大的武力去迦拿,到了迦拿附近时,希律决定先扎营,他建起了壁垒,想要等候最佳时机再去攻打敌人。(113)当他如此颁布命令时,犹太民众都呼喊着叫他不要耽延,应该立刻带领他们去对抗阿拉伯人,因为那时他们的士气高昂,相信他们的军力完善,尤其是那些参加过前次战役尝过做征服者滋味的人,他们在战事中将敌人打得没有还击的余地。(114)犹太民众高昂的情绪与敏锐的行动,使王决定趁势使用他们的热切,于是他保证不令他们气馁,自己身着盔甲站在最前方,所有的军团按照阶级跟随着他。(115)这使得阿拉伯人惊惶失措,他们认为犹太人士气高昂无法胜过,于是大多数人都逃跑了,以避免与犹太人交战,要不是阿提尼翁出乎犹太人意料去突袭他们,这些阿拉伯人几乎要全军覆没。(116)阿提尼翁是克娄巴特拉留在那里军队的将领,他与希律不和,很想看看战事的结果如何。他早已决定若是阿拉伯人勇猛成功,就按兵不动;若是他们战败,好像眼前的事实,他就以自己的兵力和在当地聚集的兵力去攻打犹太人。(117)于是他趁犹太人疲惫不堪时出其不意地袭击他们,那时犹太人认为已经屠杀并征服了敌人,并将所有的精力都用在他们已知的敌人身上,正当他们预备要享受胜利后的片刻休息时,这突然的攻击轻易地就将他们击溃了。那些攻击他们的人比他们更为熟悉当地的地形,尤其在马匹无法派上用场的石区更是令他们损失惨重。(118)犹太人遭到这重创后,阿拉伯人士气大振,就回过头来残杀那些逃跑的犹太人。那里到处都是屠杀,逃跑的人中只有极少数回到了营地。(119)希律王在绝望之余,仍然骑马前来帮助他们,就算他想尽力帮忙,也没能及时为他们带来任何帮助;犹太人的营区被夺,阿拉伯人出乎意料地大获全胜,在战役中杀死了大部分敌军,这是他们单靠自己无法得到的战果。(120)战后希律只能像独行盗匪般出没,在阿拉伯的许多地区突击,以奇袭的方式对他们造成搅扰,他在山区扎营,尽量避免与敌人正面交锋。他费尽心机不断出击,对敌方造成很大的威胁。同时希律也极为关注自己的军队,想方设法使局势恢复到往日的状态。

**2.** (121)希律掌权的第七年,屋大维·凯撒和安东尼在亚克兴的战事爆发,那时犹太大地也发生了前所未有的大地震,当地的牲畜损失惨重。(122)约有一万人被倒塌的房屋压死,由于士兵们都在战场上,所以没有因这意外受到损伤。(123)一些厌恶犹太人的人因这不幸事件感到高兴,将这情形报告给阿拉伯人知道。阿拉伯人因此士气大振,认为他们仇敌的国家已被破坏,民众也已死亡,再也没有什么可与他们为敌的了。(124)于是他们将震后前来求和的犹太使者杀了,又预备全速前去对付他们的军队。(125)那些犹太人因为所处的惨况而士气低落,他们没有抵抗的意愿,也不再顾及国事,向绝望投降,认为再也没有希望与敌人势均力敌;国内又遭到地震的破坏,不可能有人来援助他们。(126)事情发展到这个地步,王就只能用言语说服将领们,试图鼓舞他们低沉的士气。他定意要先鼓励那些意志较为坚定的人,使他们能壮胆,然后再对民众们演说。他原先一直想避免这样做,除非他已察觉到他们对所发生的事件感到不安。于是他对民众发表了以下劝慰的演说:

**3.** (127)"我的同僚士兵们啊,你们不是不知道近来发生在我们身上的许多意外,让我们停止了原先预定要达成的目标,就算比一般人更为勇敢的人遇到这样的状况,也难免会士气低落。(128)但是我们既然无法避免战争,而且所发生之事本质上也不是我们自己可以掌控的,更不是一次表现良好的勇敢行动就能恢复如初,所以我对自己的提议是要在此时鼓励你们并告诉你们一些讯息,我希望借此能让你们继续坚持下去。(129)首先我要强调这场战事从我们这方面来看是绝对必要的,因为与我们为敌的人对我们行不义,要是你们确信这点,就可以此为你们的动力。接下来我会进一步说明我们眼前的不幸并没有多大的严重性,我们完全有理由期待最后的胜利。(130)在开始之前我要请你们做我话语的见证人。你们显然深知阿拉伯人的邪恶,那邪恶甚至到了令人难以置信的程度,其中包括使人厌恶的野蛮行为以及对神的无知。他们触怒我们的主要原因是贪婪和嫉妒,加上以狡猾阴险的方式趁我们不备的时候攻击我们。(131)我应该提起他们这惯常做法的哪一次呢?是他们面临失去王国的危机时,还是他们即将被克娄巴特拉俘虏为奴时?在这些情况下是谁使他们免于惧怕呢?光靠这些阿拉伯人是无法完全解除这些危机的,完全是因为我与安东尼的友谊以及安东尼对我们的友好态度才令他们化险为夷,因为安东尼不愿意做任何使我们觉得他不友善的事情。(132)当安东尼有意要将我们和阿拉伯领土的一部分给克娄巴特拉时,我也介入了这事,自己出钱送礼物给他,好为我们两国求取平安,我自己去筹钱,先给了他两百他连得,又担保了这土地上另外两百他连得的赋税;阿拉伯人在这事上欺骗了我们。(133)虽然犹太人没有理由要在部分国土收税好纳贡给别人,然而我们为情势所迫,不得不如此;但是我们却不应该为我们所保全的阿拉伯人纳贡,他们公然宣称是因为我们的缘故才能保有主权(出于我们的正直与良善),却又不将所欠的钱还给我们,他们对我们这样的伤害实在是不应该,这些事还是在我们是友非敌时发生的呢。(134)人们会小心观察最恶毒的敌人之间是否会持守彼此的盟约,但是朋友之间是必然会守约的。不过这批人却不然,他们凡事都要占便宜,不管用什么手段,也不认为不公义会带来什么弊害,只要能因此获利就可以了。(135)所以现在有一个问题要问大家,这样不公义的行为是不是应该被惩罚? 神自己已经宣告他的心意是要惩罚这样的人,并且命令我们要恨恶不公义与危害人的国家,这样的态度在数国间发生战事时更是公正且必要的。(136)这些阿拉伯人做了希腊人与蛮族里最令人厌恶的事,就是有关我们使者的事。他们将这些使者斩首,而希腊人宣称这样的使者是带有圣职不可侵犯的。对我们而言,我们借着天使或使者们从神那里领受了最完美的教义和律法中最圣洁的部分;因使者之故,人类得以认识神,我们也借着使者令敌对者重新和睦。(137)还有什么样的罪恶比杀戮那些为了做正确决定而前来交涉的使者们更为深重呢? 当阿拉伯人做了这样的事后,怎么可能再过日常平静的生活,或在战事里获胜呢? 在我看来这是不可能的事。(138)或许有人会说圣洁和公义的确站在我们这方,但是阿拉伯人比我们更勇猛或是人数更多。关于这点,首先我们不适合这样下断语,是谁来断定公义呢? 神自己就是公义,神在哪里,哪里就有群众和勇气。(139)我们来审视一下现在的景况,我们在首役中是征服者,当我们作战时,他们根本无法抵抗,只有逃逸,不能承受我们的攻击或勇力;我们征服他们之后,突然来了这个没有宣战就攻打我们的阿提尼翁,(140)这事是表现了他们的男子气概,还是第二个他们邪恶与不忠的例子? 这件事应该激起我们更大的希望,我们为什么要失去勇气呢? 当他们与我们公平会战时总是战败,如今因为他们的邪恶而使他们好像变成了征服者,我们为什么要因此感到畏惧呢？（141）假设有人认为他们是真正的勇者，难道这人不会因为想到要奋力对抗他们而感到兴致高昂吗？因为真正的勇敢不是表现在对付弱者上面，而是要征服那些最不容易征服的敌人。（142）若有人认为我们所处的困境与地震带来的痛苦令人丧胆，这样的人应该先想到，在这样的处境里才可以蒙骗阿拉伯人，因为他们会误以为临到我们身上的比实际情况要严重许多；更何况我们不应让同样一件令敌人壮胆的事来使我们气馁。（143）你们要知道，这些人的勇力不是从他们本身的能力来的，而是奠基于他们的期望。反观我们，现在虽然因为所受的不幸而意志消沉，但是只要我们勇敢地起来对付他们，很快就会扯下他们自大的假面具。我们借着攻击他们来达到这目的，等到双方会战时，他们就无法再骄傲起来。（144）我们所处的困境并不十分巨大，也不像某些人所想的是出于神对我们的怒气，这些事情只是意外，人生的过程里自然会有逆境；我们如果认为是神的旨意让这事发生，他也已然满足于所发生的事，现在我们要明白也是神的旨意让这事成为过去。倘若神真的要加增我们的磨难，他不会这么快就改变心意让这事成为过去。（145）至于我们介入的战事，他已经显明心意要继续这战事，他知道这是一场公义之战，因为就算国内有些人遭灾而死，你们这些身着军装的人却完全没有受到伤害，生命都得到保全。神已经向我们显明，你们所有人连同你们的妻小，只要是在军队中，那灾难就已经越过你们，没有让你们受到任何损伤。（146）想想这一切，有谁能比得过我们，我们每时每刻都有神作为我们的保护者。让我们一起以无比的勇气来控诉这些人，他们在友谊上不公义，在战争中不诚实，对待来使不敬，在勇气上也总是比不上你们。"

**4.** (147)犹太人听了这番话后,士气大为提升,也比以前更愿意去作战。于是希律按着律法献祭,紧接着就带领他们越过约旦河去对抗阿拉伯人。(148)他将军营扎在靠近敌营的地方,又想要夺得那里的一座碉堡,希望借此带来一些益处,他也希望能尽快与敌方会战,万一战事延后,希律就打算利用那段时间加固军营。(149)但是阿拉伯人对那碉堡也有与他同样的企图,于是双方就在那地展开争夺战,开始时只是一些小型战事,后来士兵的人数增加,演变为一场真正的战争,彼此都有伤亡,直到阿拉伯人那方败退为止。(150)这立刻成为犹太人极大的鼓励,同时希律观察到敌军尽可能地避免与他们交战,就勇敢地冒险直攻敌人的堡垒,将他们的防御工事毁坏后,直接靠近敌营展开攻击。当那些阿拉伯人被迫离开战壕时,就完全失去了方向,一点也不矫健,也不敢奢望胜利。(151)不过他们还是与犹太人展开了肉搏战,一方面因为他们人数较多,另一方面所处的情境也迫使他们必须勇敢作战。这场战事非常激烈,双方都损伤惨重,不过最终阿拉伯人还是溃败了。(152)他们在逃跑途中有极大的伤亡,不仅被敌人杀害,自己人也成为刽子手,他们在众人的践踏下而死,这样一来令更多的人潮处于混乱的状态中,自相残杀,当场就有五千人死亡。(153)其余的民众跑向堡垒[寻求安全],但因他们缺乏需用,无法指望真的得到平安的确据,他们最缺乏的就是水。(154)犹太人在后面追赶他们,但是不能与他们一起进入堡垒,就只有将堡垒围起来,不让任何外援进入,也防止任何想逃跑的人出来。

**5.** (155)陷在这种处境中的阿拉伯人差派使臣去见希律,提出求和的条件,因为他们实在非常干渴,就说只要希律能解除他们的困境,他们愿意答应他所有的要求。(156)但是希律不让使臣进来,也不同意任何赎价或是其他的条件,因为他急欲为他们带给他国家的不义罪行报仇。有些阿拉伯人实在无法忍受干渴,加上一些次要的原因,就只好出来投降成为俘虏。(157)五天之内这样被俘的有四千人,其他人仍然决定再与敌人交锋作殊死一战,必要时他们宁可战死也不愿不光荣地慢慢渴死。(158)做了这决定后,他们就从壕沟里出来,然而因为他们心力交瘁,无力持续作战,就算尽了力也没有进展,于是他们认为宁可被杀也强过痛苦地活下来,如此在第一波的攻击里死了七千人。(159)经过这一击后,他们原先所有的勇气都消失了,只能呆立在那里,讶异地看着希律从自己的不幸中展现出来的战斗精神。于是他们把未来交出来,让他成为他们国家的统治者。(160)这及时而来的成功使希律的精神大为振奋,他就带着从这次光荣勇武的远征里得到的极大权势回到自己的国家。

## 第六章

### 希律杀害了希尔克努后迅速去见凯撒,也从凯撒那里得到王权的肯定;过了不久,希律就以最尊贵的方式接待凯撒

**1.** (161)现在希律的国事非常繁盛,从任何方面都不容易攻击他,然而在安东尼被凯撒[屋大维]打败于亚克兴后,他的王国就有了危机。(162)那时希律的敌友都对他的国事感到绝望,他们不认为他与安东尼超乎寻常的友谊会令他有机会逃脱凯撒的惩罚。(163)于是他的友人们都因他难逃一劫而感到绝望,他的敌人们则表面上装作为了他的事心

烦,但私底下却都非常高兴,希望情势能借此变得好些。(164)至于希律,他看到王族血统里只剩下希尔克努一人,就决定为了自己的利益,不让希尔克努继续成为他的阻碍:他想若自己能逃过这次危机生存下来,最安全的方法就是使希尔克努这样的人没有能力在这紧要关头企图谋反,因希尔克努比他更有资格取得政权;若他将被凯撒杀害,他的嫉妒心也促使他先杀了希尔克努,以免他接续希律成为国王。

**2.**(165)就在希律心里盘算这些事的时候,发生了一件能令他按照心意去做的事。希尔克努一向没有野心,也从来不想插手国事,对自己的人生全无企图,把一切交给命运,对他现在所拥有的都感到满意;(166)但是亚历山德拉[他的女儿]却喜爱夺权,又特别希望政权能有所改变。于是亚历山德拉对父亲说不要永远忍受希律以侮辱的方式对待他们的家族,应该在顾及安全的情况下,对他们的未来有所期盼。(167)亚历山德拉希望他将这些事写信告诉阿拉伯的行政长官马勒古,要马勒古接待他们并保护他们不受[希律的]伤害;如果他们离开犹大地,希律的国情也很可能因凯撒对他的憎恶而改变,如此他们就成为唯一可能接掌王权的人,这不但是因为他们王族的身份,也因为民众对他们的喜爱。(168)虽然亚历山德拉用了这么多的说辞,希尔克努还是不理会她,但她是个很强势、不肯认输的女人,不分昼夜地一直对希尔克努提起这些事以及希律的叛逆行为,最后她总算说服他让一个他信任的朋友多斯特乌去送信,信中说明了他的心意;他要阿拉伯人的行政官派一些骑兵来接他,并护送他到沥青湖,那湖距离耶路撒冷六十公里。(169)希尔克努信任地将信交给多斯特乌,因为多斯特乌是他和亚历山德拉的一位谨慎的随从,而且又有一个不小的事件让多斯特乌对希律怀恨在心:他是那位被希律杀害的约瑟的亲戚，又是安东尼以前在推罗所杀的那些人的兄弟。(170)但是这所有的动机都不足以让多斯特乌在这事上为希尔克努效劳，因为他宁可冀望于当今的国王也不愿意冀望于这些把希望放在他身上的人，于是他将信交给了希律。(171)希律感谢他的好意，又吩咐他还是去做他原来该做的，就是把信送去给马勒古，然后再把回信带来，因为希律想若是他也能知道马勒古的心意那就更好了。(172)多斯特乌很愿意为希律办这件事。在阿拉伯行政官的回信中，马勒古表明他愿意接待希尔克努以及所有与他同来的人，甚至包括所有站在希尔克努那边的犹太人，马勒古也愿意派足够的武力保护他们旅途的平安，如此希尔克努所提出的条件都得到了满足。(173)希律一得到这信，就派人传唤希尔克努，询问他与马勒古之间的盟约，当希尔克努否认这事时，希律就把这信交给犹太公会，立刻将希尔克努判处死刑。

**3.** (174)我们呈现给读者有关这事的记载，是根据希律王评论里的内容所写的，有一些历史学家不同意这样的说法，他们认为希律并没有发现这样的事，这只是他叛逆地捏造出来的，好用来置希尔克努于死地。(175)他们是这样写的："希律和希尔克努参加了一次宴飨，在没有让人怀疑〔他对希尔克努感到不满〕的情况下问希尔克努有没有收到马勒古的来信，希尔克努回答说有收到一些致敬的信件。(176)他进一步问有没有收到任何礼物，希尔克努回答说马勒古只送他四匹用来当坐骑的马，他们假设希律就用这个理由定了希尔克努受贿和谋逆的罪名，并下令将他带走处死。"(177)为了要阐明他没有犯法就被定罪，他们申辩说当希尔克努面临死刑时仍然态度温和，而他年轻时也没有傲慢或急躁的表现，甚至在他为王时将大部分国事交给安提帕特管理；(178)现在他都已经八十多岁，又深知希律的王权巩固，更是不可能有这样的想法。加上希尔克努还将那些特别尊崇他的人留在幼发拉底河那边，表现出他完全臣服于希律的政权下；如果说他有任何革新的企图，是无法令人相信的，这与他的本性完全不符，所以这事必然是希律自己捏造出来的。

**4.**（179）这就是希尔克努的命运，他一生跌宕起伏，最终以这样的方式结束了他的生命。在他母亲亚历山德拉治国之初，希尔克努被封为犹太民族的大祭司，亚历山德拉统治的时间长达九年。（180）在他母亲死后，他接续亚历山德拉为王，三个月后就因他弟弟亚里斯多布之故失去了王位。后来庞培又重新立他为王，他从庞培那里得到各样的尊荣，优渥地生活了四十年。（181）后来他又被安提古剥夺了这尊位，在他被帕提亚人掳去后，被伤害致残，过了好一阵子，因希律为他带来的希望再次回到自己的国家。这一切事情都不是按着他的期望发生，他一生中也遭到许多不幸的冲击，其中最重大的痛苦，就是我们上面所提起的，他的生命本不该如此结束。（182）希尔克努性情温和，都是因为他下面其他人的所作所为，才让他和他的国政受到损害。他不喜欢过多参与政务，也没有治国的雄心，安提帕特和希律就是在他的姑息下壮大起来的，最终，他从他们那里得到这样不公义且不敬虔的结局。

**5.**（183）至于希律，他一解决了希尔克努就立刻去见凯撒。由于他不认为自己与安东尼的友好关系会得到凯撒的善待，又恐怕亚历山德拉会趁机煽动民众叛乱致使国情动荡不安，（184）就在临走前将政务交给他的弟弟费洛拉，再把他的母亲赛普萝斯、姐妹[撒罗米]以及家人安置于马萨德，并吩咐费洛拉，一旦得知自己遭遇不幸的消息，就要接续他治国理政。（185）由于希律的妻子玛利安和他的姐妹及母亲不和，不可能让她们一起生活,他就将玛利安与她的母亲亚历山德拉安置在亚历山大里姆,由他的司库约瑟和以土利亚的萨摩斯负责看守这座碉堡。这两人对他一向忠心耿耿,他就派他们照顾这两个女人。(186)他们还有一个任务,就是万一他遭到不幸,要将这两个女人都杀死,并在他们的能力范围下,将王权保留给他的儿子们以及他的弟弟费洛拉。

**6.** (187)希律这样吩咐了他们之后,就赶往罗底去见凯撒。在他去往那城的途中,他脱下了王冠,但是并没有放下他日常的尊严。他前去罗底,要求与凯撒面谈,在谈话中展现了他灵魂的尊贵,(188)他的话语并没有像一般在这情况下的人一样专注于恳求,也没有像罪人般陈情诉愿,反而以不畏惧的态度陈述他所做的一切。(189)他是这样对凯撒说的:他与安东尼有极深的友谊,也尽力帮助安东尼取得政权,他虽然因为转去对付阿拉伯人而没有在安东尼的军队里,但是他将钱和玉米送去帮助安东尼。(190)他自认为应该为安东尼做得更多才对,"因为一个人若认定自己是另一个人的朋友,也知道那人是施恩给他的人,就必须要不计代价,用尽自己的身心与财富去对待那人。在对待安东尼的这件事上,我承认我做得太不足了。我的良知告诉我,我没有在他于亚克兴战败时离弃他,(191)也没有在他命运改变时把我的希望从他身上转移到别人身上,这样做是对的;我虽然没有在他的军中,但是仍然让自己一直忠实地做他的顾问,我也曾明白地告诉他,他唯一能自救且不失去权势的方法就是杀了克娄巴特拉,(192)只有克娄巴特拉的死才能使他有机会保住权位,不会让你们之间继续仇视,反而能使您成为他的盟友。但是他没有采纳任何建议,仓促做了决定,到头来损失的是他自己,让您得到了好处。(193)基于您对他的不满,加上我既不否认为他所做的一切,又不因他所做的感到耻辱，同时也愿意公开承认我的确是极为友善地对待他，所以如果您认为我为安东尼做得太多，要以此决定对我的处置的话，您也可以换一个角度来看：若您把他放在这件事之外，只看我是如何对待施恩给我的人，我又是怎样的一个朋友，根据经验您会知道我是怎么做的，并发现我也会以同样的方式对待您，因为这只不过是名字的改变，我们想要与您建立稳固的友谊，相信您是不会拒绝的。"

　　7. (194)这番话加上希律的举止，表现出他心中的坦诚，而凯撒本身又是一个慷慨大度的人，这令他对希律感到相当满意，使得原本控诉希律的主因，成为对他产生好感的理由。(195)于是凯撒为他重新戴上王冠，并鼓励他要像对待安东尼那样对待自己，接着又对他推崇备至。此外他还说昆图斯·狄迪乌斯写信告诉他，希律已经预备好要在他处理角斗士的事情上助他一臂之力。(196)希律得到这样和善的接待，又出乎意外地让他的王冠比以前更稳固地由凯撒为他戴上，而凯撒也为了增加希律的安全感特别为他颁布了一份罗马公告。于是希律在凯撒去埃及的旅程上护送他，又超过自己能力地为凯撒和他的友人们预备了许多礼物，面面俱到地表现出他的慷慨大方。(197)希律也请求凯撒不要将一位名叫亚历山大的人处死，那人是安东尼的伙伴，但是凯撒已经决心要杀他，所以无法应允希律的请求。(198)希律再一次带着比以往更大的光荣与保障回到了犹大地，令那些原来怀着相反期望的人感到震惊，好像神特别恩待他，让他从应该陷入的危险里得到了荣耀。回到犹大地后，希律立刻开始为接待凯撒做准备，因为凯撒要从叙利亚前去入侵埃及。(199)凯撒到达的时候，希律完全以皇室的盛大规模在托勒密款待他，又送给同行的军队许多礼物，并为他们预备了大量的军需物资。他也成为凯撒最真诚的友人之一，他令士兵们列队站好，自己与凯撒一起阅兵，此外还挑选了一百五十名在各方面都训练有素的人，以高贵豪华的方式更完善地接待凯撒以及他的友人们。(200)希律为他们预备了行经沙漠所需要的一切，多到让他们在整段路程都既不缺水也不缺酒，而水正是他们最需要的资源；除此以外，他又送给凯撒八百他连得，使所有人都对他产生好感，因为他丰盛完备地帮助他们，超越了他的国力。(201)希律就是用这样的方式，充分地向凯撒表达出对他的稳固友谊以及随时预备好帮助他。对希律最为有利的是，他的慷慨大度用得正是时机，在罗马兵团由埃及返国的回程中，他对他们的帮助与预备也毫不逊于出师时的供应。

# 第七章
## 希律杀死萨摩斯、玛利安，以及亚历山德拉、格斯多巴录，以及他最亲密友人的经过，最后他也将巴巴斯的儿子们杀了

**1.** (202)然而当希律回到自己的国家，发现家中一片混乱，他的妻子玛利安及其母亲亚历山德拉非常不自在，(203)她们觉得（这是可想而知的）他不是为了她们的安全将她们安置在那座碉堡里（亚历山大里姆），他的目的是要让她们在驻军处里为因，没有权力管理他人或是自己的事务，这使她们感到很不舒服。(204)而玛利安觉得王对她的爱不是发自内心的，只不过是（为了自己的利益的）虚假表象罢了，这令她觉得这份感情很荒谬。同时她也因为希律在自己遭到不测时，不让她继续活

下去的指令感到悲哀。由于想到希律以前对约瑟的命令,她就特意去讨好那些看守她们的人,尤其是萨摩斯,想要借此让他告诉她,他的权限有多大。(205)开始时萨摩斯对希律十分忠诚,完全没有疏忽他交代下来的事。但后来这两个女人以好言好语和慷慨的礼物令他对她们产生好感,于是他被征服了,就将希律给他的指令全都告诉了她们。这主要是因为他不认为希律会回来,就算能够平安回来也不会有原来的权势,(206)所以他觉得这样不但可以逃过他的处罚,也可以让她们在日后安排政务时,想到他的恩情而对他感恩图报;更何况她们还能够大大地回报他,因为她们若不是自己掌权,就是与掌权者有非常亲密的关系。(207)萨摩斯还有更充分的理由令他这样想,因他知道王对这位妻子有说不出的喜爱,就算他得到想要的成果归来,玛利安对他的影响力也不会减少。这就是萨摩斯将王给他的命令泄露出来的动机。(208)听到在希律权下自己有无尽的危险,玛利安感到非常不快与不安,她希望希律不会[从凯撒那里]得到任何恩惠,同时也觉得无法继续与他一起生活下去。后来玛利安没有隐藏她的忿怒,清楚地将自己对希律的这种感受告诉了他。

**2.** (209)希律带着出乎意料的好结果开心地航行回家,他很自然地在第一时间将这好消息告诉他的妻子,因为他在众人中最喜爱她,也因他们之间的关系最为亲密,所以就特意前去向她致意。(210)然而事情竟然发生在他告诉她这个好消息时,玛利安不但没有与他一起高兴,反而因为这事而感到悲哀。她毫不掩饰自己的情绪,仗着她的尊位与高贵的出身,以叹息来响应他这样的致意,又清楚地告诉希律,她对他的成功只感到哀伤而不觉得欣喜。这令希律十分困惑,因为玛利安不仅表现出对他的疑虑,还有非常明显的不满情绪。(211)看到妻子不加掩饰地公然对他如此恨恶,希律大为苦恼,他实在太爱她,所以无法忍受,不能够集中心思,一会儿对她生气,一会儿又要自己与她和好。他的情绪起起伏伏,无法安定下来,(212)爱与恨交织在一起,常常想要因她的傲慢态度而惩罚她,但又因内心对她的深情,使他无法抛下这个女人。简而言之,他会因为处罚她而感到高兴,但他又害怕那样做,好像知道若是将她处死就会带给自己更大的惩罚。

**3.** (213)希律的姐妹和母亲察觉到他对玛利安这样的心态,认为这是个大好机会,可以让她们以行动来报复玛利安。她们告诉希律一连串中伤玛利安的事情以激怒他,好让他立刻感到又忿怒又嫉妒。(214)希律虽然情愿聆听她们的陈述,但却没有勇气真的相信她们的话而对玛利安采取任何举动。不过希律还是对玛利安越来越不满,加上玛利安一点也不隐藏对希律的情绪,使他这种变态的感情在这两方面的刺激下变得更为激烈,于是他将对她的爱转变成愤恨。(215)正当他想不做任何改变而让这一切成为过去时,他听说凯撒在战事中得胜,统治了埃及,安东尼和克娄巴特拉都已死亡。于是他立刻启程去见凯撒,抛下保持现状的家务事。(216)在他即将离去时,玛利安推荐萨摩斯给王,说因为萨摩斯照顾过她而欠他一个人情,所以请求王为萨摩斯在政务上安排一个职位。(217)于是希律就将一个尊贵的职位给了萨摩斯。这次希律去埃及,很轻易地就见到了凯撒,因为他们已经是朋友了,也从凯撒那里得到了许多好处:凯撒将克娄巴特拉拥有的四百名加拉太人的侍卫队给了希律,又将克娄巴特拉从希律那里夺去的领土归还给他。凯撒另外还把加大拉、希坡和撒玛利亚加入到希律的领域;除此以外,沿海的迦萨、安提顿、约帕和斯特拉托塔诸城也都交由希律来统治。

4.（218）希律有了这许多新增的国土就愈发强盛，他一路护送凯撒远到安提阿。虽然希律因为这些外来的新地而更加繁盛，但回国后他的家务事也令他更加苦恼，主要是因为他的妻子，就是原先那位好像可以为他带来最大幸福的人。他对玛利安的爱情是史无前例的，而我们这样的描述也是极为公正的。（219）玛利安从各方面来看，都算得上是一个正直的女人，也对希律忠贞不贰，但她天性鲁莽，看到她的丈夫如此爱她，甚至愿意做她的奴仆，就以非常傲慢的态度对待他。她又不能适时地想到自己是活在专制政权下，生命操在别人手中，应该以柔顺对待她的丈夫，使她丈夫对于她的顶撞一笑置之，不与她计较。（220）玛利安还经常公然提起他姐妹与母亲的卑微出身，对她们也不友善，于是这些女人之间早已存在着无法互谅的恨意，现在她们更是到了想要报复对方的地步，（221）这种情况在希律从凯撒那里回来以后又持续了一整年。这个在礼仪掩饰之下隐藏许久的不幸，因为我们即将提到的这事，瞬间就完全爆发出来了。（222）有一天中午，王正躺在床上休息，他出于一向对玛利安的喜爱，就传唤她来陪伴。玛利安遵命前来，却不愿意躺在他身边，在王极为想要她陪伴时，玛利安却显示出对他的轻蔑，又责备他害死了她的祖父与弟弟，（223）希律对这指控感到非常不舒服，就轻率地想要以暴力来对付她。王的姐妹撒罗米察觉到王比平时更为烦躁，就去找了王的酒政进来，这是她为此事早已预备好的人。撒罗米叫这人进去告诉王，说玛利安说服他帮她为王预备一种春药；（224）如果王看起来非常担心，问他这春药是什么，他就说春药在玛利安那里，而且他也只打算将这春药交给王；倘若王对这事不很在意的话，就不要再提了，如此他就应该不会遭到任何惩罚。撒罗米如此交代他之后，就立刻派他进去对王说这番话。(225)于是酒政带着镇定又有点匆忙的表情进去，好取信于王。他说玛利安送他礼物，好说服他给王吃春药；他看到王被他的话打动，就接着说这春药是她做好给的，他不知道吃了会有什么结果，所以就为了自己和王的安全，决定将这事告诉王。(226)希律原本心情就不好，又听到他这样的说辞，就越发忿怒，下令将最忠于玛利安的太监抓来拷问春药的事，因为他知道玛利安无论大事小事都需要这人的帮助。(227)在严刑逼供之下，这人还是对他被拷问的事情一无所知，他只知道玛利安对王的愤恨可能与萨摩斯对她说的话有关。(228)希律一听到这话就大声喊着说，萨摩斯一直是忠于他和他政权的人，没有可能会违背他所交代的命令，除非他与玛利安有超越常情的密谈。(229)于是他下令将萨摩斯立刻抓来处死，但是让他的妻子接受审判。他召集了那些对他最忠诚的人，向他们仔细陈述那用来诽谤玛利安的春药的制作以及这事的经过，用此事来指控她。因为希律对玛利安的感情太深，无法好好判断这事，陈述时也没有掩饰他的情绪，最后法庭上的人认为他已经下了决定，就一致通过判玛利安死刑。(230)由于希律的情绪以及法庭上其他一些人的表现让这死刑得以通过，但是并不是立刻执行，而是先将她关在王国中一个碉堡的监狱里；(231)撒罗米和她的党羽们却处心积虑要让她尽快被处死，她们好像是基于谨慎去告诫王，说服他立刻执法，说如果玛利安活着受苦，民众可能会起来反叛。如此玛利安的死刑就被执行了。

**5.** (232)亚历山德拉察觉到自己也无法逃过希律这样的对待，就以一种卑劣的方式完全改变了往日的大胆行径；(233)为了表示对玛利安的罪行毫不知情,她从座位上跳起来,让所有人都听到她对女儿的指责,亚历山德拉大声喊着说玛利安是个病态又不懂得对丈夫感恩的女人,她的无礼行为换来这样的惩罚是罪有应得,因为希律是她们的恩人,她却没有对希律有同等的回报。(234)亚历山德拉这样伪善地表演了好一阵子,她那可以想象的卑下与虚伪,加上她所做的一切,都是在那个可怜且即将受刑的女人旁边,这令所有的旁观者都对她大加谴责。(235)最先玛利安一语不发,也没有因她母亲的暴怒行为而烦躁不安,只是看着她,这是出于她的高贵情怀,知道她母亲是为了保护她自己而表现得完全像另外一个人。(236)玛利安反倒是平静地赴死,脸上的表情至死都没有改变,让旁观者都能感受到她出身的尊贵。

**6.** (237)玛利安就是这样死的,她是个品格端正的人,不但情感贞节,还有高贵的灵魂;她希望过平凡的日子,却又有着爱争竞的天性,并且长得完美无缺,在言谈中展现出尊贵的气质;(238)这就令她和王之间产生极大的分歧,也使她无法与王愉快地生活在一起,否则她有可能开开心心地过这一生。因为王对她的宠爱使她恃宠而骄,不相信王会为难她,所以养成她的任性无度。(239)最令她悲哀的是他对她亲人所做的事,她又不惧危险地诉说他们因他而受到的伤害,以至于最后连王的母亲和姐妹都被她激怒,成为她的仇敌;王也是一样,然而王是唯一可能令她逃过这惩罚的希望。

**7.** (240)玛利安一死,王对她的感情变得比过去更为炽烈,我们已经形容过他以前对她的感情,因为他对玛利安的感情不是平稳内敛的,也不是我们通常看到为人丈夫所表现的,他对她的感情从一开始就是狂热的,也没有因为他们长期在一起生活和沟通而被他的权力所控制。

(241)然而在这个时刻,这份感情似乎以一种奇特的方式占据了他,好像是上天因为他夺去了玛利安的生命而报应他,他经常呼唤玛利安的名字,或是经常以极不体面的方式哀悼她。此外,他还尝试用各种方法来转移对她的思念,因此他计划了各种餐宴和聚会,但这些都无济于事。(242)于是他开始不顾政务,完全被这股激情控制,甚至命令仆人们去叫玛利安来,好像她仍然活着能听到他们的声音一样。(243)与此同时又发生了一场瘟疫,使得许多民众与他的尊贵友人们丧生,令所有人都怀疑这是因为他们对玛利安所行的不义而受到了天谴。(244)这一事件使王的痛苦更加深重,最后他强迫自己去到旷野,借打猎之名独自承受痛苦。然而,没过几天,他就患上了重病。(245)他身上发炎,后脑疼痛不堪,还有些神志不清。一切治疗都没有作用,反而起了反效果,最后令他自己都感到绝望。(246)他身边所有的医生都束手无策,一方面是因为他们带来的药物根本没有治疗效果,另一方面因为他的饮食受限于他病情的需求。无奈之下,医生便建议他随意进食任何想吃的东西,将他康复的微弱希望寄托在他的饮食上,并将他交给命运安排。于是,他的病情在撒玛利亚(现称塞巴斯特)持续恶化。

**8.** (247)这时住在耶路撒冷的亚历山德拉获悉了希律的状况,就打算夺取城邑附近的要塞。(248)要塞共有两个,一个归城邑所有,另一个则属于圣殿,掌管这两地的人控制了全国,若没有他们的命令,国人就不可能去献祭,这对犹太人来说是无法接受的事,他们宁可失去生命也不愿放弃献给神的神圣敬拜。(249)于是亚历山德拉就去和掌管这两个要塞的人商谈,要他们把这两地交给她和希律的儿子,免得希律一死,政权落到别人手中;要是希律康复了,这些地方在希律的家人手中也比在他人手中安全。(250)这些要塞的管理者都是原先[对希律]忠心耿耿的人，他们不认为亚历山德拉的话是出于善意，就决定将这些要塞守护得更好，一方面因为他们讨厌亚历山德拉，另一方面也因为他们都是希律的老友，认为在他仍然活着时就对他的康复不抱希望是不忠心的表现。他们当中有一人名叫阿克阿巴，是希律的表亲，(251)他派人去把亚历山德拉的计谋告诉希律，希律毫不迟疑就将亚历山德拉处死了。希律也在经过了许多的痛苦挣扎后，才从疾病中复原。但是他的身心仍然饱受煎熬，非常不舒服，这令他比以往更迅速地惩罚那些落在他手上的人。(252)他也在下述的情况下杀了他的好朋友格斯多巴录、利西马古、称为"安提帕特"的加底亚以及多斯特乌。

**9.** (253)格斯多巴录是以土买出身，也是其中的显要人士之一，他的祖先是[以前]以土买人所敬拜的神克斯的祭司，(254)但是后来希尔克努改变了他们的政权，让他们采用犹太人的习俗和律法，希律又立了格斯多巴录为以土买和迦萨的行政长官，并将他的姐妹撒罗米许配给格斯多巴录为妻，这事发生在他杀了原来掌权的[他的叔父]约瑟时，我们前面也提到过这事。(255)超过预期的高升令格斯多巴录沾沾自喜，他因自己的成就而骄傲自大，没过多久他就越权，不认为应该听从他们的统治者希律所吩咐的，采用犹太人的习俗并臣服在犹太人之下。(256)格斯多巴录派人去见克娄巴特拉，告诉她以土买人一直是由他的先祖管辖，所以请克娄巴特拉在安东尼面前求取这地，他也会转过来效忠克娄巴特拉。(257)他这样做并不是因为他喜欢在克娄巴特拉的权下，而是因为他想要在希律权力减弱时，可以更加没有困难地得到整个以土买人的政权。他的出身以及他经常贪取不义之财而聚敛的财富，令他野心勃勃且期许甚高，这就是他所定下的远大目标。（258）于是克娄巴特拉向安东尼要求这地，但是未能如愿。希律知道了这事，就预备要杀格斯多巴录，但在他母亲及姐妹的恳求下，希律应允完全地原谅他，然而希律日后还是因他做的这件事对他心存戒备。

**10.**（259）过了一阵子，正好撒罗米与格斯多巴录起了争端，撒罗米提出要离婚。虽然解除婚约不符合犹太人的习俗（我们的律法只允许丈夫这样做，若妻子离开丈夫，就不能改嫁，除非是她前夫命令她离开的），（260）但是撒罗米选择用她自己的特权而不遵守律法，以这样的方式结束了她的婚约。她告诉她的兄弟希律，说她因为感觉到格斯多巴录、安提帕特、利西马古和多斯特乌要对他发动暴乱，因此她才离开她的丈夫。撒罗米为了取信于希律，使用了巴巴斯的儿子们的事件，说这些人在格斯多巴录的保全下活了十二年，（261）这确有其事。但是希律在没有预警的情况下得知这事，觉得十分震惊，他对这难以置信的关系实在感到大为讶异。说到巴巴斯的儿子们这件事，希律以前费尽心力才将他们执法，因为他们是他政权的敌人，但是［他将他们处死的］时日已久，使他早就忘记了这件事。（262）如今他对他们的不满与怀恨再度被激起。那时的王是安提古，希律带着他的军队包围了耶路撒冷，由于围城带来的痛苦和悲惨，许多人前来邀请希律入城，将他们的希望寄托在希律身上。（263）巴巴斯的儿子们都是当地的显贵，对民众有极大的影响力，他们忠于安提古，又常常毁谤希律，鼓励民众将政权保留给世袭的王室成员。于是人们就策略性地按照他们的话做，以为这样做对他们最为有利。（264）等到城被攻破，希律夺得了政权，他就指派格斯多巴录去阻止人们由城门出去，并且守卫这城，让那些犯罪的国民以及反对者的党羽不能离开这地。格斯多巴录知道巴巴斯的儿子们是全民所尊崇的,就想要将他们留存下来,以期日后改朝换代,会对自己有极大的好处。于是他把他们与其他人隔开,藏在自己的庄园里。(265)当有人起疑时,他就向希律发誓,保证说自己真的不知道这回事,好打消王对他的疑虑。后来王为了要得知这事的真相而公开悬赏,并使用各种方法找寻他们的下落,那时他更是不敢承认自己知情。他认为最初已经否认了这事,万一这些人被发现,自己肯定无法脱罪,所以一定要保守秘密,这不仅是出于对他们的善行,也是保守自身性命的途径。(266)王经由他的姐妹而得知此事后,就派人到他们藏匿的地方将他们处死,那些被指控在这事上有罪的人也一律被处死。如今希尔克努的血脉已完全断绝,整个王国都在希律的权势之下,再也无人有这样的地位去阻止他对犹太律法的敌对了。

# 第八章

## 有十位[耶路撒冷]的公民同谋反叛希律,因他将外邦习俗带进来,这是触犯他们本国律法的行径。塞巴斯特和凯撒利亚的建筑,以及希律所兴建的其他建筑

1. (267)在这里我们要记述的是希律引入了外邦的习俗,触犯自己国家的律法,并破坏了传统法规,这些律法是神圣的,必须要被完整地保存下来。希律的行为日后把我们带入极大的罪恶里,因为那些用来带领民众敬虔的神圣祭典与仪式都被忽略了。(268)他最先规定每五年要为尊崇凯撒举行一次严肃会的庆典,并在耶路撒冷兴建一个剧场,还要在

平原地筑起一座大规模的竞技场。这两座建筑都耗费巨大，却违反了犹太人的习俗，因为我们认为观赏或是进行这样的表演都是不合宜的，我们也从来没有看过这样的竞技或表演，(269)但是希律还是每五年就以最庄重豪华的方式来举办这些竞赛。他向邻国发出布告，并从各国招集人马来参赛，在各地邀请那些摔跤者以及其他为了在竞技中争夺奖赏的人，那些人若不是为了酬劳，就是为了得到胜利的光荣而前来参与。于是在这类活动里最举足轻重的要人都集合在一起，(270)因为所提供的奖金很高，而且不止参赛的人有份，连那些被称作提莫里克的乐师们也可以得到奖赏。希律不厌其烦地去吸引各样的人，尤其是那些在竞赛运动项目上最有名的人，前来参与争夺胜利的竞争。(271)他又提供为数不少的奖金，颁发给那些参加战车竞赛夺标的人，那些战车是由两对、三对或是四对马匹来拉的。希律也在其他各国举办类似的活动，虽然花费和规模都不小，但是他的野心是要借此公开显示他的强盛。(272)剧场的四周围绕着有关凯撒功勋的镌刻以及他在征战中攻克诸国的胜利纪念碑，都是以纯金和纯银制成的，(273)所有的设计没有一样不是极尽奢华，连在比赛里看不见的东西也是如此，像是一些贵重的服饰或是排列整齐的珍贵奇石。此外希律也预备了大量的猛兽和狮子，以及其他特别凶猛或稀有的野兽，(274)用来让它们互斗或是与被判死刑的人搏斗。那些外邦人真的会因为这样盛大壮观的场面以及危险刺激的节目而感到非常兴奋，但是对正统的犹太人而言，这正显示出他们最尊崇的传统的崩溃。(275)将人丢到野兽中好博取观众的欢乐，实在是公然对神不敬。另外一件不敬虔的事就是以外邦的风俗取代了自己的传统。(276)但是最令犹太人厌恶的是那些胜利纪念碑，因为犹太人把它们视为包在甲胄里的人像雕刻，他们对此极为不满，他们民族的习俗是不向对这些偶像致敬的。

**2.** (277)希律并非不知道国人对此感到不安，但他认为不宜用暴力对付他们，于是就以言语安抚他们当中的一些人，好让他们不再因迷信而感到惧怕。但是他并没有使他们满意。希律这样的罪行令心里不安的他们众口一致地抗议他，虽然他们认为可以试着忍受其他的一切，但是绝对不能忍受他们的城邑里竖立着雕刻出来的人像，即那些胜利纪念碑，这完全与他们民族的传统背道而驰。(278)希律见他们如此不满，看起来也不会轻易改变他们的决心，除非他们能在这一点上得到一个满意的答复。于是他召集了他们当中的显要，将他们带到剧场，把那些纪念碑指给他们看，问他们这些纪念碑像是什么。(279)他们大声抗议说那是人像，他就吩咐人把那些纪念碑外面的装饰取下，剩下来的就是一块块的木头。看到这些没有装饰的木头，他们感到非常滑稽好笑，因为他们之前一直反感这些装饰物。

**3.** (280)于是希律用这方法消除了民众原先的强烈情绪，大部分民众都愿意改变他们的行为，不再对希律表达不满；(281)但还是有一些人因为希律带来的外邦习俗而反对他，他们认为希律触犯犹太人的律法只是一个对他们更大的迫害的开始，所以他们觉得为了保有对神的敬虔，宁可自己赴险（甚至牺牲生命），也不愿意装作没有看到希律的所作所为，这人在取得政权后就引入了他们无法适应的外邦野蛮习俗，还装模作样地当他们的王，但事实上他是他们整个民族的公敌。(282)那时有十位[耶路撒冷的]公民谋划一齐起来反抗他，并发誓在这事上愿意冒任何的危险，他们在外套下暗藏匕首，为的就是要刺杀希律。(283)这些起誓谋反的人中，有一位是听说了希律的作为而义愤填膺的盲人，他虽然在实质上无法对其他人有任何帮助，但是他愿意在他们遇到伤害时与他们一同受苦，如此他就成为这些采取行动者的极大鼓舞。

4. (284)他们做了决定后就取得共识，打算在剧场里行动，最好让希律无法逃脱他们的突击；万一一击不中，也可以杀死一大群在他周围的人，这些谋反者虽然会因此而死，但至少可以让王知道他对民众造成的伤害有多深。于是参与谋划的人就这样事先做好了准备，打算以最敏捷的方式来执行这项计划；(285)然而希律在各地安排了许多探查谋反并回来禀报的密探，其中一人得知了这整件事，就在王要前往剧场时向王禀告。(286)王回想以前他所知道的大多数人对他的恨恶，以及在许多事件上发生的扰乱，就认为这次针对他的计谋不是没有可能，于是他就回到王宫，将那些谋逆的人一个一个叫到他面前来。(287)王的侍卫攻击他们，令所有的人当场被捕，他们知道无法逃脱，就预备好以最尊严的方式受死，决不退缩，(288)也不以所要做的事为耻或是矢口否认。在被捕时，他们拿出匕首，表明他们发誓进行的计谋是神圣且敬虔的行为，他们并不是要得到什么或是意气用事，最主要的是为了国家的传统与习俗，这是所有犹太人宁可牺牲性命也必须要遵守的。(289)这就是他们出于大无畏的勇气所说的话。于是他们被围在四周的王的侍卫们带去受刑，忍受了一切加在他们身上的酷刑后才死去。那位密告的人在不久后被一些痛恨他的人抓到，不但被他们杀死，还被一块一块地肢解，拿去喂狗。(290)许多公民都见证了这事，但没有一个人去告密，直到希律以严刑逐一逼供，才使一些妇女在酷刑的逼迫下说出她们所看到的事。那些做这事的人被王严惩，连他们的家人也都因他们贸然的行动而被处死,(291)然而这些人为律法表现出来的顽强与勇敢的节操并没有令希律对他们有所放松,反倒更是加强了保卫自身安全,将民众与他隔开,以免他们这样的决心至终演变为公开的叛乱。

5.(292)希律加强了王宫外的城邑防卫,还在圣殿旁亲自重建了一座"安东尼堡",他筹划要将撒玛利亚改建为他对抗所有人的堡垒,并改称它为"塞巴斯特",(293)他认为这地可以成为防备全国且不输于前者的要塞。塞巴斯特到耶路撒冷有一天的距离,他把它加以巩固,让这地对他同样有用,使城邑与乡间的人都因此而畏惧他。他又为防备全国而建了另一座碉堡,那地原来的名称是"斯特拉托塔",但他将它改名为"凯撒利亚"。(294)此外他还挑选了一些骑兵,将他们安置在大平原上,并在加利利[为他们]建了一个地方,称为迦巴,并在庇哩亚修建希实波尼提。(295)这些就是他特别建设的地方,但是他仍然不断进一步加强保卫自己并以侍卫防守国人,好让他们不会脱离他的权力范围或群起暴动,因为以前任何小小的骚动都会引发暴乱。在新的防守下,就算民众中发生动乱,他也可以很快得知,因为各地都有密探就近监视他们,既能得知他们的意图,又能防止进一步的暴动。(296)当他在撒玛利亚筑城时,就想将以往在战时帮助他的人以及一些住在附近的人迁到那里去,让他们和其他人一样成为那地的公民。他这样做是因为他有野心要在那里建殿,并希望让那城比以往更为重要,更主要的目的是要保护自身的安全,以及纪念自己的丰功伟绩。他将那地改名为"塞巴斯特"。此外希律还把附近毗邻的上好地方,分配给撒玛利亚的居民,好让他们因为最先定居在那里而感到高兴。(297)除了上述一切作为以外,希律还以坚固的墙垣包围了那城,并利用那地的天然斜坡使防御工事更为坚固;

如今那地的四周比原先的规模更大，一点也不亚于最著名的城邑，因为它的周长有四公里。(298)希律在墙内大约中心之处建了一个用来献祭的地方，[周长]是三百公尺，又以各样饰物来装饰，里面还建了一个殿，不论以雄伟或华丽的角度来看，都极为壮观。希律也以各类精工点缀城里的其他地方；他的驻军处中最大的部分是一片极为坚固的墙，用来保障他个人的安全；各项建筑物的华美也都考虑得很周详，好令他的德政与品味借着这些纪念物流传后世。

# 第九章

## 那时犹大地和叙利亚所发生的饥荒；以及希律<br>在另娶一位妻子后，重建凯撒利亚和其他希腊人的城邑

**1.** (299)就在希律掌权的第十三年，国内发生了一件极为不幸的事，这可能是出于神的忿怒，或只是经过一段时间后再度自然临到的苦难。(300)一开始是持续的干旱，导致土地贫瘠，收成不如往年。之后便是粮食短缺，饮食的变化导致人患病，瘟疫开始蔓延，灾难接连不断。(301)因缺乏治疗方法及食物，来势凶猛的瘟疫又延续了很长的时日。死亡的侵袭也是一样，就算是最勇于面对困难的人也难逃一死，因为他们无法提供良方将自己从苦难中拯救出来。(302)那年的歉收，加上过去囤积的粮食告罄，使他们不再有解除危机的希望，情况比他们预期的还要糟糕。这不仅是发生在他们完全没有存粮的那一年[年底时]，他们播下的种子都死了，所以连下一年土地也没有出产。(303)这种困境迫

使他们开始吃许多以前不会去吃的东西；王的景况也不比一般人好到哪里去，因为他既无法取得往年都能得到的土产进贡，又已经把钱花在修建城邑上面。（304）这次的不幸使得他失去了臣民的支持，甚至他以前帮助过的人也不愿和他站在一起，因为有一个不变的规律，那就是统治者总是要为不幸承担责任。

2.（305）在这样的情况下，希律只有依靠自己去设法得到及时的帮助，但这并不是件容易的事，因为他们的邻国没有食物可以卖，而且就算是可以高价买入微量的食物，他们的钱也早已花完了。（306）但是希律还是不放弃地尽全力来帮助他的人民，他将王宫里最贵重的金银家具切割开来，也不顾惜那些精致器皿或是巧匠们制作的摆设，（307）他把这一切物品都送到凯撒所指派的埃及首长佩特罗尼乌那里（因为已经有不少人为了他们的需求逃到佩特罗尼乌那里，加上这人也是希律的朋友，愿意帮助希律拯救他子民的性命）。佩特罗尼乌先运送谷物去解决他们的燃眉之急，又购买及出口物资到犹大地，在各方面帮助他们，所以他是当时最重要且是唯一尽全力来帮助他们的人。（308）希律这样爱护民众，而人民也知道帮助是因他而来，如此就除去了那些原先厌恶他的人对他的反感，同时这也是他对民众的善意与爱护的最佳表达方式。（309）一开始希律就分配应得的食物给那些还能为自己预备餐饮的人，对于那些因为年老或疾病而无法备餐的人，希律就分配谷物给他们，并命令那些烘制面包的人为他们将面包烤好。（310）他还留心不让他们受到严冬的侵害，由于所有的绵羊与山羊都因为这灾难而被宰杀或病死，他们没有羊毛可用，也没有其他可保暖的物品，他们非常需要御寒的衣物。（311）希律就为他的子民购买了这些必需品，然后更进一步地去供应邻近诸国的需要，并将种子送给叙利亚人，这些事情都在日后对他产生了正面的影响；提供种子给叙利亚人肥沃的土地是最适时的善行，这使所有人都能得到充分的食物。(312)希律更是大规模地支持并派遣了五万多人在快要收割时到各地去帮助大家，他的慷慨和努力不仅平复了国人对他的不满，也减轻了与他同遭不幸的邻国对他的敌意，(313)因他顾及了每一个需要帮助的人，更何况那时没有一人、一城或任何平民为百姓提供所需。在这件事情上，只要是来见他向他请求帮助的人，都能够得到满足；(314)经过计算，共有麦子一万柯珥供应给外国人，八万柯珥供应给本国人，每一柯珥折合十雅典的麦底母尼。(315)他的照顾与适时的恩惠对犹太人的影响极大，并且也在其他国家中引起不小的回响，足以抹去因他触犯他们的一些律法所造成的旧恨，他慷慨地在国人最需要的时候带给他们帮助，令所有人在希律执政期间都对他非常满意，(316)也为他在外邦人中得到了好的名声。那些对他国家造成重大伤害的不幸事件，好像是为了要带给他益处并提升他的荣耀而临到犹大地的，因他在这些事上表现出出人意料的慷慨大度，改变了民众对他的敌意，使他们认为他从一开始就不是他们所认为的那种人，而是现在这位照顾并供应他们所需的人。

**3.** (317)大约此时他从贴身侍卫当中挑选了五百位去帮助凯撒，由爱利欧·加鲁斯带领至红海，在那里成为凯撒极大的帮助。(318)如今希律政务改善，再度兴盛起来，他就在上城为自己建筑了一座王宫，里面的房间都非常高，并以昂贵的金制家具、大理石制的座椅和床榻来装饰；这王宫极大，可以容纳许多的人。(319)所有的房间都非常豪华，也各有不同的命名，其中一间叫作"凯撒之房"，另一间叫作"亚基帕之房"。希律也再一次陷入爱河,另娶了一位妻子,随心所欲地享受人生。他这次结婚的过程是这样的:(320)有一位名叫西门的耶路撒冷公民,他的父亲庞特斯是亚历山大城一位有名望的公民,西门有一个女儿,她是当时公认的最美丽的女人。(321)当耶路撒冷的民众开始谈论并赞赏她时,希律也被他们的话语打动,等到他见到这位少女时,就因她的美貌而倾倒,但他不愿以自己的权势逼迫她,免得让人说他是以暴力独裁占有她,他就决定迎娶这位少女为妻。(322)虽然西门也是有名望的人,但是还不足以与他结亲。希律唯恐他会因此被轻视,就慎重地处理这事,将西门整个家族的身份提高,使他们有令人尊崇的地位。他立刻取消法贝(Phabet)之子耶书亚的大祭司职分,把这尊荣赐给西门,并[借着娶了他的女儿]与他建立起姻亲的关系。

**4.** (323)婚礼后希律在他过去征服犹太人的地方建立了一个驻军处,那时他从政权中被驱逐,由安提古接续他掌权。(324)这驻军处距耶路撒冷十二公里,地势天然险要,适合用来驻兵。它处于略有倾斜度的山上,再以人工加高,直到地形有如女人的胸部一般。驻军处以几个环状的碉堡围绕,从碉堡处可以笔直地上到那里,上去的路是用两百块磨好的石头铺成的台阶。里面有多间高贵的屋子,它的架构既顾及安全又展现出建筑之美。(325)接近底层也有许多值得观赏的地方,除了不少其他的物件外,他们还花了大笔钱从远方运水到那里,因为那地没有水源。驻军处旁的平原上有很多大的建筑物,规模不亚于任何城邑,上方且有像城堡一样的小山。

**5.** (326)希律按照期望完成了他的设计后,就不再怀疑国中会有任何的动乱,因为他将自己塑造成无法取代的样式,以严刑让人民畏惧并服从他，加上他又在他们处于困境时给予他们宽宏且充分的照顾。(327)但是希律在对外安全上还是谨慎小心地守护他的政权，就像他以堡垒防范自己的人民一样；他对那些城的演说里充满了善意，并与它们的首长相互了解，建立起适当且良好的关系，他还致赠礼物给他们每一位，使他们对他产生好感。希律以各样的优势来巩固王权，直到他的政务在各方面都日渐扩张。(328)然而他好大喜功的个性，以及对凯撒和罗马要人的顺服与慷慨，让他大规模地兴建城邑与殿宇，以至于触犯了自己国家的习俗与律法。(329)他并不是在犹大地这样做，因为那是不会被容忍的事，我们不可能像希腊人一样对任何形象或是动物的像致敬，但他还是在我们范围以外的乡间[适合之处]和城邑里这样做。(330)他为这些事情对犹太人的致歉是这样的：他之所以这样做不是因为他喜爱如此，而是基于别人的命令或请求，以取得凯撒和罗马人的喜悦，好像他对罗马人的尊敬远超过他眼中的犹太传统。他又希望所有人随时都会纪念他，就以雄心壮志在各地建立纪念他政权的建筑物，好将政绩流传到后世。这就是为什么他热衷于建筑那些华美的城，就算花去大量的金钱也在所不惜。

**6.** (331)希律在海边看到了一个适合建城的地方，那地过去名叫斯特拉托塔，他打算在那里建一座大城，以大量的劳力及精美的白石在里面建了许多大规模的建筑。他又用最奢华的宫殿点缀那城，并兴建了可以容纳许多人的大型建筑物，(332)其中最艰巨的工程就是在那里建一个港口。港口的规模不亚于[雅典的]比雷埃夫斯港，面向城有两个船坞。那是一项完美的工程，更令人称道的是，那地本来并不适合这样的建筑，它得以完成是借着极大花费从别处运来材料才令其尽善尽美。

(333)这个城位于腓尼基到埃及的海运通道上,在约帕和多珥这两个规模较小的沿海城之间,那两地不适合建港口,因为强烈的南风会将沙石从海面刮向岸边,使船只无法在港中稳定,所以商船通常不得不在海上抛锚。(334)于是希律决心要改善这种不便之处,他规划了靠近陆地的这个范围,面积足以用来建港口,好让最大的船只都能在这里安全靠岸。他通过在一百二十英尺深的海里放置巨石来实现这一目标。石块长超过五十英尺、宽不少于十八英尺、厚九英尺,也有个别的尺寸更小或更大些。(335)他在海边筑的防波堤也有两百英尺宽,其中一半是用来阻挡海浪,让它们不致破坏堤坝,这一半叫作普洛西马提亚,就是"阻挡海浪的第一道屏障"之意;(336)另一半的上面有城墙和几座塔楼,最大的一座名叫杜如斯,是非常精美的建筑,以凯撒一个早逝的女婿杜如斯命名。(337)另外还有许多供水手居住的拱形建筑,以及前面的码头[或船坞],它环绕着整个港口,很适合想要运动的人去那里散步;入港之处是在北端,那是全区最风平浪静的地方。(338)入港后整个环形底部的左边是个圆形的塔楼,相当坚固,可以用来拦阻最强劲的海浪;右边矗立着两块比塔楼还大的巨石,塔楼的上端与大石相靠,它们在高耸处连接在一起。(339)环状港口建筑林立,都是以最光滑的石头建成的大型建筑,它们向上而建,最高处是一座神庙,那些向避风港行驶的人从远处就可以看到它;上面有两个雕像,一个是罗马的,一个是凯撒的。这城本身叫作凯撒利亚,其中的建筑是用上好材料建造,且结构优美。(340)除此以外,其下水道与贮藏室的结构以及修建它们所花费的心血都不亚于地上的建筑。有些下水道直通到海边和港口,但其中一条迂回贯穿,连接起所有的下水道,便于将雨水和生活污水排入大海,涨潮时的海水也可以由此灌入，把城邑洗净。(341)希律还在这里用石头建了一座剧场，并在海港后面的南区建了一个既可便于欣赏海景又可容纳多人的竞技场。这城邑一共建了十二年才完成，在这期间，王从来没有在工程上或是经济上间断过必要的供应。

# 第十章

## 希律将他的儿子们送到罗马，以及他被芝诺多罗斯及加大拉人指控，但是后来得到平反，也因此得到凯撒的好感。以及有关法利赛人、艾赛尼派以及米拿现的记载

**1.** (342)希律就这样忙于这些工程，等到他将塞巴斯特［撒玛利亚］重新建好之后，就决定把他的两个儿子亚历山大和亚里斯多布送到罗马陪伴凯撒。(343)他的儿子们到了罗马后住在波力欧家中，波力欧与希律交情甚好；不过凯撒也让他们自由居住在他的宫里，以仁慈对待希律的儿子们，凯撒还让希律随意选择继位的人；除此之外，他又将特拉可尼、巴塔尼亚以及奥拉尼提斯等地赐给希律，这事的经过是这样的：(344)有一位名叫芝诺多罗斯的人，租了一处叫作吕撒聂家的地方，由于他不满意那里的收入，就和一些住在特拉可尼的盗贼联手，借此得到更多的收入，因为住在特拉可尼的人行径疯狂，靠着劫掠大马士革国家度日，芝诺多罗斯不但不阻止他们，反而还从他们抢夺的物品中获利。(345)附近的居民不堪其扰，就向当时［叙利亚］的总督瓦罗抱怨，请他把芝诺多罗斯的恶行写下来呈报给凯撒。凯撒得知此事后，就回信给瓦

罗,要他将这些盗贼的巢穴捣毁,并将那地赐给希律,希望在希律的管理下,附近的地区不再受到特拉可尼人的搅扰。(346)由于特拉可尼人一直都是以这样的方式生活,没有其他维生的本领,他们既没有自己的城邑,又没有所属的土地,只有一些地下的洞穴和贮藏物品的地方,供他们自己和牛群一起居住,所以要制止他们的劫掠行为并不是件容易的事。这些人还设计制作了贮水的水潭以及储粮的谷仓,让他们有相当大的抵抗能力对付任何随时会来的袭击。(347)他们的洞穴入口狭窄,一次只能通过一人,洞内非常宽敞,不过洞穴的空间并不高,因为它是建在一个平原之下的,然而上面堆积着十分坚固的石头,路径又崎岖迂回,除非有向导带领,否则很难进入洞中。(348)当这些人无法出去劫掠邻邦时,他们的习俗就是互相残杀,对他们而言,任何不义的行为都不是错误的。希律从凯撒那里得到这地后就亲自来到这里,他雇用了一些有经验的向导,阻止了他们的恶行,也让邻近的人民获得了和平与安定。

**2.** (349)芝诺多罗斯一方面为了属地被夺而伤心,但他更嫉妒得到这地的希律,于是就到罗马去控告希律,但却无功而返。(350)[大约此时]亚基帕被派去接续凯撒,管理伊奥尼亚海以外诸国的政权,那时希律正在米推利尼过冬,他为此事感到非常高兴,因为他们二人私交甚笃。过了冬天,希律就回到了犹大地。(351)但是有一些加大拉人到亚基帕面前指控希律,说希律没有为亚基帕捆绑解送到他那里的人举办听证会。对希律政权仍然怀着旧恨的那些阿拉伯人因此感到忿怒,企图在他的领土内引发动乱,他们认为这项指控是一个较为适当的时机。(352)这时芝诺多罗斯对自己的内务已经绝望,却又想阻止[他的敌人],于是就以五十他连得的代价将他国家的一部分卖给阿拉伯人,那个部分叫作奥拉尼提斯,属于送给凯撒的礼物的一部分。于是他们就和希律争论,说希律以不公平的方式剥夺了他们所买的土地。这些阿拉伯人有时是用奇袭来对付希律,有时是用武力,有时则是依循法律的途径。(353)他们甚至更进一步说服那些较为贫苦的士兵来帮助他们,给希律带来许多麻烦,他们一直希望能因此使人民不得不起来暴动,因为生活最困苦的人也最为期待变革。虽然希律在得知这些企图时已经是个举足轻重的人物,但是他不愿意引起暴动,所以没有滥用权力来严惩他们,反而希望能以理性的方式令他们的情绪缓和下来。

3. (354)希律执政第十七年时,凯撒来到叙利亚,那时加大拉的大部分居民都喧扰着反对希律,认为他是个非常独裁且专制的君王。(355)他们这样大胆地斥责希律主要是受到芝诺多罗斯的鼓动,芝诺多罗斯发誓除非这些地区脱离希律的王国加入凯撒的领土,否则他绝不善罢甘休。(356)于是那些加大拉人在这样的诱导下对希律大加抗议,他们更提出希律竟然大胆地不去处分那些从亚基帕那里移送过来的人,反而全无惩戒地将他们释放,希律在以下方面实在堪称世界之最:无情地惩罚自己家中的罪人,却对其他地方犯下的罪行非常宽容。(357)就在他们指控希律伤害、掠夺以及破坏圣殿时,希律只是安然地站在一旁,准备好为自己辩护。不过民众的骚动并没有减少凯撒对希律的仁慈,他依然支持希律。(358)这些控诉在凯撒到达的第一天就发生了,但是接下来并没有举行听证会,那是因为这些加大拉人看到凯撒和陪审团成员们都偏向希律,就担心他们自己会因此被交在王手中,其中有一些人因为害怕可能临到的酷刑而在夜间割喉而死,有些人则跳崖或是跳河,以自己选择的方式结束生命。(359)这些意外事件好像足以作为他们鲁莽与罪行的惩罚，于是凯撒毫不迟疑地宣判希律无罪。另外一件对希律大有利益的喜事就是芝诺多罗斯的死亡，他的疾病使得他的肚腹破裂并大量出血，就在叙利亚的安提阿过世了。(360)凯撒将他那不小的领土给了希律，该地位于特拉可尼和加利利之间，包括有乌拉他、潘尼亚以及附近的地区。凯撒又指派希律为叙利亚的行政长官之一，命令他们做任何事都要得到希律的同意。(361)简而言之，希律现在达到了幸运的高峰，那时整个大罗马帝国只有两位统治者，第一位是凯撒，另一位是亚基帕，这两人都与希律十分友好，除了亚基帕以外，凯撒最喜爱的人就是希律；而除了凯撒以外，亚基帕最交好的友人也是希律。(362)希律自己得到了这莫大的自由后，就为他弟弟费洛拉求取分封王的地位，他也从自己的王国中赐给费洛拉一百他连得的岁入，这样一来就算希律本人遇到危险，他的弟弟也能得到保障，而他的儿子们也不能管辖费洛拉。(363)在凯撒回程时，希律为他送行，远达海边，又在接近帕尼恩的地方，用芝诺多罗斯国境中出产的纯白石块为凯撒盖了一座最美丽的殿宇。(364)这是一个位于山上的佳美洞穴，下面的地是中空的，洞穴险峻深邃，里面流经静水，上面有座大山，下方是约旦河的泉源。希律将这本已十分壮观的地方加以装饰，并在那里修建了这座献给凯撒的殿宇。

**4.** (365)这时希律将他子民的第三部分税收返还给他们，表面上是以此作为他们经过饥荒后的援助，实际上却是用这方法来赢回他们的好感。他现在必须要得到他们的好感，因为希律引入的习俗使得他们的宗教瓦解，他又不遵循他们的传统，这样的作为令他们对他深感不安，所以各地的民众在言谈中都对他不满，就像是那些依旧被他的作风激怒搅扰的人一般。(366)基于民众的不满，希律更是加紧防卫自身的安全，让他们没有骚扰他的机会,他还下令让他们不停地工作;希律也不准民众在一起聚会、走路或吃饭,更加严密地监视他们所做的一切,若他们违反被抓到,就会得到严厉的处罚,有许多人被公开或秘密地带到希尔克尼亚的驻军处处决;希律又在各个城乡布满眼线,监控那些聚集在一起的人。(367)还有一种传闻说希律自己也毫无疏失并保持着这样的谨慎态度,他常常在夜间微服混在民众当中,借此探听他们对政权的意见;(368)至于那些无法勉强自己臣服于希律政权下的人,就会被他以各样不同的方式加以迫害,希律还强迫其他的民众宣誓对他效忠,逼他们发誓在他执政期间永远对他心怀善意。(369)民众中大部分人为了讨好他或是出于畏惧,都对他的要求让步,其他那些较有自由意志且对他使用逼迫方式感到忿怒的人,就被他借着不同的方法除去。(370)希律又竭力说服法利赛人波力欧、撒每阿斯以及他们大多数学者立下同样的誓言,但是他们没有遵命而行,也因为希律对波力欧的崇敬因而他们没有像其他人一样遭害。(371)我们宗派之一的艾赛尼派也同样逃过了希律的威逼。这些人的生活方式和被希腊人称为毕达哥利亚人的生活方式相同,我在其他地方会对他们有更加详细的解说。(372)不过我们在此处仍然要说明这些艾赛尼派为什么能够得到希律的尊敬,希律将他们看得比他们的肉身更为高贵,这一切从历史的角度来看都是合理的,我们也可以由此看出当时人们对艾赛尼派的评价。

**5.** (373)艾赛尼派中有位名叫米拿现的人,人们见证这人不但生活敬虔,并且对未来有从神而来的先知的能力。这人曾在希律幼年前往学校的途中,以对待犹太君王的礼仪向他致敬。(374)希律以为他可能是认错了人或是在开玩笑,就提醒他自己只是一个平民,但是米拿现却对他微笑,并且用手轻拍他的背部说:"无论如何你都会成为王,并且要欢欢喜喜地开始你的统治,因为神认为这是你应得的,你要记住米拿现对你的拍打,这就是改变你命运的预兆。(375)你最可能的推想是这样的,你喜爱以公义待人,以敬虔待神,并以宽宏仁慈待你的子民;然而我却知道你的一切作为,你不会是这样一个人。(376)你会比任何人都快乐,得到不朽的声望,但是你会忘记敬虔与公义,而你的罪恶在你生命终结时也无法对神隐藏,到那时你会知道神记得你所有的不义,并要因为这些恶行来惩罚你。"(377)当时希律不认为自己有希望晋身高位,所以完全没有理会米拿现的话,但是不久之后他很幸运地得到王位,又拥有了许多领土,就派人去请米拿现来见他,问米拿现自己掌权的年日会有多久。(378)米拿现没有回答他这个问题,在这种沉默下,希律又进一步追问自己是否可以有十年的政权? 米拿现回答道:"是的,二十年,甚至三十年。"但他并没有确切地指出他执政的年限。希律对他的回答感到相当满意,就将手伸向米拿现,并让他安然离去。从那时开始,希律就一直非常尊敬所有的艾赛尼派的人。(379)我们认为将这些事实告诉读者们是适当的,无论艾赛尼派看起来多么特立独行,但因他们许多人的超然与敬虔,人们相信他们值得获得属天启示并宣告发生在我们身上之事。

# 第十一章
## 希律重建圣殿,并将圣殿建得比以前更加高大华美;
## 以及有关希律以"安东尼"命名的一座碉堡

**1.** (380)在前述各样事件发生之后,希律继续执政,并进入执政的第十八年，那时他正着手于一项大工程，就是为自己建造神的殿。那殿的面积比以前的规模更大，它的高度也极为壮观，希律将它视为毕生最伟大的成就。而这殿也真的达到了希律的期望，它的一切都十分完美，足以作为希律永垂不朽的纪念。（381）不过希律知道民众尚未预备好，还不愿意帮助他进行如此规模宏大的工程，他就决定先以一篇演讲来预备他们的心，然后再开始这项工程。于是他将他们召集起来，对他们这样说：（382）"我的国人啊，我想我不需要对你们陈述我来到这个国家以后的所有政绩，但是我相信我可以说这些政绩为你们带来的安全感远超过为我个人带来的荣耀，（383）因为我既没有在最危难的时刻轻忽帮助你们减轻困乏，也没有为自己建造比保护你们的建筑物更周全的建筑来保护自己。我相信借着神的帮助，我已将犹太民族带到一个前所未有的幸福境界。（384）至于那些位于你们国家、属于你们城邑以及属于那些我们新近得到的城邑的特殊建筑物，就是那些我们竖立起来又极力修饰的大型建筑，借着它们的存在使得你们的国家更为庄严宏伟，我也不必再一个一个地对它们加以细述，因为你们早已知之甚详；至于我目前想要进行的这项工程，是我们所能成就的最为敬虔且完美的一个项目，现在我就要对你们陈述这事。（385）我们先祖从巴比伦回归时为了全能的神建了这座圣殿，但是它还需要再加高六十肘，因为原来所罗门建的殿比这座殿还要高六十肘。（386）我们不能让任何人抱怨我们先祖的无知或是说他们不够敬虔，这殿没有那么高不是他们的错误，是居鲁士以及希斯塔斯普之子大流士二人来决定重建的尺度。由于我们的先祖必须听命于他们和他们的后裔，以及后来所臣服的罗马人，所以先祖们没有机会遵循这神圣建筑的原有样式，也无法将它加增到古时的高度。（387）

但是现在我在神的旨意下成为你们的行政首长,又经历了长时期的和平,并积聚了许多的财富和岁入,更重要的是我得到了罗马人的尊重与友谊,可以说罗马人是全世界的统治者。现在我要竭力将这不完美之处更正过来,这是我们必须要做的事,以这最敬虔的方式作为神将我们从为奴之境拯救出来的回报与感恩,而我也要尽我所能把这殿宇建得完美,好作为神将这王国赐给我又施恩于我的回报。"

**2.** (388)这就是希律对他们的演说。但是这演说令许多民众感到害怕,因为这对他们而言是出乎意外且不可思议的事,这番话不但没有激励他们,反倒令他们感到沮丧,因为他们担心希律会先将整个圣殿拆除,日后却无法按照心意将它完美地重建起来;他们认为这种可能性极大,因为这项计划的规模实在太过庞大,几乎没有完成的可能。(389)就在他们都有这样的想法时,王亲自鼓励他们,说除非自己已经将重建圣殿的一切都预备妥当,否则绝不会拆除这殿。王事先就应允了他们这事,他也没有令自己的话落空。(390)王预备了一千辆用来运送建殿石头的马车,又挑选了一万名最好的工匠,并购买了一千件给千位祭司穿着的圣袍,还教导其中一些人切割石块的技巧,教导另一些人木工,然后才开始建殿。建殿确实是等到所有的预备工作都齐备之后才开始的。

**3.** (391)希律拆除了原有的基石,把圣殿建在另外铺好的基石之上,这殿有一千肘长,另外又加高了二十肘,这[二十肘]是在它们下陷的基石之上建立的,之后这部分倒塌了,这正是我们在尼禄时期决心重新整修的部分。(392)圣殿是以白色且坚硬的石块建造的,每一块石头长二十五肘,高八肘,宽十二肘,(393)整个建筑以及皇室专用回廊的建筑都是中间突起、两边稍低的设计,让居住在许多公里外的国人都能在远处就看到它们,但这设计主要还是为了居住在近旁的人以及那些要前来此处的人。(394)圣殿的入口处有大门,其上有门楣,高度与圣殿相仿。它们以刺绣镶边的幕幔装饰,上面是紫色的花案与交织的梁柱;(395)在门楣上方与穹顶下方之间,装饰着金色的蔓藤,它的枝子从极高之处延伸下来,当观赏者看到其所使用的大量材质和工匠的巧技时,都会因为它的壮观和精雕细琢而赞叹不已。(396)希律又以大规模的回廊环绕着整个圣殿,它们尺寸的设计和建筑本身的规模成正比;他在布置上的花费也比以往任何人都多,直到他认为没有人在圣殿的装饰上能超过他为止。两个回廊的旁边都有极高的墙垣,这墙垣本身就是一件前所未闻的巨大工程。(397)圣殿所在的山丘是布满岩石的上坡,它向下的斜角朝向城东,一直延伸直到形成高起的平面。(398)这山丘是所罗门因着神的启示而以城墙围起来的,他是我们国王中第一位这样做的王。向上的墙垣是以极佳的技术完成并环绕着山的上部。他也在下面从山的底部开始筑墙,并以深谷环绕着它。他在南面用铅索将石头捆绑在一起,它们的内部有部分是相连的,这些石头堆聚到了相当的高度,(399)直到这方形建筑的体积与高度都极为壮观,而且从前方的外面就能清楚看到这些巨石的表面;朝内的部分又加设铁索固定,使它们的交接处永远都不会松动。(400)这工程[的地基]以这样的方式完成后,他将整个山顶与山体连为一体,形成一个平整的外表面,并填平了墙上的空隙,使外部上方表面平整光滑。这座山四围都有墙垣环绕,每边距离是二百公尺长。(401)墙内的最高处又有另一堵石墙,东面是和墙等长的双回廊,中间是圣殿本身。回廊面向着圣殿的门,它被以前的众王装点得非常壮丽。(402)圣殿的四周都是从各个蛮邦那里得来的战利品,希律将这一切都献给圣殿，此外还加上他从阿拉伯人那里夺得的器皿。

**4.** (403)［圣殿的］北边建了一个驻军处，驻军处的围墙是正方形的，并且造得极为坚固。这个驻军处是阿萨摩尼的诸王所建造的，他们也是希律之前的大祭司，这些人称此驻军处为高塔，里面存放着大祭司的礼服，只在献祭时才穿。(404)希律王把这些礼服存放在这里，在他死后，这些礼服就由罗马人来管理，直到提庇留·凯撒时为止。(405)提庇留·凯撒统治时，叙利亚的省长维特里乌斯有一次前往耶路撒冷，在那里受到民众非常盛大的欢迎，他就想为所受到的礼遇回报他们，于是当人民恳求自己管理这些祭司用的礼服时，他就将这请求写信给提庇留·凯撒，而提庇留·凯撒也应允了所求之事。犹太人管理圣典所用祭司服饰的权力一直持续到亚基帕王去世时为止，(406)后来叙利亚的省长加修·朗吉努斯和犹大地的行政长官库斯皮乌·法督劝说犹太人将这些礼服存放回安东尼塔楼里，(407)因为他们认为自己应该像以前一样拥有保管这些礼服的权力。但是犹太人派遣使者去见克劳狄·凯撒，请他为犹太人请求。这人来到罗马时，当时年轻的亚基帕王正好也在罗马，他向皇帝请求并且得到了管理这些礼服的权力，于是皇帝命令当时在叙利亚做司令官的维特里乌斯按照旨意将这些礼服交出来。(408)在这之前，这些礼服都用大祭司的印鉴以及圣殿司库们的印鉴封存好，等到节期来临的前一日，司库们就去见驻守圣殿的罗马侍卫长，在确认过印鉴与他们的印鉴相符之后将礼服取去；等到节期结束后，他们又将礼服带回到这里，让驻守圣殿的罗马侍卫长确认他们的印鉴和他持有的印鉴相符，然后再将礼服存放回来。(409)事情就是这样，［有关这些礼服］带给我们的苦恼已经非常明显；说到这座高塔，当犹太王希律比往昔更为加强巩固这塔楼以保卫圣殿安全之后，就将它命名为"安东尼堡"，用以报答他的友人，也就是罗马的统治者安东尼。

**5.** (410)在圣殿围墙环绕下的西区有四扇门，第一扇门连接着王宫与圣殿间的深谷径道；还有两扇门通往城邑的郊区；最后一扇门则连接着另一个城邑，这条路起先往下经过许多的阶梯通到一个谷地，接着再向上而行，因为那座与圣殿比邻的城邑建得像个剧场，它的南边完全都被深谷所围绕。(411)圣殿朝南的第四面中间本身就有门，也有皇室用的回廊，上有三条步道，它们伸展的长度是从东边的谷底延续到西区，而这就是它可能达到的最远之处了。(412)这回廊比日光下任何其他的回廊都更值得我们提起；因为那谷地是深不见底的，如果你从上面往深处看，这回廊是位于极高的水平上；若有人由城墙的最高处往下看，或者从塔楼和城墙两处高度往下看，一定会因为看不到底而感到头晕目眩。(413)回廊上有四排柱石，一排接着一排，第四排和墙交错一处，[也是由石块筑成的]。每根柱石的厚度需要三个男人伸长手臂互握才能将它合围，它的长度是二十七英尺，底部有两个回旋状的装饰。(414)[这里]共有一百六十二根石柱，它们的顶端是科林斯柱式的雕刻，因其整体的壮观[而令观赏的人]惊叹不已。(415)这四排柱石包含了三条回廊上的行走间隔，其中两条是尽可能以平行方式建造的，每一条的宽度是三十英尺，长度是二百米，高度是五十英尺。但在回廊当中部分则有一倍半的宽度及两倍的高度，比两边要高出许多，(416)它们的顶部是以深雕的木头为饰，上面刻着许多不同的形象；中间比其他部分都高很多，面向前方的墙装饰着与石柱交叉的横梁，它的表面是极为细致的磨光石块，没有亲眼看过的人无法相信它的细致，见过的人则觉得它实在是太不可思议了。(417)这就是第一个围层。离围层中间不远之处再向上行几个台阶就是第二层,它是以石墙围绕作为间隔,上面刻着禁令,禁止外邦人进入,否则就要被处死。(418)这个内区的南边和北边各有三扇间隔[相同的]门,面朝日出的东边则有一扇大型的门,只有洁净的人和他们的妻子才可以由此入内;(419)从那门进入圣殿的再里面一区,是不允许女子进入的;更里面是圣殿的第三院,只有祭司们才可以进入。圣殿本身在这里面,它的前面是祭坛,我们在那里献祭物与献燔祭给神。(420)希律王不能进入这三处,因为他不是祭司。但是他负责看管回廊以及外面的围墙,而这些是他用了八年才建造完成的。

6.(421)圣殿本身是祭司们以一年又六个月的时间造好的,峻工之际所有人都欣喜万分。他们立刻先向神献上感恩,然后再感谢王在建殿上表现出来的敏捷迅速。他们为着圣殿的重建而欢宴庆祝,(422)王自己献了三百只牛犊给神,其他的人也都各按己力来献祭,我们不可能也无法将所有献祭的数目实际记录下来。(423)因为重建圣殿的庆典与王的就职典礼是在相同的时期,王保留着这项传统作为一个节期,它刚好和建殿完成的庆典同时发生,这巧合使得这次庆典更为盛大辉煌。

7.(424)另外有一条特别为王建造的隐秘通道,从安东尼堡通往内殿东门,王在密道上为自己立了一座高塔,他可以借此经由地道向上而进入圣殿,这是用来防备民众可能兴起对付王的暴动。(425)另外有传闻说圣殿重建期间白日都不下雨,阵雨都是下在夜间,这样就不至于阻碍重建的工程。这是我们的先祖告诉我们的,只要任何人考虑到神的彰显,就不会认为这说法没有根据。圣殿重建就此完成。

第十六卷

从希律完成建殿工程到亚历山大和亚里斯多布去世(涵盖十二年)

# 第一章

## 希律颁布的一项有关窃盗的法律。

## 亚历山大和亚里斯多布从罗马回来后，希律

## 为他们娶妻，以及撒罗米和费洛拉对这两人的毁谤

**1.** （1）希律王非常热衷于将政务治理得完善，也渴望能遏止罪犯们在城乡的恶行，于是他就制定了一条与我们原有律法迥异的法规，法规是他自己制定的，内容是要将那些侵入家宅抢夺偷窃的人逐出国境。这不仅引起了罪犯们的抱怨，也令我们先祖留下来的传统瓦解，（2）因为这项法令会导致罪犯们成为外邦人的奴隶，而外邦人并不按照犹太人的方式生活，他们可以强迫奴隶遵行他们的命令。这不是对罪犯的惩处，而是悖逆我们的律法，希律的惩处是我们固有律法所避免采取的方式。（3）我们的律法规定偷窃者应偿还所偷价银的四倍，倘若这人没有足够的钱赔偿，就要被卖为奴隶，但不是卖给外邦人，也不是终身为奴；六年之后，这人一定要被释放，重获自由。（4）但是希律的这条法令，引入了更严厉与不合法的惩处。他的行为像是一个傲慢自大的暴君，而不像是一个王，他丝毫没有顾念他的子民，就径自大胆地定下了这项刑罚。（5）

这项法令开始施行后，也如同他的其他行为一样，成为人们指控他的理由，以及他被人痛恨的原因之一。

**2.** (6)希律这时也启航前往意大利，想见到凯撒和他在罗马的众子。凯撒不但在各方面都对他相当亲切，还把他的儿子们送还给他，这些孩子们已经完成学业，凯撒就让他们和希律一起回家。(7)民众们都非常高兴能看到这些年轻人从罗马回来，他们不仅得到命运的祝福，也拥有尊贵的仪表，在人群当中显得十分出众。(8)他们很快就成为王的姐妹撒罗米以及那些过去中伤玛利安之人的眼中钉，因为他们唯恐希律的这几个儿子一旦得势，他们过去陷害这些王子母亲的罪行就会遭到报复。(9)这种恐惧成为他们毁谤中伤希律众子的动机。他们造谣说这些孩子们不喜欢陪伴在父亲身旁，因为希律杀害了他们的母亲，和一个谋杀自己母亲的人交谈是件不敬虔的事。(10)虽然这些谣言［在事实上］是有根据的，但它们毕竟只是建立在假设之上，好让希律不再对他的儿子们怀着原有的善意，借此对他们造成伤害。这些造谣的人并没有明白地把谣言告诉希律，只是将它们散布在民众当中，等到希律辗转听到了这些谣传，至终还是导致了对他们的憎恶，他的父爱就算经过了很长一段时间，也无法抚平对他们的恨意。(11)但是在那个时刻，王的父爱还是超越了对孩子们的怀疑和诽谤，他仍然赐给他们适当的尊崇，由于他们都到了适婚年龄，他就为他们娶了妻子。希律将撒罗米的女儿百尼基许配给亚里斯多布，又让亚历山大娶了卡帕多西亚王亚基老的女儿格拉菲拉。

# 第二章

## 希律两次航行去见亚基帕；因伊奥尼亚的犹太人对希腊人的抱怨，亚基帕重申犹太人可以保有他们自己的律法

**1.**（12）当希律很快地把这些事情处理完毕时，他听说马尔库斯·亚基帕已经再度从意大利启航前往亚细亚，就立刻赶去见亚基帕，恳切地邀请他到自己的王国来，接受自己为他这位贵宾暨友人所预备的招待。（13）亚基帕接受了希律的恳切邀请来到犹大地，希律竭尽所能取悦亚基帕。他在新建的城邑里款待他，又将所建的大型建筑物展现给亚基帕看，无论是在塞巴斯特、凯撒利亚、他所建的港口或是在他耗费巨资修建的碉堡亚历山大里姆、希律堡以及希尔克尼亚等地，希律都以最昂贵的美食来款待亚基帕和他的友人们。（14）希律也带亚基帕前往耶路撒冷，城里的人都穿着节庆时才穿的服装来欢迎他并向他致敬。亚基帕在那里向神献了一百头牛犊为祭牲，此外他也宴请当地的民众，毫不吝惜地让大家享用各样的珍馐。（15）亚基帕住在耶路撒冷多日，非常尽兴地和民众们生活在一起，他本来还想要多住一段日子，但是因为季节的缘故不得不很快离去（那时冬天即将来临，亚基帕认为等一阵子之后不能保证可以平安地航行回去，而他又必须回到伊奥尼亚）。

**2.**（16）于是亚基帕和他的友人们在收取了希律赠送的许多礼物后就回去了，希律王在自己的国土上过了这个冬季，当他得知亚基帕计划要出兵博斯普鲁斯海峡时，又立刻在春天赶去见亚基帕。（17）希律启航

经过了罗底和哥士，打算在利斯伯上岸，他本以为可以在这里赶上亚基帕，但是由于受到北风的拦阻，他的船无法靠岸，(18)于是又继续航行了几天并抵达了基阿，他在这个地方招待了许多前来欢迎他的人，也赠送给他们昂贵的礼品。看到城里的廊柱因为米提利达战事而倒塌（这廊柱所属的建筑物体积很大，又建造得非常精美，不像其他地方那么容易重建），(19)希律就预备了一大笔钱，这笔钱的数目不仅足够重建这廊柱，还可以将整栋建筑修缮完毕。他吩咐他们不可忽略这廊柱，务必将它尽快重新修造好，好让这城能够再度拥有恰当的装饰。(20)等到又刮强风时，希律就再度启航到米推利尼，再从那里前往拜占庭。那时他听说亚基帕已经航行过了古尼阿，就十万火急地想要赶上亚基帕，(21)最后希律总算在本都的西诺坡见到了亚基帕。那些船员见到希律都倍感惊喜。于是希律和亚基帕互相问候，亚基帕觉得希律王向自己展现了最大的仁爱和善意，因为希律这样适时而又不远千里地前来帮助自己，表明他把与亚基帕并肩作战看得比自己的政务更为重要。(22)这样一来，希律就成为亚基帕眼中最为重要的人，不论是在战事处理上、协助政务上或是在其他事情的忠告或协议上，都是如此；希律也是亚基帕最佳的休闲以及共事的好伙伴，希律的仁慈是亚基帕在困境时的帮助，而亚基帕对希律的尊敬也让希律成为亚基帕极盛时期的密友。(23)亚基帕将那些应该在本都处理好的事情处理妥当之后，他们就不再从海路返回，而改从陆路。他们先经过帕弗拉哥尼亚、卡帕多西亚以及大弗吕家抵达以弗所，然后再从以弗所航行到撒摩。(24)希律王在他所经过的每一个城邑都按照当地人民的需要施予各样的恩惠，像是一些需要金钱或是和善对待的地方，虽然他们并没有提出需求，他还是从自己的财物中拿出钱来帮助那些有需要的城邑;希律也是亚基帕和那些来向亚基帕求取恩惠者之间的仲裁人,他的协调方式让任何前来请求的人都不会无功而返,(25)亚基帕原本就慷慨大度,只要请愿者的要求不会对他人造成伤害,他都非常愿意按照他们的心意成全他们。亚基帕本来就愿意行善,但是希律王的意愿在亚基帕做决定时也占有相当的分量。(26)亚基帕和以往所不喜悦的以利乌目人和好,又为基阿人付清了欠凯撒的行政长官的钱,并免除了他们的贡赋;此外他也按照其他地方的个别需要逐一加以帮助那地的人。

**3.** (27)当亚基帕和希律到达伊奥尼亚时,有许多住在该地各个城邑的犹太人前来见他们,这些人把握住眼前这个自由表达的机会,向他们陈述犹太人不能使用自己律法所受到的伤害:现在犹太人被那些心怀恶意的裁决者强迫,要在他们的圣日时审理他们的案件;(28)他们原先放在耶路撒冷的钱也被夺去,还要被迫入伍,并被强迫在其他事项上使用那些分别为圣的金钱。罗马人一向都豁免他们做这些事情,直到现在罗马人还是让他们按照自己的律法过日子。(29)他们这样大声陈述了之后,王就希望亚基帕能听听他们的理由,他还指派了自己的一位友人尼古拉为他们陈情。(30)于是当亚基帕召集了罗马诸王和统治者等要人来做他的评议官时,尼古拉就起身为犹太人申诉。他说道:(31)"生活在痛苦中的人必须倚靠那些有能力之人将他们从困境中解救出来,那些来向你们诉愿的人就是怀着这样的信念前来的。(32)过去他们常常得到你们的眷顾,如今并不敢奢求,只是恳求你们这些施恩的人,不要将原来施予他们的恩典从他们那里收回。唯有你们有权施予我们所得到的这些恩典,然而它们却被那些与我们身份地位相同的人夺去,他们和我们一样都是你们的子民。(33)倘若我们得到了一项极大的恩惠，我们理所当然会赞美那些施恩者，因为他们认为我们值得获得这么大的恩惠；如果这些恩惠只是小恩惠，那么施恩者不再次向我们确认这个恩惠就是不通情理的。(34)那些阻碍犹太人的人令这些恩典受到侮辱，他们很嚣张地挑衅受恩者与施恩者，不让那些卓越的统治者信守他们对受恩者的誓言，希望施恩之人废止那些已经应允的恩典。(35)若有人要这些外邦人从下面两件事中做一个选择，他们是宁可失去性命，还是离弃他们为了尊崇他们的神而行的传统律例、仪式、献祭以及节期呢？我非常确信他们即便受到再大的痛苦，也不愿意让先祖留下来的传统遭到破坏；(36)他们当中大部分人都极为热衷于持守律法，也愿意为了这缘故而不惜一战。我们确实相信由于你们让所有人都能按照自己民族的习俗来敬拜，大家才能享受到这样的幸福生活，并且得以［在和平的环境下］过日子。(37)虽然那些人不会受到这样的待遇，他们却力图强迫别人认同他们的方式，他们并不认为自己这样亵渎地禁止其他民族的宗教仪式，是和忽略遵行崇敬他们众神的礼仪一样不敬虔。(38)现在让我们来思考一下他们的这种做法：你们的政权以及罗马人的权势难道不是所有个人、城邑和群众最大的祝福吗？有谁能使他们赐予的恩典失去效力呢？(39)没有人会这样癫狂，因为无论是个人或是整个社会，大家都是罗马人施恩的受惠者；那些要将你们赐予的恩典夺去的人，自己也不能得到保障，每一项你们所赐予他们的恩典都要从他们那里收回来。(40)你们所赐的恩典是无价的，只要将过去王权时代的政权和现在你们的政权比一比，不说其他的，仅仅是你们为了他们的幸福而赐给他们那么多的恩典，就足以让他们不再为奴而拥有自由了。(41)我们所期望得到的权益,就算是在我们景况最好的时候也并不值得别人嫉妒,我们确实因为你们的缘故而有丰盛的生活,但这是每个在你们政权下的人都能享有的;我们要求的只是能够保全我们的宗教不被禁止,这不应该是件遭人嫉妒的特权,因为它对施恩给我们的人是有益的:(42)因为神喜悦受到尊崇,他也必定喜悦那些让他得以受到尊崇的人。我们的传统完全是以敬虔为中心,没有任何不合人道的地方,并且致力于持守公义;(43)我们从不隐藏那些用来管理我们生活的律令,因为这些律令都是敬虔的,且是人与人之间和谐共处的表征。每逢第七日我们都不做工,我们将那一日分别为圣,用来学习律法和传统,我们认为常常温习这些律法和传统是件非常合宜的事,就如同我们常去思想其他美善的德行,这样做可以使我们免于犯罪。(44)若是有人来审查我们遵行的律法,就会发现这些律法的完美与悠久,虽然有些人可能有不同的看法,但是那些已经接受这律法的人很难会再违背它们,这是因为他们尊重在宗教上享受并遵循这律法的传承。(45)现在那些与我们为敌的人以不义的方式将我们的权利夺去,且公然褒渎并强行掠夺了我们分别为圣献给神的金钱;他们还迫使我们纳贡,又在圣日要求我们去上法庭,此外他们也向我们索取类似这样的款项。这些都不是为了要履行任何的约定,而只是为了他们自己的利益。他们想要达到的目的就是侮辱我们的律法,他们和我们一样在意我们的律法,只是他们是出于一种憎恶我们律法的本性,使他们满足于不断以各种不义对待我们的律法。(46)你们是一个致力于建立美好德行的政权,你们也致力于终止那些受到恶意对待者的苦境,(47)这就是为什么我们要向至为杰出的亚基帕恳求,让我们不再受到那些与我们为敌者的苦待,不要禁止我们遵守我们的传统,也不要夺取我们的财物，让我们不再被迫去做一些我们从不会强迫别人做的事。我们得到的权利不但是合乎公义，也是你们原先就已赏赐给我们的。(48)我们可以将许多元老院的告示和现存于神殿中关于这些事情的碑文朗读给您听，它们的内容都显明了你们在经历了我们的忠诚后将这些权利赏赐给我们，这样的忠诚应该受到重视。(49)你们到现在都还一直让民众保有他们原有的一切，不只是对我们，而是对所有的人；此外你们还将超过人们所想所求的好处加给他们，因此你们的政权是所有人极大的福祉。倘若有人要来数算你们为各个民族带来的富足，这人永远数算不尽。(50)但是我们也配得这些恩典，不用说别的，我们只要谈谈现在治理我们的这位王，也就是您的评议官之一的希律，(51)他在对您国事的善行上有哪一件做得不足？他在哪一件事上疏忽了忠诚？他又有哪一次没有彰显出对您的尊崇？在帮助您的时候，他有哪一次不是将它视为要事而立刻前往呢？所以你们赐予我们的恩典不是也和你们得到的好处相当吗？(52)在这里我们也不应该忽略了他的父亲安提帕特的英勇。当凯撒进军埃及时，安提帕特带领了两千名武装士兵去帮助他，无论是在陆地或是在海上，他们都攻无不克，(53)他们在那关键时刻带来的影响力有多大，还需要我再多说吗？而我又如何需要再提起凯撒赐给他们那些既大又多的礼物呢？我实在是应该先提起凯撒写给元老院的多封书信，以及凯撒赐给他的尊荣和他在罗马得到的自由，(54)这两件事都证明我们因着自己的功绩而得到了这些权益，因此我们恳求您确认这些权益，我们有理由相信您会这样做，虽然过去因为我们的王和您之间的关系，我们并没有要求您确认这些权益。(55)再者，那地的犹太人也告诉我们，你们来到我国时展现出来的仁慈，你们对神奉上了最完美的献祭，又用值得瞩目的誓言来尊崇他,你们还宴请民众,并接受他们表达善意的礼物。(56)我们应当要尊重我们民族和城邑对公众事务的统治者暨管理者所提供的这些热诚款待,这都是你们回报犹太民族友谊的指标,也是希律家族为他们赢得这友谊的。(57)所以我们在与您同坐的王面前提醒您这些事情,我们只有这项请求,请您不会让其他人夺去您曾经亲自赐给我们的恩典。"

**4.** (58)尼古拉说完这番话后,希腊人没有提出任何的异议,因为这不是法庭上的质询,而是一项让犹太人不再受到暴力威胁的仲裁与调解,(59)希腊人既没有为自己辩护,也没有否认这些别人认为是他们所做的事。他们的借口不外是说:这些住在他们国境里的犹太人不加入他们的敬拜是不合理的事,虽然这些犹太人使用自己的方式敬拜,他们却没有做什么令这些犹太人苦恼的事,所以他们表现得已经算是相当慷慨大度了。(60)亚基帕察觉到犹太人的确受到武力的压迫,就做了如下的答复:基于希律的善意和友好态度,他已预备好要应允犹太人的任何请求,而他们现在所求的对他而言都是合理的,就算他们有更进一步的要求,只要没有危及罗马政权,他都会毫不迟疑地答应他们。他们所求的只不过是要确定罗马人原先赐给他们的权利不会被废止,那么他就确认他们可以继续使用他们的习俗而不受到任何迫害。亚基帕说完这些话之后就解散了这个集会。(61)于是希律起身向他致敬,感谢他对他们表现出来的友善。亚基帕非常亲切地做出响应,他再度向希律致敬,并用双臂拥抱希律。(62)这事过后亚基帕就从利斯伯离去,王则决定要从撒摩航行回国。他辞别了亚基帕后开始了他的航程,由于顺风的缘故,几天后他就在凯撒利亚上岸,再从凯撒利亚前往耶路撒冷,那时所有人都在耶路撒冷聚集，其中也有不少从外地来的人。(63)于是他到他们当中详细述说他这次的行程和亚细亚各地犹太人的情形，他也让他们知道因着他的缘故，那些人日后可以不受到任何伤害地过他们自己的生活。(64)他又告诉他们自己的好运，以及他如何在没有忽视他们任何利益的情况下将政务治理妥当。由于他的心情非常好，他豁免了他们上一年第四部分的赋税。(65)民众对于他的恩惠以及所说的话感到高兴，就欢欢喜喜地上前祝福王永远幸福快乐。

## 第三章

### 希律家族因希律偏爱长子安提帕特超过其他众子而起的极大纷争，直到亚历山大极为恼恨地接受了这个屈辱

**1.** (66)此时希律的家务事越来越混乱，也对希律产生恶劣的影响，这是因为撒罗米见亚历山大和亚里斯多布是玛利安所生的，就痛恨这两个年轻人。撒罗米成功地除去了他们的母亲，就想要继续用这种狂妄的手段，使玛利安的后代没有一个能够存活下来，以免他们日后有能力为母亲的死报仇。(67)这两个年轻人对他们的父亲有些无礼，面对父亲时也会有些不自在，因为他们还记得他们母亲受到的那些不公平的折磨，加上他们也想要得到领土和主权。(68)旧怨也被重新激起，两个年轻人开始指责撒罗米和费洛拉，因为这两人用邪恶的手段对付他们，甚至设下陷阱来害他们。(69)他们彼此的恨意是同等的，但是他们施加这种仇恨的方式却不同：这些年轻人轻率鲁莽，他们公开斥责侮辱对方，而且天真地以为这样无畏地表达自己的想法就是最好的方式；他们的对手却不

是这样,这些人使用狡猾恶毒的手腕来造谣诽谤,不断激怒这些年轻人,认为他们的大胆假以时日就会演变为对父亲的暴力。(70)两个年轻人既不为他们母亲被指控的罪行感到羞耻,也不认为她是罪有应得,这些人因此猜测,年轻人最终可能会失控,认为应该报复父亲,亲手将他杀死。(71)后来全城都在谈论这些谣言,而这两个不经世事的年轻人便成为人们言谈里同情的对象。撒罗米的阴谋让这些年轻人无法招架,他们的行为令人相信她添加在他们身上的罪名。(72)因为母亲的死对他们的影响很深,当大家说到他们的母亲和他们都很不幸之时,他们就会很激动地抱怨玛利安凄惨的结局。他们说的确实是实情,他们又说自己也是同样的悲哀,因为他们被迫要和谋杀玛利安的人住在一起分享一切。

**2.** (73)这些冲突愈演愈烈,王不在国内也为这事件提供了最佳的时机。等到希律回国并对民众做了上述演说之后,撒罗米和费洛拉立刻就对希律进谗言,让希律觉得自己已经置身险境,以为那两个年轻人公然地威胁他的性命,要为他们母亲的死向他复仇。(74)他们还添加了另一个状况,就是这些年轻人要借着卡帕多西亚王亚基老去见凯撒,在凯撒面前控告他们的父亲。(75)希律听了这些事情后感到非常不安,更确切地说是相当震惊,因为其他人也对他说过同样的事。他回想起自己过去的不幸,认为他家庭里的冲突使他无法享受最亲爱的人或是挚爱的妻子带给他的温馨;他也预感到他即将面临的困难会比过去的更为严重,因此他的心里十分不安。(76)虽然神实在是眷顾他,赐给他许多超过他所想所求的外在福分,但是他没有想到家庭纠纷却成了他的不幸。人们无法想象这两方面带给他的冲击,这不禁让他产生一个疑问,(77)在两者相较下,他是否应该以外在的成就来替代家中的不幸,又或者他根本不应该选择避免家庭的苦难,就让这前所未有又令人称羡的盛大王国作为他的补偿。

**3.** (78)希律的心情烦躁不安,就在宫中安置了在他还是平民时所生的儿子安提帕特,想要借着安提帕特来压制那两个年轻人。这时希律还没有像日后那样纵容安提帕特,后来希律完全被安提帕特所操纵,让他随心所欲地行事。(79)希律这个时候只是利用他来打压玛利安那两个傲慢无礼的儿子,借着抬高安提帕特的地位,使他们有所警觉;他认为他们若相信王国的继承权不仅只是属于他们,也并非必然会到他们手中,他们的鲁莽行为就会有所收敛。(80)于是希律让安提帕特成为他们的敌手,自以为这是挫败他们锐气的一个妙招,经过这事之后,他就可以等着看这两个年轻人的态度有所改变了。(81)但是这件事情的结果和他所预期的相反,这些年轻人觉得他是在大大地侮辱他们;而安提帕特又是个机灵的人,他一旦得到了这样的身份,就得寸进尺地期待获得以前他想都不敢想的名分。于是他心中只有一个想法,就是要让他的兄弟们吃苦头,决不屈服于过去地位显赫的他们,然后再和他父亲维持亲密的关系,由于他父亲已经因为听到那些诽谤他们的话而疏远他们,随时可能会被渴望对付他们的建议引导,继续以更加严苛的态度对待他们。(82)于是安提帕特在国外到处散布谣言,并使别人不会怀疑这些话是从他而来的。他都是利用那些没有嫌疑的人来帮助他,这样一来人们就会相信他们是出于对王的善意而将实情说出来。(83)那时已经有不少人和安提帕特建立友谊,希望能借着和他的关系而获得一些利益,主要就是这些人说服了希律,因为他们假装是为了关怀希律才告诉他的。这些从不同来源联合起来的控诉加强了彼此的可信度，这两个年轻人自己也提供了更多的口实，(84)因为有人看到他们为了自己所受的伤害而常常流泪，口中不断提起他们的母亲，他们也在友人当中大胆地斥责他们的父亲对他们不公平。这一切事情都源于安提帕特脑中的恶毒动机，就是为了等待一个适当时机。当人们添油加醋地把这些事情告诉希律时，希律的心里就更不舒服，到后来也为他们的家庭带来了一个大悲剧。(85)那时希律对玛利安的儿子们身负的罪名感到生气，希望能够让他们谦逊下来，他同时也不断增加给安提帕特的尊荣，最后希律还被安提帕特说服，将安提帕特的母亲接入宫里。希律常常写信给凯撒夸赞安提帕特，并特别慎重地请凯撒关照他。(86)当亚基帕结束了他在亚细亚十年的执政期即将返回罗马之时，希律就从犹大地经海路去见亚基帕，这次旅程只有安提帕特随行在侧，希律将安提帕特托付给亚基帕，让亚基帕带着安提帕特连同预备好的许多礼物去罗马，好让安提帕特成为凯撒的友人，看来安提帕特已经得到了父亲所有的宠爱，那两位年轻人完全没有得到政权的指望了。

# 第四章

## 安提帕特住在罗马期间，希律将亚历山大和亚里斯多布带到凯撒面前控诉他们。以及亚历山大在凯撒面前为自己辩护并与他父亲和好的经过

**1.** (87)安提帕特不在犹大地期间发生的事使他不断为自己提升的尊荣又更显崇高，看起来远超过他的兄弟们，这是因为希律在他所有的

罗马友人面前对安提帕特赞誉有加,这就让他在罗马有非常好的形象;(88)唯一令他懊恼的就是他不在家中,没有适当的机会持续中伤他的兄弟们,他最怕的就是他父亲改变心意,变得比较喜欢玛利安的两个儿子。(89)基于这种想法,安提帕特就不断地从罗马写信回去,向希律报告一些可能会让希律对他的兄弟们动怒或恼恨的事情,安提帕特表面上像是担忧父亲的安危,但事实上却是他的恶念在作祟,想让自己更有把握获得最终的成功,即便当时他已经拥有了极大的胜算。(90)希律原本就对那两个年轻人非常不满,不过他一直想要拖延采取对付他们的暴力行动,让自己不要太过冲动,也不要太过松懈。但是安提帕特不断这样做,使他被挑拨触怒到一个地步,认为自己最好还是航行到罗马的凯撒面前指控他们,以免让自己陷入任何人神共愤的罪恶中。(91)就在希律前往罗马的途中,他先在阿奎列亚匆匆忙忙地见了凯撒一面,在和凯撒的谈话中要求一个听证的时间,好让他带着儿子们到罗马陈述自己极端不幸的理由,他要控告他们的疯狂行为,以及他们谋害他的企图;(92)他们是他的敌人,也会想尽办法对他们的父亲表现出他们的忿怒,并要用最野蛮的方式夺取他的性命以便得到政权。凯撒赐给他处理这事的权柄,他也选择以至高的忠诚来回报凯撒。(93)他说他的这些儿子们失去了执掌政权的渴望,因为他们对能否得到政权感到失望,所以他们不顾自身性命要夺去他们父亲的生命,他们对他的恨意令他们的心思越发狂野污秽。他长期以来忍受着这样的不幸,如今才决定让凯撒知道这件会污染凯撒耳朵的事情,(94)他自己也想听听他们究竟从他这里受到多么严重的伤害,他到底是如何苦待他们以致让他们怨声载道,他们又为什么认为他做一国之君是件不合理的事。他历尽艰辛得到这个王国,并且也做王甚久,他们却不愿意让这个最应该拥有王国的人保有并治理它。(95)他建议将政权恩赐给一个日后会效法他治理国事的敬虔人,以示奖赏。(96)他又说他们预先就想要操纵这事,在他看来,若那个想要得到王国的人指望夺去他父亲的性命,否则就无法取得政权,这就是一件非常邪恶的事。(97)而他本人直到如今都尽可能地供应他们一切的需要,像是所有宜于王室权柄与王子的物品,或是他们想要有的装饰,又提供给他们仆人和佳肴,还分别为他们娶了最显赫家庭的女子为妻,亚里斯多布娶的是他姐妹的女儿,亚历山大娶的是亚基老王的女儿。(98)他对他们最大的恩典,就是当他们犯了这样的大罪而他又有权柄处置他们时,他却没有使用这权柄来对付他们,还把他们带到双方共同的恩人凯撒面前,他既没有使用一个被恶毒苦待的父亲的激烈手腕,也没有做出一个被谋逆攻击的王可能做的事,反而让他们和他有同等的身份接受判决。(99)然而这件事绝不可以毫无惩处就过去,让他继续生活在恐惧之中,就算他们这次侥幸逃过处罚,但他们在做了这样的事后还能再见到阳光是无益的,因为他们做了最恶毒的事,也必然会受到有史以来最严厉的惩罚。

**2.** (100)这些就是希律激动地在凯撒面前对他儿子们的指控。这两个年轻人在希律说话、尤其是当他说完后,都表现得十分困惑并啜泣不已。他们虽然清楚知道自己是无辜的,(101)而且他们在这种情况下有自由说话的权利,可以尽力且大声地驳斥所有的指控,但是因为控告者是他们的父亲,他们就明白他们很难为自己做出辩解,在这样的情况下驳斥控诉是非常没有礼貌的事。(102)于是他们觉得很为难,不知要怎样说才好,最后他们就哭了,并发出深深的叹息。他们害怕若是什么都不说,人们会认为他们意识到自己所犯的罪而难以辩驳,他们也因为年轻又情绪不稳,所以还没有做好答辩的准备。(103)然而凯撒看到他们困惑的表情,他们迟疑没有作答并非出于自觉罪恶重大,乃是因为他们涉世不深并且羞怯不已,他就明白是怎么回事了。在场的人都非常同情他们,他们也触动了他们的父亲深切的父爱,使希律必须相当费力地去掩饰他的爱。

**3.** (104)他们看到希律和凯撒对他们的表情柔和,其他人也都在流泪或是和他们一同悲叹,他们当中的亚历山大就呼唤他的父亲,试图为他所指控的事件做出响应。他说:(105)"父亲啊! 你对我们表现出来的慈爱是显而易见的,甚至在这个裁决的过程中也是如此,倘若你对我们怀有任何恶意,你也不会将我们带到众人的救赎者面前了,(106)因为无论是以王或父亲的地位,你都有惩罚罪恶的权柄。但是你却将我们带到罗马,让凯撒成为处置这事的见证,你内心实在是想要拯救我们,因为没有人会将他要杀害的人带到圣殿的祭坛上。(107)但是如果人们真的相信我们企图伤害这样待我们的父亲,我们的景况就更糟了,因为我们自己也无法忍受再继续活下去,与其让我们背负着这种伤害父亲的嫌疑活下去,还不如清白而死。(108)如果你相信我们公开的辩解,这不但可以平息你的怒气,也使我们得以脱离眼前的危险,这样我们都会感到高兴;但如果这诽谤达到了它的目的,那么我们能够看到今天的太阳就已经是很奢侈的事了。这就是为什么我们应该要察看我们所受到的怀疑是否是被人事先安排好的。(109)人们很容易编出年轻人急欲夺权的话,并更进一步说这样的邪恶是肇因于我们母亲不幸的遭遇。上述理由可以很充分地造成我们如今的不幸,(110)但是仔细想想,这样的指控是否并不适用于所有的年轻人，不能随随便便地说他们每个人都是这样的，因为倘若那位统治者有孩子，孩子们的母亲又过世了，没有什么可以阻止做父亲的怀疑他的孩子们想要篡位，不过怀疑并不足以证明如此恶毒的事真的存在。（111）不管人们如何讨论我们是否真是狂傲地想要这样做，但光是凭口说就能将不可信的变为可信的吗？有谁能证明毒药真的预备好了吗？或是证明我们和同伙之间的谋逆行为？或是收买了仆人？还是写了背叛您的信件？（112）诚然这些事一件也没有发生，只不过有时听到了别人捏造的那些不实的诽谤，因为一个内讧的王室本身就是很可怕的，您所提到的那些敬虔者的报酬，常常会成为最恶毒之人的盼望，使得他们处心积虑地尝试所有的恶谋，令这报酬落到他们手中。（113）这并不是说有人设下了邪恶的诡计控诉我们，但人们若是没有想要听听我们怎么说，又怎能制止这些道听途说的诽谤呢？我们是不是说话太过放肆了？的确是，但这些并不是针对您而说的，因为那样就太不公平了；我们这些话是针对那些听到任何事情就到处渲染的人而说的。（114）我们两人是否为我们的母亲感到悲哀呢？是的，但不是因为她已去世，而是因为有人谤渎她，而那些人这样说是毫无凭据的。我们渴望夺得我们父亲拥有的领土吗？我们有什么理由这样做呢？我们已经有了王室的尊荣，我们何必做这样无谓的事呢？若是我们没有王室的尊荣，我们又怎么会想要夺取政权呢？（115）假使我们真的杀害了您，我们有希望得到您的王国吗？因为做了这件事之后，全地都不会让我们踏足其上，海洋也不会让我们航行其中，甚至您子民的信仰以及全国人民的敬虔都会禁止弑亲的人得到政权，也绝不会让这样的人进入您所建造的圣殿。（116）就算我们轻看了这些危险，难道凯撒会让任何谋杀者不遭受任何惩处吗？我们是您的儿子，并非是您想象的那种不敬虔又轻率的人，我们或许只比您所想的更加不幸罢了。(117)若是您没有找到任何可以抱怨的原因，也没有发现任何谋逆的策划，您有什么足够的证据让人相信我们是如此恶毒呢？我们的母亲的确已经死了，发生在她身上的事也教导我们要处处小心，不要诱发那些邪恶之人来对付我们。(118)我们愿意为自己做更多的辩护，但是这些没有发生的事情不值得我们再多加解说，我们希望在全地之主又是我们的仲裁者凯撒面前和您达成一项协定。(119)父亲啊！您若没有真凭实据，请不要再怀疑我们，让我们能存活下去，虽然我们已经无法再像以前一样快乐地生活，因为这重大且恶毒的指控即便是虚构的，也是非常可怕；(120)倘若您还存着恐惧的心，无法继续过您敬虔的生活，这就是我们的行为造成的；若我们活着会伤害到我们的父亲，那我们就不再这样渴望活着，因为我们的生命是父亲给予的。"

**4.** (121)亚历山大说完这番话后，原本就不太相信这个令人憎恶的诽谤的凯撒，就更加被亚历山大的话所感动，他专注地看着希律并察觉到他有一点动摇。在场的人都为这两个年轻人忧心，王对这事在国外如此广传感到极为不悦。(122)因为这诽谤毫无根据，人们对这些正值青春又有俊美身形的年轻人的同情，也在强烈地为他们辩护，加上亚历山大为他们所做的答辩既周全又谨慎，现在他们的表情也和原先沾满泪痕、俯伏在地的样子不同，(123)好像有了期待最好结局的盼望，王好像也没有足以指控他们的根据，他手上并没有任何可以定他们罪名的真凭实据。希律真的想要为这样的控诉辩解，(124)但是凯撒在停顿了一会儿之后说道，虽然这两个年轻人在遭人诽谤这件事上是完全清白的，不过他们还是应当受到责备,因为他们没有以谦恭的态度对待父亲,所以无法避免国外盛传有关怀疑他们的传闻。(125)凯撒也殷切劝告希律放下这样的疑虑,重新和他的儿子们和好,来自双方的悔悟或许可以弥补彼此间的裂痕,也可能会增进对对方的好感,借着彼此的改变,他们得以原谅对方未经思考而产生的怀疑,也可以下定决心比以前更爱对方。(126)凯撒做了这番训诫之后就对这两个年轻人打手势,他们就俯伏于地恳求他们的父亲,希律把他们扶起来并拥抱他们,他们都哭了,希律又一一地将他们抱在怀里。在场的每一个人,不论是为奴的或是自主的,都因为他们眼前的景象而深为感动。

5.(127)他们向凯撒致谢之后就一同离去了,安提帕特也和他们同去,他表面上装得像是为他们这次重新和好而欢喜快乐。(128)他们和凯撒在一起的最后几天,希律送给凯撒三百他连得作为礼物,又送了罗马人许多的礼物,并为他们安排了多场演出。凯撒也赐给希律塞浦路斯一半的铜矿为岁入,并让他管理另一半的出产,凯撒还送了他许多金钱和其他的礼物。(129)至于希律的王国,凯撒让他自己全权处理,无论他希望指定哪一个儿子继承,或是想要将它分配给所有的孩子,让他们每一个都得到这份尊荣。当希律想要立刻安排政权的分配时,凯撒说他不允许希律在自己还活着时就失去了处置王国和众子的权柄。

6.(130)这事过后,希律再度回到犹大地,不过当他不在国内时,特拉可尼附近有一块不小的领土发生叛乱,他留在该地的将领们平息了叛乱,让那地再度臣服下来。(131)在希律和他儿子们回航途中,他们沿着基利家到了以留撒岛,那地现在叫作塞巴斯特,他们在那里见到卡帕多西亚王亚基老。亚基老热诚地接待他们,因为他很高兴见到希律和儿子们和好，他女儿所嫁的亚历山大受到的指控也告一段落。他们彼此赠送了合于王者身份的礼物。（132）希律再由那里回到犹大地和圣殿，他在圣殿中告诉民众有关他这次行程中发生的事情，他也谈到凯撒对他的友善以及他认为别人应该知道的那些有利于他的各项细节。（133）最后希律提到了对他儿子们的训诫，他劝勉宫廷里的人和民众要同心一意，他告诉他们他的儿子会继承他的王位，首先是安提帕特，接续安提帕特的是玛利安的儿子亚历山大和亚里斯多布。（134）希律希望他们现在都能尊重他为王并全地的主，因为他本人还没有到无法掌权的年龄，如今他正值对执政最为有经验的时期，而且在其他事务的处理上也都没有疏失，他不但可以好好地治理王国，也能好好地管理他的孩子们。他还进一步对他下面的行政长官和士兵们说，只要他们专心一志地效忠他，都会拥有平安喜乐的日子，说完之后他就让大家散去了。（135）大多数人都很欣喜地接受了他的演说，但并不是每一个人都同意他的话，因为他众子之间的争竞，以及他这番话带给他们的指望，更加引发了他们彼此不和及设计陷害的企图。


# 第五章

## 希律在凯撒利亚完工时举行五年一次的运动赛事；
## 他以盛大豪华的方式建造并装饰了许多地方；
## 以及他在其他方面的功勋


**1.**（136）这时希律所建的凯撒利亚·塞巴斯特完工了，这整项工程的完成是在第十年①的时候，希律执政的第二十八年举行了庆祝仪式，那年也是第一百九十二届的奥运会。(137)随着凯撒利亚完工而来的庆典十分盛大，奉献仪式是以最豪华奢侈的方式来准备，希律指定要有音乐比赛、肉搏战术比赛、角斗表演以及斗兽表演，另外还有赛马等类的活动。过去只有罗马会有这样令人瞩目的运动和赛事，如今在其他的地方也有了。(138)希律将这样的战斗表演献给凯撒，并下令以后每隔五年要这样庆祝一次。他也从自己的日用器皿里拿出各式各样的装饰品，好让这庆典达到尽善尽美的地步；(139)凯撒的妻子朱莉娅也从罗马将自己最昂贵的家具送来，希律就更加一无所缺。这一切物品的价值大约是五百他连得。(140)许多民众来到这城观赏赛事，另外还有许多受过希律恩惠的地区派遣使臣来观礼。希律招待大家住在公共旅馆里，并且在公众的餐桌上不断地宴请他们。他不但在白天进行各样格斗娱乐时这样招待他们，连他们晚上欢愉的聚会也是如此，这一切的庆祝花费了许多金钱，也向所有人展现出他的慷慨大度。(141)希律这样做是为了满足他的野心，他要超越过去所有人在这类事情上的表现，就像凯撒和亚基帕常常说的，希律的领土和他的气魄比起来实在是太小了，他应该得到叙利亚整个王国和埃及全地。

　　**2.** (142)在这奉献仪式和所有庆典结束以后，希律又在克发撒巴平原上建了另一座城邑，他选的地方有充足的水源和肥沃的土壤，所有植物都非常适合在那里栽种，那城被一条河流包围，四周也都有上好且颇具规模的丛林环绕，(143)他以他父亲安提帕特之名将这城命名为安提

---

① 屋大维执政第十年。——编者注

帕底。希律也在耶利哥上方的另一处以他母亲之名建了一个城邑，那里相当坚固又适于居住，他称之为塞浦路斯。（144）希律还以最壮观的纪念碑献给他的兄弟法撒勒斯，因为他们之间曾经拥有深厚的自然情谊，他在城里建了一座塔，不亚于法罗塔（Pharos），他将这塔命名为法撒勒斯，它既是城邑坚固防御的一部分，也是对法撒勒斯的纪念，因为这塔是以他的名字命名的。（145）希律又在耶利哥往北走的山谷里以法撒勒斯之名建了一个城邑，通过当地居民的种植，他使邻国更加多产，他也将这城称为法撒勒斯。

**3.**（146）希律在其他各方面的贡献不可胜数，他在叙利亚和希腊各城赐下了许多恩典，而他行程经过的所有城邑也都得到了同样的恩典。他以最慷慨的方式供应他们的不足，又建立公共设施，并给他们金钱让他们想要做的工程得以完成，并在他们税收不足之处帮补他们。（147）不过希律最著名也最伟大的工程是自己出钱在罗底建的阿波罗神庙，他给予当地人许多他连得的银子维修他们的船队。他也在亚克兴为尼哥波立的居民建造了绝大部分的大型公共建筑，（148）在叙利亚的主要城邑安提阿的那条纵贯全城的大马路两旁，为住在当地的安提阿人建了可通行的回廊，并用磨光的石头铺在道路上，带给居民相当大的便利。（149）由于奥林匹克赛事所得的收入不多，比赛的气势就非常低迷，希律重新建立了它的声誉，并分配了岁入作为维持奥林匹克赛事的经费，让有关的献祭、各样的装饰以及所举行的圣会都更令人尊崇，希律的大手笔令他在他们的题铭里被称誉为这些比赛永久的筹划者之一。

**4.**（150）有些人会非常讶异希律在个性上和目标上的多元化，我们一方面崇敬他的伟业，以及他对全人类的贡献，甚至那些最看不起他的人也无法公然否认他的确有相当仁慈的天性；(151)但是当人们看到他对他的子民甚至是对他的至亲的伤害和惩处时，就可以发现希律是极为严厉且无情的，这时人们就不得不说他是个非常残酷又没有人性的人。(152)大家都认为他有不同的个性，而且这些个性还互相抵触。不过我自己却持有另一种看法，我觉得这两项行为背后的理由是一致的，(153)作为一个追求荣誉的人，他被这样的激情所控制，任何可能会成为后世纪念或是得到今生美名的事情，都会诱惑他要在其上展现出自己的宏伟。(154)由于他的开支超出他的能力，他就必须要以粗暴的方式对待他的子民。由于耗费他钱财的人甚多，这些人也就令他成为一个恶劣的掠夺者。(155)希律知道他手下的人因为受到他的折磨而痛恨他，但他又不愿意改正过犯，免得失去自己的收入，于是他就努力从另一个角度着手，让他们对他的恶意成为他获利的机会。(156)至于在他自己的王宫里，若有人在言词上没有奉承他，又不承认是他的奴仆，或对他的政权有所图谋，希律就绝不容忍地控诉他最亲密的友人或是亲属，将他们视为自己的仇敌，他如此邪恶的行为就是为了要达到唯我独尊的地步。(157)我们有有力的证据来证实我所说的有关希律的这种激情，只要看看他是怎样荣耀凯撒、亚基帕以及他的其他朋友的；然而希律自己也同样渴望得到他用来尊崇那些比他地位高的人同等的待遇，他想要送给别人最佳美的礼物，他也希望别人能够同样礼遇他。(158)但是犹太民族的律法中没有这类的事，他们高举公义胜过外在的荣耀，基于这个原因，犹太民族就和希律格格不入，他们不会为了讨好王的野心而为他竖像、建筑庙宇或做出类似的事情。(159)我认为这样的不合立刻就成为希律恶待属下的廷臣和议事者，又以恩惠慈善对待外邦人和那些与他无关之人的原因。

# 第六章

## 古利奈和亚细亚的犹太人遣使来见凯撒，向他抱怨有关希腊人的事；后来凯撒和亚基帕为他们写信给那些城邑的人，并让他们将信件带回去

**1.** （160）那时亚细亚的各城和与古利奈连接的吕彼亚的居民都苦待犹太人，虽然过去诸王赐给犹太人与当地居民同等的权利，但是那些希腊人却在此时公然侮辱犹太人，甚至将他们分别为圣的钱都拿走，并在其他的事情上危害他们。（161）于是犹太人在无法制止希腊人对他们的暴行和诸般痛苦的情况下，只好为此派遣使者去见凯撒。凯撒将他们原先就已经拥有的权利再度赐给他们，并为了这个目的写信给那些地方的行政首长们，我将信件的抄本附录于后，借此见证古时的罗马皇帝对我们的友好态度。

**2.** （162）"人民的大祭司暨军团指挥官凯撒·奥古斯都颁布如下命令：我们知道犹太民族从过去到如今都对罗马人心存感恩，尤其是我父亲凯撒皇帝时的大祭司希尔克努，（163）我和我的议事官按照罗马民众的判决和誓言，宣布犹太人可以遵循他们先祖的律法，自由地使用他们的习俗，就像他们在希尔克努为全能神的大祭司时那样。你们也不许动用他们分别为圣的钱，那些钱要被送到耶路撒冷，让耶路撒冷那里管理圣银的人来处置。你们不可强逼犹太人在安息日或是预备安息日的第

九个时辰之后到裁判官前受审。(164)若有人被抓到在会堂或是公众学堂偷窃他们的圣书或圣银，这人就该受到谴责，他的所有财物都要充公到罗马人的国库里。(165)我下令将他们因我对全人类的敬虔以及他们对该犹·马尔库斯·肯色利努的尊敬所写的褒扬状和现在的这份公告，一起放在亚细亚的安西拉居民所献给我的最显眼之处。任何违背上述公告的人都要受到严厉的惩罚。"这是铭刻在凯撒殿宇里的柱石上的命令。

**3.** (166)"凯撒向诺巴努·夫拉库问安。你们要让那些犹太人自由使用他们先祖的习俗，不拘人数多寡；也要让他们将分别为圣的钱按照他们的意思送往耶路撒冷。"这是凯撒的公告。

**4.** (167)亚基帕也为犹太人写了如下的信件："亚基帕向以弗所人的行政长官、元老院以及当地的人民问安。我期望你们让亚细亚的犹太人按照他们先祖的习俗自行管理并处置那些要送往耶路撒冷圣殿的圣银；(168)那些窃取犹太人圣银的人就算逃到避难之处，也要从那里被交到犹太人的手中，按照处置亵渎者的律法办理。我也写信给执政官西尔瓦努，不准任何人在安息日强逼犹太人到裁判官前受审。"

**5.** (169)"马尔库斯·亚基帕向古利奈的行政长官、元老院以及当地的人民问安。古利奈的犹太人告诉我，奥古斯都对吕彼亚执政官弗拉维斯（Flavius）和该省行政长官们的命令，以及这命令的果效，让他们可以按照他们先祖的习俗，自由地将圣银送往耶路撒冷。(170)他们向我抱怨有些告密者对他们的诬陷，说他们没有缴纳赋税，借此阻止他们将圣银送往耶路撒冷。我命令你们分毫不动地将钱还给他们，也不可骚扰他们。若是其他城邑从他们那里拿了圣银，我也命令你们将那些钱全部还给该地的犹太人。"

**6.** (171)"地方总督该犹·诺巴努·夫拉库向撒狄人的行政长官问安。凯撒写信给我,命令我不可阻止犹太人民按照他们先祖的习俗在一起聚会,不拘人数多寡,也不可阻止他们将钱送往耶路撒冷。因此我写信给你,让你知道凯撒和我都要你如此去行。"

**7.** (172)地方总督尤利乌斯·安东尼也写了同样的信件:"我向以弗所人的行政长官、元老院以及当地的人民问安。我是在以弗所施行公义的人,住在亚细亚的犹太人在二月的伊底斯日拿了奥古斯都和亚基帕允许他们使用他们律法和习俗的证明给我看,他们可以随心所欲地向神表达他们的敬虔并献上初熟的果子,我们也要让他们不受干扰地一同将这些奉献送往耶路撒冷。(173)他们恳求我亲自核准并确认奥古斯都和亚基帕所允许的一切,所以我要你们留意,根据奥古斯都和亚基帕的旨意,我允许他们不受任何阻扰地使用他们先祖流传下来的传统习俗。"

**8.** (174)由于我们现在一般都是在希腊人当中生活,所以我必须将这些公告记录下来,借此向他们证实我们过去所受到的尊崇,那些行政长官并没有禁止我们保有我们先祖流传下来的律法,他们甚至支持我们按照我们的宗教来敬拜神;(175)我常常提到这些公告,好让别人与我们和好,也让那些无故憎恶我们的人可以挪去憎恶我们的理由。(176)在使用我们的习俗这件事上,没有一个国家是完全一样的,我们遇到的任何一个城邑几乎都和其他城邑不同;(177)然而公义对全人类的益处是相同的,不论是希腊人还是蛮族。我们的律法十分尊崇公义,这律法也教导我们要圣洁地遵守律法,以仁慈和友善对待所有人。(178)由于这样的教诲,使我们期望从别人那里得到同等的对待,同时也告诉别人不要因为过于看重这些正面行为上的差异而与我们疏离,反而应当和我们一起追求公义与正直,这是属于全人类的,人类的命脉只要借着它就可以留存下去。现在我要再回到历史的轨迹里。

# 第七章
## 希律进入了大卫的陵寝,他家庭内的骚动便大大加剧

**1.** (179)希律在国境内外的许多城邑花费了大笔金钱,由于他曾听说在他之前的希尔克努王打开了大卫的陵寝,从里面拿了三千他连得银子,陵寝里还留有更多的钱,足以满足他的需用,他就一直打算要这样做。(180)为了不让全城的人知道这事,希律就在夜间带着几个最忠心的友人进入了陵寝。(181)他并没有像希尔克努那样找到任何金钱,不过他将放在那里的所有金质的家具和贵重的器皿都拿走了。然而他想要再详细地搜寻一番,于是就朝着更里面的方向行进,甚至到了安放大卫和所罗门遗体的地方。(182)据说他的两名侍卫走到里面,被那里喷出来的火焰烧死,希律在极度惊吓之下离开了大卫的陵寝。他为了这次受到的惊吓而盖了一座用来和解的纪念碑,这座他耗费巨资用白色石头建造的纪念碑就放在陵寝的出口。(183)希律的史官尼古拉也提到他所建的这个纪念碑,因为进入陵寝是极不名誉的行为,所以他并没有提到这件事。尼古拉在他的书中也以同样方式处理许多其他的事件。(184)由于尼古拉是在希律的统治下记录他的一生,他身为希律的仆人,目的是要取悦希律,因此他记录的都是希律光荣的一面,他也公然为希律重

大的罪行找理由，努力地掩饰它们。(185)他急欲为玛利安和她儿子们的死找到更好的借口，虽然他们是死于王的野蛮行为，尼古拉却谎称玛利安对希律不忠贞，又说她的儿子们背叛希律。他就是这样完成了他的著作，对希律的公义行为大加赞誉，也竭力地为他的不义之举辩护。(186)就如同我所说的，有人会为尼古拉找许多的借口，说他为了奉承他的王，所以无法正确记录他人的历史。(187)至于我们，我们的家族是阿萨摩尼王族的近亲，也因此拥有祭司这样尊贵的地位，我们认为任何有关他们的不实记录都是无礼的，我们也是以不偏不倚的态度来描述他们的一生。虽然我们敬重仍然掌权的希律的后裔，但是我们对实情更为尊重，有时也会因此导致他们的不满。

**2.** (188)希律对大卫陵寝的企图让他家庭里的纠纷更为激烈，或许是神的忿怒让他所受到的不幸加增到无法挽回的地步，也或许是命运以这些事情来打击他，然而它们在发生时机上的巧合，让人坚信这些不幸之所以临到他完全是因为他的不敬虔。(189)这个动乱好像是王宫里的内战，他们彼此的恨意让他们竭力地毁谤中伤对方。(190)然而安提帕特阴险地采取持久战对付他的兄弟们，他在国外的时候，以各种谎言控告他们，但是他又经常为他们致歉，这种表面上的仁慈让人们相信他，也让他的企图更向前迈进了一步。安提帕特借着不同的状况用这方式来陷害他的父亲，令他的父亲认为他所做的一切都是为了要保护父亲的性命。(191)希律也向安提帕特推荐王国内务的主管托勒密，并和安提帕特的母亲商量政务。他们所做的一切都是为了要让王对其他人动怒，好图谋他们自己的利益。(192)玛利安的儿子们的处境也每况愈下，他们的出身虽然最为高贵，却被迫降到一个较不尊荣的阶层，令他们难以忍受这样的耻辱。(193)而亚历山大的妻子,就是亚基老的女儿格拉菲拉,她和撒罗米之间也彼此厌恶,一方面因为格拉菲拉深爱自己的丈夫,另一方面格拉菲拉对撒罗米的女儿和自己有同等的地位而感到不满,撒罗米的女儿是亚里斯多布的妻子,格拉菲拉常常以无礼的态度对待撒罗米的女儿。

**3.** (194)除了这两项冲突之外,希律的兄弟费洛拉也没有置身事外,他的特殊状况造成了希律的疑心和恼恨:费洛拉疯狂地沉迷于他妻子的魅力,就轻视那个与他定下婚约的王的女儿,完全把自己的心思放在那个奴仆出身的妻子身上。(195)希律因为受到这样的侮辱而感到悲哀,因为他施予费洛拉许多的恩惠,并将费洛拉在王国中的地位抬高到几乎与自己并列。希律看到费洛拉对他所施的恩惠没有同等的回报,就为此感到不悦。(196)在费洛拉轻蔑的拒绝下,希律将他的女儿嫁给了法撒勒斯的儿子。过了一段时间以后,希律认为他兄弟的狂热应该过去了,就旧事重提地埋怨费洛拉原先的行为,希望费洛拉能够娶他的二女儿赛普萝斯为妻。(197)托勒密也劝费洛拉放弃他所爱的女人,免得触怒他的兄弟,因为迷恋一个奴仆身份的女人是件卑劣的事,不值得为此失去王的好感又导致王对他的恼怒并惹上麻烦。(198)费洛拉知道托勒密是为他好才劝他的,尤其是他又曾经受到指控,并得到了希律的原谅,于是就送走了他的妻子,并向希律承诺在三十天之后娶他的二女儿为妻,他也发誓不再和被他送走的女子有任何交往。(199)但是三十天过后费洛拉仍然被感情所胜,他没有实践自己的承诺,还是和他原先的妻子在一起。这件事公开地刺激了希律,让他非常生气,(200)希律不断放出一些对费洛拉不满的话,也有许多人利用王的恼怒趁机中伤费洛拉。

王没有一刻得到安宁，他的至亲中间不断发生新的争执：(201)撒罗米脾气暴躁，对玛利安的儿子们又怀有敌意，她甚至牺牲自己的女儿，就是嫁给两个年轻人之一的亚里斯多布为妻的，撒罗米说服她不顾及夫妻感情地将亚里斯多布私下对她说的话告诉自己，只要有一点说不清楚的地方，撒罗米就在上面大做文章、挑出许多的疑点。(202)撒罗米借着这个方法发现了他们一切的忧虑，又唆使她女儿不怀好意地对待这个年轻人。(203)她的女儿为了讨好自己的母亲，就说他们两个年轻人独处时总是提到玛利安，又说他们痛恨他们的父亲，经常威胁说他们一旦执掌王权，就要将希律其他妻子所生的儿子们送到乡间去当教师，因为他们受的教育以及对学习的认真，让他们非常适合这样的职务。(204)至于那些女人，每当她们看到这两个年轻人以母亲的衣服为装饰时，就威胁说要让他们穿上破旧的衣服取代他们的华服，并将他们关到不见天日的地方。(205)撒罗米把这些是是非非都告诉希律，令他非常烦恼，他也希望能纠正这样的情况，但是这些怀疑不断地伤害到他，使他越来越感到不安，他就认为每一个人都在和其他人作对。每当他在责备儿子们时听到他们的辩解，就会有一阵子觉得轻松一点，只是过不了多久又有更糟的意外临到他。

4. (206)费洛拉去见亚历山大，我们前面提到过亚历山大的妻子是亚基老的女儿格拉菲拉。费洛拉对亚历山大说，他听撒罗米说希律对格拉菲拉着迷到不能自拔的地步。(207)亚历山大一听说这事就怒火冲天，一方面因为他年轻气盛，另一方面也是出于嫉妒，他就以此去解读希律对格拉菲拉的慈爱态度，糟糕的是这事的次数相当频繁，当然这也是因为他听了费洛拉的话之后才起了这样的疑心。(208)亚历山大无法掩饰自己的痛苦，于是就将费洛拉对他说的话告诉了希律。希律听了之后比以往更为激动，不能忍受被人这样诬陷，羞辱的感觉令他更加难受。（209）他常常哀叹家人的邪恶，他自认为对他们都很好，但却得到这样恶毒的回报。于是他派人将费洛拉找来并这样斥责他："你这卑鄙的人啊！你竟然如此忘恩负义，不但捏造这样的事诽谤我，还到处张扬它！（210）我现在总算认清了你的企图，你的目的不仅是公然地侮辱我，还想用这些话激怒我的儿子，说服他设下计谋来害我，用毒药将我毒死。像我儿子这样的人，若没有一个善出主意的人在他身边，他怎么会怀疑他的父亲，要亲自来报复他的父亲呢？（211）你难道认为你只是说了一些让他疑虑的话，而不是将一柄剑放在他手中去杀他的父亲吗？你既然痛恨他们两兄弟，却又对他们虚情假意，只是为了要来污辱我。你谈论那些只有像你这样的邪恶卑鄙之徒才能让他们在心中这样想、在口中这样说的事，你究竟是在打什么主意呢？（212）出去吧！你实在是你恩人和你兄弟的折磨，希望你那恶毒的良心和你一起消失在我眼前！我仍然要用慈爱来征服我的亲人，不会以他们应得的报应去对待他们，我赐给他们的恩惠实在是超过他们所当得的。"

**5.**（213）这些就是王所说的话。费洛拉的恶行当场被抓到，他就说道："撒罗米才是这项阴谋的策划者，这些话都是她告诉我的。"（214）那时撒罗米就在旁边，她一听到这话立刻大声喊着说自己从来不曾说过这样的话，她的表情看起来好像真的受到了污蔑。她说大家都绞尽脑汁想要让王恨恶她并除去她，因为只有她是真的为希律好，总是事先就看到即将临到他的危险，（215）更何况如今对付他的阴谋比任何时候都多。由于她是唯一去说服她兄弟费洛拉将现在的妻子送走、另娶王的女儿的人,难怪费洛拉会这样恨她。(216)撒罗米一面说着这些话,一面捶胸扯发,她的模样让人相信她没说过那些话,然而她表现出来的顽固态度同时也指明了她在这事上的欲盖弥彰。(217)费洛拉夹在他们两人当中,找不到什么为自己辩护的理由,他说自己的确说过这些话,但是人们却不相信他是从撒罗米那里听来的,于是他们之间就更为争执不下,互相怒骂对方。(218)最后王无法忍受他的兄弟姐妹,就叫他们都离开他。希律赞许他儿子将这传闻温和地告诉他,到了晚间他就进入内室休息。(219)经过这次令他们闹翻的争执,撒罗米的名声受到很大的损害,因为人们开始猜想她是第一个捏造这诽谤的人。王的妻子们越发折磨她,因为她们知道她本性恶毒,在不同的场合下,她可以有时做你的朋友,有时又成为你的敌人,于是她们不断地说她的坏话,这次的决裂更是让这些女人大胆地非难她。

**6.** (220)阿拉伯王奥保达是个没有什么作为又天性懒散的人,叙流斯为他处理大部分的政务。叙流斯虽然年纪不轻,但却长相俊美并且非常干练。(221)这个叙流斯为了一些事情来见希律,他在与希律用餐时看到了撒罗米,就对撒罗米极为倾心。在交谈中他得知撒罗米是个寡妇。(222)这时撒罗米失去了她兄弟的宠信,就对叙流斯有一些恋慕,也非常希望能嫁给他为妻。从那时开始,就有许多迹象显示出他们已经约定要在一起。(223)那些女人将这事告诉王,并嘲笑这件失礼的事,希律就进一步询问费洛拉,要他在晚餐时仔细观察他们的举止,看看他们是如何互动的。费洛拉告诉王说,从两人的眉眼之间,可以看出他们很明显是在恋爱中。(224)这事之后,那个被人怀疑的阿拉伯人叙流斯就离去了,两三个月后他又为了这个目的再度前来,他请求希律将撒罗米给他做妻子,他说这样的亲戚关系对希律的政务是有益处的,阿拉伯原本就臣属于希律,再加上这个婚姻的结合,阿拉伯日后也一定是属于希律的。(225)于是希律就和他的姐妹商谈这事,要知道撒罗米是否同意这门亲事,撒罗米立刻就答应了。不过他们要求叙流斯改信犹太人的宗教后才能娶撒罗米,否则就不能结婚,叙流斯无法应允这项条件就只能离去,他说他如果这样做会被阿拉伯人用石头打死。(226)于是费洛拉责备撒罗米的不贞,那些女人更是过分地渲染叙流斯引诱了撒罗米而使她堕落。(227)说到那个王本来许配给他兄弟费洛拉的少女,我前面提到过费洛拉因为迷恋他的妻子而没有娶这女子,撒罗米就请王将她嫁给撒罗米和格斯多巴录所生的儿子。(228)希律非常愿意这样做,但是费洛拉劝阻了他,费洛拉的理由是这年轻人不会善待这少女,因为他的父亲是希律杀害的,还是由继承费洛拉分封王地位的费洛拉之子来娶她更为合适,费洛拉又请希律原谅自己,并说服希律这样做。于是这少女被改变婚约,嫁给了费洛拉的儿子,王给了她一百他连得作为嫁妆。

# 第八章

## 希律逮捕亚历山大并将他监禁;
## 后来卡帕多西亚王亚基老又让他与父亲希律和好

**1.** (229)希律的家务事并没有任何好转,反而愈演愈烈。现在又发生了一件意外,这意外不是从什么好事引发的,也让希律面临极大的困境。(230)有一些太监,他们因为面容姣好而得到王的喜悦,其中一人负责将王的饮品拿给王享用，另一个负责拿晚餐，还有一个负责侍候王就寝，这人也负责处理一些重要的政务。(231)有人告诉王说这些太监被王的儿子亚历山大用大量金钱收买，王就追问他们亚历山大是否有与他们密谈，他们承认有，但他们说并不清楚亚历山大有任何进一步对付他父亲的谋划。(232)等到太监们被严厉拷问时，那些行刑的人在安提帕特的指示下，尽全力将刑具用到极限，在极刑摧残下，太监们就说亚历山大对他父亲十分不满、充满恨意，(233)还说亚历山大告诉他们希律渴望活得更久，为了掩饰自己的岁数，他将头发染成黑色，免得人们发现他的实际年龄；倘若他不顾及他父亲而专注于夺取王国，他父亲在无人帮助之下，他一定可以得到王权；(234)他已经预备妥当了，不仅是因他有这个身份地位，也是因为他做好了夺权的准备，有许多统治者和他的友人们都站在他这边，那些人都是正直的人，他们会为了这件事和他一起行动并愿意一起受苦。

**2.** (235)希律听到这个供词感到非常生气与害怕，供词中一部分是应该受到斥责的，另一部分又让他怀疑身受的危险，这两方面都激怒了他。他极度害怕有更严重的阴谋在等着他，让他难逃毒手，(236)然而他并没有进行公开的查证，只是派遣密探监视他所怀疑的地方，他对周遭所有人的怀疑和愤恨占据了他一切的心思意念，为了保全自己的性命而耽溺于无止境的怀疑，也不断猜疑那些无罪之人。(237)他完全没有想要控制自己的疑虑，认为身边的人就是最有能力伤害自己的人，他们令他感到害怕，而对于那些不常来到他面前的人，只要有人提到他们可能有嫌疑，这就足够让他感到必须杀了他们自己才会得到平安。(238)最后他家中的仆人们都在无法安然逃避的困境下开始互相指控，以为第一

个指控者最可能得保平安，但是那些诬告者被人痛恨，他们借着不公义
地控诉他人来防止别人控诉他们自己，人们认为他们才是应该受到折磨
的。（239）他们现在就用这个方式对付那些与他们不和的人，但是当他
们自己被抓到的时候，也得到了同样的惩罚。这些人就是利用这种机会
陷害他们的仇敌，当他们这样做时，却发现自己也掉入他们为别人设下
的陷阱。（240）希律王很快就对自己所做的事感到后悔，因为他在还没
有确切证据时就将人杀害，然而他并没有从懊悔中学到功课，不再做同
样的事情，反而变本加厉地用同样的刑罚对付那些指控者。

**3.**（241）现在王宫里的情形一片混乱。希律直接告诉许多友人不
要再到他面前来或进入王宫，这项禁令的原因是，如果这些友人在场他
就无法为所欲为，他会因为他们的缘故而受到更多的限制。（242）希律
此时赶走了安多马古和革米鲁，这两人都是他的老友，对他的政务帮助
很大，并常常借着调停和劝解帮助他的家庭，他们也是他儿子们的教师，
是最可以自由和他说话的人。（243）希律赶走安多马古是因为安多马古
的儿子德米特里是亚历山大的伙伴；赶走革米鲁是因为他知道革米鲁对
亚历山大很友善，革米鲁从年轻时就和亚历山大在一起，不管是在学校
或是离开这里到罗马去的时候。希律将他们赶出王宫，他本想更严厉地
对待他们，但是又不愿意别人认为他随意处置这样有声誉的人，于是他
只好安于仅仅剥夺他们的尊荣，并且不让他们有能力阻止他的恶行。

**4.**（244）安提帕特是造成这一切的原因，他长期以来一直是他父亲
希律的参谋之一，当他得知希律疯狂且放任的行径时，就催促希律继续
这样做，他认为当所有能够阻止希律的人都被迫离去时，他便可以让希
律所做的事更加奏效。（245）所以在安多马古和他的友人们被赶走，不

再有和王自由交谈的机会之后，王就展开了调查。他首先以严刑拷问那些他认为是忠于亚历山大的人，看他们是否知道亚历山大有任何谋害他的企图，然而这些人直到死都没有招供出任何事来。(246)当希律无法从他怀疑的这些人口中得知任何恶毒的计划时，就更为狂热地追究这事。安提帕特很巧妙地利用此事来中伤那些无辜的人，他说这些人的否认表现出他们对亚历山大的坚定和忠贞，借此激怒希律对更多的人使用酷刑调查这事，然而他还是一无所获。(247)这时其中一个被刑讯的人说，他知道这年轻人常说人们赞美他身材高大又是技术高超的神射手，人们也称赞他在各项运动上超越所有的人，然而这些与生俱来的优点虽然很好，却对他没有任何益处，(248)因为他父亲对他的这些长处感到不满，也为此而嫉妒他，每当他和他父亲走在一起时，他都要尽量压低自己，让自己看起来不会太高；他狩猎的时候，只要他父亲在旁，他就故意射不中目标，因为他知道他父亲雄心勃勃，在这类运动上想要超人一等。(249)这人在拷问下说了这话后，他们就减轻了对他的刑讯，他就添油加醋地说亚历山大的助手是他的兄弟亚里斯多布，他们计划在狩猎时等候他们的父亲，趁机将他杀死，等到得手之后再逃到罗马，希望别人能够将王国给他们。(250)这个年轻人写给他兄弟的信件也被找出来，内容是抱怨他父亲不公平地将一块土地赐给安提帕特，那地的岁入是一千他连得。(251)希律一得到这些供词就觉得手上握有证据，认为这供词可以佐证他对他儿子们的怀疑，于是他将亚历山大囚禁起来。但是他对所听到的实情仍然感到不满和不安，等到他镇定下来之后，发觉这些都不过是年轻人的埋怨和争竞，而他儿子在杀了他之后公然地前往罗马求取王权更是令人难以置信，(252)所以就更热切地想要得到他儿子恶行的确证，以免别人认为他太过轻率地将亚历山大关入牢狱。他严刑逼供亚历山大的亲密友人，其中不少人被他处死，但他并没有从他们那里听到任何他所怀疑的事。(253)当希律正忙于这件事而王宫里也充满恐惧和害怕时，有一个较为年轻的人忍受不住严刑，供称亚历山大曾经写信给他在罗马的友人们，并且希望他们能想出一个对付希律的阴谋，就说帕提亚的王米提利达和他的父亲联合起来对抗罗马人，他还说亚历山大在亚实基伦预备了毒药。

5.(254)希律对这指控信以为真，并从这件痛苦的事当中得到了喜乐，好像他的轻率行为可以因此得到慰藉，也像是对他在如此艰难的景况下找出实情的称赞。然而他虽然尽心竭力，仍然无法找到供词里提到的毒药。(255)至于亚历山大，他在这样的不幸中更想要激怒希律，他故意不否认这些指控，想要用更大的罪行惩罚他父亲的轻率，或许是想令他父亲羞愧于轻信诽谤。亚历山大的目的是让希律相信他编造的故事，借此折磨希律并让他的王国陷入苦难。(256)亚历山大写了四封信给希律，告诉希律不需要再拷问其他人，因为是他在设计谋害希律，他的共犯是费洛拉和最忠于费洛拉的友人；他又说撒罗米晚上来见他，撒罗米不管他愿不愿意都要和他同床；(257)所有人都同心一意要伺机将他除去，如此就可以根绝他们对他无止境的恐惧。这些被控告的人当中，托勒密和撒皮纽是王最亲信的友人。(258)现在还有什么可说的呢，那些原先的密友如今成为互相残杀的野兽，好像突然得了疯狂的疾病，人们没有辩解或驳斥的机会来发掘事情的真相，只能任凭命运宰割，步向灭亡！于是有些人为那些关在牢狱中的人悲哀，有些人被处死，其他的人则为自己即将面临的同样的不幸而哀痛，这种愁云惨雾令整个王国都变了样，和往日的快乐景况迥然不同。(259)希律自己的生活也一团乱麻，因为他没有可以信赖的人，将来可能临到的不幸为他带来了痛苦的惩罚，他经常在想象的幻觉中看到他儿子持剑站在身旁。(260)这些事情日夜占据他的心思，他反复不停地左思右想，几乎到了精神错乱的地步。那时的希律就是处于如此悲哀的景况下。

6. (261)卡帕多西亚王亚基老听说希律的情形后，非常担忧他的女儿和他那年轻的女婿，也为他友人希律置身于这样严重的困扰下而悲伤，于是特意来到耶路撒冷调解他们之间的不和。(262)他看出希律情绪暴躁，知道现在绝对不是责备他的时候，也不能说他行事鲁莽，因为这样做会自然而然地引发他们之间的争论，他越是为自己辩解就会越为恼怒。(263)于是亚基老从另一个方向着手，以便化解过去发生的不幸，他表现出对那年轻人的愤慨，说希律实在是非常温和，一点也没有冲动行事。他又说要解除他女儿和亚历山大的婚约，若是他女儿知情不报，公理正义也不会放过他女儿。(264)亚基老这样的态度是希律没有预见到也无法想象的，他站在希律的立场为希律而发怒，于是王的严酷和缓了许多，看来亚基老好像认为他一直以来所做的事都是合理的，而且也展现出一定程度的父爱，(265)在于情于理两方面上希律都令人同情。那时若有人想要为这年轻人受到的诽谤反驳，必定会引起他的勃然大怒，但是当亚基老加入对他的指控时，他反倒感情丰富地悲叹哀伤并且放声大哭。于是希律希望亚基老不要解除他儿子的婚约，也不要像原来一样为他受到的侮辱而大发雷霆。(266)亚基老缓和了他的情绪后，就将对这年轻人的诽谤转移到他的友人身上，说这个年轻人不知人心险恶，一定是他的友人们带坏了他。亚基老也认为他的兄弟比他的儿子更加可疑。(267)希律听了这话就对费洛拉感到非常生气,费洛拉也找不到一个可以在他和他兄弟之间做和事佬的人。他看到亚基老在希律面前比自己的权力还大,就穿着丧服去见亚基老,像是一个面临毁灭的人。(268)亚基老并没有轻忽费洛拉的求情,不过也没有立刻去改变王对费洛拉的态度,他说费洛拉最好亲自去见王,承认自己所犯的过错,这样王就不会对他继续发怒,而亚基老也会在一旁帮助他。(269)亚基老说服了费洛拉,就在他们两人身上都达到了他的目的,而那年轻人受到的诽谤也出人意外地被洗清了。亚基老让他们和好之后就回到卡帕多西亚,这时他成为希律在这世界上最听信的人,希律因为这事就送给他许多丰盛的礼物和表达敬意的纪念品,在其他方面也对他特别慷慨大度,还尊他为最亲密的友人之一。(270)希律将这些事情都写信告诉了凯撒,也和亚基老说好要去一趟罗马,他们同行到安提阿时,希律在那里让原本极不和睦的亚基老和叙利亚省长提图斯和好,这事之后他就回到了犹大地。

## 第九章
### 特拉可尼人的叛乱;以及叙流斯在凯撒面前指控希律;当凯撒对希律发怒时,希律决定派遣尼古拉前往罗马

**1.** (271)希律前往罗马又再度回到犹大地后,就和阿拉伯人为了下述原因发生了一场战事:凯撒将特拉可尼人的土地从芝诺多罗斯那里拿走、使它成为希律领土的一部分之后,该地的居民就无法再以抢夺为生,只能操作农事过平静的日子,但是他们并不喜欢这样的生活,(272)加上

他们在辛勤耕耘之后，也没有从土地上得到太多的出产。最初王不允许他们抢劫，他们也就抑制自己，不靠掠夺四邻为生，让希律因此得到了擅长治理的美名。（273）但是当希律启航到罗马控告他的儿子亚历山大并请凯撒关照安提帕特时，特拉可尼人就散布希律去世的传闻，并起来背叛希律的统治，重操他们原来习惯的劫掠四邻的旧业。（274）那时王不在国内，王的指挥官们征服了他们，不过其中约有四十个盗匪首领因害怕被抓走而离开那地。（275）他们撤退到阿拉伯并得到了叙流斯的接待，叙流斯还给了他们一块险要之地定居，这是在叙流斯决定不娶撒罗米之后发生的事。于是他们不但侵略犹大地，还蹂躏叙利亚平原全地，夺去了一切的战利品，在他们这样作恶时，叙流斯还为他们提供既安全又坚固的地方居住。（276）希律从罗马回来后，得知自己的领土遭到他们极大的破坏，但因这些盗匪在另一个国家里有坚固的避难所，希律就无法接近他们，那避难所是阿拉伯政府提供的。由于希律对他们带来的伤害深感不安，就亲自到特拉可尼各地，把这些盗匪们留下来的亲人都杀了。（277）盗匪们为了这件事就比以往更加忿怒，他们的律法要他们采取各样手段报复那些杀害他们亲人的人，于是他们在没有被惩处的情况下继续强夺掳掠希律领土中的一切。希律只好将这事告知撒图尼努和沃鲁尼乌，要求他们将这些盗匪绳之以法。（278）在这种情况下，盗匪们仍然持续他们的劫掠，人数也日渐增多，为地方上造成更大的危害，希律王国里的土地和村庄都变得一片荒芜，他们杀害那些被抓到的人，直到他们所做的一切像是一场真正的战事，因为那些盗匪的人数已经有一千人左右了。（279）希律对这件事感到更为不悦，要求将这些盗匪抓来，并将那些经由叙流斯借给奥保达的钱还给他，那钱的总数是六十他连得,那时已经超过了应当还钱的时间。(280)然而叙流斯把奥保达撇在一旁自行处理这一切事务,他否认那些盗匪在阿拉伯,对还钱一事也不断推托,于是当时的叙利亚省长撒图尼努和沃鲁尼乌就为此事举行了听证会。(281)最后在撒图尼努和沃鲁尼乌的施压下,叙流斯同意在三十天之内将钱还给希律,他们也必须将对方的国民交还给对方。希律并没有在自己的国内发现任何不法或滋事的对方国民,但那些盗匪确实是在阿拉伯人当中。

**2.** (282)当预定付款的日子到了,叙流斯并没有履行他所同意的任何条件,却自行前往罗马,希律就再次要求他付那笔钱并交出那些在阿拉伯的盗匪。(283)在撒图尼努和沃鲁尼乌的同意下,希律自行对那些顽固的匪徒执行审判。他带领自己一支军队前往阿拉伯,在三天之内经过了七个大宅院,等他到达盗匪们的驻军处时,就攻击他们并将所有的匪徒都抓住,摧毁了那个叫作雷坡他的地方,但是并没有伤害其他的人。(284)阿拉伯人在他们的长官拿克伯的带领下前来助阵,这才引发了战争。大约有二十名士兵阵亡,包括希律的士兵、阿拉伯人的长官拿克伯以及他的手下,其余的人都逃跑了。(285)希律惩处了这些人后,就留下三千名以土买人在特拉可尼,借此约束那里的盗匪。希律也将此事告知腓尼基的长官们,表示他除了惩处了那些必须惩处的强悍的阿拉伯人外,没有做其他任何事。这些人经过调查后发现他所说的都是实情。

**3.** (286)然而信使们飞快地赶到罗马去见叙流斯,向他报告所发生的事,他们也如一贯所行,大肆渲染这件事情。(287)叙流斯已经巧妙地让凯撒知道了他,并且在王宫附近活动。所以,他一得知这事,就立刻换上黑衣进入宫里,对凯撒说希律率军蹂躏阿拉伯,使他的王国受到战事的折磨,境内扰攘不安。(288)叙流斯还哭着说阿拉伯人当中一共死了两千五百名要人,他们的长官也是他的密友暨亲人的拿克伯也被杀害了,雷坡他(Raepta)的财富也被劫掠一空。希律藐视奥保达,因为奥保达身体衰弱,让他无法征战,所以他和阿拉伯人的军队都没有在场。(289)说完这番话后,叙流斯又愤愤不平地接着说,若不是相信凯撒会让他们之间和平共存,他是不会离开自己的国家的;而且如果他留在那里,也决不会让希律在战争中获胜。凯撒听后十分忿怒,他只对在场的希律友人和他自己那些从叙利亚来的友人提出了一个问题:希律有没有带领军队进入阿拉伯?(290)那些人不得不承认确有其事,凯撒没有停下来听听希律究竟为什么这样做,也不查验这到底是怎么一回事,就在震怒之下写了一封措辞严厉的信给希律。信的大意是这样的,他说过去他将希律视为他的友人,如今则会视他为一个子民。(291)叙流斯也就这件事写信给阿拉伯人,他们都因此感到十分兴奋,他们既没有交出那些逃到他们那里的盗匪,也没有还所欠的钱,还保留了租用的牧场而不付租金,这一切都是因为凯撒恼怒犹太人的王,使他的地位降低。(292)特拉可尼人也趁机起来反抗以土买人的驻军处,他们和阿拉伯人一起用同样的方式劫掠。阿拉伯人以非常强硬的态度抢夺他们的国家,这不仅是为了夺得财物,更是为了报复他们。

**4.** (293)希律被迫忍受这一切,也失去了过去因为凯撒的鼓励而产生的自信,凯撒甚至不让他派遣使者去罗马为他辩解,若有人来到罗马,凯撒连见都不见就让他们回去了。(294)于是希律陷入了悲哀和恐惧当中。叙流斯的处境更是令他感到痛苦,叙流斯不仅人在罗马,又得到了凯撒的信任,还常常看起来趾高气扬的。这时奥保达过世了,后来改名为亚哩达的埃伊内亚接续了政权,(295)叙流斯竭力地诽谤他,想要逼他交出领土好让自己得到它。叙流斯为了达到这个计谋就送了许多钱给朝廷中的大臣,又应允要给凯撒许多钱,凯撒果真就因亚哩达未经他同意就继承了王国而对他大为不满,(296)但是埃伊内亚送了一封信和许多礼物给凯撒,另外又送给凯撒重达数他连得的金冠。埃伊内亚在信中指控叙流斯是个邪恶的仆人,说他用毒药谋害了奥保达,奥保达在世时也完全受到叙流斯的掌控。埃伊内亚还控告叙流斯引诱阿拉伯人的妻子,并且为了取得领土而向人借了许多钱。(297)凯撒并不相信这些指控,他没有收下任何礼物就将埃伊内亚派来的使者送回去了。那时犹大地和阿拉伯之间的冲突更为恶化,一方面因为他们处于无政府的状态下,另一方面也因为就算他们再恶劣也无人有权力来治理他们。(298)这两位国王中的任何一位都没有确定王国是属于他的,因此没有足够的主权来限制那些作恶的人。希律则是由于为自己报仇而处于凯撒的烈怒下,迫使他忍受其他人带给他的伤害。(299)最后希律看到四周那些无止境的危害,就在忍无可忍之下再度派遣使者前往罗马,想看看他的友人们是否说服了凯撒并成功地平息了他的怒气,这次他派去的使者是大马士革的尼古拉。

# 第十章
## 幼利克勒诬告希律的儿子们,希律就将他们关起来,并写信将此事告知凯撒

**1.** (300)这时希律的家庭和子女问题越来越恶化,从过去就可以很

明显地看出来，命运正在以最大且最无法忍受的不幸来威胁这个王国。这不幸的发展与茁壮是由下面这件事引起的：(301)有一个称为幼利克勒的拉塞德蒙人[他在那地是个名人，但是这人心地邪恶，不但耽迷于酒色，且喜好奉承，只不过他相当狡猾，让人看不出他沉迷于这两件恶行]，他前来见希律，又送了他许多礼物，好让自己从希律那里收到更多的回馈。他也利用适当的时机慢慢地与希律建立友谊，甚至成为王最亲密的友人之一。(302)他住在安提帕特家里，也可以自由地和亚历山大交谈往来，他在亚历山大面前装作是卡帕多西亚王亚基老眼前的红人，(303)也假意对格拉菲拉非常尊敬，就这样私下和所有人建立了友谊。幼利克勒一直留意每个人的言行，好借此编排出各样的诽谤来讨好所有人。(304)简而言之，他令每一个人在和他的交谈中都认为他是个特殊的友人，他也让他们觉得他在各处活动是于己有利的。他赢得了年轻的亚历山大的信任，又说服亚历山大向他倾吐心中的不满，并保证不会让别人知道。(305)于是亚历山大对他诉苦，说出了他父亲与他之间的不和。亚历山大也将有关他母亲和安提帕特的事情告诉幼利克勒，说安提帕特让他们失去了原有的尊贵地位，径自夺去了所有的权柄，由于他们的父亲早已对他们不满，这一切就更令人难以忍受。亚历山大接着又说，他们的父亲既不和他们同桌吃饭，也不和他们交谈。(306)这只不过是亚历山大对于令他烦心的事的一种普通的抱怨，但是幼利克勒却将它们告诉安提帕特，还对安提帕特说自己并不是为了得到好处才把亚历山大这番谈话说出来的，而是因为安提帕特对他的仁慈以及事关重大，令他不得不前来向他报告这事。幼利克勒又警告安提帕特要留意亚历山大，因为亚历山大说这话时充满忿怒，必要亲手除去安提帕特。(307)由于幼利克勒的建议让安提帕特认为他是自己的友人,安提帕特就在各种不同的情况下送礼物给他,最后又说服他将所听到的这件事告诉希律。(308)于是幼利克勒对王说,他从亚历山大的言谈中发觉了亚历山大的恶毒心思,王很轻易地相信了幼利克勒的话,那些话也激怒了王,让王对亚历山大更为恨恶,直到王认为亚历山大是绝对不可宽恕的。(309)当时王就表明了这样的心态,并立刻给了幼利克勒五十他连得作为报酬。幼利克勒拿了这笔钱后又来到卡帕多西亚王亚基老面前赞赏亚历山大,并告诉亚基老自己在各方面对亚历山大的帮助,让他与他的父亲和好。(310)幼利克勒因此也从亚基老那里拿到了许多钱,并在别人还没有发现他致命的恶行之前就离去了。不过在他回到拉塞德蒙后仍旧继续以不义的言行危害众人,他由于作恶多端而被逐出自己的国土。

**2.** (311)这时犹太人的王对亚历山大和亚里斯多布的态度已经大不如前,过去他只要听到别人对他们的诽谤就感到满足,但如今却非常痛恨他们,还在别人不情愿的状况下鼓动他们说亚历山大和亚里斯多布的坏话。(312)他很注意听别人所说的一切,并且随时发问,任何人只要能说出不利于他们的话都会得到希律的信任,直到最后他听说哥士的幼阿拉土是亚历山大的共犯,这对希律而言是最悦耳动听的消息了。

**3.** (313)当不利于这些年轻人的诽谤不断增剧时,更大的不幸又临到他们身上,可以说所有人都在努力地找出一些迫害他们的指控,好像是为了要保守王的性命。(314)希律有两名以勇力和高大著称的贴身侍卫,他们的名字分别是犹昆督和提拉努,希律因不喜欢他们而把他们赶走,这两个人常和亚历山大一起骑马,也因为技术高超而受到亚历山大的敬重,并从亚历山大那里得到了一些金子和其他礼物。(315)王立刻对他们起了疑心，就用酷刑拷问他们，他们勇敢地忍受了长时期的刑讯，但是最后被迫招供说亚历山大说服他们在希律狩猎的时候将他杀害，并要让人以为是希律自己从马上摔下来时被自己的矛刺穿，因为希律以前曾经发生过这样的意外。(316)他们还指出了地下马厩里藏钱的地方，这些就成为定罪的证据，说他们在亚历山大的指令下将王室狩猎用的长矛和其他武器交给了亚历山大的属下。

**4.** (317)这事之后亚历山大城驻军处的指挥官被逮捕拷问，因为有人指控他应允接待这些年轻人到他的碉堡，并以王存放在碉堡中的钱供应他们。(318)然而这个指挥官完全不承认任何指控，后来他的儿子进来说是确有其事，并呈上一纸手谕，大家猜测是亚历山大所写的。这手谕的内容如下："等我们在神的帮助下完成我们所计划的事后，就会来找你，请你按照你的应允，尽全力将我们接入你的碉堡。"(319)希律看到这纸上内容后，就不再怀疑他儿子们背叛他的逆谋。但亚历山大说这是安提帕特恶意草拟的稿件，再由文士狄奥番图模仿他的笔迹写成。狄奥番图在这类事情上非常狡诈，日后他因模仿其他文件的罪名成立而被判处死刑。

**5.** (320)王将所有被拷问的人带到耶利哥的民众面前指控这些年轻人，众人就用石头打死了那些指控者。(321)当他们也想用同样的方式杀死亚历山大和亚里斯多布时，王不允许他们这样做，并借着托勒密和费洛拉阻止了他们。这两个年轻人被人看守监管起来，不让任何人接近，他们的一举一动都受到监视，他们的忿怒和害怕也使他们如同被判刑的罪犯。(322)这事深深地影响了这两个年轻人中的亚里斯多布，他找了他的姑妈和岳母撒罗米来为他的不幸和他一起哀伤，并一起仇恨那个让事情发展到今天这个地步的人。他对撒罗米说："据说你事先将我们一切的内幕告诉叙流斯，因为那时你以为会嫁给他，你难道不也面临着被杀害的危险吗？"(323)撒罗米立刻将这些话传给她的兄弟，希律听到这话就再也忍不下去了，立即下令将亚里斯多布关起来；这两兄弟现在被分开关押，希律命令他们两人写下他们对父亲所做的一切恶行，然后再把笔录呈给他看。(324)他们在这命令下写了下面这些话：他们并没有设下任何悖逆的计谋，也没有计划要背叛父亲，他们只是想要逃跑，因为在磨难下的日子让他们既不安定又沉闷乏味。

**6.** (325)约在此时，卡帕多西亚的亚基老派遣了一个名叫麦拉的使者前来，这人是亚基老麾下重要的首长之一。希律想要让人知道亚基老对他的不满，就将仍然被缚的亚历山大带来，再次问他有关他的逃亡计划以及他们决定如何离开。(326)亚历山大这样回答：亚基老答应将他们送到罗马，但是他们并没有任何对付他们父亲的恶行，他们的敌人所指控的没有一件是真实的。(327)他们本来希望能更慎重地审问提拉努和犹昆督，但这两人突然在安提帕特的指使下被杀了，安提帕特为了杀害他们而将自己的友人安排在民众当中。

**7.** (328)希律听了这话后就下令将亚历山大和麦拉带到亚基老的女儿格拉菲拉那里，问格拉菲拉是否知道任何有关亚历山大谋反的诡计？(329)他们到了格拉菲拉面前，格拉菲拉一看到亚历山大被捆绑就大惊失色，并发出了强烈且感人的叹息。这个年轻人也泪如雨下，这样凄惨的场面令所有在场的人都觉得悲哀，他们有好一阵子说不出任何话，也无法做些什么，(330)最后，奉命押解亚历山大的托勒密命令他说出他妻子是否知道他的行动。他回答道："我爱她比爱自己更深，也和她共同养育了我们的子女,她怎么可能不清楚我的一举一动呢?"(331)格拉菲拉听了之后放声大哭,她说自己完全不知道亚历山大有任何邪恶的计谋,但是如果对她不实的指控可以留存亚历山大的性命,她愿意承认这一切。亚历山大的答复是:"根本就没有那些最不该起疑的人所怀疑的恶谋,我唯一想到的也是你所知道的,就是逃到亚基老那里,再从那里前往罗马。"(332)格拉菲拉也承认事情就是这样的。希律就根据这事认定亚基老对自己的不满是有凭据的,于是他写了一封信交给奥林普和沃鲁尼乌,吩咐他们在航程中经过基利家的以留撒,把这封信带给亚基老。希律还要他们告诫亚基老,说他参与了希律儿子的叛逆行动,然后再让他们从那里前往罗马;(333)如果他们在罗马看到凯撒相信了尼古拉而不再对希律不满,就要尼古拉将希律的信以及他预备好的有关这些年轻人的叛逆证据交给凯撒。(334)至于亚基老,他为自己辩护,说他应允接待这些年轻人,是为了他们父子双方的好处,以免当前的怀疑会引发这些年轻人的烈怒和冲动,犯下更大的错误;但是他并没有答应要送他们到凯撒那里,也没有允诺这些年轻人做出任何对希律不利的举动。

**8.** (335)这些使节们到达罗马后得知凯撒和希律言和,就借着一个适当的时机将希律的信件交给凯撒,这一切都是出于尼古拉的协调。那时的情况是这样的:(336)当尼古拉来到罗马的宫廷时,并没有只顾着说明前来的目的,他觉得也应该趁机指控叙流斯。(337)在他还没有去找那些阿拉伯人之前,他们就已经起了内讧,其中一些人离开了叙流斯的派系加入尼古拉,并将叙流斯所做的一切恶事告诉尼古拉,他们还有明确的证据显示叙流斯屠杀了奥保达的许多友人;因为他们在离开叙流斯时携带了可以用来定叙流斯罪名的信件。(338)尼古拉善加利用这个送上门来的大好机会,让自己能在日后完成使命,调解凯撒和希律之间的误会。尼古拉很清楚地知道凯撒是不会给他机会让他直接为希律辩护的,但是他如果指控叙流斯,就可以借机为希律说话。(339)在指定听取他控诉叙流斯的那日,亚哩达的使臣们也都在场,尼古拉就控告叙流斯杀害了他们的王奥保达和许多其他的阿拉伯人,(340)又说他无缘无故地向人借钱,还证明他和阿拉伯妇女以及罗马妇女之间犯下了奸淫的罪。除上述罪行之外,尼古拉还加上了叙流斯离间凯撒和希律的罪名,并说叙流斯所提到有关希律的行为都是不实的。(341)尼古拉提到这点时,凯撒就阻止他继续说下去,而希望他只说明有关希律的事,要他证明希律没有率军进入阿拉伯,也没有在那里屠杀两千五百人或是将罪犯们带走并劫掠那地。(342)尼古拉是这样回答这个问题的:"我主要是要证明你所听说的这一切罪名都不是真的,或者说只有一小部分是真的,但如果它们是真的,你就更应该对希律发怒。"(343)听到这样奇怪的主张,凯撒的神情就更加专注;尼古拉接着说到叙流斯欠了希律一笔五百他连得的债,他们也写下一纸约定,若逾时不还,希律可以合法取走他国境内的任何物品。尼古拉又说:"至于那些莫须有的军队,只是一群被派去收取债务的人。(344)这些人并不是立刻被派去的,也不是在约定的时间一过就去的,当时叙流斯多次被召到叙利亚省长撒图尼努和沃鲁尼乌面前,最后还在贝里图那地以你的名发誓说他一定会在三十天之内偿还这笔钱,同时他也会交出藏匿在他领土内的亡命之徒。(345)然而叙流斯什么也没有履行,希律只好再次前往省长们面前,并得到了他们的允许去收取他的金钱,希律历经艰难地带着部分士兵为了这个目的而离开了本国本土。(346)这就是那些人可怜兮兮所描述的战事,也是出征阿拉伯的事情经过。这怎么能称为战争呢？这是你的省长们允许的，也是协约中同意的，倘若不执行的话，您凯撒和其他诸神之名岂不是被亵渎了吗？（347）我现在必须要提到那些俘虏。他们是居住在特拉可尼的盗匪，最初他们一共不超过四十人，但他们的人数日渐增多，也借着阿拉伯作为藏匿之处而避免了希律的惩处。叙流斯接纳他们并供应他们食物，让他们可以危害众人，还给了他们一块居住的土地，自己则从他们劫掠来的物品中获得利益；（348）然而他却在起誓还债的同一个誓言中答应要交出这些人，就算是这样，叙流斯在此刻也不能够举出除了这些人以外还有任何人被带出阿拉伯，事实上希律带走的并不是所有的盗匪，而只是那些没有藏匿起来的人而已。（349）这就是有关俘虏的诽谤，叙流斯是如此可恶地叙述这事，但它仅只是一个虚构的谎言，唯一的目的就是要引起你的忿怒。（350）我也大胆断定当阿拉伯人的军队来袭时，希律的军队中也有一两名士兵阵亡，但是叙流斯只为自己辩护，说他们的将领拿克伯阵亡。另外大约共有二十五人被杀，并没有其他的人死亡，叙流斯却将每一个死去的士兵乘上一百，把死亡的人数算成两千五百人。"

**9.**（351）这些话令凯撒无比忿怒，于是他怒气冲冲地转向叙流斯，问他究竟有多少阿拉伯人阵亡。叙流斯唯唯诺诺地说自己是被欺骗了。庭上也宣读了有关他借钱的契约、叙利亚省长们的信件以及好几个被这些盗匪骚扰危害的城邑的抱怨。（352）最终叙流斯被判处死刑，凯撒和希律和好如初，凯撒也为了听信诽谤而写给希律那封措辞严厉的信件而懊悔，他甚至对叙流斯说，就是因为叙流斯在这些事情上面的谎言才迫使他犯下对友人忘恩的罪行。（353）最后事情是这样的，叙流斯被遣送去接受希律的控告，他必须先还清所欠的债，然后再接受死刑的惩处。但是凯撒还是对亚哩达没有征得他同意就自行接掌政权感到不满，因为他想要将阿拉伯赐给希律，然而希律送给他的信件阻止了凯撒这样做。(354)那时奥林普和沃鲁尼乌看出凯撒对希律的友好态度，就决定立刻将希律托付的那封有关他儿子们的信件交给凯撒。(355)凯撒读了那封信后觉得再加添给希律一个政府是不适合的，因为希律现在年纪大了，和他儿子们的关系又不好，于是他就接见了亚哩达的使臣们。他先责备亚哩达没有等待凯撒赐给他政权就鲁莽行事，然后接受了亚哩达的礼物，并确认了他的政权。

# 第十一章
## 经凯撒许可，希律在贝里图的陪审团面前指控
## 他的儿子们；提柔因在言词上毫无顾忌致使他受到责罚。
## 也记载了这些年轻人的死亡和他们在亚历山大里姆的葬礼

**1.** (356)现在凯撒和希律重修旧好，就写了一封这样的信给希律：他说自己为了希律和他儿子们的缘故而感到悲哀，倘若他们真的对希律犯下了如此大不敬且无礼的罪，希律就必须要以弑亲的罪名惩罚他们，他也赐给希律这样做的权柄；但如果他们只是计划要逃走，他就要希律对他们加以训诫而不要过度地处罚他们。(357)他也劝希律在罗马人属地的贝里图城附近召开会议，找来叙利亚的省长们、卡帕多西亚王亚基老以及希律觉得对他特别友善又有名望的所有人，要希律在他们的认可

下决定应该怎么做。(358)这些就是凯撒给他的指示。希律一得到这信就为了凯撒与他和好如初而非常开心，也很高兴能够全权处置他的儿子们。(359)奇怪的是，在他以前处于逆境的时候，他虽然表现得相当严厉，但却不至于轻率或操之过急地去毁灭他的儿子们；如今他兴盛壮大，就利用这样的改变和握在手中的自由，以一种未曾听说过的方式来实践他对他们的恨恶。(360)于是他邀请并召集了一切他认为适于参加这次会议的人，除了亚基老之外。或许是因为他恨亚基老，不然就是他认为亚基老会成为他计谋的阻扰，所以他没有邀请亚基老出席。

2. (361)当省长们和其他各城邑的人来到贝里图时，希律将他的儿子们关在属于西顿的一个名叫波拉他拿的村子里，那里很靠近这城，所以在他们被召见时可以很快地出现，(362)希律觉得在那时将他们带到会众面前是不适合的。当着一百五十名审查官的面，希律独自出席控告他的儿子们，他表现得好像并不将这指控看作让人悲伤的事，而是因为他的不幸令他必须这样做。由一位父亲来控告他的儿子们的确是件不得体的事，(363)他在阐述他们的罪名时，显得非常激动且疯狂，并实在地表现出他的暴躁和蛮横。他不让审查官们考虑证据是否充分，只是以自己的权柄向他们断言这些证据都是确实的，他作为父亲用这种方式对付自己的儿子们实在不合体统。他也亲自诵读他们所写的信件，信件里没有供认对他有任何的谋划或诡诈，只提到他们逃走的计划，以及因为他对他们的不满而对他有所微词。(364)当希律读到他们对他的责备时，就特别大声地夸大他们的话，好像他们已经供称了谋害他的计划，他还发誓说宁可失去生命也不愿意听到这样羞辱的言语。(365)最后希律说他有足够的权力按照他认为适当的方式处理这事，这不但是他本来就有的权柄,也是凯撒赐予他的特权。他又加上了他们国家律法中的一项申诉,它是这样吩咐的:如果父母亲将他们的手放在被指控者的头上,旁观的人就必须用石头将那人打死。(366)他说自己虽然准备要在自己的领土和王国中这样做,但是却要等候他们的决定,然而他们来到这里的目的并不是为了他儿子们这件几乎令他丧命的阴谋而审判并惩处这两兄弟,他们的目的是要借这机会显示出对这种作为的憎恶,并宣称要是任何人甚至是毫不相干的人做了这样谋逆的事而没有受到惩处是多么可耻。

3. (367)王的这番指控加上这些年轻人并没有在场为自己辩护,让审查官们意识到这控诉毫无公正或和解的余地,于是他们就认可了希律的权柄。(368)首先曾经做过执政官并极受尊重的撒图尼努发表了他那相当和缓且为难的判决,他虽然谴责希律的儿子们,但却不认为他们应该被判处死刑。他自己也有儿子,将一个人的儿子处死比其他任何可能临到他的事情更加不幸。(369)撒图尼努有三个作为他使臣的儿子,他们也接续撒图尼努发表了与他们父亲同样的判决。相反地,沃鲁尼乌的裁决是主张以死刑对付这样不敬虔且不孝顺父亲的人,其他大部分的人也持同样的看法,看起来好像结论就是要判处这两个年轻人死罪。(370)这事之后希律立刻就离开了那里,并将他的儿子们带往推罗,尼古拉在推罗和希律相会,那时尼古拉正在他从罗马的回航中,希律向他细数在贝里图发生的事情,并征询他对他儿子们的意见,以及他在罗马的友人们对这件事情的看法。(371)尼古拉是这样回答的:"他们定意对你做的这件事是不敬虔的,你的确应该将他们关入狱中。(372)如果你觉得必须要更进一步惩罚他们,你也可以这样做,但是不要任凭你的忿怒超过你的判断力支配自己。如果你想要和缓一点，就可以宽恕他们，以免造成无法挽回的不幸。这也是你在罗马大多数友人的看法。"希律听了之后默然不语，像是在慎重地思考，然后他吩咐尼古拉与他同航。

4.（373）他们到达了凯撒利亚，那里的人都在谈论希律的儿子们，全国上下对将要发生在他们身上的事感到惴惴不安，（374）所有人都非常害怕，唯恐这家族一直以来的纷纷攘攘会以一个悲惨的结局落幕。他们也为心中的烦恼感到为难，因为任意谈论甚至是听到别人谈论这件事都不是没有危险的。人们只能无奈地将他们的怜悯放在心里，以沉默来表达这许多的哀痛实在令人感到非常烦闷。（375）然而希律的一位老部下，他的名字叫作提柔，这人有一个和亚历山大同龄的儿子，他儿子也是亚历山大的朋友，提柔相当公开且自由地谈论别人心中默默思想的这件事，他经常在群众当中大声埋怨，（376）毫无戒心地说真理已经枯萎了，人们不再有公义，谎言和恶毒将会战胜，让人们无法看清众人的事务，罪犯们也不会受到严厉制裁。（377）他大胆地高谈阔论，好像无法让自己远离危险，但是他话语中的理性感动了人心，大家都将他视为一个极有气魄的人，他的表现又恰逢其时，（378）让每个听到他话语的人都感到欣喜。虽然大家都为了自身的安全而不发一言，但是他们都很高兴地接受提柔这样的自由言谈，因为他们身陷的苦恼令他们盼望能随心所欲地去谈论提柔。

5.（379）这人也有极大的自由面见王，他要求王单独召见他，王也准许了他的请求。他在王面前这样说："王啊！因为我无法继续忍受这样大的顾虑，只有放胆陈说，这是为了您的益处而没有顾及我的安危，希望您能从中得到一点帮助。(380)您的心灵空虚,您的明辨到哪里去了?您用来成就那许多丰功伟绩的卓越睿智到哪里去了?(381)您离弃朋友亲人的孤僻又是从哪里来的呢?我敢说那些漠视您那曾经喜乐的王国如今所充满的可憎恶行之人一定不是您的亲友。您难道没有察觉到周遭发生的事吗?(382)您会杀害那两个您王后所生又在各方面都表现优异的年轻人,让自己在年老的时候孤苦无依,任由一个儿子和亲人们掌控?这个儿子恶意地操纵您给他的希望,而那些亲人们又是您时常想要亲自取他们性命的人。(383)您难道没有注意到群众一见到这罪行就厌恶这事而默然无声,您的军队和军官们都同情这两个可怜且不快乐的年轻人,恨恶那些导致这事的主谋者吗?"(384)王一开始听到这些话时心情还很好,但是要怎么说呢?当提柔只是谈到他家人的恶行和不诚实的时候,希律还被这番话所感动;(385)但是当提柔肆无忌惮地更进一步说话,又滔滔不绝地没有节制,这就让希律非常不满,(386)反而被他的言词触怒,无法听到那些对自己有益的话语。希律从提柔的言论中得知士兵们厌恶他想要做的事,军官们也对此感到忿怒。于是希律下令将提柔提到的这些人以及提柔本人都关到监狱里。

**6.**(387)这件事情过去以后,有一个人名叫土鲁富,是为王理发修面的人,他趁这机会对王说提柔常常想要说服他在用剃刀为王修面时割断王的喉咙,这样提柔就可以成为亚历山大最重要的友人之一,并从亚历山大那里得到极大的报酬。(388)土鲁富的这些话让希律下令严刑逼供提柔、提柔的儿子以及这位理发师,于是下面的人就遵命而行。(389)提柔自己忍受了酷刑,但是他儿子见到父亲凄凉的处境又没有得救的指望,已经可以看到自己受刑的结局,于是他就说,如果他即将要说的话能够让他和他父亲免于受刑,他愿意说出实情。(390)王同意了他的提议,他就说有一个协议,由于提柔很容易单独来见王,若提柔能对王下杀手,虽然他可能会被处死刑,但这会成为对亚历山大有益的慷慨义行。(391)这就是提柔的儿子所说的话,也借此让他的父亲不再受到眼前的折磨。我们不清楚他是否是在不得已的情况下说出实话,还是为了要将他和他父亲从苦难中拯救出来而自行编造出来的谎言。

**7.** (392)至于希律,倘若他以前对于杀害自己的儿子们还有任何疑虑,如今他的心中已经完全没有回转的余地了,他疏离了所有可能在这件事上让他稍微理性思考的人事物,好尽快达到他的目的。(393)他也将三百名遭到控告的军官、提柔、提柔的儿子以及控诉他们的理发师带到一个集会中,在那里对他们所有的人提出指控,(394)群众就用一切伸手可及的东西投掷他们,把他们都杀死了。亚历山大和亚里斯多布也在他们父亲的命令下被带到塞巴斯特接受绞刑,他们的尸体在夜间被运往亚历山大里姆,他们的舅舅和大多数的祖先都安葬在那里。

**8.** (395)有些人可能认为他们双方这种愈演愈烈的深仇大恨是合理的,甚至会演变到超越人类的天性,但是这件事也值得我们公正地思考,这些年轻人是否也有责任,因为他们导致他们的父亲发怒,又一直以同样的方式引领他走向这条无法挽回的道路,令他使用如此残忍的手段来对付他们;(396)或者这是那位父亲的责任,因为他心地刚硬,他对政权的渴慕和在其他有助于提高声誉的事上表现得相当自私,不愿意任何人来分享,好让他想要做的一切都持续不变;(397)又或许命运能否超越一切审慎的推理,我们因此相信人的行为事先就被一种无可改变的必然性所决定,我们称之为宿命。(398)因此我认为应该将这个观念和另一个多多少少归因于我们自己的观念做比较，这让人们无法解释他们生命中的不同进展，这个看法也和我们自古以来律法的明哲判定不谋而合。(399)所以在这件悲剧的另外两个原因上，人们可以怪罪于这两个年轻人，他们按照年轻人的虚荣行事，以自己的出身为傲，他们原本应当容忍那些诽谤他们父亲的话，因他们无法公正地判断他生命中的行为，然而他们曲解地怀疑，又不加节制地谈论这事，让那些监视他们的人在这两件事上都轻易地抓到他们的把柄，并为了利益而出卖他们。(400)不过我们也不认为他们的父亲有借口对他们做出如此可恨且不敬虔的罪行，他大胆地在没有确实证据证明他们对他的逆谋，或是发现他们做了这项企图的预备的情况下，杀害了自己的两个亲生儿子。这两个年轻人身形俊美，也得到人们的喜爱，在各项言行上无所缺憾，无论是狩猎、战术或是在日常的交谈上，(401)他们很擅长于这类的事，尤其是年长的亚历山大。即使希律想要谴责他们，但是将他们拘禁起来或是将他们流放到远离他领土的偏远地区生活就已经足够了。罗马兵力的环绕对他而言是强大的安全保障，罗马人的帮助让他根本不用害怕任何突击或公开的战事。(402)希律为了满足那掌控自己的情绪而突然杀害了他们，正是令人无法忍受的不敬虔的表现。他老年时做出这件极大的恶事是应该受到责备的，(403)他在这件事上的耽延以及处理这事所花费的时间，都无法作为他申辩的借口；因为当一个人受到突然的惊吓而在心灵错乱中犯下极大的恶行，这样的事情常常会发生；但若是他经过深思熟虑又做过多次的尝试，并经过多次延期，最终还是着手完成了这事，这就是出于凶残意念的行为，这样的人是不容易让他从邪恶的心思上转移开的。(404)从希律日后没有放过那些看起来好像是他最亲爱的友人的行为上，也能够看出他这种性情，虽然在那些事件里的公义惩处，让死者得到较少的同情，但他的残暴却同样显而易见，因为他也没有放弃对他们的屠杀。我们在后面还有机会更进一步谈到这些人。

第十七卷

从亚历山大和亚里斯多布去世到亚基老被放逐(涵盖十四年)

# 第一章

## 安提帕特因杀害了他的兄弟而受到[犹太人]全国上下的痛恨；因此，他特别赠送许多礼物博取罗马友人的好感；安提帕特也用同样的方式对待叙利亚的省长撒突勒纽和他手下的行政长官；以及有关希律妻儿们的事情

**1.** （1）安提帕特以这样的方式除掉了他的众兄弟，令他父亲陷于极为不敬虔的景况，而他也因为自己的所作所为而让民众感到愤恨。终其一生，他都没有实现自己心中的愿望，虽然从他的众兄弟与他夺权的恐惧中解脱出来，但是他也发现要得到政权仍是件困难而无法实现的事，因为全国上下为了这件事都极端痛恨他。（2）除了这个极不和谐的状况外，军队中的情形更是让他烦恼，因为军队是诸王们在国情不安时得保平安的倚靠，但如今军人却与安提帕特不睦，他所遇到的危机都源于他杀了他的众兄弟。（3）然而安提帕特还是如同做王一样，和他父亲一同治理国事。他的行为虽然应该被判处死刑，但是他表现得像是为了保护希律而不是因怀恨他的众兄弟才出卖他们，这就让他父亲觉得他是兄弟们当中最好的，他也因这缘故最受他父亲的信任和倚靠。（4）现在安提

帕特将所有的心思都放在如何除去希律上，如此就不再有人能够控诉他的恶谋了。他要使希律没有避难所，也没有能够助他一臂之力的人，因为所有要帮助希律的人都必然将安提帕特视为公开的敌人。(5)安提帕特用以对付他众兄弟的恶谋，正是因他仇视他父亲才开始的。现在安提帕特比以往更下定决心要对希律展开攻击，只要希律死了，政权必然会落到他的手上；但如果希律还活着，安提帕特的恶谋就有被发现的可能，而他的父亲也必定会成为他的敌人。(6)基于这个原因，安提帕特就特别慷慨地对待他父亲的友人，送给他们许多金钱为礼物，令他们对他的好行为感到惊喜，不再对他怀有敌意。他特别送了许多大礼给他在罗马的友人们，借此赢得他们的好感，尤其是叙利亚的省长撒突勒纽。(7)此外他也赠予撒突勒纽的兄弟许多礼物，希望能收买他。安提帕特对王的姐妹，即嫁给希律一位重要友人的撒罗米，也采取同样的金钱攻势。他借着交谈与人建立虚假的友谊，非常巧妙地得到对方的信任，他狡诈地掩饰了他对真正痛恨之人的厌恶。(8)然而安提帕特无法欺瞒长久以来就非常了解他的姑姑，她不是个容易被迷惑的女子，更何况她早已尽其所能地防范安提帕特的致命计谋。(9)虽然安提帕特精心策划，使他舅父娶了他姑姑的女儿(这女子原先嫁了亚里斯多布)，而撒罗米和她丈夫的另一个女儿嫁给了卡里阿之子，不过这婚姻并没有影响到他姑姑，她发现了安提帕特的计谋，也深知他的恶毒，前面所述的亲属关系无法除去她对安提帕特的憎恶。(10)这时希律强迫撒罗米嫁给亚历萨斯，但撒罗米喜欢的是阿拉伯人叙流斯，他们也彼此相爱，不过她在凯撒之妻朱莉娅的劝告下听从了希律的话，朱莉娅说服了撒罗米不要因为拒绝这婚事而成为他们的敌人，希律曾经说过若撒罗米不答应嫁给亚历萨斯就与她绝交;此外朱莉娅还说这样做对撒罗米有利。(11)希律也在此时将亚基老王的女儿,即亚历山大的妻子,送回给她的父亲,并还给亚基老当初从产业中给这女子带来的嫁妆,这样他们之间就不会因为嫁妆的问题而引起争议。

　　**2.** (12)希律非常留心教养他的孙儿们:亚历山大和格拉菲拉生了两个儿子,亚里斯多布和撒罗米的女儿百尼基育有三子二女。(13)有一回希律和他的友人们聚在一起,希律就把孩子们带给大家看,并为自己儿子的不幸而悲叹,他还祈祷这样的不幸不要临到他的孙辈们,让他们可以有好的德行,得到他们应得的一切,也让自己有机会能好好教养他们。(14)希律也在他们达到适婚年龄之前先为他们订下婚约:亚历山大的长子和费洛拉的女儿订婚,亚里斯多布的长子和安提帕特的女儿订婚,亚里斯多布的一个女儿许配给安提帕特的儿子,另一个女儿许配给希律和大祭司之女所生的儿子。我们以往的习俗是一夫多妻的。(15)王为这些孩子们订下婚约是出于对他们失去父亲的怜悯,也是希望借着通婚表现出安提帕特对他们的友善。(16)然而安提帕特对他兄弟们的孩子像对他兄弟一样恶毒,希律对孩子们的关心引起了他的忿怒,他猜想这些孩子们会比他的兄弟们更加强盛,因为亚基老王会支持他的外孙,费洛拉分封王会让他儿子娶他们当中的一个女儿。(17)另外一件让安提帕特不满的事,就是民众对这些孤儿们的同情,他们恨他令这些孩子们失去父亲,民众知道他对他兄弟们的恶谋,并联合起来反对他。于是安提帕特计划要推翻他父亲的安排,他认为这些孩子们因为通婚而和他建立这样亲密的关系并因此得到权势是件非常可怕的事。(18)希律在安提帕特的恳求下让步了,他改变了原来的安排,现在的决定是让安提帕特去娶亚里斯多布的女儿，安提帕特的儿子和费洛拉的女儿结婚。这样的婚约并没有得到王真正的认可。

**3.** (19)希律此时有九位妻子，其中一位是安提帕特的母亲，另一位是大祭司的女儿，希律和她生了一位也叫作希律的儿子。希律还有一个妻子是他兄弟的女儿，另一个是他姐妹的女儿，她们两个都没有孩子。(20)希律的妻子中有一位是撒玛利亚族的人，她生了两个儿子，分别是安提帕和亚基老，她的女儿奥林皮阿后来嫁给了王的兄弟之子约瑟。不过安提帕和亚基老是被一位住在罗马的平民抚养长大的。(21)希律还有一位妻子是耶路撒冷城的克娄巴特拉，他们共有两个儿子希律和腓力，腓力也是在罗马成长的。帕拉斯是希律的另一位妻子，她生的儿子是法撒勒斯。除了上述这些妻子以外，希律的另外两位妻子叫作法德拉和埃皮亚，她们为他生了两个女儿鲁克撒娜和撒罗米。(22)希律和亚历山大及亚里斯多布之母所生的长女，也就是费洛拉不愿意娶的那个女儿，希律就把她许配给王的姐妹之子安提帕特，另一个女儿则许配给他的兄弟之子约瑟。这些就是希律的后裔。

# 第二章

## 有关巴比伦的犹太人扎马利斯的事迹；安提帕特为了对付他父亲而设下的计谋；以及一些法利赛人的事

**1.** (23)这时希律为了要保护自己不受特拉可尼人的危害，就决定在那国当中为犹太人建立一个和城邑同等规模的村庄，这村庄位于他自己的国境里,不易受到敌人的侵扰,他也可以从那地去突袭对方,对敌人造成伤害。(24)希律得知有一个巴比伦的犹太人带着五百马兵(那些马兵都是可以边骑马边射箭的好手)和一百亲友正从巴比伦而来,他们渡过了幼发拉底河,现正居住在叙利亚的达夫尼附近的安提阿,叙利亚的省长撒突勒纽给了他们一个名叫瓦拉他的地方。(25)于是希律就派人去请这人以及跟随他的人前来,应允要在辖区中赐给他们一块叫作巴塔尼亚的地,那地和特拉可尼人所住之处相连,希律希望这人定居此处能成为自己的屏障。他也打算免除这块地的税赋,住在这地的人不用再像以前一样缴税,使这人完全享受免税。

**2.** (26)这个巴比伦人在众多优惠条件的引诱下就前来这里居住,他得到了这块地,并在其上建了许多碉堡和一座村庄,他将这村命名为巴提拉。如此这人就成为当地居民应对特拉可尼人的防御,也成为那些从巴比伦前往耶路撒冷献祭的犹太人的保护,让他们不会受到特拉可尼盗匪的伤害。于是许多住在那些仍然持守犹太传统律法之地的人都前来投奔他,(27)由于该地免缴赋税,所以那里就住满了人。在希律有生之年那地一直都保有免税的特权,但等到接续他在那里为分封王的腓力上任后,腓力就向他们征收了一点税,不过并没有持续多久。(28)到了后来的亚基帕大帝以及和他同名的儿子执政时,他们虽然带给那地的人不少困扰,但也没有收回他们不缴税的特权。罗马人从亚基帕手中取得政权时,虽然让该地的人拥有人身自由,却强迫他们缴所有的赋税。我会在这段历史的演进里更加详细地描述这件事。

**3.** (29)后来那个得到希律赐地的巴比伦人扎马利斯去世了。他一生都行事公义,留下来的孩子们也都品德高尚。他有个以刚勇著称的孩子名叫雅克模，雅克模教导那些巴比伦人骑马的技术，这些人也是前述诸王的侍卫。(30)雅克模年纪老迈后就过世了，留下了一个名叫腓力的儿子，腓力双手极其有力，在各方面也都比同辈人更勇猛，(31)因这缘故，他和亚基帕王之间建立了互信且坚定的友谊。腓力也有一队专属他管理的军队，这队伍和王所拥有的军队具有同样的规模。他常常训练他们，并带领他们去需要用兵的地方。

**4.** (32)希律的国事就如同我所描述的，所有政务都是由安提帕特管理，在他父亲的许可下，他的权力大到想对多少人施恩就对多少人施恩，他父亲希望借此得到安提帕特的善待和忠贞。由于安提帕特的父亲不知道他的邪恶，也相信他所说的一切，安提帕特便得寸进尺地扩张自己的势力。(33)安提帕特实在是不可轻视的，倒不是因为他所拥有的权势，而是因为他预先就做好了卑劣且精心的谋划。最重要的就是费洛拉和安提帕特彼此间所建立的友谊，安提帕特诡诈地在费洛拉身旁布下了一群监视他的女人。(34)费洛拉非常听从他妻子以及他妻子的姐妹及母亲的话，尽管这些女人侮辱了他那些还是处女的女儿们，使得费洛拉厌恶她们，但是费洛拉还是一再地忍受她们，没有一件事的决定离得开这些女人的同意，她们在凡事上互相帮助，将费洛拉完全掌握在她们手里。(35)最后到了一个地步，连安提帕特都为了他母亲和他自己的缘故而对她们言听计从。就算费洛拉和安提帕特有意见不合的时候，这四个女人都是意见一致的。(36)然而王的姐妹撒罗米却是她们的敌手，撒罗米观察了她们好一阵子，知道她们的友谊是为了要对付希律，就打算将这件事告诉希律。(37)但是这些人知道她们这样的友谊是希律非常不喜欢的，因为友谊的目的是要对付希律，于是就特别安排不让别人发现她们的聚会。她们假装憎恶对方，一有机会就侮辱对方，尤其是当希律在场或是在场的人可能会告知希律时。不过她们的私交却日益稳固，这就是她们所采取的方式。(38)可是她们瞒不过撒罗米，不论是当初她们为了对付希律而建立这友谊之时，还是后来她们巩固这友谊的时候。撒罗米搜查一切的证据，她不但对她的兄弟夸大这些女人间的关系，更是将她们私底下的密会和聚餐告诉了希律。撒罗米宣称，她们倘若不是为了要毁灭希律，大可公开彼此间的友谊，不需要在暗中商议策划；(39)她们表面上好像合不来，提起对方的时候都像是要对对方采取不利的举动，但在别人看不到的地方，她们却非常和睦；只要她们单独在一起的时候，就是协同一致的，并表明不会离弃彼此间的友谊，要联合起来对付那些让她们必须隐藏这份友谊的对象；(40)撒罗米说就是因为这缘故，她才去查证相关事宜，将这些事的来龙去脉告诉她的兄弟。希律自己虽然也知道其中的许多事情，但是因为他怀疑撒罗米刻意毁谤，所以也不完全相信她所说的。(41)犹太人中有一个派别，他们因为对先祖的律法非常熟悉所以自视甚高，也让别人认为神最喜悦他们，而这些女人就去诱骗这批人。这宗派的人叫作法利赛人，他们有相当大的能力去反对诸王。他们是一群狡猾的人，没有多久他们就自满到公然与王为敌的地步。(42)所以当所有人都公开对凯撒和王的政权宣誓效忠时，这批人就不肯宣誓，他们共有六千多人。当王对他们处以罚款时，费洛拉的妻子就为他们付了这笔钱。(43)为了要回报她的好意，他们这批被认为得到神的眷顾并能预知未来的人，就预言说希律的政权将要终止，他的后代不再能继承王国，这王国将会在费洛拉和他妻子的手中，并且要留传给他们的后裔。(44)撒罗米得知这些预言后将其告诉了王，并对王说他们还把王宫中的一些人引入歧途。于是王杀了那些法利赛人中的主谋，以及太监巴格阿，还有一个叫作卡路的人，这人是当时男子中长得最为标致的，也是巴格阿的娈童。希律也杀了自己家族中认同这些法利赛人预言之人，(45)而巴格阿则是被他们吹捧得过于自满，自以为应该被称为"预言中命定的王的父亲和施恩者"，这位王能够掌管一切的事，不但可以让巴格阿结婚，还可以让他有从己身而出的子女。

# 第三章

## 希律和费洛拉之间的敌意；希律派安提帕特
## 去见凯撒的经过；以及费洛拉之死

**1.** (46)希律惩罚了那些法利赛人的罪行以后，就聚集了他的友人们，在他们面前指控费洛拉的妻子，并将那些处女们受到的侮辱都归罪于这女人的轻率行为，以此来指控她败坏她们的名誉。(47)希律又控诉她费尽苦心造成希律与费洛拉的不和，用她的言语和行为来离间他们的手足之情，例如他定下的罚款还没有付清，那些滋事者就靠着她而免去了刑罚。其他近来发生的事端也都是因她而造成的，(48)"因此，如果费洛拉愿意自己下令——不是因为我的恳求或是按照我的心意——让他的妻子离开，他就是做了一件美事，因为这女人以后还是会造成我们之间的不睦。费洛拉，若你重视我们的情谊，就当把你这妻子送走，这样，你就还是我的好兄弟，继续行在你对我的爱中。"(49)费洛拉是这样回答的（虽然希律的这番话给他极大压力），他说他不可能做出弃绝兄弟之情这样不义的事，但是他也无法放下对妻子的感情；他说他宁可死去也不愿意失去他所爱的妻子独自活下来。(50)虽然这样的回答让希律心中非常难受，但他还是不再因为这事而对费洛拉发怒。然而他禁止安提帕特和他的母亲与费洛拉有任何的交谈，也吩咐众人留意不让那些女人在一起聚会。(51)他们表面上答应要遵守，但是一有机会还是会聚在一起，安提帕特和费洛拉都各自有他们愉快的聚会。有人报告说安提帕特和费洛拉的妻子之间有奸情，这事是由安提帕特的母亲促成的。

**2.** (52)这时安提帕特对他父亲起了怀疑，恐怕他父亲对他的不满会加剧，于是就写信给他在罗马的友人，要他们请希律立刻派遣安提帕特去见凯撒。(53)事情就按照安提帕特所期望的发生，希律派了安提帕特带着许多贵重的礼物前往，也把他的遗嘱交给安提帕特带到罗马，里面的内容是让安提帕特做他的继承人。倘若安提帕特先死，他和大祭司之女所生的儿子希律·腓力就要接续他为王。(54)和安提帕特一同去罗马的还有一个阿拉伯人叙流斯，凯撒吩咐这人所做的事，他一件也没有去做。安提帕特对这人的控告和原先希律对他的控告是一样的；亚哩达也控诉叙流斯未得允许就在佩特拉杀了许多阿拉伯的要人，尤其是那位值得所有人敬重的萨摩斯，此外他还杀了凯撒的仆人法巴突。(55)这些就是叙流斯被指控的罪名，事情的经过是这样的：有一个属于希律的人，名叫克林突，他是王的贴身侍卫，也是王极为信任的一个人。叙流斯以大笔金钱收买他，说服他去刺杀希律，这人也答应要这样做。由于叙流斯亲口将这事告诉了法巴突，法巴突就把这事告诉了王，(56)于是王就捉拿了克林突，并以严刑逼供，从他口中得知了整个阴谋。希律也捉拿了另外两个克林突招供出来的阿拉伯人，其中一个是部落的首领，另一个是叙流斯的朋友。(57)王也对这两个人施以酷刑，他们就承认自己鼓励克林突务必完成所答应的事，并且预备好在克林突有需要时亲自帮助他完成刺杀的行动。希律把这整件事告诉了撒突勒纽，撒突勒纽就把他们解送到罗马。

**3.** (58)由于费洛拉对他妻子的爱情坚定，希律就命令他回到自己的分封地去，费洛拉欣然同意了希律的话，并起誓说希律死前他绝不会再回到这里来。果真有一次王生病了，虽然费洛拉很想要在王死前来看他，因为说不定王会托付他一些事情，但是他实在太过重视自己的誓言，就没有前去见王。(59)不过希律对费洛拉的恨意却没有持续下去，虽然在前述这个极大的原因下希律曾经说过不要再见到费洛拉，但是他一得知费洛拉病了就立刻赶去见他，并没有任何人来请他前往。后来希律也为费洛拉举办了葬礼，将他的尸身运往耶路撒冷埋葬，并且庄严肃穆地哀悼他。(60)费洛拉之死成为安提帕特不幸的开端，虽然那时安提帕特已经启程前往罗马，神却因他谋害兄弟们的罪而即将对他展开惩处。我会特别将这段历史分开描述，希望它能成为人们的鉴戒，教导人们一生都要按照公义来行事。

# 第四章

## 被费洛拉释放的奴仆控诉费洛拉的妻子毒杀了费洛拉;在严刑拷问下,希律找到了毒药;然而这毒药是他的儿子安提帕特为他预备的;经过酷刑和查证,希律发现了安提帕特对他的致命阴谋

**1.**(61)费洛拉的葬礼一结束,有两个他极为敬重并被他释放的奴仆来求见希律,请他不要放过谋杀他兄弟的人,恳求他调查费洛拉这样不合理且不幸的死亡。(62)由于他们看起来非常真挚,希律就受了感动。他们说在费洛拉病倒的前一日,他和他的妻子一同用晚餐,有一种药被掺在他不常吃的食物当中,他就因吃了这样的食物而死。这药是一个女人从阿拉伯带来的,据说是一种春药,并以此为名,但它实际上却是用来杀害费洛拉的。(63)阿拉伯女人非常擅长于配制这类毒药。大家都知道他们所归罪的这个女人是叙流斯一个爱妾的密友,费洛拉妻子的母亲和姐妹都去过她住的地方,并说服她将这药卖给她们,就在费洛拉晚餐的前一日,她们才把这药带回来。(64)王听了这话大怒,把所有的女仆以及和她们在一起的那些自由人都捉来严刑逼问。由于没有人愿意承认,事实的真相就无法显明,直到最后她们当中的一位在极度痛苦下就说出了这一句话:她祈祷神使安提帕特的母亲也遭到类似的痛苦,因为是她令她们大家遭受到这样的痛苦。(65)这祈祷导致希律更为加重对这些女子的拷问,直到他从她们那里得知一切的事情,像是她们开

心的相聚、宗教性的集会以及他单独和他儿子所说的有关费洛拉身旁这些女人的事情[是希律给了安提帕特一百他连得作为礼物，劝他不可再和费洛拉说话]。(66)此外她们还提到安提帕特对他父亲的恨意，以及他对他母亲抱怨说他父亲活得太久，自己都快要年老了，就算王国真的到了他手中，他也无法尽情地享受。另外就是他众多已经成年的兄弟和子侄们也和他一样对王国抱着期望，这种种原因都令他无法确定自己是否可以得到这王国，(67)因为倘若他现在就死去，希律也已经命定要将政权交给他的兄弟，而不是他的儿子。安提帕特也控诉王杀害他儿子们的野蛮行为，唯恐希律会以同样的手段来对付自己，这就是为什么他计划了这次前往罗马的旅程，也是费洛拉要回到自己分封地的原因。

**2.** (68)这些供词与他姐妹撒罗米所说的相符，而且更是撒罗米话语的确证，这使得希律不再怀疑撒罗米有任何不忠于自己的地方。于是王相信安提帕特的母亲多丽斯和安提帕特对自己充满怨恨，他就拿走了多丽斯价值好几他连得的贵重饰品，然后再将她遣走，并且与费洛拉身旁的女子们建立起良好的关系。(69)然而最令希律憎恨他儿子的是一个叫作安提帕特之人的供词，他是王的儿子安提帕特的行政官。这人受到拷问时招供了许多事，其中一件是安提帕特预备了一种致命的药物，并将它交给了费洛拉，希望费洛拉趁安提帕特不在的时候给他父亲吃，这样安提帕特就可以因为远在天边而不会受到任何怀疑。(70)安提帕特的一个朋友安提菲鲁将这药物从埃及带出来，经由王的儿子安提帕特的舅父狄奥底闻交给费洛拉，再从费洛拉手中交给他的妻子保管。(71)当王询问这女人有关这事的真实性时，她承认了这件事；她在跑去拿这药物时，从屋顶上跳下去想要自杀，但是因她脚先落地，所以并没有死。

(72)王因为她自尽的缘故就来安抚她,并应允只要她不向王隐瞒任何事,王就会原谅她和她的家人;不过王也威胁说如果她不知感恩而被查出有任何隐匿不报的地方,她就会遭受到最大的痛苦。在这情形下她就应允王,并发誓将一切事情以及发生的始末说出来。结果她的话证明了许多事都是真的,(73)的确是安提菲鲁将这药物从埃及带出来,这药物是安提菲鲁的一个做医生的兄弟买来的;"当狄奥底闻把药物带来时,费洛拉就把药物交给我保管,这药物是安提帕特为你预备的。(74)后来你在费洛拉病倒时来看他并且关心他,费洛拉的心就被你的仁慈征服了。他把我叫到跟前对我说:(75)'女子啊！安提帕特要陷害他的父亲,也就是我的兄弟,他游说我要我谋杀我的兄弟,并要借着买来的这个药物达到目的。你现在去把这药物拿来在我面前焚毁[因为我的兄弟还是像以前一样以公义待我,如今我已不久于人世,我不愿意以谋杀我的兄弟来亵渎先祖]。'于是我就立刻照着我丈夫吩咐的话去把药物拿来。(76)我焚毁了大部分的药物,但是留下了一部分,以备万一王在费洛拉死后苦待我,我就可以服毒自尽,脱离这样的痛苦。"(77)她说完这话后就把药物和装药物的盒子拿到大家面前来。安提菲鲁的另一个兄弟和他的母亲在严刑逼供下也招供了同样的事情,他们还保存了那个从埃及带出来的盒子。(78)大祭司的女儿,也就是王的妻子,她被控诉的罪名是知情不报。希律为了这缘故就和她离婚了,并将她的儿子从遗嘱中除名,遗嘱中本来有提到让这儿子接续他为王。希律也把大祭司的职位从他岳父庇特斯之子西缅手中拿走,并让耶路撒冷出生的提阿非罗之子马提亚取代他大祭司的职位。

**3.** (79)就在这些事情发生的同时,被安提帕特释放的奴仆巴细路斯从罗马回来,在严刑拷问下被查出他携带了另一种药物,这药物是要转交给安提帕特的母亲和费洛拉,若上次的药物没有将王毒死,就可以用这次带来的药物除去他。(80)而在安提帕特的认可和建议下,希律在罗马的友人们也写信来指控亚基老和腓力,说他们同情亚历山大和亚里斯多布之死,也为了亚历山大和亚里斯多布的缘故而诽谤他们的父亲,以及因为他们的父亲招集他们从罗马回来,他们就认为一定会死于父亲之手。(81)这些信是希律花了大笔钱从安提帕特的友人那里买来的,但是安提帕特自己也写了一封关于亚基老和腓力的信给他的父亲,信的内容是对他们的严厉指控。然而他却说他们没有罪,只是年轻不懂事,安提帕特把他们所说的话都归罪于他们的年幼无知。此外安提帕特的信中还提到他在罗马忙着处理有关叙流斯的事情,为了让当地的重要人士参与这件事,他花了两百他连得买了许多贵重的饰品送给他们作为礼物。(82)人们可能会觉得奇怪,在这之前的七个月中,犹大地早就有这许多对他的指控,但是他却对此一无所知。这是因为中间的通路被严密防守,出于对安提帕特的痛恨,没有人会冒险去为他争取任何好处。

## 第五章

### 安提帕特从罗马航行回来见他的父亲;以及他在
### 大马士革的尼古拉的指控下,被他父亲和当时
### 叙利亚的省长昆提流斯·瓦鲁判处死刑;
### 后来安提帕特受到监禁,直到他有机会向凯撒申诉

**1.**(83)希律看了安提帕特的来信,信上说他只要将所有要办的事

办完之后，就会立刻回来见他。于是希律隐藏了对安提帕特的怒气，回信给他，吩咐他不要耽延他的回程，免得安提帕特不在时希律本人会遭到任何不幸。同时希律也稍微抱怨了安提帕特的母亲，不过他说只要安提帕特回来，他一定不会再计较这些对安提帕特母亲的怨言。(84)信中他还表达了对安提帕特的情感，唯恐安提帕特起疑而延缓他的归期，也恐怕安提帕特住在罗马时会谋划夺取王国，甚至起来对付希律。(85)安提帕特在基利家时收到这封信，不过之前他在塔兰提时就已得知了费洛拉的死讯。费洛拉的死讯对他的影响极大，倒不是因为他对费洛拉有什么感情，而是因为费洛拉曾经应允他要谋杀他的父亲，如今他的父亲还没有死，费洛拉却已经去世了。(86)安提帕特就在基利家的克兰德利为了希律对他母亲的不满而开始仔细思考他的回程。有些人劝他随便到哪里逗留一下，看看会不会得到更多的消息；另外一些人则劝他立刻回去，说只要他一回去，那些指控他的人就不再有任何优势，他也就可以平息一切控诉。(87)安提帕特听从了后者的建议，继续航行到塞巴斯特港口靠岸（希律为了尊崇凯撒耗费巨资建造了这个港口，并将它命名为"塞巴斯特"）。(88)安提帕特在这里受到的痛苦是显而易见的，没有人来欢迎他或是向他致敬，不像他当初离开时他们为他送行的景况，那时大家都欢喜地颂扬他并祝他好运。虽然现在并没有什么理由阻止他们接待他，但是他们不但没有接待他，反而咒诅他，说他回来就是要接受他谋杀兄弟们的惩罚。

**2.** (89)这时昆提流斯·瓦鲁正在耶路撒冷，他是被派来接续撒突勒纽为叙利亚省长的，此外他也是在希律的要求下来辅佐他，为当前的局势提供一些建议。(90)就在他们同坐时，安提帕特毫不知情地前来见他们。他是身穿紫袍入宫的。看守大门的人让他进来，但却拦阻了他的友人们。(91)安提帕特感到茫然不知所措，在他上前向他父亲致敬时遭到希律的回绝，他这下才明白自己所处的景况。希律称他为"谋杀兄弟的人"，也是图谋杀害希律的人，希律还告诉他次日瓦鲁会为他举办听证会并且审判他。(92)安提帕特听到的不幸已经降临到他身上，由于事情的严重性，他忐忑不安地回到家中，他的母亲和妻子来迎接他〔这位妻子是希律之前的犹太王安提古的女儿〕，安提帕特从她们那里得知了向他隐瞒的一切事情，于是就开始为自己的受审作准备。

**3.** (93)次日瓦鲁和王一起坐在审判席上，他们的友人和王的亲戚也都被召集进来，此外还有王的姐妹撒罗米，以及任何可以指证的人和那些被拷问过的人。除此之外，安提帕特母亲的几个奴仆也被带进来，他们是在安提帕特回来前不久被逮捕的，他们还带着一封写好的信，信的内容大致是这样的：由于他的父亲已经知道了一切，所以他不应该回到这里，现在只有凯撒是他的避难所，可以将他和他母亲从他父亲的手里拯救出来。(94)于是安提帕特扑倒在他父亲的脚前，请求他不要有先入为主的想法，也不要对他有偏见，要先听听安提帕特自己的陈述。于是希律下令将他带到中间，希律自己首先为了他的孩子们悔恨恸哭，说这些孩子们带给他极大的不幸，尤其是安提帕特，竟然在他晚年的时候还来攻击他。(95)他也数算了对他们的供应和让他们受到的教育，以及按照他们的心意供给他们适当的财富，然而这一切的好处都无法阻止他们算计他，他们还是为了要夺取王国而以如此不敬虔的方式来谋害他，想要在他寿终正寝之前就夺去他的性命，不顾念他们父亲的心愿，也不在乎是否合乎公义，他们所要的就是国家的政权。(96)希律说他不明白有什么原因促使安提帕特采取这样坚决的行动,因为希律早就在遗嘱中宣布他是继承王位的人,而且就算是希律仍然在世,安提帕特所拥有的一切也都和希律相当,不论是所受到的尊荣还是手中的权柄,他每年的岁入不少于五十他连得,前往罗马的旅费也超过了三十他连得。(97)希律对于安提帕特指控他的兄弟也提出了异议:如果他们是有罪的,那么安提帕特自己就仿效了他们的例子;倘若他们没有罪,那么安提帕特就是毫无根据地控告他的至亲,(98)因为希律并非经过别人而是经由安提帕特才知道这一切的事情,所有这些事情都得到他的认可,如今他成了他们弑父之罪的继承人,从而免除了他们的所有罪责。

**4.** (99)希律说了这些话后就哭了起来,没有办法再继续说下去。不过在他的请求下,王的友人、也是一直和他有亲密交情的大马士革的尼古拉就接续下去。这人知道希律所做的一切,也清楚他家中的状况,他继续将还没有说完的话说下去,并解释说明了有关事实真相的证据。(100)在这种情况下,安提帕特转向他的父亲提出了他的申诉,强调自己对父亲表现出的诸多善意,并举例说明了他所得到的荣誉,若不是因为他对父亲忠诚关心而配得,这些荣誉是不会给他的。(101)他在各样的事情上都事先适时地做好准备,并给予明智的建议;任何需要他亲力亲为的事,他从来都没有因为劳苦而发出怨言。他多次将他父亲从谋反的阴谋中拯救出来,自己根本就不可能去设计陷害他,让这些后来的恶名夺走他因崇高品德而得到的声望。(102)他已经是指定的继位者,没有任何事情拦阻他和他父亲一起享受王室的尊荣,任何一个有品德的人在毫无危险下得到了一半的江山,完全不可能冒着得到恶劣名声的危险去追逐整个政权,尤其是他能不能得到政权还是未知数。当他看见他的兄弟们做出这样令人痛心的事，是他来通知并指控他们的，否则当时根本不可能发现他们的密谋；而在他们企图对付他们父亲的罪证确凿时，也是他出来惩罚他们的；(103)甚至王家族里发生的争竞都可以表明他处事完全是出于对他父亲诚挚的爱。至于他在罗马所做的一切，有凯撒可以在那里作为他的证人，凯撒和神都是不可以欺哄的，(104)从凯撒的来信里就足以看出他的心意，在这样的来信面前还要去听信那些导致纷争的诽谤实在是不合理的，况且这些诽谤大都是趁他不在的时候提出来的，他不在的期间让他的敌人有足够的时间来造假，要是他本人留在这里，他们就无法这样做。(105)此外他还指出，经由酷刑得到的证据的真实性是微弱的，通常也都是假的，因为人在拷问之下会感到苦不堪言，很自然就会在逼迫下说出许多事情来讨好那些主宰他们的人。他说他自己也愿意接受拷问。

**5.** (106)这时会众的态度就改变了，在安提帕特的哭泣和适度的悲伤表情下，大家都觉得他很可怜，也对他感到相当同情，甚至那些与他敌对的人都被感动而开始怜悯他了。希律心中也很明显受到了感动，但是他不愿意被人察觉到他的心意。接着尼古拉又以悲痛的语调接续着王起始的诉讼，并根据拷问和证词中所得到的证据做一个总结。(107)尼古拉大为赞扬王在照顾及教育孩子们上的崇高德行，但是他不仅没有从这上面得到任何回报，反而一次又一次遭遇不幸。(108)他对过世的两个孩子的行为并没有感到十分惊讶，因为他们还太年轻，又受到那些恶毒的监护人的诱导，是那些人让他们背着良心而期望早日得到政权；(109)然而他却无法不对安提帕特可恨的恶毒感到震惊，这人从他父亲那里得到了足够平息他背叛理由的利益，但是他却比那最毒的毒蛇还难安抚,那些动物多少会因为所受的待遇而缓和,不去咬那照顾他们的恩人,但安提帕特丝毫没有被他兄弟们的下场拦阻,反而继续效法他们的野蛮行为。(110)"安提帕特啊！就如同你自己说的,你是他们恶行的告密者,是搜查出用来指控他们的证据的人,也是在发现他们有罪时惩处他们的人。我们并不是因你对他们的烈怒而指控你,我们只是对你效法他们这样放肆的行为感到极为震惊。我们发现你所做的并不是为了顾及你父亲的安全,而是为了要铲除你的兄弟们,借着他们外在的不敬虔来显示出你才是最爱你父亲的人,你也在丝毫未受惩处的情况下得到了足以作恶的大权,你的所作所为正彰显了你这样的动机。(111)你的确因为你兄弟们的恶行而将他们定罪并除灭,但是你却没有以公义对待他们的同党,如此就让大家知道你和他们相约来对付你的父亲。当你选择告发你兄弟时,(112)你的目的就是要得到独自谋害你父亲的优势,并借此得到加倍的快乐,这确实是个值得你处心积虑的意图,也让你愿意公开和你的兄弟们对立。在这件事上你好像立下了一个值得庆祝的大功劳,你所做的也和你的身份相符,但是倘若你有其他的意图,那么你就比他们更歹毒；(113)虽然你设法掩饰对你父亲的叛逆,但是你却恨恶你的兄弟们,你并不是因为他们设计谋害你的父亲而恨恶他们,因为你也做了同样的事,你恨他们是因为他们比你更配得继承政权。(114)若不是害怕你指控他们的谎言被拆穿,你会在杀了他们之后就杀害你的父亲；你怕会得到应得的惩罚,就想要让你那不幸的父亲受到伤害,于是你谋划出了这个前所未见的弑父逆行。(115)身为他的儿子,你不仅阴谋背叛你的父亲,而且是在他深爱你又赐你极大恩典的时候。他让你在实质上与他同掌王权,还公开宣布你是他的继位者,你本已品尝到了权势的甘甜,加上你父亲写下遗嘱可以作为这应许的保障,所以你完全在你父亲的决心下对未来有确切的指望。(116)不过很显然,你不是按照你父亲的心意,而是随着自己的想法和喜好来衡量这事,你希望将你那过于宽容的父亲仅剩的权力夺去,用你的行为来毁灭这位你假意说要保护的人。(117)你不以自己的邪恶为满足,还要将这些恶谋灌输给你的母亲,又在你兄弟当中制造纷争,并大胆地称呼你父亲为"野兽"。而你自己的心却比虺蛇还要狠毒,你把这毒药送去给你的亲人和那些施恩给你的人,请他们帮助你并掩护你,让这些男男女女的筹划作你自己四围的屏障,用这样的方式来对付你的老父,好像单凭你的心意还不足以显示出你对他的深仇大恨。(118)这些为奴或自主的男女为了你的缘故受到逼问,你的同谋者也提出了供词,你却急于否认真相,你不但处心积虑想将你父亲从这世上除灭,还想要废止一切与你相抵触的律法、瓦鲁的公义以及正义的本质;(119)不但如此,你又厚颜无耻地说自己愿意接受拷问以揭发事情的真相,然而你又指控拷问会迫使那些被刑讯的人说谎,令那些拯救你父亲的人没有说出真相的机会。瓦鲁啊! 你是否可以将王从他亲人的伤害中拯救出来呢? (120)你是不是能杀了这个禽兽不如之人? 他对他父亲假意示好,借着这手段除去了他的兄弟们,自己却打算立刻夺取这王国,他才是他们当中最血腥的刽子手。弑亲不仅伤害了生命也危及了人性,而弑亲这意图本身的罪就不亚于它的一切筹划预备,对这样的事还不加以惩处就是伤害天理。"

**6.** (121)尼古拉又提到安提帕特的母亲喜欢说长道短,以及有关王的预言和献祭、安提帕特的好色并沉醉于和费洛拉的女人们私通,还有关于审问这事的调查。许多人在各样的情况下提出了供词,有些人是事先将供词预备好，另一些人则是当场回答，然而他们这些供词都更加证实了前面所提出来的证据。(122)那些不清楚安提帕特作风的人原先基于惧怕而有所隐瞒，但他们看到已经有证人对安提帕特提出指控，而安提帕特原先所倚仗的好运如今也离他而去，落入了他仇敌的手中，于是那些对他不满的人也就将他们所知有关他的一切都说了出来，(123)这就加速了他的毁灭。他们的指控倒不是出于作为指控者对他的憎恶，而是因为他卑鄙无耻且邪恶的计谋，以及他对他父亲和兄弟们的歹毒，他造成了自己家庭里的纷争和彼此间的残杀，他的恨恶并非出于公正，他的友谊也不是出于善意，这整件事情的发生都只是为了要满足他的私欲。(124)有不少人早就看出了这一切，尤其是那些倾向于以公义为尺度来衡量事情的人，他们不凭感觉来论断事情，这些人在过去受限无法公开评论，但如今他们得到了发言的自由，就将所知的公之于世。(125)没有人能够驳斥这事的证据，因为这许多证人并非因喜爱希律而说出实话，也没有因怀疑可能临到的危险而被迫对想说的话保持沉默，这些人只是感到安提帕特的行为过于恶毒，应该受到惩罚，所以才将所知道的事一五一十地说出来，他们真的只是对安提帕特的恶行看不下去，而不是顾及希律的安全。(126)有许多人供称了各样不同的事实，他们不可能都是被逼迫的，就连安提帕特这个擅长说谎且行为卑鄙的人都无法说出一句与他们供词相反的话。(127)尼古拉中止了他的陈述并出示了证据，于是瓦鲁吩咐安提帕特，如果他准备了任何能够证明他在被指控的事上无罪的凭据，就可以开始为自己辩护，因为他和他的父亲一样希望能够证明他的无辜。(128)然而安提帕特却脸朝于下仆倒在地，向神和所有的人哀求，请他们相信自己是无罪的，他渴望神能借着清楚的神迹来宣告他并没有对他父亲设下任何的阴谋。(129)这是所有缺乏美德的人惯用的伎俩，他们在打算做任何恶事时都倾向于随心所欲地去做，好像以为神不关心这世界上发生的事；等到他们的恶行被人发觉而必须面对罪恶带来的刑罚时，他们就竭力想要借着对神的求告而推翻那些指控他们的证据。(130)这正是安提帕特所做的事，当他作恶之时，他认为神全然不理会世上的事，然而在他被正义围攻又无法找到任何合法且于己有利并能驳倒对自己指控的证明时，他就厚颜无耻地亵渎神的威严，以为自己有权力仗恃神的能力来保全自己，并在众人面前显示出他如何历经艰困，以英勇的行为拯救了他的父亲。

**7.** (131)瓦鲁询问安提帕特要如何为自己辩解，却发现他除了无止境地哀告神以外什么也说不出来。瓦鲁就吩咐人将毒药拿到庭上，检视这药的功效如何；(132)等毒药拿来后，瓦鲁命令一位死囚喝下毒药，那人立时就死了。于是瓦鲁起身离开了法庭，次日他就回到自己所住的安提阿，那城是叙利亚的宫廷所在地；希律就将他的儿子关到监狱里。(133)没有人知道瓦鲁和希律谈话的内容，瓦鲁是在与希律讨论之后才离去的，人们猜想希律后来对他儿子所做的一切都得到了瓦鲁的认可。希律将他儿子囚禁之后，就把有关安提帕特的事写信告诉在罗马的凯撒，并派遣信使将安提帕特的恶行告诉凯撒。(134)与此同时，他们拦截到一封安提菲鲁从埃及[安提菲鲁住在埃及]写给安提帕特的信，王拆阅了那信，信中有如下的内容："我冒着生命危险将阿克玛的信带给你，你知道这事一旦被发现，我会受到从两个家族来的危险。(135)愿你的计划成功。"这就是信件的内容；由于没有找到另外的那封信，王就下令对此事展开调查，携带这封被拆阅的信的安提菲鲁的奴仆否认他有其他的信件。(136)王对他所说的话起了怀疑，这时希律的一个友人看到这奴仆穿在里面的外套上有缝线和夹层，猜测信件可能藏在夹层里；他的猜测是正确的。(137)于是他们将这信拿出来，内容是这样的："阿克玛致安提帕特。我按照你的意思写了这样的一封信给你的父亲，我也抄了一份并将它送给我的女主人〔利维亚〕，假装这信是撒罗米所写的；你看了这信之后，就知道王一定会为了撒罗米对他的谋害而惩处撒罗米。"(138)而这封假是撒罗米写给她女性友人的信，是由安提帕特构思、阿克玛执笔的，它的内容是用阿克玛的名义借着撒罗米的口吻写下来的。(139)信中是这样说的："阿克玛致希律王。我竭力要让你得知一切与你为敌的事，所以当我发现撒罗米写了一封谋反你的信件给我的女主人时，我就将它抄了一份给你。这样做虽然会让我置身险境，但却有利于你。她写这信是因为她原来想要嫁的是叙流斯。请你看了信后将它撕毁，以免给我带来生命的危险。"(140)阿克玛也在给安提帕特的信中告诉他说自己已经按照安提帕特的吩咐写了两封信，一封是她给希律的，主要是通知希律关于撒罗米对他的阴谋；另一封是假借撒罗米之名写给她女主人的。(141)阿克玛是犹太人出身，是凯撒之妻朱莉娅的仆人。阿克玛这样做是出于她和安提帕特的友谊，加上安提帕特以大笔金钱收买了她，她就帮助安提帕特进行这件伤害他父亲和姑姑的计谋。

**8.** (142)希律对于安提帕特如此可怕的毒计感到极为震惊，打算立刻将安提帕特处死，因为安提帕特罪大恶极，他不但要对付希律本人，也想要除去希律的姐妹；他甚至连凯撒家中的仆人都能买通。撒罗米也被安提帕特激怒，她捶胸顿足地说，要是安提帕特能提出足以取信的证词，他就可以将她杀了。(143)于是希律派人去带他的儿子前来，询问有关这事的真伪,希律吩咐安提帕特为自己辩护,尽可能地驳斥这事,千万不要有所隐瞒,但是安提帕特什么也说不出来。于是希律对他说,既然他的恶行已被揭发,就应该立刻供出他的同党。(144)安提帕特把一切责任都归罪于安提菲鲁,但却没有再牵连其他人。希律对此感到非常难过,想要把他的儿子押解到罗马,在凯撒面前陈述他的恶行,(145)但是他立刻就觉得不妥,恐怕安提帕特在罗马会得到他友人的帮助而脱离这次的危难。于是希律还是像原来一样监禁了安提帕特,只是派遣了更多的信使,也送了更多的信件到罗马,指控他的儿子以及阿克玛在这恶谋上对他儿子的帮助,希律还将前述信件的抄本送到罗马去当作凭证。

# 第六章
## 希律患病和犹太人的暴动;以及希律对那些动乱者的惩处

**1.** (146)希律先教导了他的使臣们如何回答即将面临的各样问题,然后就派遣他们尽快前往罗马,使臣们身上携带着要交付凯撒的信件。然而这时希律却病倒了,他立下遗嘱,将王国留给他的小儿子安提帕,这是因为安提帕特的诽谤,使他痛恨亚基老和腓力。他也遗赠了一千他连得给凯撒,五百他连得给他的妻子朱莉娅、他的孩子们、友人们以及他所释放的奴仆。(147)希律把他的金钱、岁入和土地分给他的儿孙们,并让他的姐妹撒罗米成为一个非常有钱的人,因为撒罗米在任何情况下都对他忠心耿耿,从来不曾贸然地伤害他。(148)希律大约有七十岁的年纪,对自己能够康复已经不抱希望,这使得他变得更加暴戾,任何事情都会令他大发雷霆,他感到自己被人藐视,认为全国上下都对他的遭遇幸灾乐祸。除此之外,有一些下层阶级的人起来反对他,他就因为这些人造成的骚动而非常忿怒。

**2.** (149)犹太人中有两个最善于辩论、也是解释犹太律法最著名的人,一个是撒利非乌的儿子犹大,另一个是马革鲁修的儿子马提亚,人们因为他们对下一代的教导而十分爱戴他们,力求那些具有崇高品德的人能够天天去听他们的教诲。(150)他们发现王得了不治之症,就去鼓动那些年轻人,要他们去将王所建的那些不合于律法的工程完全拆毁,并借着他们的敬虔行为获得律法给予他们的奖赏;他们说希律所遭遇的不幸与病痛,就是出于他造这些律法不容之物的鲁莽行为,一般人是不会得这种疾病的。(151)犹大和马提亚指控希律制造了这些不合于律法的东西,说他在圣殿的大门上花了大笔金钱竖起了一只金制的老鹰,还将这鹰献给圣殿,然而我们的律法禁止那些遵行律法的人去制造任何偶像或活物的像。(152)于是这些明哲之士就说服了他们的跟随者去拆毁这只金鹰,他们宣称这样做虽然可能会带给他们死亡的危险,但是这种公义的行为比今生的享乐对他们更为有益,因为他们是为了保守遵循先祖的律法而死,这样的死会为他们带来永恒的美名与赞誉,他们不但能得到当世人的称颂,也会为后世子孙留下永不磨灭的好榜样。(153)没有人可以免去死亡临到的悲哀,所以对于崇尚德行的人来说,选择用这样的行为来度过这决定性的时刻是最正确的决定,这会让他们的死充满了赞美与尊崇。(154)这种令他们有生命危险的英勇行为也可以减轻死亡所带来的痛苦,并且让他们名垂永世,无论男女,都能借此将这美名留给他们的孩子和亲人，日后这一切都会对他们有极大的裨益。

3.（155）这些人就是以此言论来鼓动这班年轻人进行这样的行动，除了明哲之士的游说外，一项关于国王已死的传闻更是加添了他们的说服力，于是他们就在中午时分来到圣殿门口，将那只老鹰拆毁，并用斧头把它砍碎，那时圣殿中聚集了许多的民众。（156）王的将领听说了当时发生的事情，并不认为这是他们所宣称的"天意"，于是带领一队士兵前来阻止他们拆毁那些献给神的物品，在这些人大胆行事的时候出其不意地攻击他们。这些人的行动并没有经过审慎的计划，只是凭着愚昧的猜测来行事，群众运动通常都是这样。于是他们就在自以为有益的轻举妄动之下陷入了一片混乱。（157）王的将领逮捕了至少四十个年轻人，这些人是在其他人逃跑时勇敢地留下来的，这次动乱的主谋犹大和马提亚也被逮捕，他们认为在这样的情况下退缩是一件有损名誉的事。于是这些人就被带到王的面前。（158）他们来到王面前时，王问他们是否大胆地拆毁了他献给神的物品，[他们回答说]："是的，这一切都是我们策划的，也是我们所做的，我们以身为人的公义之勇，（159）凭借着所学习到的律法，来帮助清理那些献给全能之神的物品。我们不应对神教导并传给摩西的律法心存疑惑，摩西将这些律法写下来传给后世的人，这律法比你的命令更值得我们遵守。所以我们宁可愉悦地承受你加在我们身上的死亡和伤害，因为我们很清楚地知道我们的死是出于热爱我们的教义，而不是出于任何不义的罪行。"（160）他们众口一辞，他们的勇气与所宣告和所行的都相称。王下令将他们捆绑并解送到耶利哥，然后召集了犹太人中的显要。（161）这些人来了之后，希律就让他们聚集到剧场。由于希律无法站立，就只好躺在一张卧榻上，开始数算自己长期以来为了他们的缘故所付出的辛劳,(162)他花费了大笔的财富建造这圣殿来尊崇神,即使是在阿萨摩尼家族统治下的一百二十五年当中,也无法完成如此伟大的工程。(163)希律又以昂贵的饰物装点这殿,希望能借此为自己留下一个纪念,并在死后得享美名。说完这些之后,希律就大声抱怨这些人没有停止对他的冒犯,不仅在他尚在人世的时候,而且还是在光天化日之下,让所有的人看到他们对他的侮辱,将他献给神的物品毁坏并推倒在地上。这些人实在是故意这样做来羞辱他,任何知道这事真相的人,都一定会同意这些人的行为是亵渎神的大罪。

4.(164)聚集在剧场里的人看到希律暴躁的脾气,就害怕他会对他们造成伤害,于是他们回答说这些人的行为并没有得到他们的认同,他们也认为这些人应当为所做的事受到惩罚。于是希律以较为温和的方式对待剧场里一部分的人,但他也因为这件事的缘故而将大祭司的职位从马提亚手中夺去,另外选择了马提亚妻子的兄弟约亚撒取代他为大祭司。(165)这位马提亚任职大祭司期间,还有一个人只做了一天的大祭司,那天是犹太人的斋戒日。(166)事情的经过是这样的:这位大祭司马提亚在庆祝斋戒日的前一天,梦见和他的妻子同房,为此之故他不能主持庆典,于是他的亲戚以利穆之子约瑟就帮助他主持这项圣事。(167)希律剥夺了这位大祭司马提亚的职务,又将另一位煽动暴乱的马提亚和他的同党们活活烧死。那天晚上是个月食之夜。

5.(168)这时希律的病情加重了许多,这是神对他罪行的审判,他身体内部开始慢慢发炎,从外表碰他并不怎么疼痛,但是内部却是痛得很厉害。(169)这病也让他的胃口大得惊人,他必须要不停地吃东西;他的肠子也生了溃疡,最痛的地方是在他的结肠;他的脚和下腹部也都有水肿的现象。此外他的私处还化脓又长了虫并发出恶臭，坐直的时候也会呼吸困难短促，全身还会痉挛，这让他痛苦到无法忍受的地步。（170）那些假借神旨意以及有说预言能力的人，都说王所受的痛苦是神对他极不敬虔行为的惩罚。（171）虽然希律的痛苦好像不是人所能承受的，但他还是希望能够康复。他请了好几位医生来，只要他们开出处方帮助他，他都会一一遵守。他甚至还过了约旦河，前往卡里罗那里洗温水浴，那地的水有许多益处，又很适合饮用。那水后来流入了沥青湖。（172）有一次医生们以为他要死了，就认为应该将他浸泡在一个盛满油的容器里，然而就在家人大声哀哭的时候他醒了过来，于是他对复原不再抱任何希望。他下令发给每一位士兵五十德拉克马，（173）又发了许多钱给他们的将领以及他的友人们，然后他再度来到耶利哥，那时他的脾气越来越暴躁，做任何事情都像是一个疯子，虽然他已经是个将死之人，却还是谋划了以下这些邪恶的事情。（174）他命令所有犹太人中的要人，不论他们居住在哪里，都要来到他的面前。由于这指令是对全国的犹太人发出的，于是就有许多人前来，凡是听到指令而不遵守的人都要被处死。这时王对他们所有人都感到极端忿怒，无论是无辜的还是有理由被他指控的人。（175）在他们到达之后，他就下令将他们全都关到竞技场中。然后他派人把他的姐妹撒罗米以及她的丈夫亚历萨斯请来，对他们说："我身受极大的痛苦，很快就要死了，人们一定都很高兴看到我死去，但是最让我不能忍受的就是没有人为我的死哀哭，也没有那种王死时可以预期到的悲伤。"（176）希律非常清楚犹太人的想法，知道他的死是他们所渴望并且乐于接受的，因为在他的一生当中他们都想要起来叛变，而且也公然地侮辱他献给神的物品，（177）所以他们必须要在这件事上为他减少一些遗憾，倘若他们同意他的期望，他的葬礼就会有前所未有的哀哭，因为全国的人都会有发自内心的伤痛，否则这哀痛就只是虚伪的表面功夫。（178）于是希律希望撒罗米和亚历萨斯待他一死就立即派兵包围竞技场，先不要让士兵们知道他死去的消息，直到他们吩咐士兵们把那些关在竞技场里的人用标枪杀死之后，再对民众宣布他的死讯，如此他就可以从他们的屠杀里得到双重的快乐。他是个将死之人，而他们这两个人能够让他确信自己的心意会按照他所嘱咐的去执行，因为他们是他的亲人，也因为他们是信靠神的人，如此他就会有一个最值得纪念的葬礼。（179）希律眼中含泪地悲叹着自己的景况，又恳请他们念在亲戚的份上，一定要施予他这份恩情，他也请求他们要靠着对神的信心，千万不可阻止他在葬礼中得到这样尊荣的哀悼。于是他们应允不会违背他的命令。

**6.**（180）任何人都很容易认识这人的个性，他过去为了爱惜自己的生命而从对付自己的亲人中得到快感，如今他所下的命令更是毫无人性可言。（181）他的命令是要在他离世之时，每一户人家都有一人被处死，他要确定他死时全国上下都真的因为失去了他们的亲人而哀伤痛苦，虽然这些人并没有做任何的错事，也没有起来反抗他，更不是被指控了什么罪名。一般而言，任何稍有德行的人在面临死亡的时候都会放下一切的仇恨，甚至包括对他们真正仇敌的恨恶。

# 第七章

# 希律想要结束自己的性命；

# 没过多久，他就下令将安提帕特处死

**1.**（182）就在希律这样吩咐他的亲人时，他差派到罗马去见凯撒的信使们写信回来，信的大意是这样的：凯撒因为痛恨阿克玛参与了安提帕特的恶谋而将她处死；至于安提帕特的处置，他就完全交给希律，让希律以一个父亲和君王的身份做出裁决，按照自己的心意或是将他放逐或是将他处死。（183）希律得到这个消息之后，就因为这些信件的内容感到十分喜悦，阿克玛之死带给他振奋，得到处置他儿子的权柄也令他感到开心，甚至身体也觉得舒服了些。然而他的疼痛还是很剧烈，因为没有吃东西感觉要晕倒，于是他叫人送上来一个苹果和一把小刀。他过去的习惯是自己先削果皮，再将苹果切开来吃。（184）当他拿到小刀时，他看了看这把刀，心里就想用这刀将自己刺死，若不是他的亲表兄弟阿基亚卜斯大声叫喊并抓住他的手制止他，他就真的动手了。这时一阵悲惨的哭声在王宫里回荡，造成了不小的骚动，好像一国之君已经过世了。（185）安提帕特以为他的父亲已经死了，说话就大胆起来，期盼着立刻会从监禁中得到释放，然后毫不费力地取得王权。于是他叫狱卒放他出去，并应允狱卒如今及未来极大的好处，好像狱卒是他眼前唯一的拦阻。（186）然而狱卒不但拒绝了安提帕特的要求，还向王报告了安提帕特的意图，以及安提帕特在这件事上对他一再地利诱与恳求。（187）希律原本就恨恶他的儿子而将他监禁，这时一听到狱卒所说的，就放声大哭，并捶打自己的头，虽然他已经行将就木，但是仍旧用肘部支撑起身体，召集了他的侍卫们，命令他们不可耽延，立刻就将安提帕特杀死，并以卑微的方式把他葬在希尔克尼亚。

# 第八章
## 希律之死、他的遗嘱以及他的葬礼

1.（188）这时希律改变了心意，更改了遗嘱，将原先预定继承王位的安提帕改为加利利和庇哩亚的分封王，另立了亚基老为王国的继承人。（189）他也立他的儿子腓力为分封王，腓力是亚基老的亲兄弟，希律将高拉尼提斯、特拉可尼和潘尼亚交由腓力管理；赐给他姐妹撒罗米五十万德拉克马钱币，并将雅比聂、亚实突以及费萨里赐给她。（190）此外他还为所有的亲人做好准备，留给他们金钱与岁收，让他们都享有富裕的生活。他也留下一千万德拉克马钱币给凯撒，以及各式金银器皿和极为贵重的衣物给凯撒的妻子朱莉娅，他还留了五百万钱给其他一些人。（191）他将这些事情都安排妥当后就去世了，那是他下令杀死安提帕特后的第五日。他从杀害安提古之后一共统治了三十四年，但是从罗马人封他为王算起，共是三十七年。希律本性上是个极为残酷的人，也是欲望的奴仆，从各方面而言他都不是个正直的人，（192）然而却拥有前所未有的好运：从一介凡夫俗子跃升为一国之君；虽然历经险阻，但都能化险为夷，得享高寿。说到对付他的家人和子孙，他自认为非常幸运，因为他征服了敌对他的人，不过我倒认为他在这方面是个不幸的人。

**2.** (193)说到撒罗米和亚历萨斯，他们在别人还不知道王的死讯以前，就将那些被关在竞技场里的人释放了，他们对这些人说是王命令他们各自回到所居之地管理好自己的家业，全国的人都将此视为一个极大的恩典。(194)等到发布了王的死讯后，撒罗米和亚历萨斯就把士兵们集合到耶利哥的剧场中，他们首先朗读了希律写给士兵们的一封信，感谢他们对他的忠贞和善意，并劝勉他们以同样的忠贞和善意对待他的儿子亚基老，亚基老是他指定继承王位的人。(195)接着受托管理玉玺的托勒密宣读了王的遗嘱，这遗嘱和以前凯撒检视时的完全一样；于是大家都因亚基老成为他们的王而对他欢呼致敬，士兵们在他们指挥官的带领下，列队向亚基老宣誓效忠，许诺要如同对希律那样为他效力，并祷告求神成为他的帮助。

**3.** (196)这事之后他们就开始准备希律的葬礼。亚基老定意要把他父亲的坟墓造得极尽奢华，于是他拿出了自己所有的饰品为葬礼增色添彩。(197)他们以金制的棺架抬着希律的尸体，棺架上还镶有各式各样贵重的宝石，上面以紫布覆盖，尸体也同样是用紫布盖着；希律的头上戴着金质王冠，右手执着令牌。(198)棺架旁是他的儿子们和众多的亲人；接下来是那些特别卓越的士兵们，他们各按国籍阶层排列，他们的次序是这样的：首先是他的侍卫队，然后是色雷斯人军团，接下来是革勒玛奴人和加拉太人军团，每个人都身着军服；跟随在这些人后面的是整个军队，他们行进的队伍完全按照出征的队伍排列，(199)照着点阅士兵者和百夫长所安排的队形前进；这些人后面就是为数五百携带香料的家仆。他们走了 1.6 公里前往希律堡，希律自己指定要埋葬在那里。希律就这样结束了他的一生。

**4.**（200）亚基老对他的父亲极为尊崇，为希律守丧七日，这也是我们先祖规定的日子，之后他就款待了民众并上到圣殿里去。无论他走到哪里，大家都尽其所能地向他大声欢呼，使他受到许多的赞扬和称颂。（201）于是他走上了一个为他预备的高台，坐上了金制的宝座，温和地告诉民众他从他们的欢呼声以及友善的表现中所得到的喜悦。他也感谢他们没有因他父亲对他们的伤害而记恨或仇视他，应允会尽可能地对他们尽心的服侍做出合宜的回报，（202）然而他现在还不能接受王的名号，要等到凯撒确认并执行了他父亲的遗嘱以后，才能接受这份尊荣，基于这个缘故，当士兵们在耶利哥要为他戴上冠冕的时候，他没有接受这个他所渴慕的荣耀，因为那位最重要的定夺者尚未明确将这王位赐给他。（203）他说他在接受政权时也同样会回报他们的拥戴，而且他也会竭力地在他们所关心的事上，证明自己能够做得比父亲好。（204）这时民众们按照常理认为继位者在初掌权时会表达出他执政的态度，由于亚基老对他们说话的态度谦恭温和，他们就更为推崇他，并将心中所期望的事向他发出恳求。有些人大声要求他减轻他们的税赋；有些人希望他释放那些被希律关入监牢里的人，这些在牢狱中的人数极多，有些还被关了好多次；（205）其他的人则要求他免除高昂的货物买卖税。由于亚基老想要得到他们的好感，希望能借此更进一步地巩固政权，于是他毫无异议地假装同意了他们所要求的一切。然后他向神献祭，并和他的友人们欢宴庆贺。

# 第九章

## 民众们兴起暴动对付亚基老；
## 以及亚基老航行到罗马的经过

**1.** （206）那时有一些犹太人聚集在一起想要改革，他们为了马提亚和那些与他一同被希律杀害的人（就是将金鹰拆毁而受到惩处的人）感到哀痛，由于人们对希律的畏惧，所以没有人敢为这些人举行葬礼。出于对这些人遭遇的哀痛，他们也迁怒于继任的王，好像这样做可以减轻过世者的痛苦。（207）他们聚集在一起，要求亚基老为了这件事去处罚希律所推崇的人，想要以此作为报复。他们首先也是最主要的行动，就是要亚基老废除希律所立的大祭司，然后再按照律法选择一个更为圣洁的人为大祭司。（208）亚基老虽然准许了他们的请求，但却对他们如此强硬的态度感到大为不满，他立即提议要亲自前往罗马，看看凯撒对他继位为王的事是否做出了决定。（209）于是王派遣了他的军事将领去说服那些犹太人，对他们说他们的友人所受的刑罚是按照法律裁决的，而且他们的这项请求会对他造成极大的伤害，因为现在不是提出这请求的适当时机，他要求他们同意等到他得到凯撒的许可并接掌了政权之后，再来回应他们的请求，那时他就可以和他们讨论这项请求的意义与目的，然而现在他们必须安静下来，否则就会被视为暴民。

**2.** （210）王交代了他的军事将领一切该说的话之后，就派他前去游说那些民众，然而他们起了骚动，不让这人有说话的机会，又危及了他的性命;而且有更多人趁机肆无忌惮地发言,使得场面十分混乱,无法让他们回到主要的议题上。因为人们更关注于表达他们的意愿,所以就完全不听从行政长官们的命令,(211)他们认为在希律活着的时候失去了他们的至亲,等到希律死后又无法制裁事件中的主角,这简直是无法忍受的事情。于是他们继续以暴力的方式进行他们的计划,将所有让他们高兴的事都视为合理合法的,全然没有考虑及预见到他们会面临的危险。就算他们意识到一些危险,但他们在从惩罚那些他们认为是敌人的人中所获得的快乐,还是胜过了所有理性的思考。(212)虽然亚基老派了许多人来和他们协商,但是他们并没有将前来的人视为亚基老的信使,反而以为这些使者是自愿来此平息他们的忿怒,所以根本就不让来使有说话的机会。这次暴动是由那些充满热情的人兴起的,很明显事态愈演愈烈,民众也争先恐后地加入他们的行列。

**3.** (213)他们祖先为犹太人所定的除酵节到了,除酵节又称为逾越节,是为了纪念他们出埃及所得到的拯救[那时他们在这节期欢欢喜喜地献祭,并要比其他节期献上更多的祭牲。(214)不计其数的民众从全国各地来到这里,有些甚至是从国外前来,就是为了要敬拜神]。那些暴动的人为犹大、马提亚以及律法师哀痛,他们囤积了大量食物并聚集在圣殿里,不以为这样做是羞耻的事。(215)亚基老唯恐这些人的疯狂会引发更可怕的状况,就派了一队武装军团连同一位千夫长,趁着全民尚未被他们的疯狂影响以前,去镇压他们的暴动。亚基老给这些镇暴者权力,只要他们发现有公然的扰乱或是特别激进的行为,就可以将这样的人带来见他。(216)然而那些为了律法师而暴动的人,以惯常用来鼓动群众的大声喧嚷来刺激人民,使他们上前攻击那些士兵,他们用石头击打大部分的士兵，有些士兵负伤而逃，包括千夫长在内。做了这事之后，他们再度回到原先进行的献祭之事上。(217)这时亚基老认为一定要除去这些滋事的人才能保住完整的政权，于是他派出了整个军队去对付他们，并派了马兵去阻止那些在圣殿外安营的人，并去帮助那些在圣殿内的人，他命令他们杀死那些逃离步兵之手自以为得到安全的人。(218)马兵们一共杀死了三千人，其余的人都躲藏到附近的山区里去了。然后亚基老再对他们所有人发出宣告，命令他们各自回到自己的家中。于是他们害怕可能会临到的更大不幸，就都离开了节期的庆典，他们之前都是因为没有清楚的指令而鲁莽行事。(219)亚基老和他的母亲一同前往海边，同行的还有尼古拉、托勒密以及许多亚基老的友人们，他将内政和外务都交给他的兄弟腓力管理。(220)希律的姐妹撒罗米也和他一起去，带着她的孩子与许多的亲人随行。这些亲人假装是要帮助亚基老获得王国，但实际上却是来反对他，主要目的是去大声抱怨他在圣殿中所做的事情。(221)那时凯撒手下管理叙利亚事务的撒比努正赶往犹大地去清点希律的产业，他在凯撒利亚遇到亚基老；但是叙利亚省长瓦鲁在亚基老派遣的托勒密的邀请下也来到这地，阻止撒比努干涉他们的政务。(222)出于对瓦鲁的尊重，撒比努没有收回任何在犹太人当中的城堡，也没有查封其中的财物，他让亚基老拥有它们，直到凯撒对这些财产做出最后的决定；撒比努做了这样的应允后，仍旧滞留在凯撒利亚。然而一等到亚基老启航前往罗马，瓦鲁前去安提阿，撒比努立刻就前往耶路撒冷占据了希律的王宫。(223)他召见了负责管理驻军处的人以及那些保管希律财产的人，公然宣布要他们呈报所管理的财务清单；撒比努也按照自己的意思处理了犹太人的城堡。但是那些保管者并没有忘记亚基老的命令，依旧按照亚基老的吩咐去做，只不过名义上是替凯撒保管这些财务。

**4.** （224）这时希律的另外一个儿子安提帕也经由海路前往罗马，想要争取政权，他是在撒罗米的鼓舞下抱着得到王权的希望，撒罗米说安提帕比亚基老更诚实，更适合做王，因为希律以前所立的遗嘱认定安提帕是最适合继承王位的，而且希律之前的遗嘱比后来的更为公正。（225）安提帕带着他的母亲和尼古拉的兄弟托勒密同行，尼古拉一直是希律最尊敬的友人，他现在则热衷于支持安提帕。（226）不过最积极鼓励安提帕取得政权的是善于演说的爱任纽，这人因为大有智慧而受托管理国家的政事，安提帕就是仗恃着此人，才在别人劝他顺服他父亲在最后遗嘱中所立为王的长兄亚基老时，完全不肯听从他们的话。（227）安提帕到达罗马后，他的亲戚都变节转来支持他，这不是因为他们喜爱他，而是由于他们厌恶亚基老。虽然这些人最期望获得自由，并且能在一个罗马行政长官的治理之下，但如果反对声浪太大，他们就觉得由安提帕来管理他们还是比在亚基老的管辖下要好。于是他们与安提帕联合，以便为他争取王国。撒比努也写信给凯撒控告亚基老。

**5.** （228）亚基老将文件送交给凯撒，在文件中申诉他继承王国的权力，文件中也包括了他父亲的遗嘱和希律对金钱的处置方式，另外他也派托勒密将玉玺交给凯撒，亚基老十分期待凯撒尽快对此事做出决定。（229）凯撒读了这些文件以及瓦鲁和撒比努报告希律王国的金钱与岁入的来信，又得知安提帕写信来求取王国，就召集了他的友人同来，想要听听他们的意见，他让该犹坐在首位，并请他们把对这件事的看法尽情地说出来。这位该犹是亚基帕和他女儿朱莉娅的儿子，朱莉娅是他所收养的孩子。(230)第一个发言的是撒罗米的儿子安提帕特，这人是个精明的说客，也是亚基老的死对头。他就这主题说道：亚基老现在前来求取王国是件非常荒谬的事，因为事实上他已经在凯撒将王权赐予他之前自行夺取了这权柄；安提帕特也控诉亚基老的大胆行径，在犹太人节期的时候杀死了这么多的人。(231)若这些人的行为是有罪的，惩处他们的权力也应当属于置身于犹大地之外并有权柄惩罚他们的人，轮不到亚基老；若他自认为是王，他就已经因为窃取了凯撒判定他能否为王的特权而对凯撒造成伤害；若他觉得自己只是一个平民，他就更没有做这事的理由了，因为无论是谁执掌王权，都不会将这样大的权力赐给他，他擅自使用这权力，就已经抢夺了凯撒的权力。(232)安提帕特也尖锐地提出亚基老私自更换军事将领的罪名，以及他事先就坐上王的宝座，并对诉讼做出判决等等罪行，这一切都显示出亚基老已经自封为王了。安提帕特又控告他对那些影响到政务的请愿者让步，好像凯撒已然任命他执掌王权，他的所作所为都像是确认了自己的地位。(233)安提帕特也把释放竞技场囚犯的事，以及许多其他的事，都归罪于亚基老，这些事情要么肯定是他做的，要么被认为是他做的，而且很容易被认为是他做的，因为那些事看起来像是年轻人做的，而且是由那些出于统治的愿望，过早地夺取政权的人做的。安提帕特也指控他忽视了他父亲的丧事，并在他父亲过世的当晚参与了快乐的聚会；(234)正是因为这样，民众才挑起了骚乱；而且他父亲赐给他这样多的恩惠，他却像是舞台上的演员，在白日假装哭泣，夜里则为得到了政权而高兴，他既然能够这样回报死去的父亲，(235)倘若那位将王国赐给他父亲的凯撒也同样将王国赐给他，他必然会以相同的方式回报凯撒。因为从他父亲死后，他就唱歌跳舞，好像那个葬礼中的死者是他的仇敌而不是他的至亲，更不是他的大恩人。(236)安提帕特说亚基老最大的恶行就是，他现在前来恳求凯撒把政权赐给他，但其实他之前所行的一切事，都是如同统治全地的凯撒早已将政权赐给了他。(237)而亚基老的请愿中最让安提帕特忿怒的，就是他在圣殿旁、在节期中杀人，那些人好像是用来献祭的牲畜被宰杀，有些是外地人，也有些是本地人，他们的尸体堆满了圣殿。做这件事的人，并不是外邦人，而是那个自认为合法的国王，他在自己私欲的催逼下，犯下了如此暴行，使所有人都恨恶他。(238)在他父亲心智健全时，从来没有想要立他作为王国的继承人，因为他父亲非常了解他的个性。在希律原先所定的也是更正确的遗嘱里，他指定了与亚基老不和的安提帕继承王位。亚基老是在他父亲身心灵都濒临死亡之时得到了这个尊位，而安提帕的受命却是在他父亲身体强健、心智健全、又有处理自己事务的能力之时。(239)倘若他父亲以前真的有心要立他为王，好像希律如今所做的，那么亚基老也展现了足够的证据，让我们知道他可能会是一个怎样的王。他已经在实质上剥夺了凯撒处理王国的权力，又在圣殿中毫无控制地残杀自己的国人，而他的身份也只是一介平民罢了。

　　6.(240)安提帕特说了这番话，又举出亚基老自己亲人中的许多人证来支持他的论点，然后就结束了对亚基老的指控。这时尼古拉站起来为亚基老辩护，他说："在圣殿中发生的事并非出于亚基老的特权，而是基于那些被杀者的意念，那些肇事者的恶毒不但对自己造成伤害，还迫使一群冷静的人报复与反抗亚基老等人。(241)表面上看来这些人是反对亚基老，但实际上却是反对凯撒，因为他们攻击并杀害了亚基老派去阻止他们的士兵。他们这些人既不重视节期也不敬神，(242)然而安提帕特却不以支持他们为耻，这样做如果不是出于对亚基老的恼怒，就是因为他恨恶圣洁与公义。这些展开暴动的人先行了不公义的事，这才逼迫别人违背自己的心意借着武力来惩罚他们。(243)安提帕特事实上是归罪于那些指控者的谋士，因为他在这里所指控的一切不公义的事都没有发生，所发生的全都是从暴动者的行为中衍生出来的，并且这些事情并不真像安提帕特所说的那样邪恶，他这样说只不过是为了要对亚基老造成伤害。他们的意图是要伤害一个亲人，一个对他们的父亲有恩惠的人，甚至是个和他们非常熟悉又有深厚情谊的人。(244)说到这份遗嘱，它是王在心智健全时立下的，所以应该比以前所立的更有权威。基于这个缘故，他才请凯撒作为裁定并执行遗嘱内容的人，(245)因为凯撒不会比照那些不公义者的做法，那些人在希律生前处处与他同享权力，但却在他死后力图破坏他的旨意，他们也不像亚基老一样对他们的亲人怀有任何的敬意。(246)凯撒不会让他全力支持之人的遗嘱失效，这人既是他的友人，也是他的同盟，而且他也相信凯撒会认可他所托付的遗嘱；更何况凯撒的公义与正直是众所皆知的，(247)他决不会仿效那些邪恶之人，将他们的王宣告为"疯子"，好像他把王位留传给一个好儿子是毫无道理的，这个儿子也必须要仰赖凯撒的正直作为他的避难所。希律绝对不可能在定立继位者上犯下错误，他将一切都交给凯撒定夺，表现出他在处理这事上极为谨慎的态度。"

　　**7.** (248)尼古拉在凯撒面前说完这些话后就停止了他的辩护。这时凯撒亲切地将俯伏在他脚前的亚基老扶起来，对他说他是应该得到这王国的；凯撒也很快就告诉他们，他对他们的好意十分感动，他绝对不会违背他父亲的遗嘱，这是有利于亚基老的。(249)虽然凯撒用这样的话来鼓励亚基老信靠他,却没有完全决定要如何处置这事,等到大家散去以后,他自己还是在想,是要把整个王国交给亚基老,还是要将它分割给希律的子嗣,因为他们都需要得到这样的帮助。

# 第十章
## 犹太人反抗撒比努的暴动,
## 以及瓦鲁对发动此事的主谋的惩治

**1.** (250)在这些事情还没有解决以前,亚基老的母亲马他基就病死了。那时叙利亚省长瓦鲁也写信给凯撒,向他报告有关犹太人叛乱的事情:就在亚基老起航到罗马之后,全国开始动荡不安。(251)由于瓦鲁本人正在该地,他就将兴起乱事之人绳之以法。瓦鲁大体上阻止了这些人参与这件极为重大的叛乱,他留下了一个军团在耶路撒冷镇压那些喜爱滋事的犹太人,然后就自行前往安提阿。(252)可是这样的安排并没有完全平定此次暴动,因为凯撒的代表撒比努在瓦鲁离去之后还留在那里,他仗恃着留在当地军团的保护,严酷地逼迫犹太人,(253)他将那些人武装起来作为自己的侍卫,借此大加迫害犹太人,给他们造成极大的困苦,最后他们不得不起来反叛。撒比努用武力强行夺取那里的驻军处,并为了自己的利益和无止境的贪婪,竭力压迫民众以追查王的财富。

**2.** (254)当我们的节期五旬节(这名称是从我们先祖世代传下来的)即将来临时,有许多人民聚集在一起,他们前来不仅是为了要庆祝这个节日,也是因为撒比努的疯狂行为对他们造成的伤害,令他们极为忿怒地来到耶路撒冷。聚集的人有许多是加利利人，还有以土买人和很多耶利哥人，以及住在约旦河外、过河来到这里的人。这些前来的民众加入了其他人的行列，比其他人更为狂热地想要攻击撒比努，希望借着这样的行动来报复他。(255)于是他们分作三批在下述地区扎营：第一批人占领了竞技场；第二批人在城东扎营，从圣殿的北边延伸到圣殿的南边；第三批人占据了城西王宫所在之地。他们的布局是想要将罗马人从四面八方包围起来。(256)这些人打算以人多势众来征服他们的敌人，他们也极不容易被人征服。撒比努因为他们人数众多和不惧死亡的决心而感到害怕，于是立刻写信给瓦鲁，像以往一样言词迫切，恳求瓦鲁尽快来帮助他，因为瓦鲁留下来的军队已经危在旦夕，可能过不了多久就会全军覆没。(257)撒比努自己上到约瑟碉堡中最高的一座塔里，这碉堡是为了纪念希律王的兄弟约瑟被帕提亚人杀害而建造的。然后撒比努就从那里指示罗马人攻击犹太人，撒比努不肯从塔上下来为自己的友人冒任何危险，却认为别人都应该先为他贪婪的行为付上生命的代价。(258)罗马人从险境中突袭犹太人，于是双方发生了激战，虽然罗马人的确击败了他们的敌人，但是犹太人的决心并没有因此受到挫折，即使是他们已经面临着眼前的大屠杀。(259)犹太人分散到环绕外殿的回廊中，惨烈的战事继续进行，他们用手以及弹弓投掷石头攻击罗马人，弹弓是经常被使用在这种攻击中的武器。(260)所有的弓箭手也列成一排，给罗马人带来重创，因为他们身手矫健，又从高处攻击敌人，让敌人不知所措；敌人的箭由低处射向高处，根本无法达到对方所在之地，因此犹太人轻易地就给他们带来重创。这样的战况持续了一段时间，(261)直到最后罗马人在受到重创后，偷偷地在犹太人毫无警觉的情况下放火点燃了圣殿的回廊。火势在许多易燃物品的助长下立刻就把回廊的屋顶烧了起来,(262)木头上的沥青和蜡以及金子下方用来黏合的蜡顷刻之间就被火焰所熔化,这项最有价值也最为人尊重的大工程就这样完完全全被烧毁,那些站在屋顶上的人也在来不及逃走的情况下和圣殿一同被烧为灰烬。屋顶坍塌,上面的人也一起摔下来,其他的人则被四面包围的敌人杀死。(263)有更多人受到这突如其来的苦难的惊吓而感到绝望,他们不是跳入火中就是用自己的佩剑自杀,以此方式摆脱痛苦。那些从原路退回去的人虽然逃避了火势的攻击,但是他们手无寸铁,失去了原先的胆量,全部都被罗马人杀死了。他们的烈怒无法拯救他们,因为他们没有任何武器,(264)而那些在屋顶上的人,也没有一人逃过这场灾难。罗马人借着火势迅速穿梭于火场中,掠夺了银库中分别为圣的钱,大部分的钱都被士兵们拿去,撒比努也公然地拿到了四百他连得。

**3.** (265)人们因为这些犹太人和他们友人所遭遇的灾难而悲伤,也因圣殿分别为圣的钱被掠夺而哀痛。于是他们尽可能地聚在一起,以最大的斗志包围了王宫,他们威胁要放火烧毁宫殿,把所有人都烧死在里面。不过他们还是命令王宫里的人立刻出来,应允他们,只要他们照着做就不会受到伤害,包括撒比努在内。(266)那时王大部分的军队都弃守王宫加入他们,但是统领希律三千名善战兵士的鲁孚和格拉图转去投靠罗马人,鲁孚下面还有一队马兵也自行去投靠罗马人。(267)不过犹太人仍然继续他们的包围,并在王宫的墙下挖地道,他们恳求那些投靠敌方的人不要成为他们的阻碍,因为现在正是他们的国家重新获得昔日自由的大好时机。(268)撒比努的确想要和他的士兵们离去,但是因为他对犹太人造成的伤害使他不敢相信他的敌人,于是他辩称说对方这样的仁慈是虚假的，所以他无法按照他们的话去做；这也是因为撒比努期待瓦鲁会来拯救他，才继续忍受这场包围战。

**4.** (269)这时大约还有一万人在犹大地制造混乱与暴动，他们若不是为了自己的利益就是因为恼怒犹太人，才摆出要兴起战事的架势。(270)尤其是两千名希律旧日的部属，他们早已退伍，但却仍然聚集在犹大地和王的军队作战，虽然希律的亲表兄弟阿基亚卜斯起来对抗他们，但还是因他们的作战技巧从平原被赶到山区中，阿基亚卜斯凭借着那里的坚固地势尽可能地保全了一些人。

**5.** (271)那时有个名叫犹大的人，他是强盗首领西家斯的儿子，西家斯的势力强大，希律好不容易才将他绳之以法。犹大在加利利的塞弗里斯聚集了一大批行为不检的人，前去攻击该地的王宫，夺取了放在宫里的所有武器，他用那些武器装备了跟随他的人，并将存放在那里的钱全数拿走。(272)他抢夺剥削身边所有的人，令大家都对他心生畏惧。他这样做是出于觊觎王室尊位的野心，想要借此提高自己的地位，他将王权视为恣意掳掠的报酬，而不是他在战场上彪炳功勋的战果。

**6.** (273)还有一个叫西门的人，他本是希律王的奴隶，在各方面都相当优秀，身材高大健壮，是同侪当中最为出色的，也担负了许多重要的职责。这人因为局势的混乱就兴致高昂，甚至公然无耻地将一顶王冠戴在自己头上，(274)当时有不少人在他身旁，他们宣称他是王，西门自认为比其他人更配得到这个尊荣。他烧毁了位于耶利哥的王宫，将其中之物劫掠一空，又到全国各地放火烧毁许多王的屋宇，并让那些跟随他的人任意拿走屋里的一切。(275)若不是有人立刻起来制止他，他可能会做出更大的恶事。那位加入罗马军队的格拉图率领他的士兵前去对抗西门，(276)经过一场艰巨又冗长的战事，许多庇哩亚人都被消灭了，这些人毫无秩序，他们打仗的方式不是使用技巧而是凭着血气之勇。虽然西门经由一条溪谷逃走，但格拉图还是抓到了他并将他砍头杀死。(277)位于约旦河边亚马太的王宫也被一群人烧毁，他们可能是西门手下的人。整个国家都处在极为疯狂暴怒的状态之下，因为没有一位王来治理他们，那些前来平息动乱的外国人不但没有平乱，反倒因为以贪婪的方式处理他们的事务而更为激怒他们。

7. (278)另外有一位名叫阿瑟伦基斯的人，他既不是显要也没有尊贵的出身，身家又不富裕，只不过是一个牧羊人，没有什么人认识他，但是他长得十分高大，臂力也强壮过人，这人竟然厚颜无耻地称王。他觉得能够对众人造成更大的伤害实在是件快事，就罔顾杀身之罪而自立为王。(279)阿瑟伦基斯有四个兄弟，也都有高大的身材和强壮的臂力，这就激起他们图谋大事的野心，认为他们的力量可以帮助他们保有王权。因为跟随他们的人极多，他们就各自率领了一群人。(280)他的每一个兄弟都是指挥官，但在作战之时，他们都听命于阿瑟伦基斯并为他而战。阿瑟伦基斯也戴上王冠，召集众人商议处理事务，但是所有的事情都是按照他的喜好而决定。(281)这人的权力持续了相当长一段时间，他也被人称作王，没有任何事情可以阻止他随心所欲地去做他想要做的事。他和他的兄弟们杀了许多罗马人以及王的军队，也以同样的怒气处理和这些人有关的事务。他们之所以攻击王的军队，是因为这些人在希律当政时胡作非为；他们攻击罗马人则是出于近日受到从罗马人那里来的伤害。(282)但是时日一久，他们就开始对所有人一样残忍，没有人能逃过这样的骚扰，因为他们有时会为了得到利益而杀人，有时则纯粹是因为已经养成了杀人的习惯而杀人。有一次他们在以马忤斯攻击为军队运送玉米和武器的一批罗马人，他们也袭击了率领这些人的百夫长亚利乌，并杀害了他手下四十位最优秀的步兵。(283)他们这样的屠杀吓坏了其他的人，那些人就丢下死去的同伴，在格拉图的协助下(格拉图亲自带领王的军队前来帮助他们)保全了性命。这四兄弟以同样的方式作战，在很长一段时间里带给罗马人极大的烦恼(他们对自己的国人也危害甚大)，(284)然而最后他们还是被镇压了，其中一个是在一次与格拉图交战时被杀，另一个是在和托勒密的战事中被铲除，亚基老也将他们的长兄俘虏了。最后一个在看到其他兄弟的不幸结局后感到灰心丧志，他知道无法保全自己的性命，他的军队也都在疾病和持续的战事下疲惫不堪，于是他就在亚基老向神发誓不伤害他性命的保证下投降了亚基老。不过这些事情都是在相当久之后才发生的。

**8.** (285)这时犹大地到处都是盗匪，若是任何人刚巧主导这些暴动，那人立刻就被称为王，借这名义对众人为所欲为。事实上他们对罗马人的伤害都只是在小事上或是小规模的，他们对自己人民的谋害却持续了很长时间。

**9.** (286)瓦鲁收到撒比努报告犹大地状况的来信后就非常担心他留在那地的军团，于是他率领了另外两个军团(叙利亚一共有三个军团)和四队马兵，连同诸王或是其他分封王提供的几队雇佣兵，急速赶往犹大地去支持那些被围困的士兵。(287)瓦鲁下令所有参与此次征讨的人立刻前往托勒密，当他经过贝里图时，那里的人也提供了一千五百名雇佣兵去帮助他。阿拉伯的佩特拉王亚哩达因为恨恶希律，又想要讨好罗马人，就在步兵和马兵之外另外提供给瓦鲁不少的帮助。(288)瓦鲁聚集了他一切的兵力之后，就将部分军队交给他的儿子们和一个友人，让他们出征位于托勒密附近的加利利。(289)他们进攻敌人，把对方打得四散逃逸，并夺取了塞弗里斯，在俘虏了当地的人并使其为奴后就焚烧了那城。瓦鲁自己率领他的军队行军到撒玛利亚，由于那地完全没有参与暴动，他就没有干扰那城，只是在托勒密管辖下的一个叫作阿路斯的村庄扎营，(290)阿拉伯人痛恨希律和他的友人，就烧毁了那个村庄。大军从那里前进到另一个叫散弗的村庄，虽然该地十分坚固，阿拉伯人还是将它劫掠一空并纵火焚毁。这次行军的旅途上，没有一个地方能够避免他们带来的灾难，每一个城乡都被火烧毁并惨遭屠戮。(291)以马忤斯的居民弃城逃跑，该城也在瓦鲁的命令下被焚毁，因为瓦鲁要为死在那地的人报仇。(292)他们从那里前往耶路撒冷，扎营包围罗马军团的犹太人无法对抗前来的大军，只好放弃围城之战逃跑了。(293)当瓦鲁要用酷刑对付城里的犹太人时，这些犹太人澄清了对他们的控诉，申诉说民众是因为庆典才聚集在一起，这场战事也没有得到他们的认同，只是出于他们不认识之人的冲动行为；他们是站在罗马人这一边的，和罗马人一起被围困，并没有任何包围罗马人的意图。(294)希律王的表兄弟约瑟事先就来求见瓦鲁，格拉图和鲁孚也率领他们的军队连同那些被包围的罗马人一同前来。但是撒比努并没有见到瓦鲁，他悄悄地离开了耶路撒冷，径自前往海边去了。

**10.** (295)在这种情况下，瓦鲁就派遣了部分军队到乡间搜寻叛乱的肇事者，找到那些人以后，瓦鲁就惩处了一些最应当承担这罪行的人，并将另一些人释放，为了这件事而被钉死在十字架上的共有两千人。(296)然后瓦鲁解散了他的军队，他们在他原先差派的事上毫无帮助，行动又没有次序，为了得到利益而做出违背瓦鲁命令的恶行。（297）瓦鲁一听说有一万名犹太人聚集在一起，就立刻赶去逮捕他们，不过那些人并没有和他交战，他们在阿基亚卜斯的建议之下向瓦鲁投降了。瓦鲁原谅了他们的叛乱，只是把发号施令的那些人解送到凯撒那里去。（298）凯撒释放了其中许多人，仅仅处罚了几个参与这场战事的希律的亲人，因为这些人罔顾法律来对付自己的同胞。

# 第十一章
## 犹太人遣使去见凯撒；凯撒证实并认可了希律的遗嘱

**1.**（299）瓦鲁处理完这些事后，就将从前的军团安置在耶路撒冷，然后自行回到安提阿。但是亚基老在罗马又遇到了新的困难，事情的经过是这样的：（300）瓦鲁允许犹太人派遣使者到罗马，为他们可以按照自己的律法生活而请愿。那地有权势的犹太人一共差派了五十名使者去罗马，他们和原来就在罗马的八千多名犹太人联合起来。（301）这时凯撒召集了他的友人和罗马人的领袖前往他耗费巨资建造的阿波罗神殿，犹太人的使节和原先就在罗马的犹太民众也都到了那里，另外还有亚基老和他的友人们。（302）不过有一些亚基老的同族亲人因为痛恨亚基老就没有加入他的行列，但他们也觉得帮助使节们去对付亚基老不是件体面的事，因为凯撒会认为他们和自己的亲人作对是一种耻辱。（303）腓力在瓦鲁的劝说之下也从叙利亚来到罗马，他的主要意图是来帮助他的兄弟亚基老，因为瓦鲁是他的好朋友；而且倘若因为来此请求按照他们的律法自由生活的人数之故，导致了重新分配领土和政局的变化（瓦鲁觉得有可能会发生），腓力也可以得到他的一份而不至于失望。

**2.**（304）当犹太人的使节可以自由发言时，那些想要取消君权制度的人就专注于指控希律的不法行为。他们断言他只是在名义上称为王，实际上却像是暴君般地在没有约束的特权下对待他的子民，借着这样的权力来消灭犹太人，完全按照他自己的喜好，不放过可以危害他们的任何机会。（305）他所残害的人数之众史无前例，而那些存活下来的人更是痛苦万分，他们不仅因为他对他们的态度备受煎熬，也活在随时可能被他剥夺产业的危险中。（306）希律不断地修建与他们邻近的那些外邦人居住的城邑，但是他自己国家的城邑却残破不堪，甚至到了全然毁坏的地步，（307）而这些城邑在他初得政权时是非常繁华兴盛的。他使整个国家陷入贫困当中，又捏造不义的理由杀害贵族，好得到他们的产业，就算他留存了他们的性命，也强行没收他们拥有的一切。（308）除了每年分派给每个人应缴纳的税收以外，大家还要不吝惜地送礼物给他本人、他的家人、他的友人以及他派来收税的奴隶，那些奴隶掌管了施恩的大权，因为在没有公义的暴行下，任何自由都是用金银换取的。（309）他们绝口不提少女贞洁被玷污的事情，也不提妻子因不贞行为受到的羞辱，以及那些傲慢和不人道的行为，因为受害者都希望能尽力隐瞒这类事情，好像这种伤害他们的事情从来未曾发生过。希律比一头野兽还要凶猛地凌虐他们，好像他有权力使用这样的方式来统治民众。（310）虽然他们的国家历经了许多政权的倾覆与更替，但是历史上没有谁带给他们的苦难比希律更多。（311）基于这个原因，他们认为任何被派来治理他们的人都会比希律温和，所以他们愿意欢喜快乐地对亚基老献上像对王一般的敬意。为了报答亚基老，他们和他一同哀悼他的父亲，并且也预备好在其他的事情上对他感恩，只要他能稍微表现出温和的态度。（312）然而亚基老好像怕人不知道他是希律亲生的儿子，他毫不迟疑地在政权尚未建立之前就让国人明白他的态度，因为政权的处置是掌握在凯撒手里，凯撒可以随心所欲地将这王权赐给他或是赐给别人。（313）亚基老已经让他的子民尝到他未来对待他们的善良德行，以及他的温和良好的执政方式，他在第一次处理一件有关他的子民以及神的事时，就在圣殿里屠杀了三千名自己的同胞。这样一来，他们如何能避免对他正当的痛恨呢？不仅如此，他还将这事归罪于我们，说是因为我们反对他并与他的权力抗争。（314）他们最主要的期望是能够从君权制度下得到救赎，希望凯撒把他们的国土并入叙利亚，让那些被派遣到该地治理的行政长官来管理他们，这样就可以看出他们是不是真的喜爱兴起暴动，又或者可以显明他们在温和的政权下会不会过着有秩序的生活。

**3.** （315）犹太人说完这番话后，尼古拉就开始为指控王的这些事情辩护。他说希律从来没有被这样控告过，若有人控告他的罪比现在所提的轻，可以使他在生前受罚，而在他死后再控告他，就不合适了。（316）尼古拉也把亚基老的行为归罪于犹太人对他的伤害，他说亚基老想要管理违背律法的那些人，因为他们到处杀害一切阻止他们行不义之事的人，当亚基老为他们所做的事惩罚了他们之后，他们就抱怨他，所以亚基老也要指控他们企图叛变以及希望从暴动中得到快乐，因为他们还没有学会应该臣服在公义和律法之下，仍然想要过超越一切秩序的生活。这些就是尼古拉申辩的重点。

**4.** （317）凯撒听完双方的诉辩后就解散了这个聚会。过了几天,凯撒就任命亚基老为总督,凯撒并没有将整个王国交给他治理,只是把希律领土的一半归给他,又允诺若是他能将归属于他的部分治理好,日后会让他得到王权的尊荣。（318）凯撒把另一半领土分成两份,分给希律另外两个儿子,一个是腓力,另一个是和亚基老争夺王权的安提帕。庇哩亚和加利利纳贡给安提帕,每年共有两百他连得;（319）巴塔尼亚、特拉可尼、奥拉尼提斯以及芝诺多罗斯的一部分纳贡给腓力,总共是一百他连得;以土买、犹大地还有撒玛利亚纳贡给亚基老,但是凯撒下令免除他们四分之一的赋税,因为他们没有像其他地区的民众那样加入这次的叛乱。（320）另外还有一些城邑纳贡给亚基老,它们是斯特拉托塔、塞巴斯特、约帕以及耶路撒冷。至于迦萨、加大拉和希坡这些希利尼人的城邑,凯撒把它们从亚基老的领土中分别出来并入叙利亚省。亚基老每年可以从他的领土上收取六百他连得的赋税。

**5.** （321）希律的儿子们从他们父亲的遗产中得到了许多财富,而撒罗米除了她兄弟在遗嘱中留给她的雅比聂、亚实突、费萨里以及五十万德拉克马银币之外,又蒙凯撒赐给她一座位于亚实基伦的王室居所,她的岁入一共是六十他连得,她的居所是在亚基老的管辖之下。（322）王的其他亲人也得到了遗嘱中指定的财物,希律的两个未出嫁的女儿除了得到父亲留给她们的财物外,还得到凯撒另行给她们的一人一份礼物——各二十五万德拉克马银币,并将她们许配给费洛拉的儿子们。（323）凯撒也把王遗留给他的所有钱财都分给了王的众子,一共是一千五百他连得,他只收下了王遗留给他的几个器皿,并不是因为它们价值不菲,而是可以作为他对王的纪念。

# 第十二章
## 一件假冒亚历山大的事

**1.** (324)凯撒处理完这些事情以后发生了另一件事。有一个犹太裔年轻人，是由一个罗马的自由人在西顿抚养长大的，见过他的人都证实他的容貌和希律所杀害的儿子亚历山大非常相像，这人就假冒为希律的至亲。(325)力图得到政权对他而言是一个诱惑，于是他带着一个国人为助手（这人非常熟悉宫廷里的事情，但在其他各方面都是一个不正直的人，这人的个性也对众人造成极大的困扰，使他成为教导别人作恶的老师）。(326)这个人宣称自己是希律的儿子亚历山大，被一个派来杀他的人偷偷送出去，那人实际上杀害了别人好掩人耳目，但救了他和他的兄弟亚里斯多布。(327)他洋洋自得地叙述这事，以此说服了那些前来见他的人，他到克里特时也让那些来和他谈话的犹太人相信他就是亚历山大。他在克里特得到了许多赠送给他的金钱，后来就前往梅洛斯，在那里得到了比以往更多的金钱，因为他们认为他出身王室，希望当他收回他父亲的领土时，会回报施恩给他的人。(328)当他赶到罗马时，有许多不认识他的人款待他。他的运气不错，也这样在狄克阿可亚骗过了那里的犹太人。他不仅瞒过了其他人，连一些和希律友好或是对希律有好感的人，也都联合起来拥戴他为王。(329)这是因为人们喜欢他所用的借口，加上他的面貌和亚历山大又非常相似，使得那些熟悉亚历山大的人都真的相信他就是亚历山大，他还对别人作证说他是亚历山大；

(330)甚至当人们传说他要前往罗马时,那里所有的犹太人都出来迎接他,认为是神的保守才使他出人意外地逃过一劫,他们也为了他母亲家族的缘故而欣喜万分。他被人用王室的轿子抬着穿越街市,(331)他身上穿戴的也都像是王所穿戴的,这一切都是那些接待他的人花钱购置的。大批民众拥挤在他身边,向他发出欢呼的声音,他们没有省略任何一项应有的礼仪,因为他是如此意外地被救下来。

**2.** (332)凯撒听说这事时,并不相信真有其事,因为希律不可能轻易地在这件他如此关心的事情上被欺瞒;但是他又不能完全确定这是假的,于是就派了一个他所释放的奴仆克拉杜前去,这人和那些年轻人交谈过,他吩咐克拉杜将这人带到他面前来。于是克拉杜把这人带来,克拉杜也和别人一样相信这人就是亚历山大。(333)但是他没有瞒过凯撒,因为他和亚历山大虽然有类似之处,却无法相像到能够骗过谨慎分辨的凯撒,这个假冒亚历山大的人双手因为做粗重的工作而十分粗糙;而亚历山大因为优雅富贵的出身,所以有纤细的身体,而这个人的身体却由于相反的原因而非常粗硬。(334)于是当凯撒看到领袖和学者都对这谎言的看法一致,而且大胆地谈论这事时,就询问这人亚里斯多布的景况如何,因为照他所说好像亚里斯多布是和他一同被偷偷送走的,可为什么他没有同来争取他尊贵出身所应得到的领土?(335)他回答说因为担心海上的风险,就将亚里斯多布留在克里特岛上,这样如果他自己遭遇不幸,玛利安的后裔不至于完全绝灭,亚里斯多布还可以活下来惩处那些设计谋害他们的人。(336)这人信誓旦旦地这样回答,而这欺诈背后的策划者也在一旁附和。凯撒就将这年轻人独自带到旁边对他说:"如果你不欺骗我,就可以留存你的性命作为报酬。告诉我你到底是什么人,究竟是谁如此大胆地设计这样的弥天大谎,因为如此复杂谋划出来的恶事,不是你这种年纪的人可以做到的。"(337)这人在无计可施的情况下,就将这整件事情的始末和主谋者告诉了凯撒。凯撒见这假冒亚历山大的人身体强健又适合使用他的双手工作,就信守承诺,将这人安排为划船的水手,但是凯撒把那个引诱他做这件事的人杀了。(338)至于梅洛斯那地的人,凯撒认为他们已经得到了应得的惩罚,因为他们花了那么多钱在这个冒牌的亚历山大身上。以上就是有关大胆冒充亚历山大这计谋的不光彩结局。

# 第十三章
## 亚基老经二度遭到指控而被放逐到维也纳

**1.** (339)亚基老出任总督后来到犹大地,他控告庇特斯之子约亚撒协助这次暴动,就将他大祭司的职位赐给了他的兄弟以利亚撒。(340)亚基老又大力重建耶利哥的宫殿,并将原先浇灌尼阿拉村的一半水量引入平原,好灌溉他种植在那里的棕榈树。他又建了一个村庄,并以自己的名字将它命名为亚基老。(341)此外他也触犯了先祖的律法,娶了卡帕多西亚王亚基老的女儿格拉菲拉(格拉菲拉曾经是他的兄弟亚历山大的妻子,他们生了三个子女,犹太人憎恶娶他们兄弟之妻为妻的人)。以利亚撒并没有久坐大祭司的位置,在他活着的时候,西艾的儿子耶书亚就取代了他的位置。

**2.** (342)亚基老执政的第十年,他的兄弟们以及犹大地与撒玛利亚的要人都无法继续忍受他的野蛮和凶暴，就到凯撒面前控告他，尤其是他违背了凯撒的命令，因凯撒吩咐他要以温和的态度对待他们。（343）凯撒听了他们的指控就非常生气，将亚基老派驻在罗马处理他事务的仆人叫来，这人的名字也叫亚基老。凯撒觉得写信给亚基老不太妥当，就吩咐这个亚基老尽快启程，将亚基老带到罗马来。（344）于是这个亚基老立刻启程，他到达犹大地时看到亚基老正在和友人们宴饮。他将凯撒的话传达给亚基老，并催促他赶快前往罗马。亚基老到了罗马并见到了凯撒，凯撒听取了一些指控者的控诉以及亚基老的回答后，就把他放逐到高卢的一个叫维也纳的城邑，那城就是他居住的地方，凯撒也把他的钱都没收了。

**3.**（345）亚基老得到讯息前往罗马之前，对他的友人们诉说了他所做的一个梦：他看到一株长了十个果穗的玉米，籽粒既饱满又成熟，他好像见到一些牛将这些玉米穗吞噬。（346）他醒来后就马上起床，觉得这个梦境的意义重大，他就找来了一些专门研究解梦的术士，这些人有不同的看法，大家都各说各话。有一个艾赛尼派名叫西门的人，他得到许可将他的看法说出来，他说这异象象征亚基老的局势不会朝着好的方向改变；（347）牛是一种能够忍受极大痛苦的动物，所以是苦难的象征，更进一步来看就是政权的变化，因为牛犁过的土地是无法回到原来的状况的；十个玉米穗决定了同样数目的年数，因为一个玉米穗需要一年的时间生长，所以亚基老执政的时期已经结束了。这人就是如此解释这梦的。（348）亚基老做了这梦的五天之后，那个被凯撒派到犹大地叫他前往罗马的亚基老就抵达了这里。

**4.**（349）类似的经历也发生在他的妻子格拉菲拉身上，格拉菲拉是亚基老王的女儿,她还是少女时就嫁给了希律的儿子,即亚基老的兄弟亚历山大,后来因为亚历山大被他父亲所杀,格拉菲拉就嫁给利比亚王犹巴。(350)犹巴死后格拉菲拉寡居,与她父亲同住在卡帕多西亚。亚基老非常喜爱她,就和原来的妻子玛利安离婚,另娶了格拉菲拉为妻。格拉菲拉在做亚基老妻子的时候做了下面这个梦:她好像见到亚历山大站在她身旁,她就非常高兴并热情地拥抱他,但是亚历山大抱怨她说:(351)"格拉菲拉啊！你就是'女人绝对不可以信任'这句谚语的明证。你岂不是向我发誓过要对我忠贞吗？你不是尚在少女时就嫁给我为妻吗？我们之间不是生儿育女了吗？你却为了要再嫁就忘记了我对你的爱,然而你并没有满足于对我造成的伤害,竟敢再让第三任丈夫与你同寝,你嫁了我的兄弟亚基老,使我家中出了这种不体面的事情。(352)不过我并没有忘记你以前对我的爱,我会让你从这种令人痛恨的行为里得到自由,再度使你像往日一样属于我。"格拉菲拉把这梦告诉了她的女性友人,过了几天她就去世了。

**5.** (353)我认为在这里记录这些历史是恰当的,一方面是因为我正好在述说有关诸王的事情,另外我们也可以从中得到益处。这历史确定了人的灵魂是不朽坏的,也确证了神对于人的眷顾,因此我觉得应该要将它们记录下来。如果有人不同意这样的关联,他可以采用自己的观点,只要他不去阻止其他人从这上面得到正义的鼓励。(354)于是亚基老的国土被并入叙利亚,凯撒也派了一位名叫居里扭的执政官到叙利亚来清查民众的产业并变卖亚基老的房产。

第十八卷

从亚基老被放逐到犹太人离开巴比伦（涵盖三十二年）

# 第一章

## 凯撒差派居里扭到叙利亚和犹大地去征收赋税； 也指派科坡纽为犹大地的行政官；以及有关 加利利的犹大和犹太人各个宗派的事宜

**1.** (1)这时凯撒差派了罗马元老居里扭和其他几个人一同来到叙利亚，负责审理该地事务，并清点犹太人的财产。居里扭曾担任过多种官职，直到升任执政官。他在其他方面也享有很高的声望。(2)有一位骑士科坡纽也和他一同前来，他们握有管理犹太人的最高权力。居里扭亲自来到现今归入叙利亚省的犹大地，为的是将犹太人的财产记录在案，并处理亚基老的金钱。(3)最初犹太人对课税一事感到非常厌恶，但经过庇特斯之子大祭司约亚撒的游说，就不再继续反对此事，在约亚撒的说服下，他们毫不抗拒地将资产清单罗列出来。(4)但是有一位来自高拉尼提斯［那地的旧称是"加马拉"］的犹大，他和一位名叫撒督的法利赛人积极鼓动犹太人起来反抗，他们说这样的课税就是将奴隶制度引入犹大地；他们力劝犹太人捍卫自身的自由，(5)让他们觉得可以因为所拥有的产业而获得快乐与安全感，而更多的美物可以保证他们的享乐，并让他们借此获得尊荣。他们还说犹太人一定要为了自己的益处在这事上团结一致才可能得到成功,否则就连神也不会来帮助他们,他们尤其不应该为反抗这事而担心,反倒要表现得像是要去建立一项丰功伟业。(6)于是人们开心地接受了他们的说辞,使得这项抗争的行动达到高潮,但是也因此带来了各样不幸的事件,全国都因他们这种教导而受到极大影响,(7)暴力冲突事件接二连三地临到我们身上,而我们也失去了帮助我们减轻苦难的友人,国内的显要人士纷纷遭到劫持与谋杀的厄运。这一切的作为表面上好像是为了谋取公众的福祉,实质上却是期望为私人图利。(8)于是各样的动乱纷纷而起,在这事故中许多人惨遭杀害,有些谋害是出于自己人之手(由于他们疯狂到不容许任何反对势力的存在,因而导致互相残杀),有些则是出于敌人之手。这时又发生了饥荒,使我们近乎绝望,多个城邑被人强占或毁坏,最后这暴动到达一个程度,连神的圣殿也被敌人焚烧,付之一炬。(9)这些人同谋所导致的结果,是我们先祖传统的变更,这种改变为日后所有的破坏带来了极大的助力。有许多人追随犹大和撒督在我们当中兴起的第四个哲学宗派,这个哲学体系使现今的政权充满了骚动,也为我们将来的不幸埋下了伏笔,这体系是我们原先所没有的。(10)我应该特别就这事稍作探讨,因为它对年轻一代有极大的影响力,他们极为热衷于此,结果却是将民众带入毁灭的景况当中。

**2.** (11)长期以来犹太人有三个特属他们自己的哲学宗派,一个是艾赛尼派,一个是撒都该派,第三个被称为法利赛派;我已经在《犹太战记》第二卷里叙述过这三个宗派,在此我还是要将它们略述一番。

**3.** (12)法利赛人生活简朴,轻视精美的饮食,并遵循理性的行为,任何对他们有益的命令,他们都会照做,认为应该竭力遵守与实践理性的领导。犹太人多年以来一直崇尚这样的作风,也没有胆量反对过去法利赛人所教导的一切。(13)当他们认定所有事情的发生都出于命定之时,就不会将人们随意而行的自由夺去,因为他们认为神喜悦各人有自己的性情,不论人们以高尚或邪恶的方式达到自己的希望,最终他的旨意都可借此而成就。(14)他们也相信灵魂是不朽的,按着人一生所行的善恶,在阴间会有奖赏或惩处,恶人会被拘禁在永远的牢狱中,有德者则得到复活重生的能力。(15)法利赛人用这些教条说服了许多的民众,无论是敬拜、祈祷或献祭,民众都完全遵照他们的指示而行,以至于各城都因为他们在生活及言行上的高尚品德而给予他们高度赞誉。

**4.** (16)撒都该派的教义是这样的:人的灵魂随着身体的灭亡而死去,因此除了律法的命令外,他们不遵守其他的指令,他们认为和那些常常来访的哲士们辩论是一种高贵的行为。(17)只有少数的犹太人接受撒都该派的教义,但是其中有一些是极为显贵的人士。只是这些人无法为这学派做任何事,因为他们一旦为官后,就必须不情愿地去遵守法利赛人的主张,否则便得不到民众的支持。

**5.** (18)艾赛尼派的教义如下:凡事都出于神。他们教导灵魂不灭,推崇竭力赢得公义的奖赏。(19)他们将分别为圣的物品送入圣殿时并不行献祭之礼,因为他们有自己认为更为洁净的方式,为此之故他们被摒除在圣殿的公院之外,自己另行献祭。然而他们的生活行为比一般人好,也致力于农事的耕作。(20)此外他们热衷于崇高的道德与公义,这也是值得我们敬佩之处。信从这教义的人,不论是希腊人或是蛮族人,他们热衷的程度都是无人可及的,而且他们是长期持守这样崇高的品德，而非只是短暂的热诚。这一切都表现在他们的制度上，就是不计代价地要使大家在凡事上都得到相同的待遇，富裕的人与一贫如洗的人所享有的完全一样。约有四千人过着这样的生活：(21)既不娶妻，也没有仆从，他们认为后者会诱导人行不公义之事，前者则使家庭不睦有机可乘。由于他们过着自己的日子，就在生活上彼此互相帮助。(22)他们也指派固定的管理者来管理他们的收入与土地的出产，这些人是行为端正的人或是祭司，会为众人预备好玉米和食物。艾赛尼派的生活方式完全相同，非常近似于被称为"城邑居住者"的达卡人。

**6.** (23)犹太哲学第四派的创始人是加利利人犹大。除了对自由有不可侵犯的执着外，这派人同意法利赛人所有的主张，他们以神为唯一的统治者与主宰。这些人不重视任何形式的死亡，也绝不留意亲友之死，他们不会因为对这种事情心生畏惧而称任何人为主。(24)由于许多人都非常清楚他们这种坚定的决心，我也就不需要再多说些什么，我并不怕人们怀疑我所提到有关他们的事，我怕的是我所说的一切还不足以显示出他们在受苦时所表现出来的决心。(25)那时骚乱在全国势趋壮大，我们的行政官是革西乌·弗罗洛，他有时也滥用自己的特权去鼓动犹太人的狂热行为，使他们起来反抗罗马人。以上所述就是犹太哲学的各个宗派。

## 第二章

## 希律和腓力为了尊崇凯撒而兴建数座城邑。
## 也记载了祭司与行政官的继位者；
## 以及发生在弗拉特和帕提亚人身上的事情

**1.** (26)凯撒在亚克兴一役打败安东尼后的第三十七年，居里扭将亚基老的财产处理完毕，税收之事也得到解决；他又将大祭司的职位从约亚撒（"约亚撒"这尊称是民众加给他的）手中夺去，另外指派给塞特之子亚拿努。(27)那时希律和腓力各自拥有他们自己的分封辖区并已安定了其中的国事。希律就开始在塞弗里斯四周筑墙（用以防卫加利利全地），并以那城作为首府；后来又在伯塔兰弗他城的周围筑墙，并以罗马皇帝妻子之名将这城命名为犹利亚。(28)而腓力也在约旦河的水源处建了一座名为潘尼亚的城邑，后来又改名为凯撒利亚。他还将位于革尼撒勒湖的伯赛大村升格为城邑（腓力的做法是借着增加该地的居民，用建筑物令它壮观，而使它具有城邑的规模），并以凯撒女儿之名将此地命名为犹利亚。

**2.** (29)与居里扭一起被派到此地的科坡纽任职行政官。就在他统治犹大地的时候，发生了以下的事情：在犹太人庆祝我们称为逾越节的除酵节时，祭司们按照习俗在午夜后打开圣殿内所有的门，(30)门一打开，就有一些撒玛利亚人潜入耶路撒冷，将死尸丢到圣殿的回廊里。由于这事的发生，犹太人后来就不准他们进入圣殿。这在之前的这类节期是没有过的。另外,他们也因为其他原因比以前更加谨慎地看守圣殿。(31)这事发生后不久,科坡纽就返回罗马,马尔库斯·安庇维乌接续他执掌政务。马尔库斯掌权期间,希律王的姐妹撒罗米过世,并将雅比聂全区、平原上的费萨里以及盛产棕榈树且果质最佳的亚基老城留给了[凯撒之妻]朱莉娅。(32)接续马尔库斯·安庇维乌为犹大地行政长官的是安尼乌·鲁孚,在他掌权时罗马的第二位皇帝凯撒去世了。凯撒一共统治了近五十七年(差六个月又两天)[在凯撒统治期间,安东尼和他共同执政了十四年,凯撒享年七十七岁]。(33)凯撒死后,他妻子朱莉娅的儿子提庇留·尼禄继位,成为罗马第三位皇帝。提庇留派了瓦勒里乌·格拉图接续安尼乌·鲁孚为犹大地的行政长官。(34)这人剥夺了亚拿努的大祭司职位,将此头衔给了法比之子以实玛利。不久后,他又从以实玛利手中将大祭司一职夺去,另外指派了曾任大祭司的亚拿努之子以利亚撒为大祭司。以利亚撒做了一年的大祭司,格拉图又将此职位给了卡米土之子西门,(35)西门拥有这尊位不到一年,约瑟·该亚法又被任命为接续大祭司职位的人。格拉图做了这番变动后就返回了罗马,这时他已经将犹大地蹂躏了十一年之久。继任他的人是本丢·彼拉多。

**3.** (36)分封王希律与提庇留交好,他建了一座城邑并以提庇留之名将这城命名为提比哩亚。这城是建在加利利最好的革尼撒勒湖区,离提比哩亚不远的以马忤斯村有许多的温泉。(37)除了外地迁入此城定居的人之外,居民还包括了许多加利利人;另外有不少人是从希律领土的其他地区被希律以武力强迫移居到这里,其中一些人是在有条件的情况下搬来的。希律又从各地迁移了一些穷人来到此处,不用说其中还有不是自主之身的人,(38)对他们而言,希律就是施恩者,为许多人带来了自由。希律为了让他们不离弃这城,就自己出钱为他们盖了上好的房屋,又给他们土地。希律知道此地成为殖民之处触犯了犹太古老的律法,因为当初为了让提比哩亚城有足够的土地,许多的坟墓被迁移出去,而我们的律法宣告这样的居民有七天是不洁净的。

**4.** (39)约在此时帕提亚王弗拉特因他儿子弗拉他克的叛变而被弑,事情的经过是这样的:(40)弗拉特原来已有合法继位的众子,但他又有一位名叫提母莎的意大利女仆,这人原来是尤利乌斯·凯撒送给他的许多礼物中的一部分。弗拉特原来立了提母莎为嫔妃,后来因为她的美色而与她生了一个名叫弗拉他克的儿子,然后弗拉特就立了提母莎为合法的妻子,并且非常尊重她。(41)提母莎可以说服王做任何事情,她也急切希望弗拉特将帕提亚的政权留给自己的儿子,然而她认为她的努力并不会成功,除非她能设法将弗拉特其他合法继承的诸子[从王国中]除去。(42)于是她说服弗拉特将其他那些儿子以人质的名义送到罗马以表示他的忠贞。由于弗拉特对她唯命是从,这些儿子们就都被送往罗马,只剩下弗拉他克一人在帕提亚成长以便将来继承政权。然而弗拉他克却认为等待他父亲将王位传给他是个漫长的过程,于是他在母亲的协助下,设计了背叛他父亲的阴谋,据说他和他母亲之间还有奸情。(43)因为这两件不道德的恶行使他被人憎恨,他的子民认为他对母亲的邪情毫不亚于弑父之罪,于是他们趁他声势还未壮大就以暴动将他驱逐出国,他也因此而死去。(44)然而多数帕提亚人同意他们必须要有一个王来统治,而他们一直以来都是从阿尔萨斯家族中选一位出来为王[他们的法律不容许其他人为王,并且他们觉得和意大利嫔妃的婚姻已经使王国受到了严重的打击],因为民众不可能接受其他的人为王,他们就差派使臣去请俄罗底继承王位。虽然这个俄罗底被指控极为残暴,性情反复无常,易于发怒,但他仍然是阿尔萨斯家族的一员。(45)后来他们又谋反将他杀死,有人说是在一个庆典上将他丢入祭物中[他们的习俗是可以佩剑的],但流传较广的说法是,他们借着狩猎的时机将他杀死。(46)于是他们派遣使臣到罗马要求他们送回一位作为人质的王子作为帕提亚王。因此最受青睐的本努尼被送回去给他们[因为本努尼看起来像是有能力得到这份荣华富贵,世界上有两大王国都呈献给他,一个是他的祖国,另一个是其他的国家]。(47)不过这些蛮族很快就改变了心意,他们的本性善变,认为无法听命于一个曾经为奴的人[他们称那些曾经是人质的人为奴隶],也不可能忍受这名称所代表的耻辱,他们就觉得这个人没有资格来统治他们,尤其现在的帕提亚人是处于和平之时,不是战时,绝对不可能让这样身份地位的王来做他们的领袖。(48)不久后他们就邀请玛代王阿塔班奴来做他们的王,这人也是阿尔萨斯家族的成员。阿塔班奴接受了这请求,并带了一支军队前来,于是本努尼就与他交战。初时帕提亚人支持阿塔班奴,阿塔班奴也列队迎战,但是他被本努尼击败之后就逃回了玛代的山区。(49)过了不久,他又集结大军前来攻击本努尼并将本努尼打败,本努尼和身旁的几个侍卫骑马逃亡到[底格里斯河上的]塞流西亚。由于这些蛮族对本努尼的极度不满,阿塔班奴大获全胜。战胜后的阿塔班奴杀戮了许多人,又带着大批自己的国人退到克提司分,于是阿塔班奴就统治了帕提亚人。(50)本努尼逃到亚美尼亚,他一到那地就想将该国据为己有,[为了这缘故]他派遣使者前往罗马。(51)但是提庇留缺乏勇气,加上帕提亚王差遣使者威胁他,若他再轻举妄动就要对他宣战,更何况他也没有能力夺取任何王国[在尼法提附近的亚美尼亚人中的要人都投靠了阿塔班奴]，就拒绝了本努尼的请求。(52)在这样的情况下，本努尼只好投降了叙利亚王西拉努，出于对他在罗马所受教育的尊重，西拉努将他留在叙利亚，而阿塔班奴就把亚美尼亚赐给了自己的儿子俄罗底。

**5.** (53)这时康玛各尼王安提阿古去世了，国内的民众和贵族互相争论，双方都差遣使者[到罗马]，因为掌权者希望政府形式能改变为[罗马的]一省，而民众却希望像他们的先祖一样由国王来管理。(54)于是元老院发布一份公告，派遣革玛尼库去协调东方的内务，然而命运的捉弄使他丢了性命：他安定了康玛各尼的政局后，就被皮森毒死了，这事曾在别处提到过。

# 第三章

## 犹太人对本丢·彼拉多的暴动；还有关于基督的事迹，
## 以及发生在保利娜与国内犹太人身上的事

**1.** (55)那时犹大地的行政长官彼拉多将军队从凯撒利亚迁入耶路撒冷，以那地作为他们的冬营，为要废止犹太人的律法。他将画有凯撒肖像的旗帜带入耶路撒冷，而我们的律法禁止我们以这样的方式制作偶像，(56)过去的行政官进城时都是使用没有这种装饰的旗帜。彼拉多是第一个将这些肖像带入耶路撒冷并将旗帜竖立在城里的人。因为他是在夜晚进行这事，所以民众们并不知情，(57)然而他们一获悉此事，就聚集到凯撒利亚，在那里和彼拉多交涉了多日，要求他除去这些偶像。彼拉多认为这样做有损害凯撒的倾向，就没有准许他们的请求，然而民众们仍然坚持这个要求。到了第六天，彼拉多命令士兵们暗藏兵器，又将他的审判座位特别安置在城中的空旷处，用以隐藏那些预备好来镇压民众的队伍。安排妥当后，彼拉多就前来坐到他的审判座上。(58)当犹太人再度向他请愿时，他就给士兵们暗号，让他们将民众们包围起来，并威胁说除非他们各自回家不再打搅他，否则就要当场将他们处决。(59)但是民众们都仆倒在地，并伸出脖子，说他们宁可受死，也不愿让他们充满智慧的律法被玷污。他们这种捍卫律法神圣性的坚定决心深深地感动了彼拉多，于是他下令将所有的肖像从耶路撒冷运回到凯撒利亚。

**2.** (60)彼拉多私自挪用圣殿的钱建了一条通往耶路撒冷的水道，水道的源头是在四十公里外。犹太人对这水道并不满意，于是有数万人聚集起来向他抗议，坚持要他停止这项工程，其中一些人还咒骂污辱彼拉多，就像是一般抗争群众所做的那些事。(61)彼拉多命令许多士兵穿好军服，在外衣下带着短剑，将他们安排在一个便于包围群众的地方。彼拉多自己前去叫那些犹太人离去，但他们仍是大胆地对他大加责备，彼拉多就以事先设定的暗号通知士兵们行动。(62)那些士兵们使用了超越彼拉多命令的武力袭击犹太人，不论是激昂或安静的群众，全都遭受到残酷的攻击，连一个也没有放过。由于这些犹太人没有武装，在准备充分的士兵们的攻击下，许多人惨死，受伤的人则奋力逃走。起义就这样结束了。

**3.** (63)这时有一位名叫耶稣的智者，如果我们称呼他为人是合于律法的话。这人行了许多神迹奇事，也是一位让人们心悦诚服接受教诲的夫子。他身边有许多跟随他的犹太人和外邦人，这人就是"基督"。

(64)彼拉多在我们领袖们的唆使下，将他判处十字架的刑罚。那些爱他的人从一开始就没有舍弃他，因他第三天复活并向他们显现，先知们早已预言过这事以及其他数以万计有关他的事迹。那些因他得名的"基督徒"，至今仍然没有消失。

**4.** (65)那时还发生了另一件将犹太人卷入痛苦的不幸事件，就是在罗马的伊希斯神庙所发生的可耻行为。我要先指出伊希斯神庙的恶行，然后再叙述有关犹太人的部分。(66)在罗马有一位名叫保利娜的女子，她出身高贵，行为端庄，又有极好的名声，家境十分富有。虽然保利娜的容貌极为美丽，又正值花样年华，但却过着朴素严谨的生活。她嫁给了在各方面都与她匹配的撒图尼努为妻。(67)骑士中地位甚高的底克乌·门督爱上了这女子，但保利娜的高贵品格没有被他的礼物所收买，她也早就拒绝了这些极为丰盛的礼物。不过门督却更加恋慕她，甚至允诺只要保利娜陪他一夜，就给她二十万雅典德拉克马。(68)然而就算是这样的条件也不可能说动保利娜，于是门督觉得难以忍受这爱恋的不幸结局。保利娜的拒绝令他非常忧伤，甚至想要绝食而死。门督就决定以这方式自尽，也计划朝这目标去做。(69)有一位从奴隶身份被释放的自由妇人，名叫伊底，她是被门督的父亲释放的，这人对各样的坏事都很在行。伊底对这年轻人自杀的决心感到痛心〔因门督没有对别人隐瞒自尽的意图〕，于是就来见门督，并在交谈中鼓动他，应允他有与保利娜共寝的可能性，这让门督又满怀希望。(70)门督开心地听从了伊底的劝说，伊底说她只要用五万德拉克马就能使保利娜掉入陷阱。伊底鼓动了这年轻人并拿到了她需要的金钱后，就采取了与以往不同的方式。她明白保利娜不可能被金钱诱惑，但是却对伊希斯女神有虔诚的信仰，于是伊底策划了下面的计谋：(71)她去找伊希斯的祭司们,在充分保证[绝不泄密]的情况下,伊底就以金钱加上言语说服他们,她先付他们两万五千德拉克马的定金,事成后再付另外两万五千德拉克马。伊底又告诉他们这年轻人对保利娜的恋慕,请他们务必要设法将保利娜骗到手,(72)于是这些祭司们在即将到手的大量金钱的引诱下答应了这件事。他们中间最年长的一位立即去见保利娜,他进去后就热切地说是阿奴庇神派他来的,因阿奴庇神爱上了保利娜,所以就吩咐他来见她。(73)保利娜欣然接受了这讯息,认为阿奴庇的屈尊是对自己极大的抬举。于是保利娜告诉她的丈夫,说她得到这讯息,要去和阿奴庇进餐并同寝。她的丈夫同意她接受这个邀请,因他完全信任妻子的贞节。(74)于是保利娜去了神庙,在那里用餐后就到了就寝的时刻,祭司关上了庙门,熄灭了圣所里的灯。那时门督快速出来[他之前已藏身在那里],并好好地享受了保利娜。保利娜以为他是神,所以侍候了他一整个晚上。(75)在那些不知情的祭司们起身前,门督就离去了,保利娜也早早回到了丈夫的身边,并将阿奴庇神对她所做的一切都告诉了丈夫,也将这份荣宠告诉了她的友人们。(76)那些人思想着这事的本质,都感到半信半疑,但当他们看到保利娜的端庄与高贵时,就相信了这件事。(77)这事发生后的第三天,门督碰到了保利娜,就对她说：“保利娜,你省了我二十万德拉克马,这些钱原来可以是你自己的家产,不过你仍然在我的邀请下服侍了我。我不在乎你对门督的斥责,我只是因为我用阿奴庇这名字时所得到的快乐而感到庆幸。”(78)说完后他就离开了,而保利娜这才开始明白自己做了一件多么愚蠢的事。她撕裂了外衣,前去告诉她丈夫这令人厌恶的邪恶计谋,并恳求她丈夫不要轻忽这事,要在这事上帮助她,于是她丈夫将这事告诉了皇帝。(79)提庇留一听说这事就展开了缜密的调查，逐一审问所有的祭司，并下令将他们和伊底处以钉十字架的极刑。伊底是那令他们坠入地狱也是设计全盘计划去严重伤害保利娜的人。提庇留又将伊希斯神庙拆毁，并命令将伊希斯的像丢入台伯河。(80)至于门督，提庇留只是对他处以驱逐出境的刑罚，因为他认为门督的罪行完全是出于狂热的爱。这些就是伊希斯神庙的景况，以及它的祭司们所做出的恶事。现在我要回来叙述当时所发生的事，以及这事和罗马的犹太人间的关系，就如同我先前所说的。

5. (81)有一个犹太人被指控违背律法，他因为害怕会受到惩处而离开了犹大地的国境，从各方面来看他都是个邪恶的人。后来他住到罗马，并公然宣称自己是以摩西律法中的智慧来教导人。(82)他招揽了另外三个与他臭味相投的人作为伙伴，这些人说服了一位信仰犹太教的尊贵女士福尔维亚，要她将紫布和金子送到耶路撒冷的圣殿去。他们拿到这批财物后，就将之据为己有，把钱花在自己身上，这一切都是他们原先向福尔维亚索取的。(83)福尔维亚的丈夫撒图尼努将此事告知了提庇留，提庇留为了调查此事，就命令将所有的犹太人赶出罗马。(84)那时罗马执政官列出了其中的四千人，把他们送到撒丁岛，还处罚了更多为了持守先祖律法而不愿入伍的人。就是因为这邪恶的四个人，许多的犹太人被逐出罗马。

## 第四章

## 撒玛利亚人暴动，使彼拉多杀了许多人；彼拉多遭到
## 控诉，以及维特里乌斯对犹太人和帕提亚人所做的事

**1.** (85)不过撒玛利亚人的国家也无法避免动乱，那鼓动他们暴动的是一个不认为说谎会造成任何伤害的人。他使用了一切让民众们听了高兴的谎言，吩咐他们到被视为最神圣的基利心山集合，并且保证只要他们到了那里，他就会让他们见到摩西所埋藏在那下面的圣器。(86)大家觉得这人的话可能是真的，就全副武装地到了那里。正当他们在提拉他巴村等候其他人一起上山时，(87)彼拉多阻止了他们的行动，以大批骑兵与步兵封锁道路，并袭击那些在村中集合的人。士兵们杀了部分民众，又赶走了另外一群人，此外也活捉了不少人。彼拉多下令将活捉之人和逃跑之人的领袖们处死。

**2.** (88)动乱平息后，撒玛利亚人的元老院派了一个使节团去求见曾是执政官的叙利亚省长维特里乌斯。他们向维特里乌斯指控彼拉多谋杀的罪行，因为那些人不是为了反抗罗马人，而是为了逃避彼拉多的暴行才到提拉他巴去的。(89)于是维特里乌斯派了友人马克鲁去接管犹大地，并命令彼拉多前往罗马，在皇帝面前回应犹太人的指控。于是彼拉多毫不违抗地顺服了维特里乌斯的命令，他在涂炭了犹大地十年之后急速赶去罗马，但是提庇留在彼拉多到达罗马前就过世了。

**3.** (90)后来维特里乌斯亲自前往犹大地，并到了耶路撒冷，那时正

逢逾越节节期,城里的人盛情欢迎维特里乌斯,而维特里乌斯也免除了耶路撒冷居民买卖土地出产的一切税收,并让圣殿的祭司们像以往一样自行管理大祭司的服饰,(91)虽然这些服饰如今是放在驻军处安东尼堡里。事情的经过是这样的:一位叫希尔克努的[大]祭司在圣殿附近筑了一座碉堡,他常常住在那里,也将这些专属大祭司的服饰带在身边(按照律法的规定,只有他才能穿戴这服饰)。平日他进城时都穿着普通的服装,将大祭司的衣物收藏在堡中;(92)他的儿孙们秉持着这个传统,也将这些服饰收藏在那里,直到希律王将这碉堡重建得壮观华丽。由于希律是安东尼的友人,他就以"安东尼"命名这碉堡。希律王在堡中发现了这些服饰,就仍然将它们收藏在那里,他相信只要自己拥有这服饰,人民就不会起来反抗。(93)希律死后,他的儿子亚基老继承王位,亚基老也是照着父亲的做法处理这些服饰。亚基老王之后罗马人入主政权,占据了这批大祭司的服饰,就将他们收藏在一个石室里,并以祭司们的印玺封住,圣殿守卫队的队长每天在那里点一盏灯。(94)节期来临的七天前,这些服饰就由侍卫队长送来交给大祭司,大祭司将它们洁净并使用后,于节庆结束的第一日就将它们送回到原来存放的石室里。这就是一年三个节期与禁食日子的常规,(95)直到维特里乌斯再度将这些衣饰的使用保管权归还到我们手中,就如同我们先祖的时候一样。维特里乌斯命令侍卫队长不要再过问有关这些服饰的存放与使用的事情,他这样做是对我们友善的表现,好使国人对他有感恩的心。除此之外,他也夺去了被称作"该亚法"之约瑟的大祭司之职,将此尊位加给了以前的大祭司亚拿努的儿子约拿单。完成了这些事后,维特里乌斯就回到了安提阿。

**4.** (96)除此之外，提庇留寄送了一封信给维特里乌斯，命令他与帕提亚王阿塔班奴建立友好同盟的关系。当时阿塔班奴是提庇留的敌人，提庇留害怕阿塔班奴会得寸进尺，因为阿塔班奴曾经从他手中夺去了亚美尼亚。于是他告诉维特里乌斯不要相信此人，除非他能将他儿子阿塔班奴作为人质交出。(97)接到提庇留的信后，维特里乌斯就以大量的金钱与礼物买通了伊比利亚王和阿尔巴尼亚王，让他们立刻对阿塔班奴开战，虽然这两人没有亲自动手，但是他们从国境中让出一条通道给西古提人通行，并且为他们打开了卡斯皮阿门，让他们顺利地到达阿塔班奴那里。(98)于是亚美尼亚再度脱离了帕提亚人的统治，那时帕提亚境内战事不断，领袖们都遭到杀害，政局一片混乱，王的儿子也和数千名士兵一起在战争里阵亡。(99)维特里乌斯又以大量金钱收买了阿塔班奴的父亲的亲友，这项贿赂几乎让阿塔班奴丧命。阿塔班奴察觉到这阴谋是无法避免的，因为幕后的人数既多，又都是显贵，他们一定可以达成这项谋反的计划。(100)阿塔班奴估计了一下对他效忠的人数，以及那些被收买了但假意向他示好、却会在考验来临时投向敌方的人数之后，就逃往了上省。后来阿塔班奴从那里的达恩和撒肯集结了一队大军对抗他的敌人，也借此保全了自己的领土。

**5.** (101)提庇留听说了这些事情后，就想和阿塔班奴结为友邦，阿塔班奴欣然接受了这个提议，于是他就和维特里乌斯相约在幼发拉底河见面。(102)这河上有一座桥，他们各人带着护卫在桥的中间会面。在双方都同意了这项和平条约后，分封王希律就在通道上竖起了一座华丽的帐篷，并在那里宴请他们两人。(103)不久后阿塔班奴将他的儿子大流士送去当人质，并送了许多礼物，其中有一个七肘高的犹太人，名叫以利亚撒，因为他的身材高大，所以人们又称他为"巨人"。(104)这事之后维特里乌斯去了安提阿，阿塔班奴前往巴比伦；[分封王]希律为了在第一时间将得到人质的消息报告给凯撒，就立刻写了一封信给凯撒，里面详尽地描述了各项细节，这就使执政官维特里乌斯没有其他事情可以禀报了。(105)等到维特里乌斯的信到达时，凯撒就告诉维特里乌斯说希律早就向他报告过，所以他已经知道了所发生的事，维特里乌斯因此感到十分不安，认为自己是受害者，但是实际状况并没有他想象得那么坏。他将这事带来的忿怒隐藏起来，预备借机报复希律。该犹死后，希律接续了他的政权。

6.(106)约在此时希律的兄弟腓力过世，那时正是提庇留执政的第二十年。腓力做了特拉可尼、高拉尼提斯和巴坦尼亚等地三十七年的分封王，他为人处事及治国态度都相当谦和低调。(107)腓力一直住在自己的领地，并常挑选友人与他一起出巡，出巡时一路开庭裁决，只要遇到前来请求他协助的人，他就立刻开庭听审，并当场下令惩处那些有罪的人，赦免那些遭到诬陷的人。(108)腓力死于犹利亚，他的尸体被运往他早为自己预备好的纪念碑的所在地，并在那里举行了隆重盛大的葬礼。提庇留收回了他的领土[因他没有子嗣]，并将它们归入叙利亚省，不过他吩咐从那里征收的赋税还是要留在原来的王国里。

第五章

分封王希律与阿拉伯王亚哩达交战并被他打败；

施洗约翰的被害。维特里乌斯前往耶路撒冷的

始末；以及有关亚基帕和希律大帝后裔的事

**1.** （109）这时，[阿拉伯佩特拉王]亚哩达和希律发生了一次争执，事情经过是这样的：分封王希律与亚哩达的女儿结婚，并和她一起生活了很长一段时间。每当希律到罗马的时候，都是与他同父异母也是叫作希律的兄弟住在一起，这个希律是大祭司西门的女儿之子。（110）但希律王爱上了这位希律的最后一位妻子希罗底，她是他们的兄弟亚里斯多布的女儿，也是亚基帕大帝的姐妹。希律王甘冒危险向希罗底求婚，而希罗底也应允了。他们约好等到希律王离开罗马返国后，希罗底就立刻搬到希律王那里。这项婚姻有一个条件，就是希律王要和亚哩达的女儿离婚。（111）安提帕启航到罗马办事并达成了这项协议，他在那里处理完事务后返回家中，他的妻子在他不知情的情况下发现了他和希罗底的整个协议，就要希律将自己送往亚哩达和希律领土交界处的马盖耳斯。但是他的妻子并没有将自己的意图告诉希律。（112）希律不疑有他，就将妻子送往马盖耳斯（是她父亲的属地）。经过一段时间的准备，亚哩达军队的将领为她预备好旅程所需的一切，她就在几位将领的指挥下，经过一地又一地，很快到达阿拉伯，并且随即见到她的父亲，将希律的意图告诉了亚哩达。（113）这件事情就造成了亚哩达和希律的反目，而他们

也因为加马拉国境的疆界问题而争执不休,双方都集结了军队备战,并各自派遣将领出征。(114)战事开始以后,由于之前腓力王国的一些亡命之徒叛变加入了亚哩达的军队,使得希律全军覆没。(115)希律将这些事写信报告给提庇留,提庇留对亚哩达的挑衅感到非常生气,于是写信给维特里乌斯,要他对亚哩达开战,并且要维特里乌斯活捉亚哩达,将他捆绑带来见提庇留,要不然就直接将亚哩达杀死,再把亚哩达的领土献上。这就是提庇留吩咐叙利亚省长去做的事情。

**2.** (116)有一些犹太人认为希律军队的毁灭是出于神,是件非常公义的事,神这样做是要惩处希律对施洗约翰所做的事。(117)因为希律杀了约翰,而约翰是个正直的人,他吩咐犹太人要有高尚的节操,不仅彼此以公义相待,也要对神敬虔,然后再接受浸礼,这样[用水的]浸礼才能被神接受,因为不只是除去[或赦免]一些罪愆而已,也是洁净身体;人的灵魂要被公义全然洁净。(118)当许多人听了他的教训而深受感动[或深感喜悦]并聚集在他身边时,希律就害怕约翰对民众的影响力会让他有谋反的力量和野心[因为群众似乎已经预备好要遵行约翰的一切吩咐]。于是希律就想最好还是将约翰除去,借此避免他引起动乱的可能性,也免除了自己的麻烦;不要等到事情发生之后,再为了当初留存这人的性命而让自己后悔莫及。(119)于是猜忌多疑的希律将约翰以罪犯的身份送往我们曾提过的马盖耳斯碉堡,在那里将他处死。犹太人认为希律的全军覆没是出于惩罚,是神对他不满的一个象征。

**3.** (120)那时维特里乌斯正在准备与亚哩达交战。他率领两个军团的武装士兵,又带着所有的轻甲士兵以及从罗马人统领的王国中征招来的骑兵,迅速启程前往佩特拉,整个队伍抵达了托勒密。(121)就在他带着军队经过犹大地急速前行时，当地的领袖们前来见他，要求他不要行经他们的土地，因为他们国家的律法不允许他们宽容境内有偶像，而维特里乌斯军队的旗帜上却有许多的偶像标志。(122)维特里乌斯被他们的话语说服，就改变了原来的决定，命令军队沿着大平原而行，维特里乌斯自己和分封王希律及友人们一同前往耶路撒冷向神献祭，因为那时犹太人的一个节期即将来临。(123)维特里乌斯在那里受到犹太民众的盛大欢迎，就在那里逗留了三天，并将大祭司的职位从约拿单手中夺去，给了约拿单的兄弟提阿非罗。(124)维特里乌斯在第四天收到了提庇留的死讯，他就要求民众宣誓效忠该犹。维特里乌斯召回了他的军队，以那地为冬营，然后吩咐大家返乡，因为现在帝国是属于该犹的，维特里乌斯不再有原先的权柄去开启这个战事。(125)另外也有记载说亚哩达听说维特里乌斯要来攻打他，就去询问那些占卜者，之后他就宣布说维特里乌斯的军队不可能会进入佩特拉，因为有一个统治者会死亡，如果那统治者不是下令开战的那人，就是那个为了成全他旨意而奉令行事的人，再不然就是这军队要去对付的那个人。(126)于是维特里乌斯退回安提阿。但是亚里斯多布的儿子亚基帕在提庇留死前一年就到了罗马，希望能得到允许，和皇帝一起处理一些政务。(127)现在我想要谈谈希律和他的家族，以及他们的生活。我之所以提及这事，一部分是出于叙述这段历史时提及希律家族史的适当性，再者也是因为这事显明了神旨意的彰显与介入，除了对神的敬虔之外，再多的后裔也只不过是从人意而来的力量，不会达到任何功效。(128)只不过是百年的演变，希律的后裔就从原先的人数众多凋零到几乎彻底绝灭，除了极少数几个人之外。人们可以以此作为鉴戒，从他们的不幸中学到教训。(129)这里也会介绍亚基帕的生平,他是个非常值得敬佩的人,他出乎所有认识他之人的意料,从一介平民升为极有权势的人。我在前面曾经略为提到过他们,在这里会对他们做更为详尽的描述。

**4.** (130)希律大帝和希尔克努的[孙]女玛利安生了两个女儿,一个叫撒拉米秀(Salampsio),被她父亲许配给了亲表兄法撒勒斯,就是希律的兄弟法撒勒斯的儿子;另一个名叫赛普萝斯,也嫁给了亲表兄安提帕特,安提帕特是希律的姐妹撒罗米的儿子。(131)法撒勒斯和撒拉米秀有五个子女,分别是安提帕特、希律、亚历山大,以及两个女儿亚历山德拉和赛普萝斯,赛普萝斯嫁给了亚里斯多布的儿子亚基帕,亚历山德拉则嫁给了塞浦路斯的提米乌,提米乌是个知名之士,他和亚历山德拉没有子嗣。(132)亚基帕和赛普萝斯育有二子三女,三个女儿的名字分别是百尼基、玛利安和德鲁西拉,两个儿子的名字是亚基帕和杜如斯,杜如斯在幼年时就去世了。(133)他们的父亲亚基帕和他的兄弟希律、亚里斯多布一起长大,他们是希律大帝和百尼基所生的,百尼基是格斯多巴录和撒罗米的女儿。这个撒罗米是希律的姐妹。(134)我们曾提过亚里斯多布和兄弟亚历山大都被他们的父亲所杀,亚里斯多布遗留下来的孩子们成长到青春期时,亚基帕的兄弟希律就娶了玛利安,玛利安的母亲是希律王的女儿奥林皮阿,父亲是希律王的兄弟约瑟的儿子约瑟,他们生了一个儿子,叫亚里斯多布。(135)亚基帕的第三个兄弟亚里斯多布娶了埃莫萨王桑希革拉木的女儿约他佩,他们有一个耳聋的女儿,名字也叫约他佩,这些就是男性一系的子孙。(136)他们的姐妹希罗底嫁给了希律大帝的儿子希律[腓力],希律的母亲是大祭司西门的女儿玛利安,希罗底生了一个名为撒罗米的女儿。撒罗米出生后,希罗底毅然违背我们国家的律法，在丈夫还活着的时候与他离婚，再嫁给她丈夫同父异母的兄弟希律［安提帕］，这个希律是加利利的分封王。(137)她的女儿撒罗米则嫁给特拉可尼的分封王希律之子腓力为妻，他还没有生育后代就死了。希律的儿子，也就是亚基帕的兄弟亚里斯多布娶了撒罗米，他们生了三个儿子，分别是希律、亚基帕和亚里斯多布。(138)这些就是法撒勒斯和撒拉米秀的子孙。安提帕特和赛普萝斯的女儿赛普萝斯嫁了亚历萨斯的儿子亚历萨斯·艾尔克亚，他们生了一个女儿，也叫赛普萝斯，而我曾说过的安提帕特的兄弟希律和亚历山大则没有留下后代。(139)希律王的儿子亚历山大被他的父亲杀了，他和卡帕多西亚王亚基老的女儿育有两个儿子，分别是亚历山大和提哥拉尼。提哥拉尼是亚美尼亚王，他在罗马遭到指控，死时没有留下子女。(140)亚历山大有一个和他兄弟提哥拉尼同名的儿子，被尼禄派去做亚美尼亚的王。他有一个叫亚历山大的儿子，这个亚历山大娶了康玛各尼王安提阿古的女儿约他佩，维氏巴士安立他做基利家岛的王。(141)但是亚历山大的这些子孙都在出生后不久就放弃了他们的犹太宗教，转而随从希腊的宗教，希律王的其他女儿们死时都没有留下后代。(142)我们数算的这些希律的后裔，都是在亚基帕大帝拥有王权的时代，我将他们的名字记录下来。接下来要叙述的是发生在亚基帕身上的不幸事件，以及亚基帕如何从这上面脱罪，以至于达到日后尊位与权势的高峰。

# 第六章

## 亚基帕王到罗马去见提庇留·凯撒的航程；以及亚基帕受到他所释放的奴隶的指控而被囚；等到提庇留死后，该犹释放了亚基帕，也封他为王，统治分封王腓力的领土

**1.** （143）希律王去世前不久亚基帕就到了罗马居住，他和提庇留的儿子杜如斯一起成长，并和杜如斯大帝的妻子安东尼娅建立了友谊。安东尼娅很尊敬他的母亲百尼基，非常希望能让她的儿子晋升高位。（144）当他母亲百尼基还活着的时候，亚基帕喜好送人丰盛礼物的个性还不是很明显，这是为了避免他母亲因他的挥霍而动怒。（145）等到百尼基死后，亚基帕可以自行处理自己的生活，就浪费了许多金钱在日常花费以及送人大礼上。这些礼物大多是送给凯撒从奴隶中释放的人，好借此得到他们的帮助。没过多久亚基帕就落到贫困的地步，（146）无法继续在罗马居住下去。提庇留又不允许他逝去的儿子的友人们出现在他面前，因为看到他们会令他想起自己的儿子而再度感到伤痛。

**2.** （147）基于这些原因，亚基帕就在如此潦倒的情况下离开了罗马，乘船前往犹大地，他因为失去了曾经拥有的财富而沮丧，也没有能力偿还为数极多又不可能逃避的债。亚基帕穷途末路，对自己目前的状况感到十分羞辱，于是就退居到以土买的一个叫马拉他的碉堡，想要在那里自杀。（148）他的妻子赛普萝斯察觉到他的企图，就想尽办法让他摆脱这个念头。赛普萝斯写了封信给亚基帕的姐妹希罗底，希罗底这时已

经是分封王希律的妻子。赛普萝斯告诉希罗底亚基帕现在的意图，并且说亚基帕必须要离开那地，(149)赛普萝斯希望身为亚基帕亲人的希罗底来帮助他，也希望希罗底能让她的丈夫前来助亚基帕一臂之力。赛普萝斯虽然没有金钱来帮助亚基帕，但希罗底可以看出赛普萝斯是怎样尽其所能地减轻她丈夫的困扰，于是他们派人来接亚基帕，让他住在提比哩亚，又给他固定的金钱维生，还为了尊敬他而让他成为该城的行政官。(150)一方面亚基帕所得到的并不够他花用，加上希律也并没有打算要长期支持亚基帕，于是他们彼此之间的不满就在一次设于推罗的宴席中彼此举杯时爆发，他们互相责骂对方。希律因为亚基帕贫穷而责备他，又说亚基帕所需的一切食物都是靠他的接济才得到的。在这种情况下，亚基帕再也无法忍受下去，于是他就去找叙利亚的省长夫拉库，这人以前是罗马的执政官，也是亚基帕的好朋友。

**3.** (151)夫拉库很热诚地接待亚基帕，让他和自己住在一起。夫拉库那里还住着亚基帕的亲兄弟亚里斯多布，但是他们两兄弟并不和睦。不过他们的不和并不影响夫拉库与他们之间的友谊，他们两人都同样受到夫拉库的礼遇。(152)然而亚里斯多布对亚基帕的恶意并没有停止，甚至到后来还造成亚基帕与夫拉库的交恶，事情的经过是这样的：(153)大马士革人和西顿人为地界问题产生纷争，当夫拉库预备听取双方的说辞时，大马士革人就想借助于亚基帕对夫拉库的影响力，他们允诺给亚基帕一大笔钱，希望他能站在他们这边。(154)于是亚基帕非常积极地尽其所能帮助大马士革人。亚里斯多布得知了这项金钱交易后，就在夫拉库面前指控亚基帕，经过彻底的查证属实后，夫拉库就将亚基帕摒除在他的友人之外。(155)亚基帕前往托勒密后陷入了极大的困境，因为他不知道要往何处去谋生。他想要航行到意大利,但又没有旅费,于是希望他所释放的马尔希阿能想办法向别人借贷,好筹到这笔款项。(156)马尔希阿就找了亚基帕的母亲百尼基所释放的彼得来帮忙,而百尼基的遗言留给了安东尼娅,要她在亚基帕自己的契约和担保下,借给他一笔钱。(157)但是彼得指控亚基帕诈骗了他一些钱,就借此迫使马尔希阿在借贷两万雅典德拉克马时,要拿出二千五百德拉克马给彼得。马尔希阿在不得已的情况下只能答应这样做。(158)拿到钱后,亚基帕就前往安提顿准备启航,但是雅比聂的行政长官黑任纽·凯皮托派了一队士兵来向他索取三十万德拉克马银币,这笔钱是他在罗马时亏欠凯撒国库的,如此亚基帕就没能成行。(159)亚基帕假装会照着吩咐留下,但到了夜晚,他就割断绳索逃走,坐船前往亚历山大。亚基帕在那里向税吏长亚历山大商借二十万德拉克马,但亚历山大说如果是亚基帕要借这笔钱,他是不会答应的,不过他无法拒绝借钱给赛普萝斯,因为他非常敬佩赛普萝斯对丈夫的爱,以及她在其他地方表现出来的美德。(160)于是赛普萝斯承诺会偿还这笔钱,而亚历山大就在亚历山大城先借给他们五十他连得,并应允到狄克阿可亚[普特奥里]再借给他们剩下的部分,这是因为他怕亚基帕会很快就把钱花完。赛普萝斯就这样让她丈夫得到了自由,可以起航到意大利,赛普萝斯也和她的孩子们前往犹大地。

**4.** (161)亚基帕到了普特奥里后就从那里写了一封信给当时住在卡普里的提庇留·凯撒,说自己不远千里而来,就是为了要见他一面并为他服务,希望提庇留能让他到卡普里去。(162)提庇留毫不迟疑地写了一封言辞亲切的回信,说他很高兴亚基帕平安地回来,也希望亚基帕能到卡普里来。等亚基帕来了以后,提庇留也如信中所允诺的,好好款待了他。(163)但在次日凯撒接到了黑任纽·凯皮托的来信，里面报告了亚基帕向国库借了三十万德拉克马，但却没有在指定的时候归还，在他追讨这笔债务时，亚基帕就像亡命徒般地从他管辖之地逃跑了，使他无法从亚基帕那里把钱追回来。(164)凯撒看了这信就十分不悦，下令除非亚基帕偿还这笔债，否则就不要再出现在他眼前。在这种情况下，亚基帕无法平息凯撒的怒气，就只好去恳求革玛尼库和克劳狄的母亲安东尼娅[克劳狄后来也成为凯撒]借给他三十万德拉克马，好使自己不会失去提庇留的友谊。(165)出于对亚基帕的母亲百尼基的思念[因这两个女人非常要好]，以及看在亚基帕和克劳狄一起受教成长的份上，安东尼娅就借给了亚基帕这笔钱。清偿债务后，就没有其他事情阻拦提庇留对亚基帕的友谊了。(166)这事以后，提庇留·凯撒向亚基帕推荐自己的孙子，吩咐亚基帕要在他孙子出国时陪伴他。由于安东尼娅对亚基帕的友善，亚基帕致力于对安东尼娅的孙子该犹表达敬意，该犹也因为人们爱戴他的父亲而拥有极高的声望。(167)亚基帕又向凯撒所释放的奴仆他留斯借了一百万德拉克马，以这笔款项还清了他向安东尼娅借的钱，又将多出来的钱用来巴结该犹，亚基帕也因此成为该犹面前极具分量的人。

**5.** (168)就在亚基帕和该犹的友谊到达高峰时，他们之间也谈到了一些关于提庇留的事。在一次同乘马车的时候，亚基帕[向神]祈祷（那时他们两人单独坐在车上），希望提庇留尽快下台，把国家交给该犹，为他们驾车的是亚基帕所释放的犹推古，他在听到这番话时并没有对他们说些什么。(169)但等到亚基帕指控他偷取了亚基帕的一些衣物时（这事是真的），犹推古就逃离了亚基帕。后来他被捉到并带往该城的首长皮森面前，皮森问他为什么逃跑，他回答说因为有事要禀告凯撒，如此犹推古就能够安全而不至于丧命，于是皮森将他捆绑后送往卡普里。然而凡事拖延的提庇留继续让他留在狱中，好像其他的王或君主都是像他这样拖拖拉拉的。(170)提庇留从不急着接见使者，也不差派省长或行政长官的继位者，除非原来的首长已经去世，他也同样地不在意犯人的供词。(171)他耽延到一个程度，连他的友人都不禁问他为什么要拖延，他说他之所以拖延接见来使，是为了避免这个一走下一个又来了，拖延可以让自己不用不胜其烦地不停公开接见与解散使节们。(172)至于他那些首长们到执政的地方一待［就是一段很长的时间］，也是出于他对这些人辖管下的子民的关怀，因为首长们的天性是想要尽情搜刮，那些不是常驻该处而只作短时间停留的首长，基于不知何时就要离开，反而更会加紧压榨人民。(173)但是他们若是可以长保政权，到最后一定可以掠夺到足够的战利品，像是赢得了一桩巨大的交易，反而不必急于劫掠；如果很快就差派继位者，那些成为掠物的可怜的人民，无法再供应新上任者的需求，因为新上任者没有像前任者一样多的时间聚敛，他们就更无所顾忌地巧取豪夺，唯恐聚敛的时间还不够长就得离开这个职位。(174)提庇留还为他们举例说明："有一大群苍蝇飞聚到一个人的伤口上，旁观者中的一人同情这人的不幸，认为这人无力赶走这些苍蝇，于是就要上前为这人将苍蝇赶走。(175)但是这人请求那位旁观者让苍蝇留在那里，旁观者问他为什么要做这样荒谬的事，而不让自己从当下的痛苦中解脱出来；这人回答道：'你若赶走这些苍蝇会造成我更大的痛苦，因为这群苍蝇已经吸饱了我的血，就不再会紧围着我增加我的痛楚，在这段时间内我的痛苦就可以稍稍减轻；但如果新的一批苍蝇来的话，它们几乎是在饥饿的状态下，一旦发现我已经如此衰弱，就必会将我毁灭。'(176)就是这个原因让我特别小心，不经常差派新的首长去管理我的子民，因为那些子民早已被剥削了多次，而新的首长就像这些苍蝇一样，会更进一步带给他们痛苦。首长们天性想要得到好处，若再想到不知何时会失去这种剥削的快乐，就更会加紧压榨人民。"(177)我认为我所描述提庇留的拖延个性就是他治国的方式，让我更进一步地来举证。在提庇留做皇帝的二十二年间，他只差派了两位行政首长去治理犹太民族，先是格拉图，接下来就是格拉图的继位者彼拉多。(178)然而提庇留并非以一种方式对待犹太人，而以另一种方式对待其他的子民。提庇留告诉他们，就算在审问囚犯时他也采取同样的拖延态度，因为立刻将死刑犯处死反而减轻了他们现在的痛苦，这些邪恶卑鄙的人根本就不配得到这样的恩典。他说："我这样做是为了让他们在当下的不幸中继续受煎熬，使他们更加痛苦。"

6. (179)就是这个缘故，使犹推古一直被囚在狱中无法受审。不久后提庇留从卡普里前往距离罗马二十公里的图斯库拉努，这时亚基帕要求安东尼娅为犹推古求取一个公审的机会，好让大家知道犹推古究竟要指控亚基帕什么罪名。(180)提庇留在各方面都十分敬重安东尼娅，安东尼娅是提庇留的兄弟杜如斯的妻子。提庇留不仅是因安东尼娅与他的这层关系而敬重她，也是因为安东尼娅拥有高贵的品格，她虽然是位年轻的女子，却拒绝了所有的提亲而一直守寡，连奥古斯都也曾劝她择人再嫁，但是安东尼娅却一直保守着她毫无玷污的美名。(181)安东尼娅也是提庇留的大恩人，以前安东尼娅的丈夫有一位名叫塞迦奴的友人，是军队的将领，权力极大。他设下了一个非常危险的陷阱来对付提庇留,还联合了许多的元老和被释放的人,并用钱收买了军队,这一切的预备都使得这项阴谋几乎得以实现。要不是安东尼娅勇敢且有智慧地处理塞迦奴的敌意,塞迦奴显然已经胜算在握。(182)安东尼娅发现了塞迦奴对提庇留的谋反企图后,就将此事详尽地写在信中,交给她最信任的仆人帕拉斯,派他去送信给正在卡普里的提庇留,提庇留一得知此事就立刻杀了塞迦奴及他的党羽。因此提庇留从原本已有的敬意上更进一步地尊崇安东尼娅,并且在凡事上都极为倚重她。(183)于是当安东尼娅为犹推古要求听审的机会时,提庇留是这样回答的:"如果犹推古是诬陷亚基帕,他已经因为我的拖延而受到了惩罚,但如果他的指控属实,亚基帕岂不是弄巧成拙,他原来的用意是要惩罚他释放的这个人,最后反而让自己受到惩处。"(184)安东尼娅将这番话转述给亚基帕听,亚基帕却仍然执意要彻查这事,安东尼娅在他的不断要求下就找了下述这个机会:(185)有一次提庇留舒服地躺在轿子上被抬着走,刚好安东尼娅的孙子该犹和亚基帕吃完晚饭来到他跟前,安东尼娅走到轿边对他说话,请他现在就传唤犹推古前来受审。(186)提庇留回答说:"安东尼娅啊! 诸神要为我作见证,我是被迫来做我即将要做的事。这可不是出于我的心意,而是因你的祈求使我不得不这样做。"说完后他就吩咐塞迦奴的继任者马克伦将犹推古带到他面前来,犹推古就立刻被带上来。提庇留问他,你要指控那赐你自由的人什么罪状呢? (187)犹推古回答道:"我的主啊! 这个该犹与那位和他在一起的亚基帕有一次乘坐马车,我坐在他们的脚边。他们谈了一路,亚基帕对该犹说,希望那个老家伙早点死,让你成为全地的首长! 那时他的孙子提庇留就会被你除去而无法成为拦阻,这样全地都会欢欣,我也会因此而快乐。"(188)提庇留出于对亚基帕的怀恨就认为这些话真的是出于亚基帕之口，这是因为提庇留曾经吩咐亚基帕要对他的孙子，也就是杜如斯的儿子提庇留致敬，亚基帕却没有这样做，反而违背命令将所有的敬意都转移到该犹身上。(189)于是提庇留对马克伦下令说："立刻将这人绑起来。"但是马克伦搞不清楚提庇留要他绑哪一个人，因马克伦不认为他会对亚基帕做这样的事，所以马克伦小心地上前询问提庇留刚才说了些什么。(190)于是凯撒就在竞技场上走了一圈，当他找到了站在那里的亚基帕时，凯撒说道："就是他，马克伦，这就是我要你捆绑的人。"当马克伦再问是哪个人要被绑起来时，提庇留就直接指名说是亚基帕。(191)亚基帕试图为自己求情，希望提庇留看在和亚基帕一起成长的儿子、以及由亚基帕教导的提庇留〔他的孙子〕的份上原谅他，但这一切都徒劳无功，他们甚至在亚基帕还穿着紫袍的时候就将他五花大绑。(192)那时天气炎热，他们晚餐时又只喝了一点酒，所以亚基帕非常口渴，同时他也因所受的待遇感到忿怒与痛苦，于是当他看到该犹的一个叫作陶玛斯突的奴隶提水经过时，(193)就向那奴仆要水喝，那奴仆依言给了他水喝，亚基帕尽情喝饱后就对他说："孩子啊！你这样服侍我将来一定会得到好处，一旦我不再为囚，我会立刻将你从该犹那里释放出来，使你得到自由。由于我现在被囚，该犹就不再像往昔我身份尊贵时那样对待我了。"(194)亚基帕并没有在这允诺上欺骗陶玛斯突，反而因他现在做的这件事好好地补偿了他，日后亚基帕得到王权时特别关照陶玛斯突，从该犹那里赎回他的自由，并让他做自己的家宰；亚基帕死时，也将陶玛斯突留给自己的儿子亚基帕和女儿百尼基，要他像服侍自己那般服侍自己的儿女。陶玛斯突直到年老都享有尊位，且最终死在那地。不过这一切都是在许久以后才实现。

**7.** (195)亚基帕和许多人一样被捆绑着站立在王宫前面,这时他正靠着一棵树休息。有一只[被罗马人称为布波的]鸟[猫头鹰]就站在亚基帕靠的这棵树上。另一个被绑着的日耳曼人看到他,就问一位士兵那位穿紫袍的人是谁。(196)士兵说他名叫亚基帕,是个犹太人,也是国中的一位显要人士。这人就请那位与他绑在一起的士兵靠近亚基帕好和他说话,因他有些关于亚基帕国家的事要向亚基帕请教。(197)这人所请获准后,就站到亚基帕身旁,借着翻译对亚基帕说了这番话:"年轻人啊! 这突然临到你的变化对你而言是非常悲哀的,也带给你极大的不幸,所以当我预先说你会从现在的逆境中得到平反,且神也会供应你一切的需求时,你未必会相信我的话。(198)[我向我自己国家的诸神、也向让我们被捆绑的本地神明请求]要知道我将要说出的关于你的一切话,都不是为了得到任何好处或是用来贿赂,也不是无缘无故地寻你开心,(199)因为这些预言若没有实现,最后反而会令人更加痛苦,这痛苦比对方从来就不曾听过这些话要来得更为深重。然而就算必须冒这个险,我也认为应该将诸神的预言告诉你。(200)你不会被囚太久,你会很快从捆绑中被解救出来,也会被擢升至最高的权位,现在那些同情你不幸的人将来都要羡慕你,而你也会至死都享有幸福快乐,并将这一切传给你的子孙。但是你要记住,当你再度见到这只鸟时,你就只能再活五天。(201)那位差派这鸟来此为你做征兆的神会让眼前的事件很快就成为过去。我认为向你隐瞒我所预知关于你的事对你是不公平的,而你在得悉将要来临的幸福后,或许就不会介意眼前的不幸了。不过当幸福真的降临到你身上时,千万要记得拯救我这个身陷苦难的人。"(202)这日

耳曼人的一席话让亚基帕对着他大笑不已，如同亚基帕日后得到称羡时
开怀大笑一样畅快。安东尼娅为着亚基帕的不幸感到悲伤，但她认为要
在提庇留面前为亚基帕辩护是件非常困难的事，而且想要达到释放亚基
帕的这个目的也完全不切实际。（203）安东尼娅就去买通马克伦，让看
守亚基帕的士兵以仁慈待他，而负责亚基帕日用饮食的百夫长也要以同
样的态度对待亚基帕；亚基帕有每日洗澡的自由，他所释放的人及他的
友人都可以去探视他；此外在其他方面也要尽量给亚基帕方便，让他得
到满足。（204）于是亚基帕的友人西拉去探望他，他所释放的马尔希阿
和斯提库为他带了他喜欢的各类食物，并且极为关照他；他们又假意带
了衣物去监狱里卖，但却趁夜晚时将衣物放在亚基帕床上给他替换用
（由于马克伦事先早有交代，所以士兵们都在各方面协助他们）。亚基帕
就这样生活了六个月。以上是有关亚基帕的事情。

**8.**（205）提庇留回到卡普里后就生病了，开始时他病得还不太重，
但当病势一天天恶化时，提庇留就失去了康复的指望。提庇留吩咐他所
释放的人中最受人敬重的友杜，要他将孩子们都带来见他，提庇留希望
在死前与他们谈话。（206）这时提庇留并没有尚在人世的儿子，他唯一
的儿子杜如斯已经过世了。杜如斯的儿子提庇留仍然在世，他另外的一
个名字是革米鲁；提庇留的兄弟[杜如斯]的儿子革玛尼库之子该犹也还
活着。该犹已经成年，又经受过高等教育的塑造，加上他父亲革玛尼库
高贵人格的影响，令他受到国人的尊敬与爱戴。（207）革玛尼库拥有坚
定崇高的品德，他与民众交谈时非常平易近人，完全不因自己的身份地
位而阻碍他与所有民众接触，革玛尼库将所有人都视为自己的同侪，这
些品格都令他在众人中得到最高的声望。（208）革玛尼库的言行不但为

他赢得了人民与元老院的尊敬，也使他得到罗马人管辖下各国的爱戴，其中一些人是因为在觐见他时受到他的款待，另一些人则是从这些受他款待的人那里听闻了他的德行。革玛尼库死时，全地的人都为他举哀。(209)这举哀不是出于对领袖奉承式的虚假悲伤，他们的悲伤是真挚并发自内心的，每个人都好像失去至亲般地哀悼。就是因为他展现出来的亲和力，(210)使他的儿子在众人中最受欢迎，士兵们也最为喜爱他的儿子，他们都认为只要能帮助他儿子得到政权，就算是赴汤蹈火也在所不辞。

**9.** (211)在提庇留吩咐友杜次日早晨将孩子们带到他跟前时，他向国中的诸神祈祷，要他们给他一个清楚的征兆，让他知道应该要立哪一位接掌政权。提庇留虽然很希望将王位留给自己的孙子，但他却不愿意取决于自己的意向，而是要仰赖神在这些孩子们中间预示一位继位者。(212)提庇留定意将王位传给次日早晨第一个来见他的人，并用这事作为一个兆头。做了这个决定后，提庇留就将他孙子的老师叫来，命令他次日一早就带那孩子来见他，提庇留认为这样做神就会允许那孩子成为皇帝，但事实上神的旨意却与他的意愿相反。(213)经过了这番精心的策划，一等到次日清晨，提庇留就吩咐友杜去传唤已经预备好的孩子进来；友杜出去后看到该犹站在门口，而提庇留还在等候早餐所以尚未来到，由于友杜不知道主人的心意，就对该犹说："你的父亲传唤你"，然后就将该犹领到屋里。(214)提庇留在不知情的情况下看到该犹进来，就立刻想到神的权能，这能力将他传位的决定权拿走，使提庇留无法按照自己的心意去做。提庇留为了原本精心设计的传位谋划落空而大为懊恼，(215)这样一来，他的孙子不但在他死后失去了罗马帝国，也失去了自身的安全,他生命的保全完全掌握在另一个比他势力更大的人手中,而那人却不会容忍一个近亲与他共存。这样的关系一点也不能保护他,他也会成为最高掌权者痛恨且畏惧的对象;一方面因为他是最可能继承王位的人,另一方面也因为他会不断地想要谋取政权,他这样做不只是为了要保存自己的性命,也是为了要夺得王权。(216)提庇留一直非常相信占星术和出生时辰的星座计算,也终其一生尊崇那些被证实的预言,甚至远超过他对那些以此为业者的尊崇。所以他一看到迦勒巴进来见他,就对那些最亲密的友人说,进来的这个人有一天会拥有罗马帝国。(217)提庇留比罗马其他的皇帝都更热衷各类的占卜术,因他在自己的经历里发现这些预言都会实现。(218)现在他更因为发生在他身上的这个意外而大为苦恼,他已预见了孙子的死,为他孙子的灭亡感到悲哀,也埋怨自己应该早就预卜这事,并运用这预知的未来,趁自己还能掌控时无憾地死去,那样的话,他就不会因为预先知道至亲的不幸而受折磨,也不至于像如今一样在煎熬下死去。(219)提庇留虽然因为政权未按他所期望的落入他不欲传位的人手中而思绪混乱,但是他仍旧违背自己的意愿对该犹这样说:"孩子啊！虽然提庇留和我的关系更为亲密,然而在我的决心与诸神的同意下,我要将罗马帝国传到你的手中,(220)希望你永远不会忘记我让你得到这尊位的恩典,(221)以及你和提庇留的亲情。要知道我是那位与诸神共商并遵循这结果,而令你得到这极大喜乐的人,我希望你能因为我对你的帮助而回报我,要善待你的至亲提庇留。除此之外,你也应该明白提庇留的存活是你安全的保障,不仅止于帝国的安危,也涉及你个人的存亡,提庇留若是死了,他的死也会成为你个人不幸的序曲,(222)因为这样繁重的国事担负在你一人的身上是十分危险的,更何况诸神也不会对不义的行为坐视不顾,或是对违背叫人行善的律法之人不加惩处。"(223)提庇留的这番话语并没有说服该犹,该犹表面上应允了提庇留,但他一稳定了政务,就将提庇留除去,而该犹本人也像另一位提庇留所预言的,在不久之后就死于反叛的阴谋。

**10.** (224)提庇留在指派该犹成为自己的继位人后没几天就过世了,他一共执政了二十二年五个月又三天,该犹成为第四位罗马皇帝。(225)罗马人得知提庇留的死讯时都非常高兴,但却没有勇气相信这件事,这倒不是因为他们不愿这消息是真的,他们可是会为了让他死而付出大笔金钱的人;他们害怕的是万一消息被证实有误,他们的喜悦就会被别人知道,这样一来他们就会因此被控告并处决。(226)因为提庇留曾经使许多崇高的罗马人家庭陷入悲惨的境遇,他也很容易在所有事情上冲动地做出决定,他的个性又令他常在无法控制的情况下尽情发怒,直到气消了为止,他也曾毫无理由地迁怒于人。在提庇留所有的裁决上可以看出他残暴的本质,任何轻微的过犯都会被他判处死刑。(227)他的凶残到达一个地步,让罗马人在非常欣慰地听说他死讯的同时,却都压抑了这喜讯带来的快乐,因为他们害怕希望落空,反而会带给他们可预见的悲惨景况。(228)亚基帕所释放的马尔希阿一听说提庇留的死讯,就立刻跑去将这消息告诉亚基帕。那时亚基帕正要出去洗澡,马尔希阿朝他点点头,用希伯来文说:"那头狮子死了。"(229)亚基帕明白这话的含义,就因为这消息而狂喜。他说道:"好极了,愿你带来的消息使各样的感谢和欢喜伴随着你,我希望你说的一切都能成真。"(230)看守亚基帕的百夫长见到马尔希阿急忙赶来,又看到亚基帕因他说的话欣喜万分,就猜想马尔希阿的话一定是有关政局的大变动,于是就问他们在谈些什么。(231)他们起初转移了话题，但在百夫长一再地追问下，亚基帕就不经意地将这消息告诉他，因他已是亚基帕的友人。于是他也因这消息带来的喜悦而与亚基帕一样开心，这对亚基帕而言是件喜事。百夫长也为亚基帕预备了晚餐。就在他们吃喝宴乐的时候，有一个人前来说提庇留还活着，再过几天就会回到这城。(232)听到这消息，百夫长感到非常不安，因为他一听说凯撒的死讯，就快乐地宴请一个犯人，这可是会让他失掉性命的。于是百夫长将躺在长椅上的亚基帕推起来并对他说："你以为用一个关于皇帝的谎言欺骗我不会遭到惩罚吗？难道你不会因为这恶意的报道而付上你的头颅作为代价吗？"(233)说完这话他就下令将亚基帕再度捆绑起来[他本来已将亚基帕松绑]，并派了一个比以前更严格的守卫看守他，亚基帕就在这样不幸的情况下度过了那晚。(234)第二天城里到处都是谣言，也证实提庇留真的死了，人们可以公开且自由地谈论这件事，甚至还有人因为这事而献祭。该犹送出了几封信，一封是给元老院的，他在信中通知他们提庇留的死讯以及自己入宫执政的事情。(235)另一封是给该城的行政长官皮森，信的内容和上封信一样。该犹也下令让亚基帕离开营地回到入狱前居住的屋子，使他不再为了要处理私事而感到不安。如今亚基帕虽然还在监管之下，却已经可以自由地处理私事了。(236)该犹带着提庇留的尸体回到罗马，并按照本国的律法为他举办了一场奢华的丧礼。该犹很想就在那天释放亚基帕，但是安东尼娅阻止他这样做，倒不是因为对这犯人有任何不满，而是为了要保持该犹的礼数，否则该犹立刻释放提庇留拘捕的人，会令人们认为他乐于见到提庇留去世。(237)不过几天后该犹就派人接亚基帕到他家来，又为他修面更衣，之后就为亚基帕戴上王冠，封他为腓力领土的王，并将吕撒聂的领土的王权也给了亚基帕,该犹又将亚基帕佩戴的铁链换成相同重量的金链。此外该犹还派遣马利鲁去做犹大地的行政长官。

**11.** (238)该犹·凯撒执政的第二年,亚基帕请求他让自己航行回家去安顿国内的政务,亚基帕也承诺当政务安排妥善后就会再回来。(239)在皇帝的许可下,亚基帕意料之外地以王的身份归国,当人们将他往日的贫困与今日的荣华富贵相比时,就可以看出命运的大能了。于是有一些人称他为"一个幸福的人",其他的人则还是对他生活变得这样优渥而感到难以置信。

# 第七章
## 分封王希律被放逐的经过

**1.** (240)亚基帕的姐妹,就是加利利和庇哩亚分封王希律的妻子希罗底,她嫉妒自己兄弟所拥有的权势,尤其是看到亚基帕得到的地位比自己丈夫还高的时候,就回想起亚基帕逃走时连还债的能力都没有,如今却带着高官厚禄风光地回来。(241)因此希罗底就为了亚基帕命运的大转变而叹息不悦,她每次见到亚基帕带着象征皇室权柄的旗帜在群众间行进,心中就充满了嫉妒,无法压抑内心的痛苦。于是希罗底鼓动她的丈夫乘船去罗马,以求得与亚基帕同等的尊荣。(242)希罗底是这样说的:亚基帕是那个被自己亲生父亲赐死的亚里斯多布之子,也是那个穷困到三餐不继,必须完全靠希罗底的丈夫接济的人;而且他还被债主追债,以至于不得不从海路逃亡,连这样的人都可以回来做王,这让希罗底感到简直无法再活下去。反观希律，既是一个国王之子，又和皇室有近亲的关系，只不过是要他去讨一个与亚基帕相当的权位，他却动也不动，满足于所拥有的这种较平民化的生活。(243)希罗底说："希律，你原先虽然不在意你的地位比生养你的父亲低微，但你现在应该去争取那连你亲人都已得到的尊荣，难道你要忍受那个曾经羡慕你财富，如今却摆脱贫穷比我们更富足更显赫的人带给你的耻辱吗？你也不觉得处处不如那个曾经靠你施舍过活的人是可耻的吗？(244)让我们一起去罗马，不要在乎麻烦或费用，留着这些金银倒不如用它们去换取一个王国。"

**2.** (245)不过这次希律反对希罗底的请求，因为他喜欢轻松悠闲，认为到罗马去可能会遇到些麻烦，希律就试图改变希罗底的想法。但希罗底越是看到希律表现出退缩，就越是对他施压，要他无论如何都要当上国王。(246)最后希罗底不管希律是否同意自己的看法，一定要希律这样做。希律拗不过她，就竭尽所能带着丰盛的预备前往罗马，并带着希罗底与他同行。(247)亚基帕得知了他们的意图及所做的准备后，也决定要亲自到罗马去，他一听说希律他们启航，就立刻差派他释放的自由人弗图那图携带着许多送给皇帝的礼物和指控希律的信件前往罗马，他也在给该犹的信中详细地描述希律的罪状，说希律只是在伺机而行。(248)弗图那图的航程顺利且紧随着希律的脚步，他只比希律稍慢一点上岸，在希律去见该犹时，弗图那图就亲自前去将信交给该犹。他们都是驶向狄克阿可亚，并在百艾见到该犹。(249)百艾是康帕尼阿之地的一个小城，距离狄克阿可亚有一公里的距离。那里建有王宫，里面尽是奢华的屋宇，每一个皇帝都想尽办法要将先王们所建的比下去。那里还有从地下自然涌出的温泉，洗温泉浴对身体的健康很有帮助，也带给人们极大的享受。(250)这是该犹第一次见到希律，所以就对他致意；接着该犹就开始读亚基帕的来信，内容是以指控希律为目的，说希律以前曾与塞迦奴结党来对付提庇留的政权，现在他又和帕提亚王阿塔班奴联盟，好对抗该犹的政权。(251)亚基帕为了证明所言非虚，还提出希律军库里的武器足以装备七万名士兵。该犹被这些说辞打动，就问希律有关武器的事是否属实，(252)希律无法否认这事，就承认自己的确拥有这些军备。由于这是众所周知的恶事，该犹就认为亚基帕控诉希律想要造反是真有其事。于是将希律的领土并入亚基帕的王国，又将希律的财产也给了亚基帕；而对希律本人的惩处，就是将他永远放逐到高卢的一个名叫里昂的城邑。(253)但当该犹得知希罗底是亚基帕的姐妹时，就让希罗底保有自己的财产，并告诉希罗底，因为亚基帕是她的兄弟，她才可以免受像她丈夫一样的灾难。(254)然而希罗底却这样回答他："皇帝啊！你实在是对我太好了，但出于我对丈夫的感恩，令我无法接受你的礼物，我不是那种在他兴盛时做他伴侣，却在他不幸时将他抛弃的人。"(255)该犹听了希罗底的回答后非常生气，就将她和希律一起放逐，并把希罗底的产业也给了亚基帕。这就是神因希罗底嫉妒她的兄弟而带给她的刑罚，而希律则是因为听从一个爱慕虚荣者的话而受到神的责罚。(256)说到该犹，他在治国的前一两年，处事都非常宽大，做人也谦和有礼，使罗马人和他其余的子民们都非常拥戴他。但是时日一久，他就自欺欺人地逾越了人性的范围，仗恃着他拥有的广大领土而妄自尊大为神，在处理的所有事情上都引起了天怒人怨。

# 第八章

## 犹太人派遣使节去见该犹；以及该犹为了犹太人不接纳自己的肖像而派遣佩特罗尼乌到叙利亚攻打犹太人

**1.** （257）这时在亚历山大城的犹太居民和希腊人之间发生了冲突，不和的双方各派了三位使节来见该犹。希腊人的三位使节中的一位是阿皮安，他说了许多诋毁犹太人和亵渎神的话，在众多的指控中，他特别提出犹太人藐视凯撒尊荣的罪状，（258）因为所有臣服于罗马帝国的子民都为该犹兴建祭坛和殿宇，在各方面都像是尊敬诸神般地尊敬该犹，唯独这些犹太人认为立该犹的雕像以示尊敬是一种耻辱，他们也不肯以该犹之名起誓。（259）阿皮安提出了许多类似的严重罪名，希望借此激起该犹对犹太人的忿怒。犹太使节团的代表是斐洛，这人在各方面都很优秀，也有高深的哲学素养，是税吏长亚历山大的兄弟，他已预备好要尽其所能地为这些指控辩解。（260）不过该犹阻止了他，并吩咐他离开。该犹毫不掩饰满腔怒火，看起来像是马上要好好收拾犹太人。斐洛在该犹的侮辱下离开了。他告诉身边的犹太人要鼓起勇气，因该犹的话已经显明了他对犹太人的忿怒，但实际上该犹的行为已经让神与他自己对立了。

**2.** （261）该犹看到只有犹太人敢这样轻视他，就非常恼怒，于是派了佩特罗尼乌去接续维特里乌斯担任叙利亚的省长，并命令他率领大军入侵犹大地，看这些犹太人会不会乐意将他的雕像立在神的殿中；若他们仍执迷不悟，就要以战争征服他们，然后再将雕像立于殿中。（262）于是佩特罗尼乌成为叙利亚的省长，并尽速前去执行凯撒的手谕。佩特罗尼乌尽可能地募集了大量的雇佣兵，加上两队罗马军团，浩浩荡荡地来到托勒密；他们在那里过冬，准备一开春就开启战事。他也写信向该犹报告他打算采取的行动。该犹对佩特罗尼乌的迅速果断大为嘉许，就命令他在犹太人不愿降服时去执行既定的计划，对他们进行攻击。（263）那时有许多犹太人前往托勒密来向佩特罗尼乌请愿，请求他不要强迫他们违背并触犯先祖传下来的律法。（264）他们说如果你已下决心要将雕像带入并立起来，那你只能先将我们都杀了，然后才能按照你的心意去做。因为只要我们还有一口气，决不会允许这种被我们律法禁止且是我们先祖所不容许的败坏之事发生在我们这里。（265）佩特罗尼乌生气地对他们说："如果我是可以按照自己心意而行的皇帝，你们刚才对我说的这番话就是恰当的；然而现在凯撒差派了我，我就必须听从他的指令。不遵循这些指令会给我招致不可避免的毁灭！"（266）犹太人回答说："佩特罗尼乌啊！你的想法是不愿意违背凯撒的手谕，而我们也同样不愿意触犯我们的律法，我们完全按照我们崇高的律法生活，这律法是祖先们竭力让它们不受破坏而留存至今的，我们说什么也不会因为怕死而触犯这些律法；（267）这些律法也是神为了我们的益处而设定的。为了持守律法，我们会承担临到身上的不幸，也会抱着脱离险境的希望。因为我们若是为了敬畏神的缘故受苦、面对不可知的命运，神一定会与我们同在。（268）倘若我们向你屈服，就会因我们的懦弱被人所不齿，也显示出我们随时会违背我们的律法，这都是神非常痛恨的事。即便按照你自己的判断，神的地位也必然是超越该犹的。"

**3.**（269）从这些犹太人的话中，佩特罗尼乌知道他们是不会改变心意的。若要听从该犹的命令，在犹大地立起他的雕像，绝对会引发一场战事，而且必然会造成许多伤亡。于是佩特罗尼乌带着他的友人们及随身的仆从，急忙赶到提比哩亚，想要得知犹太人的状况如何。（270）当佩特罗尼乌到达提比哩亚时，又有数以万计的犹太人到那里求见他。这些人知道和罗马人打仗的危险性，但是触犯律法所带来的后果更加严重，（271）所以他们就恳求佩特罗尼乌，希望他不要让他们陷入这样的险境，也不要以该犹的雕像来亵渎他们的城邑。佩特罗尼乌这样对他们说："你们难道不考虑凯撒的万全预备和你们力量的薄弱，仍要与凯撒作战吗？"他们回答说："我们决不会与他作战，但我们也决不会眼睁睁地看着我们的律法遭到破坏。"于是他们都趴在地上，将脖子伸长预备受死。（272）他们这样做一共有四十天之久，完全没有顾及农事，而当时正是播种的季节。这些犹太人就是这样持守着他们的决心，自己甘愿受死也不愿见到任何雕像受到尊崇。

**4.**（273）事情到了这个地步，亚基帕王的兄弟亚里斯多布、黑尔克阿大帝以及家族中的主要人士都一起去恳求佩特罗尼乌，（274）希望他在看到民众这样的决心后就不要强迫他们改变，让他们陷入绝望；只要写信给该犹，告诉他犹太人对于立雕像有极深的反感，他们一直在这里请愿，连土地都无法耕种。他们虽然没有能力和罗马人作战，但是也不能忍受他们的律法被触犯所带来的伤痛。若是土地一直没有播种，他们也就无法纳贡，而盗贼也会趁势而起。（275）或许该犹会因此同情他们，不会下令向他们施以酷刑，或是灭绝他们的民族；但倘若该犹仍然固执己见要对他们动武，他可能就要亲自来开启这场战事。（276）这就是亚里斯多布和同行的人向佩特罗尼乌恳求的话语。于是佩特罗尼乌一方面顾及亚里斯多布和其他人迫切的恳求以及他们的诚恳与所请事件的重要性,(277)另一方面也因他看到犹太人坚定的反抗,就明白自己若成为疯狂的该犹之仆人,因犹太人对神的宗教情操而将数万人杀戮,这实在是件极为可怕的事,而他自己或许也会在往后的年日里受到惩罚。我认为佩特罗尼乌觉得还是应该写信让该犹知道自己没有遵循他的手谕,也难以承担该犹因自己的拖延而产生的怒气。(278)佩特罗尼乌希望自己的信或许可以说服该犹,若是该犹还是坚持他的疯狂决定,他自己可以对犹太人开战;若是该犹将他的忿怒转移到自己身上,他作为一个德行崇高的人也会愿意为了保留大群民众的性命而牺牲自己。所以佩特罗尼乌决定听取这些人的请求。

**5.** (279)佩特罗尼乌将犹太人召集到提比哩亚,前来的约有数万人;佩特罗尼乌又把他的军队安排在这些人的对面,但他并没有说出自己的心意,而是将皇帝的命令告诉他们,又说皇帝的震怒会立刻降临到胆敢抗命的人身上,而自己深受皇帝荣宠,实在不宜在任何事上违背皇帝的旨意。(280)[他说]:"然而我不以自身的安危名望为念,愿意以它们来换取你们的生命,你们人数众多,又定意要保全你们的律法,因为那是你们先祖流传下来,也是你们认为值得用一切代价去保全的律法。你们有神的权柄和至高者的帮助,使我不可能仗恃着皇帝的权柄硬着心肠来破坏你们的圣殿。(281)所以我要写信给该犹,让他明白你们的决心,也会尽我的力量在这件事上帮助你们,使你们不至于因为诚挚的用意而受到伤害。愿神亲自帮助你们,因为他的权柄超过人的意念与力量;也愿该犹让你们保守你们自古相传的律法;尽管你们不同意,我还是希望他原本享有的尊荣不被剥夺。(282)要是该犹动了怒气,转而向我施暴,我宁可忍受身心的危险和苦难,也不愿意看到你们这么多人在如此赤诚与勇敢的表现下惨遭灭亡。(283)现在你们何不各自回家做自己的营生,耕种自己的土地,我则写信给罗马,我和我的友人们都会在各方面为你们效力。"

6. (284)佩特罗尼乌说完之后就解散了这群犹太人,他希望他们的首领会负责农事,并好好劝勉他们,鼓励他们对事情的发展充满希望。佩特罗尼乌就这样鼓舞了民众的士气,神也在这时向佩特罗尼乌显现,并预示他会在这整件事上帮助佩特罗尼乌,(285)因为佩特罗尼乌一对犹太人说完了这番话,神就出人意外地降下大雨。那天本是个晴天,天空一点下雨的迹象也没有,更何况那年可能会是大旱的一年,就算任何时候天上有云,人们都对降雨不抱有任何的希望。(286)甚至在这不寻常且毫无期待的情况下降下的大量雨水,也没有触动犹太人的认知,他们只是专注于期盼佩特罗尼乌不要放弃对该犹的请愿。然而佩特罗尼乌本人却因为见到神为证明他顾念犹太人而显明自己的这件事大感惊讶,这是连极欲否定这事的人都无法反驳的。(287)这事也包括在他描述给该犹知道的诸事当中,信的内容都是在劝阻他,尽力请求他不要让这数万人无所适从,若是将他们杀了(若不开战,他们不可能将他们用来崇拜的律法搁置一旁),他会失去这些人的税收,也可能永远受到他们公开的咒诅。(288)更何况神是他们的统帅,他也在这事上显明了他的权能,让人无可置疑。这就是佩特罗尼乌当时所做的事。

7. (289)亚基帕王那时住在罗马,也越来越得到该犹的宠信。有一次亚基帕为该犹预备晚餐,不论是在花费上或是在预备的工夫上,他都很用心地将晚餐的各个细节准备得更为完善，借此来博取该犹的欢心。(290)实际上，其他人根本无法与之相比，甚至连该犹自己都无法企及，更谈不上超越了（亚基帕事先就精心设计要超越所有人，同时要特别符合凯撒的口味）。(291)该犹十分赞赏亚基帕的善解人意、慷慨大方以及亚基帕为了讨好自己所做的一切（甚至超过他的能力来负担这一切的费用），于是就希望自己也能以不亚于亚基帕表现出来的慷慨来令亚基帕高兴。在一次宴饮中，该犹喝了不少的酒，比平常更为开心，而亚基帕正在与他对饮。该犹说：(292)"我一向知道你对我的尊荣和友善，就算在提庇留的那件事上你受了不少苦，你都表现出从没忘记在一切事情上向我显示出你的友好，甚至超过你的能力范围也在所不惜，所以我被你的爱所征服是再自然不过的。因此我要为自己以往对你不周到的地方做个补偿，(293)因我曾经给你的一切，我们姑且称之为'我的礼物'，实在都太微不足道了。如今，只要我的能力所及，凡是能增进你快乐的一切事物都是属于你的。"这就是该犹对亚基帕所说的话。他以为亚基帕会要求一个大国或是一些城邑的税收。(294)亚基帕虽然知道自己想要什么，但他还不清楚该犹的意图，就立刻对该犹说自己以前违背提庇留的命令去尊崇该犹并不是贪图回报，如今为该犹所做的任何事也是出于尊敬，不是为了要从该犹那里得到些什么。(295)该犹原先送的礼物已经多到超过任何贪心之人的期望，虽然那些礼物可能比该犹能力所及的要少［该犹是施恩者］，但已经超过自己这个受惠者的期望与地位。(296)该犹对亚基帕的回答感到讶异，就更加敦促亚基帕向他要求一些能令他满足的事物。亚基帕回答说："我的主啊！因为你宣称你已预备好施予我礼物，也说我应该得到你的礼物，我就打算不为自己的快乐祈求什么，因为你以往赐给我的一切早已超过我的愿望了。(297)然而我现在所要祈求的会为您带来敬虔的荣耀,且表现出神的帮助,更可能会在别人询问时为我带来光荣,这显示出我不曾在向您祈求时得不到您的允诺。我的请求是这样的,就是请您从佩特罗尼乌收回将雕像立在犹太圣殿里这一命令。"

**8.** (298)亚基帕为了这件他认为非常重要的事而甘冒生命危险,他知道这个请求所带来的危险性,因为假若该犹不同意,亚基帕就一定会付出生命代价。(299)由于该犹因亚基帕的贴心而受到极大感动,加上他认为在众人面前失信是件不光彩的事,尤其是他自己一直强迫亚基帕做出恳求,若是不兑现承诺,就好像表现得后悔刚刚才说出的话;(300)而该犹也真的敬佩亚基帕没有为自己要求更大的领土、更多的税收或更大的权柄,而是顾及众人的安宁、律法以及神,于是他就应允了亚基帕的请求。该犹也写信给佩特罗尼乌,信中他赞赏佩特罗尼乌组织的军队,并与佩特罗尼乌商讨这事。(301)该犹说:"如果你已经立了我的雕像,就让它留在那里;但是如果你还没有这样做,就不必去完成这事。将你的军队解散以后就回来,去处理那些我原先派遣你去完成的事,因为我现在已经不需要立那雕像了。这是我赐给亚基帕的恩惠,亚基帕是我极为敬重的人,我无法违背他的话或是不去执行他要求我为他做的事。"(302)这就是该犹写给佩特罗尼乌信件的内容,是在该犹尚未接到佩特罗尼乌的信以前所写的。而佩特罗尼乌的信是要告诉该犹,犹太人已经准备好要抵制该犹的雕像,他们也似乎下了决心要对罗马人发动战争。(303)该犹对这个反对他政权的企图极为不悦,他是个喜欢采取卑劣与凶狠手段的人,不管在什么情况下,该犹都不会顾及美德与荣誉,他一旦决定要向某人显示他的忿怒，不论原因是什么，他绝不听从任何忠告而稍加收敛，反而认为尽情发怒是一种享受。于是该犹回信给佩特罗尼乌说：(304)"看来你将犹太人给你的礼物看得比我的命令更重要，自以为是地去迎合犹太人的喜好。我命令你自己定夺，因你现在令我十分不悦，我要你好好考虑应该怎么做，我要以你作为当今及后世的警戒，让人们不敢违抗他们皇帝的命令。"

9.(305)这就是该犹写给佩特罗尼乌的信，然而佩特罗尼乌在该犹还活着的时候并没有收到这信，因为送这信的船走得太慢，另一封报告该犹死讯的信比这封信先送到佩特罗尼乌的手中。(306)这是出于神纪念佩特罗尼乌为了犹太人以及自己的尊荣所承担的危险。该犹自尊自大，希望人们像膜拜神那样膜拜自己，这样的僭越导致神忿怒地取走了他的性命。罗马本地和所有其他领土上的人都与佩特罗尼乌有相同的心态，尤其是像元老那样有崇高身份地位的人，都曾遭到该犹残酷与严厉的对待，所以该犹得到了自己应得的报应。(307)该犹写了那封以死亡威胁佩特罗尼乌的信后不久就去世了。我会在后面提到有关该犹之死以及用来对付他的阴谋。(308)那封通知佩特罗尼乌关于该犹死讯的信先到，不久后另外那封命令他自行了断的信才到。于是佩特罗尼乌庆幸该犹死亡的巧合，(309)也称颂神的眷顾。神毫不耽延地为了佩特罗尼乌对圣殿的尊崇以及保守犹太人免于危险而以此报答佩特罗尼乌。借着这事，佩特罗尼乌逃脱了他无法预见的死亡危险。

# 第九章

## 因为亚西纽和安尼流两兄弟的缘故

## 而临到巴比伦的犹太人身上的事

**1.**（310）有一件极为不幸的事降临到美索不达米亚的犹太人身上，尤其是那些居住在巴比伦的犹太人。以前从来没有发生过这样悲惨的事，这事让许许多多的犹太人惨遭杀戮，死亡人数超过以往的纪录。我会更详细地描述这事，也会对这不幸降临的原因加以解说。（311）在巴比伦有一个叫尼尔大的城邑，那地人口稠密，除了有广大的腹地和其他优势外，它的人口十分众多，而且因为有坚固的城墙和幼发拉底河的保卫，使它不易遭到敌人的攻击。（312）另一个叫尼西比斯的城邑也位于这条河边。因为这里地势险要，犹太人就根据我国习俗，将每人奉献给神的半舍客勒以及其他献给神的物品存放于此，把这两个城邑当作我们的国库，（313）等到适当的时机，再将它们运往耶路撒冷。有数以万计的人负责运送这些奉献，因为他们怕帕提亚人会来损坏这些财物，而巴比伦人是臣服于帕提亚人之下的。（314）那时有两个出生于尼尔大的人，分别叫作亚西纽和安尼流，他们是兄弟；这两人没有父亲，他们的母亲让他们去学习编织窗帘幕布的技巧，那时男人以织布维生并不会被视为可耻。那位教授他们这项技巧并管理他们的人抱怨他们工作迟到，并以鞭打作为惩处，（315）这两兄弟却把这合理的责罚视为侮辱，于是拿走了屋内为数不少的所有武器，前往某一处的河域。那地的天然环境非常适合蓄牧及贮藏过冬的蔬果,于是有许多贫穷的年轻人来投靠他们,这两兄弟就将这些人武装起来,自己则成为他们的领袖,带着他们四处犯案。(316)他们一旦建了一个驻军处且取得战果,就派人去见那些以放牧为生的人,要他们拿出钱来维持这帮盗匪的生活,并建议他们以友善的态度对待这帮人。如果他们肯顺服,这些盗匪就会为他们防御来自四方的敌人,否则就会将他们牧养的牛羊统统杀死。(317)于是那些放牧者(没有别的办法)就听从他们的建议,将这帮匪类所需的羊群一只不少地送给他们,而盗匪的势力也日渐坐大,成为各地的主宰,他们神出鬼没,危害各处,令大家不得不选择花钱消灾。所有前来攻击他们的人都被打败,直到帕提亚王亲自接到有关他们的报告。

　　2.(318)巴比伦的首长得知此事后,就下定决心要在他们声势扩大造成更大破坏之前阻止他们。于是首长尽其所能地从帕提亚人和巴比伦人当中募集了一支大军,前去对付这些盗匪,希望能在他们得知大军来袭之前就将他们歼灭。(319)大军在湖边安营,按兵不动;但在第二天〔那是安息日,犹太人在那日休息,不做任何事情〕,他认为敌人不敢反击,他不需作战就可以将他们俘虏为囚。这位首长就按照计划想要去突袭他们。(320)次日亚西纽和其他人坐在一起,身边放着武器,他说:"诸位,我听到了马嘶声,那不是喂马的声音,而像是人骑上马背的声音;我也听到马缰的声音,恐怕是有敌人前来包围我们,我们应该派人出去看看,然后把外面真实的状况向我们回报,希望我的话只是一场虚惊!"(321)亚西纽说完之后就有一些人出去侦查,这些人很快就回来向他报告说:"你所说关于我们敌人的话一点也不错,这些敌人不容许我们再对人们造成伤害,(322)他们想将我们如同捕捉野兽般抓起来。现在正有一大队骑兵朝我们这里前进，而我们的律法要我们[在今天]安息，不允许我们为了自卫而反击。"（323）亚西纽完全不同意这个探子的话，他认为在他们情绪低落时来鼓舞他们的士气更为符合律法，而且为了复仇是可以违背律法的，就算在这行动中阵亡也强过什么都不做、任凭敌人宰割，于是亚西纽拿起武器，鼓励他身边的人效法自己，拿出勇气。（324）他们就这样出其不意地袭击敌人，将对方杀得死伤惨重，没有受伤的也都逃跑了，亚西纽那方大获全胜。

**3.**（325）帕提亚王得知这场战役后就对这两兄弟的勇猛感到十分讶异，他希望能接见他们，并当面与他们谈话。于是帕提亚王派遣了侍卫中最靠得住的人去对这两兄弟说：（326）"虽然你们以不公义来对待阿塔班奴王的政权，但是他对你们英勇行为的敬重远超过对你们的怒气，他派我来将他的右手伸向你们，并保障你们的安全，答应让你们一路上不会受到伤害、平平安安地去见他，他希望你们能够成为他的友人，而不是对你们有任何诡计或欺骗，帕提亚王也承诺要送给你们礼物。他这样一个有权势的人来向你们的勇敢致敬，这对你们而言是极为有利的。"（327）然而亚西纽自己并未启程，只是让他的兄弟安尼流带着尽其所能预备的礼物去见王。于是安尼流前去面见王，阿塔班奴看到安尼流单独前来，就询问他为什么亚西纽没有一起来。（328）当阿塔班奴得知亚西纽是出于畏惧时，就指着帕提亚诸神在湖边起誓，说他绝不会伤害他们，只要他们来见他，他会保证他们平安。阿塔班奴也再度将他的右手伸向安尼流，这种方式是这些野蛮人最严肃的誓约，也是任何与他们交易的人所能得到的最稳妥的保障，（329）只要他们将右手伸向你，就绝对不会欺骗你，就算他们原本是毫无信用的人，但只要他们这样做，就没有人会怀疑他们的忠诚。阿塔班奴这样做了之后,就让安尼流回去说服他的兄弟前来见他。(330)王这样做是为了要借着这对犹太兄弟的勇猛来约束自己下面的省长,这些省长们原来就想反叛,也已做好了叛乱的准备,若阿塔班奴命令他们去征讨这两兄弟,恐怕他们会与这两兄弟结盟谋反。(331)阿塔班奴也怕万一自己为了要使那些叛乱诸省的省长们臣服而陷入战争,亚西纽的党羽和巴比伦的那些人就会趁势兴起,他们若不是听说有动乱而前来攻击阿塔班奴,也会对他的政权做出更多更大的破坏。

4. (332)王在心中盘算着这些事的同时,就遣走了安尼流,而安尼流也将王的善意及誓言告诉了他的兄弟,并说服了亚西纽[来见王],他们就一起赶来见阿塔班奴。(333)阿塔班奴在他们到达时欢欢喜喜地接见他们,也表达了对亚西纽行事勇敢的敬意。亚西纽身材矮小,乍看之下毫不起眼,很容易让人忽视他的存在,而阿塔班奴对他的友人们说,相较之下,亚西纽的灵魂在各方面都超越了他的形体。有一回当大家在一起喝酒时,阿塔班奴将亚西纽介绍给他军队里一位名叫阿伯达格西的将领,并将亚西纽的名字与他在战场上的英勇事迹告诉阿伯达格西。(334)阿伯达格西就请王允许他杀死亚西纽,作为亚西纽危害帕提亚政权的刑罚。王回答说:"我决不会让你杀害一个信靠我誓约前来的人,更何况我还对他伸出过我的右手,又曾在诸神面前起誓,这才得到了他的信任。(335)如果你是个真正的战士,就不会需要我违背自己的誓言。等到这人回去之后,你就可以去攻击他,为帕提亚的政权复仇,那时你不用事先告诉我,只要以你自己的武力去征服他。"(336)阿塔班奴随后也传唤亚西纽来,并对他说:"年轻人啊!现在到了你回去的时候,免得你会更加激怒这里的将领们,恐怕他们不征得我的同意就会图谋来杀害你。(337)我将巴比伦这块土地交付于你，你要使这地在你的保卫下免受盗贼的侵扰，也不会遭到其他人的破坏。我切切实实地遵守了对你的誓约，不仅是在微不足道的小事上，更是在有关你生命安危的大事上，因此之故，我也应该得到你的友善回报。"(338)说完这番话，阿塔班奴送了亚西纽一些礼物，然后就立刻送他回去。亚西纽回去后建了一些碉堡，在短时间内就有了浩大的声势，他也勇敢并成功地将国事治理得井然有序；以前从来没有任何人能像他一样，一开始就将这地管理得这么好。(339)那些被派到这里来的帕提亚首长都十分敬重他，他们觉得巴比伦人对亚西纽的尊崇太过不足，远不及亚西纽应当得到的，虽然那时亚西纽在巴比伦已经是个举足轻重的人物；不但如此，事实上美索不达米亚的一切政务都要仰赖亚西纽，亚西纽也享受了十五年这样与日俱增的丰盛快乐的日子。

5. (340)就在他们如此兴盛之时发生了一件极大的不幸，事情的经过是这样的。他们一旦远离了那令他们兴盛的美德，触犯了先祖的律法，就受到了私欲和逸乐的辖制。有一位被派到这地的帕提亚的军队将领，(341)带着妻子一同前来上任，他妻子在各方面都很优秀，但是最令人赞赏的是她超越其他所有女子的美貌。(342)亚西纽的兄弟安尼流可能是从别人那里听说了她的美丽，或者是亲眼见到过她，就立刻成为她的情人和仇敌；部分原因是除非安尼流拥有让这女子成为俘虏的权力，否则就不可能享受到她的美貌，另一部分原因则是安尼流认为自己无法控制对这女子的喜爱。(343)所以当她的丈夫一旦被宣告成为他们的敌人且又死在战役中时，死者的遗孀就嫁给了她的这位情人。然而这女子为安尼流和亚西纽的家庭带来了极大的不幸，这不幸是这样发生的：

(344)由于这女子在她丈夫死时以俘虏的身份被带走，就将与她丈夫共同敬拜的国中诸神的神像藏起来，他们国家的习俗是要将膜拜的偶像摆在家中，若是迁徙到国外，也要将偶像一起带去，这女子就按照他们的习俗带着所有的偶像同来。起初她只是暗地里膜拜它们，等到她成为安尼流的妻子后，就照着原有的习俗敬拜它们，也采用她和她前夫以往所使用的各项仪式。(345)在这种情况下，他们最为尊崇的友人就开始指责安尼流，说他既不按照希伯来人的方式行事，也不遵照自己的律法，反而娶了外邦女子为妻，而那女子又触犯了他们献祭与宗教的正确礼仪；这些人认为安尼流应该想到是神的恩典才使他得到这样崇高的地位，恐怕安尼流会因为一个美貌妻子带来的肉身享受而失去了自己的尊位。(346)但是他们完全无法说服安尼流，安尼流还将其中最受尊崇的人杀死，因为那人对他说话最为放肆。那人为了律法而将要受死之时，就咒诅了谋杀他的安尼流、亚西纽以及他们的同党，说他们会从仇敌手中得到类似于自己的下场。(347)前述两人是这件恶事的主谋，其他的人则没有在他为了捍卫律法而遭到杀害时来帮助他。虽然其他的人非常痛心，但却感念于如今的快乐景况，并将其归功于这两兄弟的坚毅与刚强，从而一再地容忍这事。(348)但是等到他们亲耳听到那些敬拜帕提亚诸神的声音时，也不能再忍受安尼流对他们的律法所带来的伤害，于是越来越多的人来到亚西纽面前大声地抱怨安尼流，(349)说他应该知道怎样做对大家最好，而现在正是矫正错误的最佳时刻，以免那已经犯下的罪恶毁灭了他本人以及所有其他的人。他们还说到娶这女子为妻并没有得到他们的同意，这婚姻没有考虑到他们的律法，而这女子[对她诸神]的宗教崇拜侮辱了他们所敬拜的神。(350)亚西纽非常清楚他兄弟所犯的罪,这罪已经造成了许多不幸,这些不幸以后还会不断降临。他之所以容忍这事是因为安尼流与他的亲密关系,并且他知道安尼流无法压抑对这邪恶女子的喜爱,这些原因使他原谅了安尼流。(351)但是当每天有更多人来见他且舆论鼎沸时,亚西纽也不得不将这些指责告诉安尼流,并责备安尼流原先的不当行为,希望他以后不要再犯,并将这女子送回她亲人之处。(352)然而这些指责并没有起到任何效果,这女子得知因为自己的缘故使民众们动乱不安,恐怕这会影响到安尼流对她的爱,于是她就在亚西纽的食物中下毒,借此将亚西纽除去,如此一来她的爱人就成为她前途的主宰,她可以借着说服安尼流而得到安全的保障。

**6.**（353)安尼流自己掌握了政权,并率领军队去攻打米提利达的村庄。米提利达娶了阿塔班奴的女儿为妻,是帕提亚的显贵。安尼流劫掠了那些村庄,战利品包括了许多财物、俘虏、羊群以及其他的物品,安尼流夺得了这些东西后就感到心满意足。(354)当时米提利达正好在那地区,他听说自己的村落被劫掠,就对安尼流伤害自己的权益感到非常不满,认为自己以往从来没有做过任何不利于安尼流的事,而安尼流竟然如此公开地侮辱自己的尊严。于是他尽可能地集结了大队骑兵前来对付安尼流,里面的成员都是年轻力壮适于作战的人。米提利达来到了自己的一个村庄,在那里按兵不动,打算趁着次日也就是犹太人的安息日,前往攻击安尼流。(355)安尼流从另一个村落的一位叙利亚外邦人那里得知了这件事,那人不仅详细地向他报告了对方的一切情况,还告诉他米提利达宴饮的所在地。于是安尼流及时地用过晚餐后趁着夜晚行军,在帕提亚人毫无防备的情况下突击他们。(356)安尼流在夜间大约四更天袭击那些帕提亚人,杀死了一些沉睡中的人,又使其他的人败逃,并将米提利达活捉且让他赤身骑在驴子上,这对帕提亚人来说是最大的污辱。(357)安尼流以这样的方式将米提利达带到一片林子里,他的友人们要他把米提利达杀了。安尼流立刻告诉他们自己反对这样做,他说将一个帕提亚显贵家族的成员杀死是不智的,而且那人还拥有与皇室结亲的崇高地位。(358)他们到目前为止所做的还是可以被容忍的,因为他们虽然伤害了米提利达,但却留存了他的性命,米提利达会记得这个恩惠,这对保留他性命的人是有好处的;(359)但是如果他们杀了米提利达,王一定会杀死一大群居住在巴比伦的犹太人以泄愤:"所以我们必须顾及他们的安危,一方面是基于我们与他们的关系,另一方面则是因为一旦有任何不幸临到我们,我们没有其他退路,因为米提利达已经掳获了许多他们的年轻人。"(360)安尼流以这想法和在商议中的这番话说服了大家,于是他们就释放了米提利达。但是米提利达回去后受到了妻子的责备,说他身为王的女婿,却不对那些伤害他的人加以报复,不但什么也不做,(361)反以作为犹太人的俘虏并从他们手中逃脱为满足;她要米提利达像个有勇气的男人那样回去报仇,否则她要对着他们皇室诸神发誓与他解除婚姻关系。(362)在这种情况下,米提利达一方面无法忍受妻子的每日嘲讽,一方面也怕她出于高傲而真的解除他们的婚姻。于是米提利达不情愿地违背自己心意地集合了大军,带领他们一起行进,好像是出于自己的意愿,认为不能再忍受身为一个帕提亚人却要感谢犹太人的饶命之恩,而那些犹太人在战场上也实在对他太过残酷。

**7.** (363)安尼流得知米提利达率领大军前来对付自己,他认为若不在第一时间与敌人作战、反倒滞留在湖边是极为可耻的;安尼流也期望像上次那样击败敌军得到胜利,于是他勇敢地照着计划冒险前行。安尼流带着他的军队出来,(364)有许多人加入了他的阵营,为的是劫掠对方,并再次以人多势众吓阻敌人。(365)但当他们来到十八公里远的地方时,路况变得非常干燥[又都是沙土],到了午间,大家都感到十分干渴。那时米提利达突然出来攻击他们,由于那时正值午时,他们又急需饮水,连武器都没能带在身上。(366)安尼流手下这些急需补给的人在和对方那些充满活力、状况极佳的人对峙时一败涂地、惨遭屠杀,有数万人在战役中阵亡,安尼流和身边保卫他的人则快速地逃到森林里,米提利达兴致盎然地大获全胜。(367)这时有一群品德不良的人来投靠安尼流,这些人可以为了眼前的一点利益而不顾惜自己的一生。他们能活着来到安尼流这里就是因为他们不像那些战死的士兵,这些人既鲁莽又不善战,借着那些在战场上牺牲的民众而苟延残喘。(368)安尼流就带着这些人来到巴比伦人居住的村落,带给这些地方极为惨重的破坏。(369)于是巴比伦人和那些原先参与战事的人就来到尼尔大的犹太人那里,要求他们交出安尼流。那地的犹太人虽然没有同意他们的要求[因为他们就算是想要将安尼流交出也无能为力],但是却想要与他们建立和平的约定。这些巴比伦人回答说他们也愿意建立和平之约,并要这些犹太人派人和巴比伦人一同去和安尼流讨论这项关系到所有人的事宜。(370)然而这些巴比伦人一旦得知安尼流目前的景况以及他和他党羽藏身之处,就趁他们酒醉入睡之时袭击他们,毫无畏惧地将所有能抓到的人都杀了,其中也包括了安尼流。

8.(371)这时巴比伦人才得以免于安尼流的严重侵扰,一直以来,安尼流的侵扰抑制了他们对犹太人仇恨的表现:因为他们总是为了彼此律法的矛盾而意见相左,只要一方比另一方更为壮大时就会向对方施暴;尤其此时因为消灭了安尼流的党羽,巴比伦人就起来攻击犹太人,(372)这令犹太人极度痛恨巴比伦人带来的伤害。由于他们既无力反击又无法忍受和巴比伦人住在一起,就只好迁徙到塞流西亚,塞流西亚是塞琉古·尼卡特在那地区所建立的主要城邑。这城邑住着许多马其顿人,但有更多的希腊人以及一些叙利亚人也居住在那里,(373)犹太人就在那里不受骚扰地安居了五年。但是到了第六年,有一种瘟疫在巴比伦流行,促使人们离开那地来到塞流西亚,因此就为犹太人带来更为严重的灾难。我即将记述这件事情。

9.(374)塞流西亚人的生活方式是这样的,那里的希腊人和叙利亚人都同样喜爱争执,又非常不和谐,但通常都是因为希腊人对叙利亚人态度过于恶劣而引起的。犹太人来到这地居住后,在他们当中引发了一次冲突。叙利亚人借着犹太人的帮助以恶劣的态度对待希腊人,那些犹太人是不怕危险、随时可以为了任何事而争斗的人。(375)当希腊人在这次暴动中处于下风时,就想到只有一种方式可以使他们再度拥有原来的权势,那就是让叙利亚人和犹太人之间无法达成协议。于是他们一个一个地和他们原先熟识的叙利亚人会谈,应允保障彼此间的和平与友谊。(376)如此一来,那些叙利亚人就很高兴地同意了希腊人的提议,在双方要人的协调下,他们很快就和好了。他们言和之后得到的共识,就是他们这样的联盟必须建基于对犹太人有同仇敌忾之心。于是他们联手攻击犹太人,杀了将近一万五千名犹太人,除了极少数人在邻居或友人同情的协助下逃走之外,犹太人几乎完全被灭绝了。(377)这些人逃到了靠近塞流西亚的一个叫克提司分的希腊人城邑,[帕提亚]王每年在这地过冬,这地也存放着王大部分的财物。塞流西亚人对王没有太大的敬意,这地的犹太人也没有固定的住所。(378)由于居住在那些地方的叙利亚人都同意塞流西亚人对犹太人发动战事,整个犹太民族就生活在对巴比伦人以及塞流西亚人的恐惧之中。(379)于是大部分的犹太人就聚集在一起前往尼尔大与尼西比斯,好借着这两个险要的城邑得保平安;除此以外,那地区居民众多,并且都擅长于战事。这就是犹太人在巴比伦时期的景况。

第十九卷

从犹太人离开巴比伦到罗马行政官法督(涵盖三年半)

# 第一章

# 查利亚杀该犹的经过

**1.**（1）该犹不只是对耶路撒冷和住在附近的犹太人造成疯狂的伤害，还将这伤害延伸到海滨与地极，只要是生活在罗马帝国领域下的犹太人，都被他数以万计的恶行所残害，这人的恶行称得上史无前例。（2）罗马本身遭到他的荼毒最深，因该犹并不认为罗马比其他的城邑更值得尊崇。他将那里的市民拖到街上，尤其是那些元老、贵族以及身世显赫的人；（3）他还用数以万计的设备对付那些身为骑士的人，因为那些人的身份、地位和财富使市民们像尊敬元老般地尊敬他们，而且元老也都是从他们中间选出来的。该犹以羞辱的方式对待这些人，又以残杀的方式将他们除去，并剥夺了他们的资产。他就这样任意杀人，借此夺得他们的财富。（4）该犹还硬要宣称自己的神性，并强迫他的子民以超越人的方式，更进一步地来尊崇他。他也常常上到朱庇特神庙所在的山丘（人们认为这殿是所有殿中最为神圣的），大胆地称自己是朱庇特的兄弟。（5）此外他还像疯子般地做了一些可笑的事，比如说他建了一座从康帕尼阿的狄克阿可亚城通往靠海的米塞努姆城的大桥，（6）而从海峡这边到那边只有六公里的距离。因为该犹觉得划条小船穿越这海是再沉闷不过的事了，所以就要为自己建一座桥，把自己当成海的主宰，想要让海也像陆地一样听命于他，桥就这样建成了。于是他将桥旁的海滩完全封闭，驾着他的战车在桥上奔驰，认为自己就是神，只有自己才能在这样的路上行走。(7)该犹也尽情地劫掠希腊的神庙，并下令所有献给神庙的雕刻、雕塑、肖像上的饰品以及一切的财物，都要送到他这里，因他说最好的东西要放在最佳的地点，而罗马就是最佳的地点。(8)他用夺来的奇珍异宝装饰自己的房屋和花园，这些珍奇之物是从那些神庙和他行经意大利时所住的地方搜刮而来的；又毫不迟疑地下令将雅典人非底阿所铸的朱庇特·奥林匹乌雕像搬到罗马来，这像的名称是因其在奥林匹克赛事中得到希腊人的尊崇而来的。(9)不过他并没有达到目的，因为那些建筑师告诉负责拆取朱庇特像的孟米乌·勒古鲁斯，说这雕像上的精工细琢无法承受拆移，否则雕像就会被破坏。据说孟米乌为了这个原因，以及这雕像本身就是个非凡极品，一直拖延着不愿将它拆迁。(10)他将这些原因写信告诉该犹，并为了没有遵照执行该犹来信的命令而致歉。孟米乌因此差点遭到杀身之祸，还好该犹在杀他之前就先过世了。

**2.** (11)该犹的疯狂到达一个程度，在他刚得到一个女儿时，竟把女儿带到朱庇特神庙里，放在朱庇特像的膝上，说这孩子是他和朱庇特共同的孩子，并决定她有两位父亲，只是他没有说哪一位父亲更伟大。(12)人们就这样忍受他的可笑作为。他还让奴隶们凭着自己的喜好来控告他们的主人。这些控诉都非常可怕，因为他们是在他的指示下，或是为了要取悦他而做出这些指控的。(13)甚至连克劳狄的奴隶波力丢都敢出来指控克劳狄，而该犹也毫无羞愧地前来参与判定自己叔父生死的听证会,希望能够借此将克劳狄除去,只不过他的心愿并没有达成。(14)该犹使自己管辖下的所有地方都充斥着假见证和悲惨的景况,又开启了奴隶对主人的最大侮辱。表面上他确实握有完全的统治权,但是暗地里却有许多打算对付他的阴谋。其中一些人是出于忿怒,人们因从他那里受到的痛苦而想要为自己复仇;另一些人则是想要在自己还没有被他折磨前将他除去,因而产生了对付他的企图。(15)该犹的死讯对保存人类律法而言是值得庆幸的,也对社会福祉有极为正面的影响;对我们民族来说,这更是件特别令我们欣喜的事,要不是他突然被杀,我们几乎会被完全灭绝。我必须承认我特别想要详细述说这事,(16)因为它为我们带来保护神权柄的最大保证,也为那些仍然生活在苦难里的人带来极大的安慰,并以智慧提醒那些不认为快乐会有终止之日的人,让他们知道若不按照公义行事,这快乐最后会为他们带来无止境的痛苦。

**3.** (17)有三个为了除去该犹而设下的阴谋,每一个都是由非常优秀的人主导。出生在西班牙克尔杜巴的埃米利乌·勒古鲁斯召集了一些人,希望经由自己或是那些召集来的人将该犹除去;(18)另外一个阴谋是以军团指挥官查利亚·加修为主谋;米努克阿努·安尼乌也是他们当中一位举足轻重且预备要反抗该犹暴政的人。(19)有一些事情让这些人痛恨该犹并想要谋反:勒古鲁斯对一切不公义的事都感到义愤填膺,他的本性就是易怒、勇敢且不受拘束,这样的个性使他无法隐藏自己的计划,于是他将自己的计划告诉了许多友人以及一些他认为是活跃分子的人。(20)米努克阿努之所以加入这项阴谋,是因为发生在他好友利皮督身上的不公之事——他是所有公民中品德最好的人,但却被该犹杀害了。加上米努克阿努也恐怕自己会遭害,因该犹的烈怒常常倾向于屠杀性情相仿的人。(21)查利亚会加入这谋反行动是因他认为这是一项有意义的行为，值得由一位崇尚自由的智者来执行，他也因为自己臣服于该犹的指令下而感到忿怒与羞愧，自觉像是一个懦弱的人；由于他和该犹的关系以及职务上必要的顺服，使他每天都生活在危险当中。(22)这些人将谋杀该犹的企图告知所有关心此事的人，就是那些亲身体会到该犹带来的伤害的人，他们期望大家互相帮助，完成刺杀该犹的行动，同时也期望不会因此失去性命。他们认为如果他们的论点果真可以获得大家的赞同，就是一件十分值得高兴的事，因为这样一来他们的计划就能得到许多正义之士的支持，而这些人也会渴望参与他们的计划，不惜牺牲自己的性命来拯救这个城邑和国家。(23)但是在所有人当中，查利亚是最为热心的一个，一方面因为他希望留名千古，同时也因为他军团指挥官的身份，使他能在风险较低的情况下接近该犹，较为容易地将他杀害。

**4.** (24)这时正好是赛马的时候，观赏比赛是所有罗马人的渴望。他们那时都尽快赶到竞赛场，并借机向皇帝请愿。通常皇帝都认为那时不应拒绝他们的要求，就会乐意并爽快地答应他们的请求。(25)于是人们就去见该犹，向他表达他们最期盼减轻赋税一事，希望该犹能够降低加在他们身上的严苛税收。但是该犹不听他们的请愿。等到怨声鼎沸时，该犹就派士兵到处去逮捕那些叫嚣的人，之后再毫不费力地将那些人带出去处死。(26)这就是该犹下达的命令，那些得到命令的人也照着他所吩咐的去做，因为此事而被杀害的人非常多。民众一直忍耐着，但是如今却看到了这个情况，就不再喧嚣，因为他们亲眼看到此人因为减轻赋税的请愿，不但没有让他们少付一点钱，反而令他们立刻失去了生命。(27)这些事情使得查利亚下定决心要进行他的计划,好阻止该犹对待众人的野蛮行为。有好几次他想要趁着该犹宴饮之际击杀他,但在详细考虑之后他放下了自己的冲动。他并非不愿意亲手杀死该犹,只是在等待最适当的时机,好让这行动不至于功败垂成,以确保绝对完成使命。

5.(28)查利亚在军中待了很长的时间,但他却不喜欢和该犹谈话。该犹要他去征收赋税,及其他因逾期未缴而未收纳到凯撒国库的产业。每当查利亚因为加倍的事务而在收款上有所耽延,又因为他心中不愿执行凯撒的命令而宁可使用自己较为缓和的方式处理这些事的时候,(29)他就为了他对人民的宽限以及对那些因税赋陷入不幸者的同情而触怒该犹。该犹斥责他在税收上花了这么长时间是偷懒及优柔寡断的行为。该犹不仅在其他各方面公然侮辱他,就连在给查利亚当天的口令时都使用女性化的字眼,这口令是查利亚在职守上必须要使用的。(30)这一切事实在令人憎恶,该犹所给的这些口令,给人源自某些神秘仪式的印象,但其实都是他自己编造出来的。虽然该犹有时会穿着女人的服饰以及专属女性的镶边外衣,还会做出许多让别人误以为他是女人的事,但他却用这种方式嘲笑查利亚的女性化行为。(31)当查利亚从他那里得到口令时,心中就非常忿怒,但令他更忿怒的是,他必须要将这口令传达给其他的人,使那些人可以借此来嘲笑他,甚至连他那些军团指挥官的同僚们都以他为笑柄,因为在他要去凯撒那里求问口令前,他们就已知道那口令会让他成为大家耻笑的对象。(32)基于这些原因,他有了勇气去寻找搭档,因为他觉得自己对该犹的忿怒有正当理由。有一个叫庞培丢的元老,过去几乎担任过政府中的所有职位,除此以外,这人是个伊壁鸠鲁主义者,喜欢过一种闲适的生活。(33)这人的仇敌提米丢告诉该犹,说庞培丢曾以无礼的言辞污蔑他,提米丢又以昆提利亚为人证(昆提利亚是许多常去剧场的男人所喜爱的一个女子,而庞培丢也因为她的美貌而最为喜爱她)。(34)这女子觉得要对自己所爱的人提出不实的控诉,甚至伤害到他的性命是件极为可怕的事,但是提米丢却打算以严刑逼供来使她就范。该犹对提米丢提到的污蔑事件感到十分震怒,就命令查利亚立刻将昆提利亚带来拷问。该犹经常利用查利亚来做这些严刑逼供的血腥之事,因为该犹认为查利亚会以更为残忍的手段,避免该犹过去对他优柔寡断性格的非难。(35)当昆提利亚被带上拷问台时,她踩了一下她同伴的脚,要他勇敢起来,不要因为她受拷问的后果而感到害怕,因为她会勇敢地承受这一切。查利亚虽然不愿意,却也想不出其他的办法,只好以酷刑对待昆提利亚。后来查利亚深深地为昆提利亚所忍受的痛苦而动容,他无法再继续看她受苦的景况,就将她带到该犹面前。(36)而该犹多少也因昆提利亚受到酷刑、体无完肤的样子而受到触动,就将她和庞培丢无罪释放。该犹还给了她一些钱作为她失去尊严的补偿,并为了昆提利亚身体所受到的伤害以及她在如此难以忍受的折磨下仍然持有的韧性而安慰她。

**6.** (37)这件事让查利亚感到非常痛心,因为连该犹都想要去安慰的人,却是自己亲手伤害的,或者说自己是伤害他们的工具。查利亚就对克莱门和帕皮尼乌(克莱门是帕皮尼乌的军队将领,帕皮尼乌是一位军团指挥官)说:(38)"克莱门啊! 我们当真将我们的皇帝保护得十分周全,那些阴谋背叛政权的人不是被我们杀了,就是在我们的手中受尽折磨,到了一个地步,甚至连皇帝自己都对他们产生了怜悯。我们服从他军事指令的德行实在是太伟大了!"(39)克莱门什么话也没有说,但是从他的眼神和面红耳赤的表情上,可以看出他也因为服从该犹的命令而感到羞愧,只是他不认为公然用言辞指责皇帝是正确的做法,因为他们很可能会因此丧命。(40)在这种情况下,查利亚鼓足勇气、不畏眼前的危险对他说话,内容主要是有关现在罗马城和国家所遭受到的苦难和迫害。他说:"我们可以假装说都是因为该犹我们才陷入这样的痛苦中;(41)但是凭良心讲,克莱门啊! 我、这位帕皮尼乌和站在我们面前的你,才是将这苦难带给罗马人以及全人类的祸首。我们并非只是服从该犹的命令,他所做的是在我们的认可之下才达成的。(42)其实我们有能力将这人除去,因他做了这么多残害罗马公民和他子民的事情,然而我们既是保护他恶行的人,又是他的刽子手,也是为他执行暴行的工具,但却不是他的军人。我们身上佩带的武器不是为了捍卫自由,也不是为了罗马政权,只是用来保护这个奴役罗马人身心的人;而我们每日被我们杀害之人的血和我们加在别人身上的折磨所玷污。我们不断这样做,直到另外有人成为该犹的工具,把这同样的折磨加在我们身上。(43)该犹不是因为对我们有好感才雇用我们,一方面他是出于怀疑,另一方面也是因为他杀了太多的人(因该犹的怒气是没有止境的,他所做的一切都不是出于正义,而是出于他个人的喜好),我们本身也都暴露在他的残暴之下。我们应该成为巩固所有人安全与自由的桥梁,同时也当下定决心将我们自己从险境里拯救出来。"

7. (44)听了这番话,克莱门立刻对查利亚的想法表示赞赏,但是他吩咐查利亚不要张扬,因为这种应该保密的事往往会被大肆宣扬,万一许多人都知道了这事,这计划就会在尚未执行前被发现,而他们也会因此受到惩罚。所以他们应该静观未来的发展,对将来寄予希望,说不定会有什么对他们有利的事情发生，自然而然地成为他们的帮助。（45）至于他本人，由于年事已高，他不可能亲自参与这事，但他说道："虽然我可能无法提出一个比你的谋划和阐释更为安全的建议，但是又有谁能为了你的声誉做出更好的建议呢？"（46）于是克莱门起身回家，一路上深思着所听到的一切以及自己所说的话。同时查利亚也有所担忧，立刻前去见哥尼流·撒比努。撒比努也是军团指挥官里的一位，他德高望重并且崇尚自由，由于爱好自由的缘故，撒比努对当前的政务大感不满。（47）查利亚想要尽快执行所拟定的计划，便认为应该由自己去向他人提出这件事，免得克莱门把它说出来时，不但可能已经耽延，甚至会让人打消这个想法。

**8.**（48）撒比努和查利亚有相似的念头，他完全同意查利亚所说的一切，只是撒比努一直没有找到可靠的人可以商议这个计划；所以当撒比努现在遇到这样一个人时，他不但答应保守查利亚向他坦白的这个秘密，也在这事的鼓舞下希望查利亚不要再拖延执行这个计划。（49）于是他们一同去见米努克阿努，这个人品格高尚，也和他们一样热衷于光荣神圣的行为。该犹在屠杀利皮督的事上对米努克阿努起了疑心，因为米努克阿努和利皮督是极为亲密的友人，而且他们两人都为了身处陷阱而忧心。（50）对所有正直之士而言，该犹都是一个非常可怕的人物，因为他看起来随时都会以疯狂的行为对他们下手，或是各个击破，或是一网打尽。（51）虽然这些人从各方面来看都同样地憎恶该犹，且彼此也都有好感，但是他们却在当前的局势下彼此畏惧，不敢向对方表达他们的想法和对该犹的痛恨，恐怕危险会因此临到他们身上。

**9.**（52）米努克阿努和查利亚见面之后就相互致敬（他以前也曾经

在交谈里对米努克阿努致敬过，这是因为他拥有超凡的品格，他不但是所有市民中最崇高的一位，也是所有人所称许的对象，(53)尤其是当他对大家演说的时候更是如此）。由于查利亚在询问口令上受到的侮辱已是全城皆知，米努克阿努就先问道："那天你从该犹那里得到的口令是什么？"(54)看到米努克阿努以如此的信心与自己交谈，查利亚就觉得非常高兴，并且毫不迟疑地回答了这个问题。查利亚说："你给我的口令是自由二字。由于你用如此不平凡的方式来鼓励我尽力而为，我实在非常感谢。(55)我并不需要太多鼓励的话语，因为在我们还没开始商议之前，我们就已心意相通，并且都参与了同样的决定。我只佩带一把剑，但它足以达成我们两人的愿望。(56)来吧！让我们开始做这事。你若有意做领导，我就听从你的命令；不然我也可以走在前面，而你就成为我的帮助，让我们成为互助互信的伙伴。立定心意成就这事并不需要一柄特别的剑，在这样的决心下，任何剑都会成功。(57)我对这一行动充满激情，我已将个人安危置之度外，因为我没有时间考虑这事带给我的危险，我为了我们这个曾经自由如今却被奴役的国土、我们受屈辱的律法以及所有人面临的迫害而深感烦恼，这一切都是该犹带来的。(58)希望你能鉴察我、相信我在这些事情上所说的一切，知道我们有一致的看法，如此我们之间就完全没有隔阂了。"

10. (59)看了查利亚这样热切的表态，米努克阿努便兴奋地拥抱他，并鼓励他的勇敢企图。米努克阿努又一再地赞赏并拥抱他，然后才在祝福他之后让他离去。(60)有人断定查利亚在这时坚定了米努克阿努，去继续实行他们彼此认同的事。当查利亚步入法庭时，据说在民众中有一个鼓励他的声音，要他完成他的心愿，把握神赐给他的大好机会。

(61)查利亚原先以为同谋的人中间有人出卖了他，他被抓了，但是最后他才明白这是对他的忠告。我们不能确定这声音是因为有人了解他要做的事而以此作为鼓励他的信号，还是出于神自己，因为神察看人的行为，借此鼓励他要勇敢坚持自己的计划。(62)现在许多人都知道这个密谋，他们也都预备妥当了，同谋中有元老们、骑士团的人，也有许多知道详情的军人，这里面没有一个人不认为杀死该犹会为自己带来幸福。(63)所有人都以各种方式在这事上展现出他们的热诚，不论是言语或是行为；谁都不愿意在这正义之举上落后于人，每个人都养精蓄锐，摩拳擦掌，好来完成弑杀暴君的行动。(64)此外有一位该犹释放的人，名叫卡利斯图斯，他是该犹之下权力最高的人。就人们对他害怕的程度以及他积聚的财富来看，他的权力和该犹一样大。(65)这人大量地受贿，造成极大的损害，他在不公的事上比任何人都更为滥用权力。卡利斯图斯知道该犹个性固执，对于想要达成的事绝对不会改变初衷；此外他有太多其他的理由令他感到自己身处危险之中，尤其是他丰厚的产业为他带来的危机。(66)有鉴于此，卡利斯图斯就特别去逢迎克劳狄，处处向他示好，希望万一该犹被杀而克劳狄得到政权时，克劳狄会因为得到卡利斯图斯的好处而让他保留原有的尊荣（他过去也在克劳狄晋升之时帮助过他得到高位）。(67)卡利斯图斯还大胆地捏造谎言说，该犹想要说服自己以毒药除去克劳狄，但他找了上万个理由来拖延这事。(68)我认为卡利斯图斯是故意捏造这事来讨好克劳狄，因为若该犹真的决定除去克劳狄，就绝不会接受卡利斯图斯的借口。而且若该犹真有吩咐卡利斯图斯这样做，卡利斯图斯也一定不敢耽延，若是他胆敢不遵循主人的命令，就一定会遭到立时的处罚。(69)克劳狄在该犹的疯狂暴行下留存性命实在是出于神的保守，卡利斯图斯假装在这件事上有一点功劳——而实际上他丝毫不配得。

**11.** (70)然而查利亚的计划因为许多人的怠惰而一天天拖延，虽然查利亚自己认为每一天都是适当的时机，一点也不愿意耽搁，他觉得经常有从天而降的机会让他可以去执行他的计谋，(71)比如该犹到神庙为他的女儿献祭，或是当他站在皇宫前向民众投掷金币银币时，就可以将他推下去，因为皇宫之上、向着市场方向的屋顶非常高；(72)又或是在他庆祝指定的圣事之时（那时他只期望将所有仪式做得尽善尽美，不可能与民众隔离，他也不会怀疑有任何人会在那时攻击他，因为从众神而来的属天帮助，不可能让他失去生命），(73)查利亚有足够的力气，可以不用刀剑就除掉他。所以查利亚恼怒那些同谋者，恐怕他们的耽延会让良机一再逝去。(74)那些人也知道查利亚的怒气是有道理的，而且查利亚的热心对他们来说只有好处没有害处，不过他们仍然希望查利亚再多一点耐心，恐怕万一事情的发展令人失望时会导致全城混乱，事发后的调查也会令那些想要攻击该犹的人失败与气馁，因为该犹一定会比以前更加小心地保护自己的安全，(75)所以最好是等到宫廷里有表演时再动手。这些演出是为了要尊崇凯撒，他是第一个将民治政权转到他个人之手的人。表演的看台设置在皇宫前面，罗马人中的显贵以及他们的妻小就是这些演出的观众，凯撒本人也是观众之一。(76)与查利亚同谋的那些人认为会有几万人挤在这个狭小的空间里，而该犹进来的时候就是下手的好时机，因为在那样狭窄的地方，那些保护他的侍卫们就算是真心想要保护他，也无法提供任何帮助。

**12.** (77)查利亚同意这个延迟的计划。原先的决定是在演出开始的第一天行动,但是命运让刺杀该犹的计划再度耽延,因为他们原有的决定执行起来太过困难。等到平常演出的日子都过去时,他们只能在最后一天把所要做的一切事情完成。(78)那时查利亚召集了所有的同谋者,并对他们说:"让这么多大好时机溜走是我们的耻辱,因此才使得这项正义之举一再拖延。这拖延可能会使我们被发现而带来失败或更严重的后果,因为该犹在他不义的行为上会比以往更加残忍。(79)我们难道没有看到我们令友人们更长时期地失去自由,让该犹为所欲为地凌虐他们吗? 我们应该要为他们取得未来的安全,并且为他人的快乐立下基石,同时也为我们自己赢得永垂不朽的美名和尊崇。"(80)这些同谋者实在没有什么可以反驳的,也不知道他们到底应该怎么做,就只能惊愕地站在那里一语不发。于是查利亚又继续说道:"我勇敢的伙伴们啊! 我们为什么要耽延呢? 你们难道没有看到现在是演出的最后一天,而该犹也即将出发前往海边吗? (81)他正准备航行到亚历山大城,再去埃及游览。难道从自己手中放过一个令所有人羞耻的人是你们的荣幸吗? 更何况他是以这样壮观的场面启程,在海上和陆地上都耀武扬威。(82)要是有埃及人或是其他的人认为该犹对自由者带来的伤害实在无法容忍而将他杀死,难道这不会使我们感到惭愧吗? (83)至于我自己,我不会再忍受你们的拖拖拉拉,我也定意要在今天面对这项计划所带来的危险,不论这企图带来的结果是什么,我都会欣然接受,再伟大的理由也不能阻止我。我还活着,却让别人杀了该犹,被剥夺了执行这项正义之举的光荣——对一个智勇双全的人而言,还有什么比这更悲惨的事呢?"

**13.** (84)查利亚说完这番话,就热切地着手去做这事,他也鼓励其他人和他一起去做,于是大家都希望能够立刻行动,不再拖延。查利亚一大早就到了皇宫，身上佩戴着他的骑士用剑。(85)按照惯例，军团指挥官要配了剑才能去询问口令，这天正好是查利亚依循惯例询问口令之日。(86)那时民众们为了能够及时观赏演出都已经到达皇宫，他们人数众多又吵吵闹闹地互相推挤，该犹看到大家的热切就十分欣喜。因为这个缘故人们没有按照排定的次序就座，也没有特别留下指定给元老们或是骑士团的地方，男人和女人坐在一处，自由民和为奴的也混杂在一起。(87)该犹庄重地出席，并献祭给奥古斯都·凯撒，因为这些演出就是为了要尊崇他。那时刚好有一位祭司摔倒，使得一位名叫亚斯坡利那的元老的外衣上沾满了血迹，这事令该犹开怀大笑。然而这却是给亚斯坡利那的明显预兆，因为他和该犹将在同一时间被杀。(88)还有人说那天该犹一反常态，在谈话上和蔼可亲，使得每一位在场的人都感到非常讶异。(89)献祭完毕之后，该犹就专心坐在那里观赏演出，坐在他身旁的那些友人们也是如此。(90)剧场的各个部分是照着往年使用的方式固定的：剧场有两扇门，一扇开向户外，另一扇用来进出回廊，如此便不会打扰到剧场里面的人；不过在一个看台的外面有一条向内分割成数段的小径，这小径通往另外一个看台，可以让斗士及民众们在需要出去的时候使用。(91)民众们各自坐定，查利亚和其他的军团指挥官也都坐定。剧场的右方是凯撒的专用区，那时有一位身兼元老与军团指挥官的人，名叫瓦提纽，他询问坐在身旁、同样拥有行政官尊位的克流部，是否听到什么传闻？他很小心地不让旁人听到他所说的话。(92)克流部回答说他什么也没有听说，瓦提纽就说道："听说今天要上演的是屠杀暴君的戏。"克流部回答说："勇敢的伙伴啊！你不要出声，恐怕有一些亚该亚人会听到你所说的话。"(93)那时有许多秋熟的蔬果被掷向观众和众多的飞鸟，这些蔬果相当罕见且价值不菲,该犹看到鸟儿们争相抢夺以及观赏者激烈地争夺就很开心。(94)这时他看到了两件怪事:有一个演员出场,他要将一个盗贼的首领钉死在十字架上,这哑剧又带出了一幕叫作克尼拉的戏,而克尼拉在这出戏里要和他的女儿米拉一起被杀死,戏中被钉十字架的人和克尼拉都流了许多的假血。(95)有人也证实了就在同一天,马其顿王亚敏他的儿子腓力的友人保撒尼亚在王进入剧场时杀害了他。(96)那时该犹在考虑他应该在演出的最后一天留到表演结束,还是先去洗澡、吃饭,然后再回到这里像原来一样坐好。坐在他旁边的米努克阿努看到查利亚已经出去了,恐怕他们会失去这个机会,就站了起来,想要赶紧出去坚定查利亚的决心。(97)但是该犹亲切地拉住他的外衣对他说:"勇者啊! 你要去哪里?"米努克阿努看起来像是出于对凯撒的尊敬而再度坐了下来,但是他心中却充满恐惧。过了不久,他再一次站了起来,(98)不过这次该犹以为他出去是要如厕,所以就没有拦阻他。这时同谋者之一的亚斯坡利那说服了该犹先去洗澡、吃饭,然后再回来,因为他希望先前所定下的决议能够立刻得到结果。

**14.** (99)于是查利亚的同伴都在时间许可的情况下各自就位,大家都需要非常努力地坚守自己的岗位,以免有任何疏失。然而他们对枯燥冗长的等待感到十分不满,不愿意对他们即将开始的行动做出更多的耽延,因为那时已经是当日的第九个时辰了。(100)正当该犹在犹豫不决之时,查利亚很想进去在他的座位上攻击他,只是查利亚可以想象到如果这样做会令太多人流血,也就是会令在场的那些元老们以及骑士团的人流血。虽然查利亚知道这种情况必然会发生,还是非常想要这样做,因他认为为了所有人取得平安和自由而令一些人付上生命的代价是一件正确的事。(101)就在他们到达剧场入口处时,有人告诉他们该犹已经起身了,这就引起了一番骚动,那些密谋者假装说是怕该犹对群众发怒而将他们推开,实际上是希望制造出一个没有人能前来保护该犹的安静地点,这就是他们为该犹之死安排好的地方。(102)走在前面的是该犹的叔叔克劳狄,然后是他姐妹的丈夫马尔库斯·维尼克乌以及亚细亚的瓦勒里乌;这些密谋者本来想要把他们赶开,但是鉴于他们的身份地位,就没有这么做;跟在后面的是该犹和保罗·亚伦提乌。(103)这时该犹已经进入了皇宫,他没有走仆役们侍立的正路,那条是先前克劳狄所走的路,(104)该犹转到边上那条私人用的小径,好从那里前往洗澡的地方,也可以顺道看看那些从亚细亚来的男孩子们〔这些男孩们来到这里的部分原因是为了要在庆祝圣事时唱歌,另外也要在剧场里跳皮洛斯战舞〕。(105)查利亚就在那里向他询问口令,该犹又给了他一个可笑的字眼作为口令,查利亚立刻斥责他,并拔出佩剑狠狠地给了他一击,但这一剑并没有让他丧命。(106)虽然有人说查利亚是有意不让这一剑结束该犹的性命,他希望用更多的伤口让该犹受到更大的惩罚,(107)但是这种说法是不值得采信的,因为人在害怕时是不会用理性来思考的。如果查利亚真是这样想,我会认为他是个最愚蠢的人,因他杀害该犹只是为了令自己高兴,却没有即刻让自己以及其他的同谋者在险境中取得安全。倘若该犹没有断气,还是可能发生许多事情令该犹逃过这一劫。我相信查利亚一定会顾念到自己和同伴们的受苦多过于对该犹的折磨,(108)查利亚在得手后有能力去避开该犹拥护者的忿怒而悄然离去,他也一定会确认预定达成的目的是否完成。若说他要失去摆在眼前的机会来毁灭自己,这是一种极不合理的说法,不过每个人都可以依照自己的喜好来做各样的猜测。(109)无论怎么说,该犹因为这刺伤而产生极大的痛苦,剑刺在肩部与脖子之间,然后被胸前的第一根肋骨挡住而没有刺得更深。该犹没有大声呼救[他在极度的惊吓当中],也没有向他的友人们呼求帮助,不知道他是对他们没有信心,还是吓得不知所措,那时他只是在痛苦中呻吟并往前方逃逸。(110)然而哥尼流·撒比努早已预备好将他推倒,使他跪在地上,这时就有许多同谋者围绕着他,并用他们手中的剑刺向他,他们大声呼叫、彼此鼓励,一再地刺向他。所有人都同意是亚居拉的致命一剑将他杀死的。(111)不过,我们可以公平地说这事还是要归功于查利亚,虽然这是大家同心协力的行动,但是查利亚在其他人准备这样做许久之前就已经成为第一位筹划者,(112)他也是第一个勇于向其他人说出这个计划的人;当人们同意他的说辞后,他又将这些分散的同谋者团结起来。查利亚慎重地预备一切,提出好的建议,表现得比其他所有人都卓越;他也对大家发表迫切的演说,甚至强迫他们去做,否则他们就没有达到这目的的胆量;(113)而当使用佩剑的机会来临时,他是所有人中第一个预备好这样做的人,在这正义的刺杀里刺出了第一剑,他自己几乎将该犹杀死,这也让该犹很轻易地就落入其他人的手里。我们可以公正地说,其他人所做的都要归功于查利亚的忠告、勇敢和努力。

**15.** (114)该犹就是在这样的情况下丧生,带着许多伤口死在地上。(115)查利亚和他的同伙们知道他们不可能都从同一个方向安全逃跑,部分原因可能是出于他们本身的惊慌;因为刺杀一个被人民疯狂尊崇并热爱的皇帝是极为危险的,尤其是当士兵们为了追查凶手而展开血腥的搜寻时更是如此;(116)除此以外,出事地点的路径又非常狭窄,加上那里挤满了服侍该犹的人以及当天负责保卫该犹的士兵,(117)于是他们就从不同的途径逃到革玛尼库所住的地方,革玛尼库就是他们刚刚所杀的该犹的父亲(他的房子与皇宫相连,属于同一栋建筑物,整个建筑由不同的皇帝所造的几个部分结合而成,这些不同的部分是以建造者的名字或是开始建造者的名字来命名)。(118)他们就这样避开了民众的侮辱,只要皇帝的遇刺还没有被发现,他们不会立时有危险。(119)日耳曼人首先发现该犹被杀,他们是该犹的侍卫,以他们所被选出的国家为名,组成了凯尔特军团。(120)那个国家的人民天性热情,和其他一些野蛮民族一样,常常对他们所做的事不会多加考虑;他们身强体壮,一旦遭到攻击就立刻反击敌方;无论到哪里,都建立起显赫的勋绩。(121)所以这些日耳曼人侍卫发现该犹被杀时都感到非常遗憾,因为他们没有考虑到国家大事,只是以自身所受到的利益来衡量。他们之所以喜爱该犹,是因为该犹以金钱收买了他们对他的好感。(122)于是他们拔出佩剑,由撒比努带领他们前进。撒比努是一个军团指挥官,他得到这个军队里的职位不是出于继承,而是因为他是一个身体强健的斗士。这些日耳曼人就在各个屋子里搜寻谋杀凯撒的人,(123)他们将亚斯坡利那碎尸万段,因为他是他们遇到的第一个人,这人的外衣就是在献祭时被血沾染到的,我在前面曾经说过,那事早已预示了他现在遇见这些士兵们时会遭遇到的不幸。他们接下来遇到的是诺巴努,这人是城里的显贵,他的先人中有许多军事将领,(124)但是这些日耳曼人一点也不尊重他。然而诺巴努的力量不小,他不愿意束手就擒,就徒手将第一个攻击者的剑夺下,直到他被许多前来攻击他的人包围,最后死于乱剑之下。(125)第三个人是安提乌,是位元老,在他身旁还有其他几个人。他遇到这些日耳曼人并不是出于偶然，就如同前面提到的几个人，他来是要表明他对该犹的恨恶，希望亲眼看到该犹躺在地上死去的样子，以此为乐。该犹放逐了安提乌的父亲（他的父亲与他同名），但是仍然对此感到不满，就派遣了自己的卫队将他的父亲杀死，(126)所以安提乌来此要笑看该犹的死。这时屋内一片混乱，正当他想要躲藏起来时，他被严密搜寻的日耳曼人发现了，他们残酷地杀死了所有遇见的人，不管这些人有没有犯罪。这三个人就是这样被杀的。

**16.** (127)该犹的死讯传到剧场里时，人们都十分震惊，不敢相信。虽然有一些人对他的死欣喜万分，认为这是他们所能听到的最令人满意的事情，但是他们却在恐惧中而无法相信。(128)还有一些人对这消息非常怀疑，就算这事听起来好像是真的，但他们不愿意也不能想象这样的事会临到该犹，在他们的心目中，无人能有这样大的力量杀害该犹。(129)剧场里有女人、小孩、奴隶以及一些军人。这些军人拿的是该犹的钱，从某个角度来看他们也曾和该犹一样施暴，为了取得自己的尊荣和利益而服从该犹不公义的指令，一同凌虐市民中最优秀的人。(130)至于那些女人和小孩，他们被演出和角斗士的打斗所迷惑，也有一些肉类分发给他们，这些表面上是为了娱乐众人，实际上却是为了要满足该犹野蛮的残暴与疯狂。(131)奴隶们对该犹的死也感到悲哀，因为该犹让他们可以指控与蔑视他们的主人，在他们以不义冒犯主人时，也能够仗恃该犹的帮助，因为该犹很容易相信他们对主人的指控，甚至在他们提出不实的指控时也是一样；他们若发现了主人的财富，还有可能很快得到金钱与自由作为他们指控的奖赏，因为控告者的报酬是罪犯财富的八分之一。(132)对那些贵族们来说，虽然有些人相信这个消息，或许因为他们事先就知道这项阴谋，也可能因为他们期待这件事的发生，但是他们不但将这事带来的喜悦隐藏起来，还假装什么也没有听到。（133）他们这样做是因为害怕这传言是假的，倘若人们这么快就洞悉他们的心意，他们恐怕会受到惩处。而那些与同谋者一伙并确知该犹死讯的人更是小心翼翼地隐藏一切，因为他们不知道其他人的想法，恐怕他们提起这事的对象是拥护专制政权的人，若该犹真的还活着，他们就会被人密告而遭到刑罚。（134）另外一个消息说该犹的确受伤了，但是他还活着，并在医生的看护之下。（135）每一个人看别人都像是不值得信任，也不能吐露心事的人，因为这人若不是偏向专制政权的该犹的友人，就是对该犹心怀不满而恨恶他的人，这样的人也无法取信于人。（136）还有一些人是这样说的（这个说法剥夺了人们满怀的希望而令人伤心），他们说该犹不顾所处的危险，也没有顾及休养身上的伤口，反而前往市场，浑身是血地与人们侃侃而谈。（137）这些就是各种不合理的传闻，好像是为了要借着听者不同的看法而激起各样的动乱。不过那时没有人离开座位，恐怕他们比别人提早出去而遭到控诉，因为他们的罪名不是根据他们出去的真实目的，而是根据指控者以及审判者的假设而定立的。

**17.** （138）有一群日耳曼人将剧场团团包围，他们拔出佩剑，所有的观众都等着受死，任何人进来都会引起大家的害怕，好像立刻就会被碎尸万段。这样大的苦难使他们既没有勇气离开剧场，也无法相信留在那里会化险为夷。（139）当那些日耳曼人朝着他们走来时，剧场里面就发出极大的哭声，剧场也因观众对士兵们的恳求声而震动，他们说自己对这个煽动的计谋毫不知情，也完全不知道任何的动乱，（140）请求士兵们饶恕他们，不要因为别人犯下的滔天大罪而惩罚他们这些无辜的人，不要因此而忽略追查真正犯案的人。(141)他们也这样向神祈求,他们痛哭流涕并捶打自己的脸部,用这样的方式来哀叹他们的不幸,表达了自己被危急的险境和存亡攸关的焦虑所主宰。(142)这一切削减了那些士兵们的怒气,士兵们对于原先想要对观众们所做的事感到懊悔,那将会是一件最为残暴的事。于是这些野蛮人似乎清醒过来了,他们曾将那些与亚斯坡利那一起被杀之人的头颅放在祭坛前面。(143)祭坛前的景象让旁观者非常难过,一方面是因为想到死者们的崇高地位,另一方面也是出于对他们遭遇的同情;由于他们不知道自己是否能逃离类似的厄运,便更加陷入极度的不安与混乱中。(144)那些痛恨该犹的人无法感受到该犹之死所带来的欢乐,因为他们处于可能与他一同灭亡的险境中。无人在此时有活下来的把握。

**18.** (145)这时有个名叫欧阿利斯特·亚伦提乌的人,他是市场上的一个传令员,嗓子非常有力且洪亮。他的财富与最有钱的罗马人相当,他在当时以及日后都可以在城中随性做自己想要做的事。(146)这人虽然十分痛恨该犹,但却让自己表现出最悲怆的情绪。他的恐惧和智慧的狡黠教导他这样做以求取平安,借这样的表现来掩饰他的快乐。(147)他故意穿上丧服,好像是失去了世上最亲爱的友人一样。亚伦提乌来到剧场对大家宣布该犹的死讯,用这样的方式结束了人们对这事件的猜测与无知。(148)亚伦提乌又绕到柱石那里向日耳曼人喊话,那些与他同行的军团指挥官们也和他一起这样做,他们吩咐那些人收起佩剑,并告诉他们该犹已经死了。(149)这个清楚的宣告拯救了那些集中在剧场里的人以及其他可能会碰上日耳曼人的人群,因为那些日耳曼人认为只要该犹还有一口气在,他们就不敢造次。(150)他们对该犹如此尽忠,甚至情愿牺牲生命来防止这项对付该犹的阴谋,好让他逃离这悲惨的不幸。(151)但是如今他们知道该犹已死,就不再对惩罚他的仇敌有原先那样的热切了,因为他们对他的忠贞表现不再有任何意义,那个可以酬谢他们的人已经死了。他们也怕倘若最高行政权回到元老院的手中,他们的一意孤行会受到元老院的处罚。(152)于是他们最后停止了杀戮,虽然这不是一件容易的事,因为那些日耳曼人对该犹的死还是充满了忿怒。

19. (153)不过查利亚非常担心米努克阿努会触怒那些盛怒下的日耳曼人,于是亲自去对每一位士兵说话,请他们留存米努克阿努的性命。他到处打听米努克阿努的下落,害怕他已遭到杀害。(154)而当米努克阿努被带到克莱门面前时,克莱门让他离去。克莱门和其他许多元老都肯定了这项行动的正确性,他们也嘉许谋划者的正义感,并赞美那些有勇气来执行这事的人。他们说:(155)"暴君们只是为了让自己快乐,他们在短时间内因着拥有的权力以及施行的不义而看起来非常伟大,但是他们却无法善终,因为所有正义之士都痛恨他们。(156)在其他人还没有动手对付该犹之前,这个该犹以及他所做的恶事就已经是对付自己的同谋了。他放着充满智慧的律法不用,令别人无法容忍他,也使他的友人们变成他的敌人。虽然就常理而言是这些密谋者杀害了他,但实际上是他自己的作为造成他的死亡。"

20. (157)这时剧场里的人才起身离座,由于他们都急于离去而引起了极大的骚动。有一个名叫阿尔克文的医生匆匆忙忙地好像要去照顾那些受伤的人,并借着这个名义派人去拿他处理伤口所需要的用具,实际上他是用这方式让那些人逃离所面临的险境。(158)在这期间元老院召开了会议，人们也像往日一样聚集在一起，他们同样是在找寻谋弑该犹的凶手。一般的人在认真地寻找凶手，但是元老院只是在做做样子。(159)有一位来自亚细亚曾经做过行政官的瓦勒里乌来到民众当中，那时他们因为找不到杀死皇帝的凶手而感到不安，就非常迫切地询问瓦勒里乌到底谁是凶手？他回答说："我希望我就是那个人。"(160)行政官们也颁布了一份告示，里面有对该犹的指控，以及命令那些士兵们和聚集在一起的人民回到自己的家中，也为民众减轻负担带来了希望；他们还允诺只要士兵们不去外面闹事，像往常一样平静，就会给士兵们酬劳；这是因为他们恐怕士兵们自行凌虐市民或是劫掠神殿，这样疯狂且不受控制的行为会给城邑带来极大的伤害。(161)元老院的成员们聚集在一起，尤其是那些谋划要除去该犹的人，他们这时做出了重大的保证，并且表现得宽宏大量，好像他们已经掌握了政权。

# 第二章

## 元老们决定恢复民主政权，然而军人们拥护君主制度。该犹妻女被杀的经过，以及该犹的操守与人格

**1.** (162)在这种局势下，克劳狄突然被簇拥离开他的家，因为那时军人们也聚集在一起开会：他们争论应该怎么做，他们认为一个民主的政权无法掌控如此大规模的政局，若真的建立了民主制度，对他们而言不是有利的局面。(163)假使当时任何一个握有政权的人得到了这至高的权势，而这人的晋升却不是因为得到他们的帮助，从各方面来看，那都

会成为他们的悲哀。(164)所以最好趁着局势尚未稳定,选择克劳狄做皇帝,他是死者该犹的叔父,在家世背景与学识资历上,都得到元老院中所有人的极高推崇。(165)倘若此人在帝国中稳固掌权,一定会按照他们的功劳来回报,慷慨地赏赐他们。这就是他们讨论的结果,他们也立刻按照这决定去执行,于是克劳狄在出其不意的情况下被这些军人抓住。(166)有个名叫纳乌·散提乌·撒图尼努的人,他虽然知道克劳狄是被抓来掌权的,但也看出克劳狄自己也有这个意愿,只是看起来像是出于勉强。于是撒图尼努镇定地站在元老院里,对他们发表了一篇训勉式的演说,这番话对于充满自由意志与宽容大度的人而言,实在是极为恰当的。他是这样说的:

**2.** (167)"罗马人啊!这真是不可思议的一件事!经过了如此长的时间,突然发生了这样的事件,使我们得到了自由。这情形会持续多久是无法预见的,它完全取决于诸神的心意与赏赐。然而现在已经足以使我们欢欣雀跃了,虽然我们可能会很快失去它。(168)对于那些践行美德的人来说,一小时的自由足矣。在这一小时里,我们可以在自己的祖国生活,心灵只对自己负责。现在的祖国是自由的,并由曾经使这个国家繁荣昌盛的法律来治理。(169)至于我本人,我不记得过去曾有过自由,因为我出生在失去自由之后的年代。但是我一想到我们当下的自由就情不自禁地欢喜快乐。我也非常敬重那些出生并成长在旧日自由社会的快乐人士,是他们让我们现在得以尝到自由的滋味,这些人配得的尊敬应当不亚于我们对诸神的尊敬。(170)我衷心地期望现在这样宁静享受自由的快乐能够永远持续下去。然而就只是这一天的自由也可以满足我们的青少年和长者了。若长者们在这快乐的期间去世,对他们来说这自由就像是永恒的；对年轻一辈而言，(171)这些人展现出他高贵品格的奋斗，也可以作为年轻人的教导。而我们自己现在应该做的，就是正直良善地生活，没有什么比这样做对我们更为有利。唯有高贵的情操才能保全我们的自由，(172)因为我听别人对往昔的情况有这样的评价；从我自己的经验，我也得知后来那些暴君对所有人的福祉所带来的害处，他们压抑一切的公义，剥夺人民大部分的自由，以谄媚和卑屈的恐惧来教导人民，使得公众事务的治理完全取决于执政者的心情，无法按照法律来处理。(173)自从尤利乌斯·凯撒决定废止民主制度以来，我们的律法就被破坏了，这使我们的国政陷入混乱之中。他越过正直与公义，成为自己欲望的奴仆，他所做的正是破坏这城邑的最大不幸。(174)那些接续他的人，继续努力地废除一条又一条的国家律法，以至于国中几乎没有节操高尚的国民。他们认为与凶狠恶劣的人交往才能获得自身的安全，他们不但以此消减那些以品格受到尊重之人的士气，还更进一步地想要将他们除去。(175)这样的皇帝有许多，他们掌权的时候为我们带来了极为艰困的处境，今天遭到杀害的该犹带给我们的不幸比其他所有人带给我们的更多、更大。他不仅将自己无法掌控的暴怒发泄在民众身上，连对他的亲友和其他人也是如此。他加在这些人身上的痛苦与惩罚都不是他们所当得的，而且他对人对神的烈怒都是同样的。(176)这些暴君们并不满足于侵占别人的产业或妻子所得到的快乐，他们认为对自己最有利的就是能够将所有敌对者的家庭完全剪除。(177)而所有崇尚自由的人都是他们的敌人。那些顺命忍受暴君们所带来伤害的人也无法得到他们的友谊，因为施暴者非常清楚他们为这些人带来的苦害，以及这些人是如何忍受这不幸，他们不可能不清楚自己所做的恶事，因此只要他们怀疑这些人对他们的安全有危害时，就会尽可能地让这些人从这世界上消失。(178)现在我们的大不幸已经被除去了，我们只需要对彼此负责(什么样的政权能为我们现在拥有的和谐带来最大的保障，并让我们从邪恶的计谋下得到安全，又能够让我们的城邑井然有序、成为大家的光荣)，你们每一个人不单只是预备自己的需要，在整体上也要为公众事务负责，(179)否则他们无须冒险就可能会提出反对现状的提议，因为没有人会在上面管理他们。这些人在没有惩处的情况下，或许会对这城邑造成伤害，并且得到无法控制的权力，将那些自由表达意见的人除去。(180)没有什么比怠惰和怯懦忍受，又不敢违抗皇帝旨意对专制政权的贡献更大的了，(181)人们过分倾向于和平的甘甜，并逐渐学会像奴隶一样生活。我们中间有许多人，无论是听闻远处发生的不可忍受的灾难，还是亲眼目睹身边的苦难，都因惧怕以正义的方式而死，忍受了带有极大耻辱的死亡。(182)所以我们现在首先要做的，就是尽可能地对那些除去暴君的人致以最高的敬意，尤其是查利亚·加修，因为这人以他的计划和行动，在诸神的帮助下为我们争取到了自由。(183)我们也不应该在重获自由后，忘记在暴政下事先为我们的自由而冒险布局的人，我们必须要加给他适当的尊荣，尽快宣告他的行为从一开始就得到了我们的认可。(184)毫无疑问，感恩报德是非常优秀的品质，也是自由人应有的行为。这人是我们所有人的恩人，不过他与杀死该犹·尤利乌斯[凯撒]的加修和布鲁图不同，这些人埋下了我们城邑中动乱与内战的祸根，而这人不仅杀死了暴君，还解放了我们的城邑，使其摆脱了暴政带来的所有苦难。"

**3.** (185)这就是散提乌演说的主旨，元老们和许多在场的骑士团的人都对他的演说感到非常满意。这时有一个名叫特伯流·马克西姆的人立即站了起来,他从散提乌的手指上取下一枚戒指,那戒指上有一个刻着该犹肖像的石头。可以想见,散提乌急切地想要完成心中的计划,加上他对演说的热切,就忘记要亲自将这枚戒指取下。这个刻着肖像的戒指立刻就被摔毁了。(186)这时夜已深了,查利亚向行政官们要求口令,他们给他"自由"二字为口令。这些事实都是令他们感到骄傲的地方,也几乎是难以置信的,(187)因为民主制度已经被废止了一百年,行政官们又再度拥有颁布口令的权力(在专制政权以前,他们是掌管军人的指挥官)。(188)查利亚得到口令后,就将它传下去给站在元老院这方的四个军团,他们都是希望以没有皇帝的政权来取代专制制度的军人。(189)于是这些人跟随着他们的军团指挥官离去,每个人都欢欢喜喜地离开,心中充满了希望和勇气,不再臣服于一个皇帝之下,再次得到了原有的民主。查利亚获得了他们至高的尊敬与爱戴。

**4.** (190)由于该犹的妻女仍然活着,没有与该犹一同灭亡,这令查利亚感到十分不安,因为他们当中留存下来的人一定会成为城邑和律法的祸害。为了极尽热忱地完成这件事,并且让他自己对该犹的憎恶得到满足,查利亚就差派一位名叫尤利乌斯·卢普斯的军团指挥官去处死该犹的妻女。(191)他们将这任务给克莱门的亲戚卢普斯,好令克莱门不认为自己只是远远地参与暴君的谋杀,让他因着帮助自己同胞产生的正义感而觉得庆幸,好像他从开始就是参与策划谋反该犹的一分子。(192)不过有一些同谋者觉得这样严厉地对待女人过于残忍,他们认为该犹所做的一切多半是出于自己的喜好与天性,而不是出于妻子的建议,是该犹病态的个性让整个城邑陷入绝望和痛苦的景况中,所有的精英也都被他灭绝。（193）但是也有人指控他的妻子认同该犹所做的一切，他们甚至将该犹的一切作为都归罪于她：说她给该犹服用了一种药，让该犹对她言听计从，用这邪恶的方式迫使该犹爱上她，等到该犹精神紊乱后，她自己就成为令罗马人和他们统治之地遭害的主谋。（194）大家最后的决定是必须将她处死，那些持反对意见的人也无法救她，卢普斯就被派去执行这任务。卢普斯非常听命于差派他的那些人，毫不耽延地在第一个机会来临时就采取了行动，因为他不希望在这件对众人有利的事情上受到任何的指责。（195）卢普斯一到皇宫，就看到了该犹的妻子克索妮躺在死去的丈夫身旁，该犹的尸体放在地上，死者身上没有任何律法所允许使用的衣饰。克索妮全身也沾满了丈夫伤口流出来的血迹，并因所受的痛苦而悲伤不已，她的女儿也躺在她的身边。这时只听到她对该犹的抱怨，好像是说该犹先前都没有将她常常说的话当作一回事。（196）然而当时大家就对克索妮所说的话产生了不同的意见，至于那些辗转听说此事的人更加感到迷惑，只能按照听者的偏好来解读她的话语。有些人说克索妮是说她曾劝告该犹停止他的疯狂行为以及对民众的野蛮残忍，改用温和及道德规范治理政务，否则民众会以其人之道还治其人之身，让他自己被同样的方式毁灭。（197）但是另外一些人说，当有关密谋者的消息被传开之时，克索妮希望该犹不要迟疑，立刻将他们全数处死，不管他们有没有真正参与，这样他就不会遭到任何危险了，这就是为什么克索妮责备该犹没有听从她的话，在这件事上既不果决又太软弱。（198）以上所提到的就是克索妮当时所说的话以及人们对这话的不同解读。克索妮看到卢普斯向她走来，就把该犹的尸体指给他看，并带着悲哀和眼泪劝他靠近一点。（199）但是等到克索妮感觉到卢普斯心绪不宁并且为她感到悲哀,而他靠近克索妮好像只是为了要执行一件违背自己意愿的计谋时,克索妮立刻明白卢普斯前来的目的。她欣然伸出自己没有保护的颈项,像是一个对自己生命毫无期盼的人,吩咐卢普斯不要在对她做这件已经决定的事时惊慌失措。(200)于是克索妮勇敢地从卢普斯的手里接受了这致命的一刀,接着她的女儿也以同样的方式受死,之后卢普斯立刻向查利亚报告自己完成了任务。

**5.** (201)这就是该犹的结局,是时他执政差四个月将满四年。该犹在做皇帝之前就是个脾气暴躁且非常邪恶的人,被自己的喜好所掌控,又爱听别人彼此间的恶意中伤与毁谤,对于可怕的意外事件更是觉得特别兴奋,在这上面常会表现出他极为残忍的个性。他享受着不当且过高的权力,他唯一的目的就是要伤害无辜的人。该犹也非常傲慢无礼,借着谋杀与不法的行为聚敛个人财富。(202)他努力地营造出超越众神与律法的形象,但实际上他却只是个急欲得到民众称赞的奴仆。凡律法中宣称为羞耻和应该受到惩罚的事,他都不顾公义地大加推崇。(203)无论多么亲密的友人,就算有再高的品德与地位,也得不到该犹的重视,一旦他对他们动了怒气,就会借着一件极小的事来处罚他们。他也将所有想要过圣洁生活的人视为他的敌人。只要他下了命令,就绝不容许任何人违背他的旨意;(204)这就是为什么他和自己的姐妹犯下通奸的罪,这奸情隐藏了许久,后来主要就是因为这件事激起了民众对他的痛恨。这事也让人民不信任他,并因他所犯的罪而恨恶他。(205)没有人能指出他对当时或后世做过任何伟大的建设,除了建在利基翁和西西里附近的港口以外。那港口可以容纳从埃及运送玉米过来的船只,(206)其工程的浩大是不容置疑的,也为海运带来了极大的帮助。然而该犹也不是令这工程尽善尽美的人，其中有一半是不完美的，这是因为他想要尽快开始使用这港。(207)事情是这样的，该犹将他的研究放在一些没有用的事情上，许多钱都花在只对自己有利却不能造福群众的个人兴趣上，以至于没有足够的经费来完成那些重要的工程。(208)从其他方面来看，该犹是个优秀的演说家，能够使用流利的希腊语以及自己国家的语言，也就是罗马语言。他还能在没有预备的情形下，随时随地以精确和冗长的答复，回答别人提出的复杂问题。该犹也比其他任何人都有办法在重大事件上说服别人，这完全是凭借他自然流露出来的殷切态度，这方式在不断地使用与磨炼下有了长足的进步。(209)由于该犹是提庇留的兄弟的孙子，也是他的继位者，这就成了该犹学习这些技巧的最大动机。因为提庇留极度追求这方面的声誉，于是该犹在亲人及皇帝的来信劝导下，也特别热衷于卓越的口才，他的口才在国民中无人能出其右。(210)然而他在学识上的优点无法弥补他滥用权力为自己带来的伤害。对于那些拥有绝对权力，可以为所欲为而不受约束的人来说，要获得一个智者所必需的美德是极其困难的。(211)起初该犹还结交了一些在各方面都值得尊敬的友人，他们也都很喜爱他，那时该犹效法他们的勤恳治学以及高尚品格。但等到该犹对他们越发傲慢无礼时，他们也就不再爱戴他，甚至后来还极为厌恶他，从这样的厌恶中就产生了对付他的阴谋，该犹也在这阴谋里丧了命。

# 第三章

## 克劳狄从自己的家中被捉住并被带往军营；
## 以及元老院差派使臣去见他的经过

1.（212）我曾经提起过克劳狄先从那条该犹也走过的路出来。该犹被杀的不幸事件，使得他整个家族陷入一片混乱中，克劳狄也为了要自保而深感不安，后来被人发现他躲藏在一个颇为狭窄的地方（虽然除了他的显贵身世外，他应该没有任何理由担心自己的安危）。（213）克劳狄是个甘于平淡的人，行事为人谦和有礼，也十分安于现状。他致力于学习，尤其是有关希腊人方面的学识，也完全不涉入任何会打扰他令他分心的事务。（214）不过这时群众惊慌失措，皇宫里充斥着士兵们的疯狂，连皇帝的侍卫也和平民百姓一样恐惧不安。称为"御营"的军团是军队里最为精英的军团，他们也集合在一起商讨在这紧要关头应如何作为。他们这些在协商中的人都不在意该犹所受的伤害，因为他是罪有应得。（215）他们考虑的重点是自己在现下的景况中如何自保，尤其是当那些日耳曼人还正忙于惩罚该犹之谋弑者的时候。那些日耳曼人的行为只是为了满足自己的凶残，对大局一点帮助也没有。（216）这一切都令克劳狄心绪不宁，对自己的安全感到忧虑，尤其是在他看到亚斯坡利那和他同伴们的头颅被带到各处展示的时候。克劳狄所在之处是一个高起的地方，有几层台阶通往那里，他就独自隐藏在那黑暗之处。（217）皇宫里一位名叫格拉图的士兵看到他，因为那里很暗，无法从他的外貌认出他来，格拉图只能断定那是一个因着什么计划躲在该处的男子，于是就向克劳狄靠近。克劳狄满以为格拉图会退去，但这时格拉图认出了他是克劳狄。格拉图对他的同伴们说："这是革玛尼库家族的人。来吧！让我们推选他作我们的皇帝。"(218)那时克劳狄看到他们预备以武力将他带走，便害怕他们会像杀该犹一样杀了他，就求他们放过自己。他们这才发现他在不清楚外面发生了什么事的情况下自贬身份。(219)于是格拉图拉着他的右手笑着对他说："先生，不要再有只想保命的怯懦想法，你要胸怀掌管帝国的大志，由于诸神关顾全人类，他们就把该犹挪去，将这帝国托付给品德高尚的你。所以你要从你先祖那里接受这个冠冕。"(220)克劳狄对他们所说的话感到既害怕又兴奋，以至于双腿无力前行，他们就把他高高地抬起来行进。

**2.** (221)这时已经有许多侍卫聚集到格拉图附近，当他们看到克劳狄被抬出来时面带愁容，以为克劳狄也因为刚才发生的不幸而要被处决。他们觉得克劳狄一生都没有干涉过政务，在该犹掌权期间也没有碰到过什么真正的危险。不过他们当中有些人认为行政官们对这些事情加以审查是合情合理的。(222)越来越多的士兵们聚集起来，克劳狄身旁的人都逃跑了，而他的身体也虚弱到几乎不能继续前进；那些抬着他坐轿的人在被问及为什么要将他抬走时都自行逃命去了，他们恐怕自己的主人都无法保住自己的性命。(223)当他们进入皇宫大厅（据说那里是罗马城最先有人居住的地方）并到达国家金库时，更多士兵前来将克劳狄围住，非常高兴能够见到他的面。他们都对革玛尼库有好感，认为拥护克劳狄为皇帝是再正确不过的事了。革玛尼库是克劳狄的兄弟，所有认识他的人在他死后都对他有极高的评价。(224)他们也责备元老院中领导者的贪婪，认为他们原先要将政府据为己有是一种罪行。（225）他们觉得这根本就是不可能的事，若政权真的落入一个人的手中，而他们事先又没有参与夺权，这会让他们陷入极大的危险中；然而克劳狄的情况却不同，克劳狄会认为这王权是出于他们对他的仁慈而赐给他的，因此他会记住他们的恩典，并会大大地回报他们。

**3.**（226）这些就是士兵们彼此讨论的内容，他们也将这想法告诉那些去到他们那里的人。于是那些来询问这事的人都愿意接受其他人的邀请，他们就将克劳狄抬到军营里，像侍卫一样在他身旁守护他。他们簇拥着克劳狄，又一个接着一个地争相抬他，显示出他们极大的热诚与努力。（227）不过一般人民和元老们之间有不同的见解，后者希望能恢复他们原有的尊荣，热切地期望不再受到专制君主带来的伤害以及奴役的对待；（228）但是民众们竭力地反对他们，他们知道皇帝可以压制元老们的贪婪本性，成为民众的避难所。他们都很高兴克劳狄能够被带到他们中间，认为若是克劳狄成为皇帝，就可以避免一场像庞培时期所发生的那样的内战。（229）当元老们得知克劳狄被士兵们带到军营时，就差派了他们当中几位品格高尚、正直的人去见他，告诉他不要以武力夺权。（230）因为他只有自己一个人，如果原先他还不是他们中的一份子，从今起他将成为他们的一员，应该礼让人多势众的元老院；他也应该以律法处理有关公众的一切事务，并记住以往独裁者带给这城邑的重大伤害，以及他本人和其他人从该犹那里受到的危险；虽然他不该因为别人带来的不幸而痛恨专制制度，但是他自己却不应该甘心情愿地以疯狂和无理的方式对待他的国家。（231）倘若他能按照他们所说的去做，并向他们显出要平静正直度日的决心，他就会得到自由民众所能给予的最高荣誉；臣服在律法之下也可以使他获得美名，不论以统治者或是平民的身份而言，他都表现出极为崇高的品格。（232）然而如果他选择鲁莽行事，没有从该犹的死亡里记取教训，他们是不会容许他继续下去的，因为他们已经聚集了大部分的军队，并拥有大批的武器和许多听从他们差遣的奴隶。（233）这件伟大的事带来了极大的希望和好运，众神只会帮助行事公义正直的人，而这些人就是为了争取国家自由而奋战的人。

4.（234）于是担任使节的军团指挥官维拉纽和布鲁库就将这番话告诉克劳狄，他们跪着恳求他不要让这城邑陷入战争和苦难。但是当他们看到周围环绕并保护克劳狄的士兵人数比行政官的人数更多时，就知道他们的提议根本不会被考虑。（235）于是他们就加了一句话，他们说倘若他真的要掌权，也应该从元老院那里接受政权，这会让他在得到这权力时更为顺心愉快。因为这不是以不合法的方式得到权力，而是那些人出于好意将这权柄赐给他。

# 第四章

## 亚基帕王为克劳狄所做的一切事情；

## 以及克劳狄掌权后命令将谋杀该犹的人全部处决

1.（236）克劳狄虽然知道元老院对他的无礼，但他还是接受了他们的劝告，暂时以中庸的态度自处。没过多久他就从害怕中恢复过来，于是他在士兵们的勇敢以及亚基帕王的说服下得到鼓励[宣布执政]。亚基帕劝他不要失去这块已经到手的领土，因这领土是送上门给他的。

(237)出于和该犹的关系，亚基帕做了这件令他日后得到克劳狄极高尊崇的事情：亚基帕在该犹死后拥抱他的尸体，并将他放到床上，尽可能把他遮好，然后走出去对侍卫们说该犹仍然活着。他说该犹身负重伤，侍卫们应该立刻去叫医生。(238)等到亚基帕获悉克劳狄被士兵们强行带走时，他立刻穿过众人来到克劳狄面前。他发现克劳狄慌乱不安，预备将政权交给元老院，于是就鼓励克劳狄，希望他能执掌政权。(239)他这样对克劳狄说了之后就回家去了。后来元老院来请他，他就膏了自己的头，好像是先前与他的妻子在一起并刚刚才把她遣走，然后就前去见那些元老们。他问元老们克劳狄做了些什么，(240)元老们就将当前的情况告诉亚基帕，并询问他对安顿国事的意见。亚基帕对他们说自己愿意为元老院的尊荣而牺牲性命，但是他希望他们将所怀的期望放在一边，先来考虑如何做才会对大家最为有利，(241)因为任何得到政权的人必须要有武器与士兵来保卫他们，除非他们愿意在毫无预备的情形下面对危险。(242)元老院回答说他们拥有大量的武器和金钱，至于军队方面，他们也已经聚集了一部分军人作为他们的保护，他们还会给予奴隶们自由，以得到更多的兵力。亚基帕对此的答复是："元老们啊！但愿你们能达成心中所想的，不过我现在就要将我的想法告诉你们，因为这关乎你们的存亡。(243)你们要留意，那些为克劳狄作战的都是经验丰富的军队，而我们的队伍充其量也只是些没有受过训练的群众，而那些出其不意得到自由的奴隶们更是难以控制的。在这种情况下，我们必须要用这些最多只会把剑拔出来的人来和他们那些有丰富作战经验的人对抗。(244)所以我的看法是应该派人去说服克劳狄放弃政权，我也愿意成为使节中的一员。"

**2.** (245)元老院听了亚基帕的这番话就同意了他的看法,他就和其他人一起被派去见克劳狄。亚基帕在私底下先将元老院的混乱状况通知了克劳狄,并教导他要表现得像是一位既尊贵又有权柄的人,用带着权威性的语调回答前去见他的使臣们。(246)于是克劳狄照着亚基帕的吩咐对使臣们说,自己毫不怀疑元老院不想要一位治理他们的皇帝,因为他们过去曾经被那些管理他们的人野蛮地对待,不过他们应该尝试一下他为他们带来的公平政府与平静时期,他只是名义上的统治者,真正的权力是均分于大家手中的。由于他们已经知道他过去生命里不同的阶段,最好不要对他所说的话产生怀疑。(247)使节们听了他的回复后就散去了。然后克劳狄就对集合在那里的士兵们演讲,他们都宣誓要对他效忠,他也给他们每人五千德拉克马,并给他们的队长相应比例的金钱,克劳狄还应允要给其他地方的士兵们同等的报酬。

**3.** (248)这时行政官们在得胜者朱庇特的神殿召集了元老院成员,那时是在晚间。有一些元老在听到这个召集令时不知该怎么做,就只好躲藏在城里;另一些则出城前往自己的农庄,因为他们可以预见政权的发展并对自由感到绝望,他们宁可没有危险地像奴隶般过着平淡悠闲的生活,也不愿意冒着失去生命的危险来换取他们先祖的尊荣。(249)不过还是有不到一百名的元老聚集在一起,讨论着目前的局势。突然那些支持他们的士兵起了一阵喧嚷,要求元老院为他们选出一位皇帝,不要安置一群治理者,使政务遭到破坏。(250)他们宣布要支持一人而不是多人的政权,但是他们让元老院去为他们寻找一位值得做王的人。如今元老院的景况比原先更糟了,他们不仅在所夸耀的恢复自由上失败了,现在还必须畏惧克劳狄。(251)不过他们中间还是有人渴望得到政权,有些是因为他们的显要出身，有些则是借着婚姻关系而得到了尊贵的地位，就像马尔库斯·米努克阿努，他不但自己出身显贵，更因为娶了该犹的姐妹朱莉娅而声望大增。虽然行政官们想要打断他的念头，一次又一次地耽搁这项提议，但他还是做了取得政权的准备。（252）还有参与谋杀该犹的一个叫米努克阿努的人，他一直阻止亚细亚的瓦勒里乌有夺权的想法。倘若让这些人任凭己意自立为王，与克劳狄对抗，一定免不了会有一场大屠杀。（253）此外还有许多斗士、夜晚守城的士兵以及船只的划桨者都投奔了军营，甚至包括了一些原来支持政府的人，有些人是为了要保全这城邑而放弃原先的主张，其他的人则是因为害怕失去生命而去投奔军营。

**4.**（254）天刚破晓，查利亚就和跟随他的众人来到元老院，想要对士兵们演说。但是大群的士兵一看到他们以手示意大家安静、预备要对他们说话，就起了一阵骚动，完全不让他们有说话的机会，因为士兵们都渴望由专制君权来统治。他们要求元老院为他们寻找一位执政者，不愿意再忍受任何的拖延。（255）由于士兵们不愿意元老院执政，元老院就感到十分犹豫，不知道是要由自己统治，或是应该被别人管辖；而对于那些刺杀该犹的人，也绝对不会让他们去管理士兵们。（256）当士兵们处在这样的光景时，查利亚也无法平息他们的怒气，只好应允他说，若是有人能从犹推古那里带给他口令，他就给他们一个他们所期待的皇帝。（257）这位犹推古是绿团派系中的驾驭战车者，又被称作波拉西努，他是该犹的好朋友，以前常常要士兵们为马匹建造马厩，借此苦待他们，而他自己则把时间都花在可耻和不名誉的事情上面。（258）查利亚借着犹推古来斥责士兵们，另外还用了许多粗鄙的言语来责备他们，并说他会把克劳狄的头颅带给他们。他很讶异他们以往受过那样的痛苦，如今还会愿意把政权交给这个愚笨的人。(259)士兵们并没有被查利亚的话打动，他们拿起旗帜、拔出佩剑前去投靠克劳狄，加入了宣誓效忠他的行列。没有人留下来保护元老院，行政官们也和一般百姓一样，受到了相同的待遇。(260)这些人既惊惶又悲哀，不知道将要面临什么样的结局，因为克劳狄对他们感到非常忿怒。于是他们互相埋怨，对所做的事情感到懊悔。(261)在那个关头，谋刺该犹之一的撒比努威胁他们说，他宁可立刻在他们当中自尽，也不会同意立克劳狄为皇帝，让奴隶制度再度降临到他们身上；他也责备查利亚太过爱惜自己的性命，虽然查利亚是第一个不把该犹放在眼里的人，但是在大家争取自由却发现不可能成功后，他怎么还能认为继续活下去是一件好事。(262)查利亚回答道，自己决不怀疑会走向自尽一途，但是在这样做之前，他要先让大家知道克劳狄的企图。

5. (263)元老院里众说纷纭。军营则不然，里面所有的人都涌向克劳狄，向他示好。那时有位名叫昆图斯·庞坡纽的行政官，他因为曾劝元老院恢复士兵们的自由而受到他们斥责，士兵们拔出剑准备攻击昆图斯，要不是克劳狄的拦阻，他们真的会杀了他。(264)(克劳狄把昆图斯从身处的危险里解救出来，让他站在自己身旁。)但是克劳狄并没有以同样尊崇的方式对待昆图斯身旁的那些元老们，那些人前来向克劳狄致敬时不是被殴打就是被推出去；阿波尼乌就是负伤离去之人当中的一位，那些元老们都处于危险中。(265)不过亚基帕王来见克劳狄，希望他能以较为和缓的方式对待元老们，若元老院遭到不幸，就没有人在他下面让他统治了。(266)克劳狄听从了亚基帕的话，将元老院的成员召集到皇宫里,他自己则在士兵们的引导下,从皇宫开始被抬着绕行全城,这事使得许多民众痛心不已。(267)查利亚和撒比努这两位谋刺该犹的人公开站在民众的最前方,而克劳狄不久前才任命为侍卫长的波力欧则发了一份书面敕令给他们,禁止他们出现在任何公共场合。(268)克劳狄以这方式回到皇宫后,就召集了他的友人们,想要知道他们对于处置查利亚的共识。他们说虽然查利亚的行为崇高,但是他这样做是怀着私心的。他们认为应该将他处死,借此来表明他们不赞同未来可能发生的类似事件。(269)于是查利亚被带去行刑,卢普斯和其他许多罗马人也和他在一起。据说查利亚勇敢地面对他的不幸,这不仅表现在他置身不幸时的坚定态度上,也表现在他对泪流满面的卢普斯的责备上。(270)卢普斯将外衣放在旁边并抱怨天气寒冷,查利亚对他说,严寒对卢普斯[野狼的意思]是不会造成任何伤害的。许多人都和他们一起去,想要一睹当时的情景,查利亚到达那地时,问那个行刑的士兵是否惯于执行这项任务,或者这是他第一次这样使用他的剑。他希望行刑者将那把自己用来杀死该犹的剑拿来。于是查利亚欣然地被一刀毙命。(271)卢普斯的死就没有这样幸运了,因为他非常胆怯,没有勇敢地伸直他的颈项[他应该要这样做的],他的颈项就被砍了许多刀。

**6.** (272)过了几天,正是死者的祭日,罗马人向他们的众神献上素常的祭物,他们将其中一部分作为尊崇查利亚的燔祭,求他以仁慈对待他们,不要因为他们的不知感恩而继续发怒。这就是查利亚的结局。(273)至于撒比努,虽然克劳狄释放了他,还恢复了他原有的军职,但他认为自己没有对其他同伴们尽到义务是不义的行为,于是他以剑自尽,伤口深及剑柄。

# 第五章

## 克劳狄将亚基帕祖父的王国归还给他，

## 并扩大他的领土；以及克劳狄为犹太人颁布的一项告示

**1.**（274）克劳狄及时除去了那些令他怀疑的士兵之后，就颁布了一份告示。告示里对亚基帕赞誉有加，并确认了该犹赐给亚基帕的王国。克劳狄在告示里又将亚基帕的祖父希律所统治的犹大地和撒玛利亚也归给他，（275）这样一来，克劳狄就把属于亚基帕家族的所有土地都归还给他了。他又从自己的疆土中把吕撒聂的亚比拉以及所有黎巴嫩山的土地赐给亚基帕。他还在罗马的一个公会所中与这位亚基帕宣誓结为盟友。（276）此外克劳狄将安提阿古的王国取去，另外赐给他基利家和康玛各尼的一部分，并释放了税吏长利西马古，这人是他的老友，也是服侍他母亲安东尼娅的人，他被该犹关入监牢，他的儿子［马尔库斯］娶了亚基帕的女儿百尼基。（277）亚历山大的儿子马尔库斯在百尼基还是处女时就娶了她，等到马尔库斯去世以后，亚基帕又将她嫁给他的兄弟希律，亚基帕又为了马尔库斯而向克劳狄求取卡尔息斯王国。

**2.**（278）约在此时，亚历山大城的犹太人与希腊人之间发生了一场冲突；因为犹太人在该犹统治期间被亚历山大城的人民过度压抑而陷入极端的痛苦，这时该犹已死，他们就立刻拿起武器为自己奋战。（279）于是克劳狄命令埃及的省长平息这场纷争，此外他也在亚基帕王和希律王的请求下送去一份告示，这份告示是送给亚历山大城和叙利亚的，告示的内容如下：（280）"身兼大祭司及全民指挥官的提庇留·克劳狄·凯撒·奥古斯都·革玛尼库颁布了以下的指令：(281)我非常确信那些居住在亚历山大城的犹太人，就是那些被称为'亚历山大人'之人，在起初就与亚历山大人住在一起，他们也从诸王那里得到了与亚历山大人同等的特权，我们从他们拥有的政府记录和公告的内容中可以得知此事。(282)自从奥古斯都将亚历山大城纳入我们的帝国以后，他们的权利与特权一直都被不同时期派驻在那里的省长们所保留，(283)甚至在亚居拉为亚历山大城首长的时候，也没有因为这些特权和权利引起过任何纠纷。犹太人的行政长官去世时，奥古斯都并没有禁止另外再立一位这样的行政长官，因为他希望所有臣服于[罗马人]的民众都可以继续使用他们自己的习俗，不会被迫触犯他们的民族宗教所留传下来的古老规矩。(284)但是等到该犹执政时，亚历山大人开始以傲慢无礼的态度对待他们当中的犹太人，出于该犹的疯狂和缺乏理解，就把犹太民族降到十分卑微的地位，这只是因为犹太人民不肯触犯自己民族的宗教仪式去称呼该犹为神。(285)我不愿意见到犹太人民因该犹的疯狂而失去他们的权利与特权，所以我下令让他们保留原来享有的权利与特权，可以继续使用他们的习俗。我命令你们双方在这项公告广传之后要特别留意，不可以再惹出任何的事端。"

3. (286)这就是为犹太人所颁发的告示内容，这告示被送往亚历山大城。送到其他地区的告示内容如下：(287)"大祭司、全民指挥官以及二度被选为行政官的提庇留·克劳狄·凯撒·奥古斯都·革玛尼库颁布了以下的指令：(288)在我亲爱的友人亚基帕王和希律王的请愿下，我要将已经赐予亚历山大城犹太人的特权和权利，同样保留给所有在罗马帝国境内的犹太人，我是非常乐意这样做的。我不仅是为了请愿者而做了这个允诺，(289)也是因为我判定那些犹太人应该获得这个恩典，他们对罗马人既忠贞又友善。我认为所有希腊人的城邑都不应被剥夺这样的特权和权利，因为它们已经被保留给奥古斯都大帝治下的人们。(290)所以我们允许所有在我们统治下的犹太人不受限制地保留他们先祖的习俗，这样做是十分恰当的。我命令他们适当使用我对他们的仁慈，不可对其他民族的迷信礼仪表现出轻视的态度，只要保留他们自己的律法就好了。(291)我期望借着使节们送出的这份告示，能够由各城邑、殖民地以及自治都市的行政长官、诸王和首长们镌刻在桌上，不论在意大利境内或是境外，好让大家在往后的三十日都能知道这告示的内容，这告示要被展示在醒目的地方。"

# 第六章
## 亚基帕回到犹大地后在耶路撒冷所做的事情；
## 以及佩特罗尼乌为犹太人写信给多利斯居民的信件内容

**1.** (292)克劳狄·凯撒借着这些给亚历山大城和其他地区的告示，将自己对犹太人的看法与主张清楚地表达出来。克劳狄又立刻命令亚基帕前去接收自己的王国，如今亚基帕的身份地位比以往更为显赫。克劳狄还写信给各省的省长与行政长官，吩咐他们要和善地对待亚基帕。(293)亚基帕遵照克劳狄的话尽快地回去，他也十分乐意这样做，因为现在的他比过去更为尊荣地重回那地。亚基帕也前往耶路撒冷，献上了他应当要献的祭物，凡是律法所规定的，他一项也没有省略；(294)因此，他命令许多拿细耳人应该[在许愿期满后]剃发。他还将该犹给他的那条与绑住双手的铁链等重的金链挂在圣殿里的银库上面，借此纪念自己曾经经历的艰困境遇，并用来见证如今自己的景况变得比原先更好，这是要阐明兴盛的人可能会衰败，而神有时会将跌落下去的人再次提拔起来。（295）这条金链就是这样被献上，作为所有人的史录，让大家知道亚基帕王曾经为了一件小事被人用这链子绑住，但是后来又重新得到原有的地位；他被松绑之后不久就被提升，得到比原先更为显赫的王权。（296）因此人们可以明白，只要是生活在人世间，无论他们的成就有多么伟大，还是有降卑下来的可能；而那些降卑下来的人，也可能会再度得到原先的显要与尊贵。

**2.**（297）亚基帕完成了所有的神圣祭典之后，就夺去了亚拿努之子提阿非罗的大祭司职位，并将这尊位给了庇特斯的儿子西门，他的名字又叫坎提拉，希律王娶了他的女儿，我在前面曾经提过这事。（298）于是西门就和他的兄弟与父亲一样成为[大]祭司，而在马其顿人政权下的奥尼亚之子西门的三个儿子也有类似的情形，我们在前卷中记载过这件事。

**3.**（299）亚基帕王以这方式处理好了大祭司的任命后，就回报了过去耶路撒冷民众对他的友善接待。他免除了他们的房屋税，那些原先需要付这项税收的人，都认为他以这方式酬谢那些爱戴他的人是一件美事。他又立了西拉为他的军事将领，这人和他一同经历了许多的困境。（300）没过多久，多利斯的那些鲁莽傲慢的年轻人就轻率地做了一件冒犯的事，他们将一座凯撒的肖像抬入犹太会堂，并把它立在那里。（301）他们做的这件事令亚基帕震怒，因为这很明显地破坏了他的民族的律法。于是他立刻前去见当时叙利亚的省长部百流·佩特罗尼乌，向他控诉多利斯民众的罪行。(302)佩特罗尼乌也和亚基帕一样对这事大感不满，因为他判定这样做是以不敬虔的方式触犯了规范人们行为的律法。于是他以忿怒的口吻写了下面这封信给多利斯的人民：(303)"提庇留·克劳狄·凯撒·奥古斯都·革玛尼库属下的省长部百流·佩特罗尼乌下达命令给多利斯的行政长官们：(304)由于你们当中有一些人竟然如此大胆，或者用'疯狂'二字更为恰当，他们不遵守克劳狄·凯撒·奥古斯都·革玛尼库颁布的那份让犹太人遵行自己民族律法的告示，(305)反而做出与告示完全相反的行为，将凯撒的肖像立在犹太会堂里，使犹太人不能在那里聚会，这不仅冒犯了犹太人，也触怒了皇帝本人，因为将他的肖像安置在自己的殿宇要比安置在外人聚会的地方更为宽敞合宜。按照凯撒的决定，每个人对特别属于他们自己的地方都有绝对的权力，这是理所当然的事。(306)现在不需要提出我的看法，因为皇帝已经有了公告，再要说到我的看法就显得太过荒谬了。皇帝的告示是要让犹太人自由地使用他们的习俗，并与希腊人一样享有同等的公民权利，(307)所以我命令百夫长波乐克鲁·维特里乌斯将那些人带来见我，他们违反奥古斯都的告示，如此傲慢无理地做了这件事。他们当中对这事感到忿怒、又最具声望的人可以为自己申诉，说明这事是出于群众的亵渎，并没有得到他们的同意，他们也可以将事情发生的经过描述清楚。(308)我也要奉劝他们中间的主要行政长官们，除非他们要把这行为当作是得到了他们的同意，否则最好将那些罪人的名字告诉百夫长，并且要特别留意，不可因为这事而在他们当中兴起暴动或争议。我会把这些鼓动闹事的人都抓起来，(309)我本人和我至为敬重的亚基帕王现在最重要的任务，就是不使犹太民族为了护卫自己而团结起来暴动。(310)为了要让你们更清楚奥古斯都对此事的心意，我要把他最近在亚历山大城颁布的告示附录于后。虽然你们可能已经知道告示的内容，但是我至为敬重的亚基帕王当时在我的法庭上将它宣读出来，申辩奥古斯都赐给犹太人的权利不应该被剥夺。(311)所以我命令你们在未来的日子里也不可以找机会挑衅，要让每一个人都能遵循他们自己的宗教习俗。"

**4.** (312)佩特罗尼乌就是以这方式处理了这件事，纠正了可能违反法律的行为，也确保人们日后不会再对犹太人有这样的企图。(313)这时亚基帕又把大祭司的职位从西门·坎提拉那里取走，并再次将它给了亚拿努的儿子约拿单，因为他认为约拿单比其他人更应当得到这个尊位。但是约拿单认为再次获得这个尊位是件无法接受的事，于是他拒绝了这职分，并且说道:(314)"王啊！你给我的荣誉令我欣喜万分，你按照心意把这尊位赏赐给我，我也视之为非常仁慈和友善的举动，虽然神已断定我完全不应当得到大祭司的位分。我对于自己曾经穿戴过那至圣的服饰已经感到心满意足了，因为那时我穿戴这些服饰比我现在再度接受它们更加神圣。(315)倘若你希望找一位比我更合适的人得到这尊位，请你让我为你提供一个名字。我有一位从未得罪、冒犯过神的兄弟，我要向你推荐他，他是非常适合得到这尊荣的。"(316)王喜悦约拿单所说的这番话，就舍弃约拿单，并按照马提亚的兄弟约拿单的意愿，把大祭司的职位赐给了马提亚。不久以后，马尔库斯就接续佩特罗尼乌成为叙利亚的省长。

第七章

西拉在何种情况下触怒了亚基帕。亚基帕开始
为耶路撒冷建造城墙;以及他赐给贝里图居民的恩惠

**1.** (317)骑兵将领西拉在王经历所有的不幸时都对他忠心耿耿,也是在王历险时一直陪伴他的人,甚至多次为了王的缘故赴汤蹈火。由于西拉对王表现出来的坚定情谊,他非常确信自己应当与王有同等的地位。(318)因此他在任何地方都不让王坐在比自己高的高位上,在各样事情上也都以肆无忌惮的态度对王说话,直到他开始令王产生反感。那是因为有一次他们正开开心心地在一起,西拉又在大肆吹嘘自己,不断提醒王他所经历的艰困,以卖弄和夸耀的语气来显示自己的忠贞表现;然后他又继续在这话题上大做文章,说自己为了王吃过多少的苦。(319)他经常重复这些话题令王动了怒气,王就不再让他拥有毫无限制、胡乱说话的自由。从古至今,没有人会对自己曾经受过的耻辱感到欢喜,西拉是个愚蠢的人,他喋喋不休地提醒别人自己所施予的恩典。(320)最后他终于触怒了王,王一气之下将他骑兵将领的职位收回,并将他囚禁起来送回他自己的家乡。(321)等到王的气头过了,他再次以公正的眼光来评估这个人,也回想起这人为了自己所受的苦难。于是当亚基帕王盛大地庆祝自己的生日并赐给所有子民娱乐庆典时,他突然派人去请西拉来做他的宾客。(322)但是西拉的个性率直,他认为这正是他表达怒气的好时机,就毫不掩饰地对那些来接他的人说:(323)"王对我

的邀请是何等殊荣啊！我想这殊荣很快就会过去，因为王不让我提起我过去对他的恩惠，还以不公义的方式剥夺我的自由。（324）难道他认为我会放弃言论的自由吗？不！我的自由意识会让我比以前更大声地宣扬出我有多少次将他从危难中拯救出来，我又为他受了多少艰辛，才让他得到了救赎与尊崇，而我所得到的回报竟然是被囚禁在幽暗的监牢里！（325）我永远不会忘记他这样利用我，说不定在我灵魂离开肉身之时，我也忘不掉我为他所做的一切英勇行为。"这就是西拉所发出的抗议，他又命令那些来接他的人用这些话去回复王。于是王认为西拉的愚昧无可救药，只好还是将他关在监狱里受苦。

**2.**（326）亚基帕使用公款修建与新城［比色他］连接在一起的耶路撒冷城墙，将它们修缮得比原来更宽更高。要不是当时叙利亚的省长马库斯将亚基帕所做的事写信告诉克劳狄·凯撒，他会把这墙建造得坚固到无人能够摧毁。（327）克劳狄对他做这件事的意图起了疑心，就叫亚基帕立刻停止建造城墙的工程。亚基帕认为不应该与克劳狄作对，就听从了他的命令。

**3.**（328）亚基帕王天性仁慈，送人礼物时也相当大方，常常把丰厚的资财主动施予民众，赐给他们许多大礼，这使他得到了极高的声望。他本性极好施舍，也喜爱生活在好名声中。亚基帕完全不像在他以前执政的希律。（329）希律本性恶毒，喜欢使用严厉的方式惩罚别人，对自己憎恶的人没有一点怜悯；大家都认为他对待希腊人比对待犹太人更为友善；他以大量的钱财送给外邦的城邑作为礼物，并为他们建造澡堂和剧场，另外还在其中一些地方建造庙宇，另一些地方建造门廊，然而他连一个小型的建筑物都没有兴建在任何犹太人的城邑里，更谈不上金钱上的赠予了。(330)亚基帕个性温和，对所有人都同样慷慨；他对外国人相当亲切，他们也都能亲身体会到他的宽大；此外亚基帕也是殷勤并富有同情心的一个人；(331)他喜欢长住在耶路撒冷，也很注意遵守自己民族的律法；他保守自己全然圣洁，没有一日不献上指定的祭。

4. (332)但是有一个耶路撒冷的犹太人，这人表面上是个非常熟悉律法的人，名叫西门。当王在凯撒利亚而不在耶路撒冷时，他聚集了一群人，大胆地控诉亚基帕的生活不敬虔，应该要被摒除在圣殿之外，因为圣殿是属于真正的犹太人的。(333)亚基帕的军事将领将西门对群众演说一事报告给亚基帕知道，王就派人去传唤西门。那时王正坐在剧场里，他吩咐西门坐在他身旁，并以柔和的语调轻声地问他："这里究竟有什么事情的做法是不合于律法的呢？"(334)西门无话可说，只有请求王的原谅。王认为相比动怒，温和是一个王者更好的特质，于是他就以难以想象的和悦态度与西门言和，他深知伟大的人物都是以平和中庸来取代冲动行事。亚基帕送给西门一份小礼物后就让他离去了。

5. (335)亚基帕在许多地方建造各项工程，但是他对贝里图的百姓特别关注，为他们建了一个剧场，无论在华丽或是典雅上，这剧场都远超过许多同类型的建筑；亚基帕也不吝花费地为他们建了一座竞技场；除了这两项工程之外，他还为他们兴建了澡堂和门廊，只要能将它们建筑得又宽敞又美观，亚基帕绝不吝惜付出代价。(336)亚基帕也花了不少钱在这些建筑物的启用典礼上，他为民众们安排了各样的表演，并将演奏各类乐器的音乐家请来演出，让它成为种类最多又最为赏心悦耳的音乐会。此外亚基帕也以剧场中的众多斗士，展现出他的气派。(337)他在那里安排了多场打斗，以此取悦所有的观众，每一场都有数百人与另外数百人对打。所有对打的人都是囚犯，双方在打斗中都得到了惩罚，这种形态的战争变成了和平时的娱乐，所有罪犯都以这样的方式立刻被杀死。

# 第八章
## 亚基帕去世前的其他事迹；以及他是如何过世的

1. (338)亚基帕完成了我上面所提到的在贝里图的那些工程后，就回到了加利利的提比哩亚。这时他在众王当中也极获推崇，来见他的有康玛各尼王安提阿古、埃莫萨王桑希革拉木、小亚美尼亚王克提斯、本都王波力莫，还有他的兄弟卡尔息斯王希律。(339)亚基帕以合宜的礼数热诚地款待他们，借此表现出他的宽广心胸，以及值得这些前来致敬诸王所推崇的特质。(340)当众王还在他那里时，叙利亚的省长马尔库斯也来到他这里。出于对罗马人的尊敬，王亲自出城到1.4公里远的地方去迎接他。(341)但是这件事也成为他们彼此不和的开端，因为他带着众王坐在战车上去迎接马尔库斯，好像他们是辅助他的人一样。马尔库斯对这么多王之间有如此好的友谊起了疑心，他并不认为许多的统治者都同样对罗马人有好感。于是他派遣了自己的仆人分别去见他们每一个人，劝他们各自回国，不要耽延。(342)亚基帕对这件事相当不满，从此以后就成为马尔库斯的敌对者。后来亚基帕将大祭司一职从马提亚那里取回，并以坎提拉之子以流纽取代马提亚大祭司的职位。

2.（343）亚基帕在统治犹大地三年之后来到了凯撒利亚，这里原来叫作斯特拉托塔。当他得知人们为了立誓维护他的平安而举行特别的庆典时，他也在那里为了尊崇凯撒而举办了一些表演，许多民众、要人以及地方上的显贵们都集合在一起来参加这项庆典。（344）在演出的第二天，亚基帕穿上质地和编织都非常完美的纯银外衣，一大早就来到了剧场。在阳光的反射下，那外衣闪闪发光，十分耀眼，那光芒使得那些专注于他的人都感到一阵颤栗。（345）这时他的支持者从四面八方高声喊着说他就是神［虽然这对他没有益处］；他们还说："求你向我们施恩；虽然我们直到如今都只是以尊崇人的方式尊崇你，但是从今起我们必然以敬畏那永不朽坏者的方式来敬拜你。"（346）王既没有责备他们，也没有拒绝他们如此不敬虔的奉承。但是当他听完之后往上看时，见到头上有一只猫头鹰站在一根绳子上。王立刻明白这只鸟是来传达厄运的，就像它以前曾被用来对他传达喜讯一样。王立刻陷入深深的悲哀之中。他感到剧烈的腹痛，而且一开始就十分痛楚。（347）于是他对友人们说："你们称为'神'的我正受命要离开人世；神因为你们刚才对我说的谎言而训诫我。你们称我为'不朽的'，但我立刻就被死亡所催逼。然而我必须接受神的心意以取悦他，因为我们应当荣耀且快乐地活着，而不应活在罪恶当中。"（348）说完之后他的痛楚就更为加重，人们将他抬回皇宫。那时谣言四起，大家都说他已经快要死了。（349）民众们立刻按照他们民族的律法，带着妻子儿女换上粗麻布做的衣服，恳求神使他们的王复原，到处都充满了哀哭与伤痛。那时王正躺在一个高处休息，他看到他们在下面趴着恸哭，自己也忍不住啜泣起来。（350）在他忍受了五天腹痛之苦后，就身体衰竭而离开了这个世界，得年五十四岁，也是他统治的第七年。(351)他前四年的掌权是在该犹·凯撒之下,其中三年他只统治了腓力分封王的领土,第四年又加上了希律的领土。除了这四年以外,他在克劳狄·凯撒下面执政了三年,这三年中除了上述各地外,他还拥有犹大地、撒玛利亚和凯撒利亚。(352)他从这些领土上得到了许多收入,不会少于一千两百万德拉克马。但是因为他太过大方以至于入不敷出,还要负贷累累;他的慷慨是没有止境的。

**3.** (353)在民众还不知道亚基帕去世前,卡尔息斯王希律以及既是骑兵将领又是王的友人的黑尔克阿派遣了王最忠实的仆人亚利斯托去杀死了西拉;西拉是他们的对头,他们假借王的命令去执行了这件事。

# 第九章
## 亚基帕死后发生的事情;以及克劳狄
## 因亚基帕之子亚基帕二世年幼并缺乏经验,
## 就任命库斯皮乌·法督为犹大地和整个王国的行政长官

**1.** (354)亚基帕王以这种方式离开了这个世界,留下了一个名叫亚基帕的儿子,年仅十七岁;另外还有三个女儿,其中一个叫作百尼基,年龄是十六岁,嫁给他父亲的兄弟希律为妻。另外两个女儿还是处女,分别是十岁的玛利安和六岁的德鲁西拉。(355)这两个女儿的父亲已经为她们订了亲事,玛利安许配给希勒家的儿子安提阿古之子尤利乌斯·亚基老·伊比芬尼;德鲁西拉许配给康玛各尼王。(356)亚基帕王去世后,凯撒利亚和塞巴斯特的人民立刻忘记了他曾经施予他们的恩惠，他们的所作所为就像是他的敌人一般。(357)他们用极为不当的言语辱骂死者，他们当中有许多士兵前往他住的地方，将王的女儿们带走，并立刻把她们送到妓院。他们将这些女儿们放在妓院的顶楼，肆意地凌虐她们，他们所做的事情太过卑劣，实在令我难以下笔。(358)他们还在公众场合随意躺卧、吃喝、欢庆，头上戴着花冠并涂抹膏油，献酒给卡戎，也因为王的去世而开心地彼此对饮。(359)他们不仅轻看对他们慷慨施予的亚基帕，连他的祖父希律也得不到他们的重视。是希律亲自重建了他们的城邑，又花费了大量金钱为他们建造了避风港及庙宇。

2. (360)死者之子亚基帕那时正在罗马，他是在克劳狄·凯撒身边长大的。(361)克劳狄得知亚基帕的死讯，以及凯撒利亚和塞巴斯特的人民对他的侮辱，就感到非常难过，也为了这些城邑的不知感恩而十分不悦。(362)于是他决定立刻将小亚基帕送去继承其父的王国，并愿意立刻以宣誓来作为对他的保证。但是他极为尊重的那些友人们劝阻了他，他们说将这样大的王国交给这么年轻的人去统治是非常危险的尝试，这年轻人甚至还不到分辨是非的年龄，无法将政务治理完善；更何况一个王国的负担对成人而言都是相当沉重的。凯撒认为他们说的很有道理，(363)于是就委派库斯皮乌·法督为犹大地和整个王国的行政长官。出于对死者的尊重，他没有派遣马尔库斯去掌管亚基帕的王国，因为马尔库斯与亚基帕不和。不过克劳狄决定当务之急是要下令法督严惩凯撒利亚和塞巴斯特两地的居民，因为他们不仅侮辱死者，也对他留下来的女儿们做出了疯狂的事情。(364)他还要法督将凯撒利亚和塞巴斯特两地的士兵们连同那里的五个军团都移防到本都执勤，并要从叙利亚的罗马军团里选出同等数目的士兵们去取代他们的位置。(365)但是并非所有得到这命令的人都真的移防到本都。他们派遣使者去见克劳狄，缓和了他的怒气，使他们还是可以留在犹大地居住。就是这批人日后成为犹太人重大不幸的源头，这个祸根是在弗罗洛统治时期种下的。所以后来当韦斯巴芗征服了这个国家时，就把他们从他的国土里迁移出去，我们后面会谈到这件事。

第二十卷

从行政官法督到弗罗洛(涵盖二十二年)

# 第一章

## 有关非拉铁非人对抗犹太人的动乱；
## 以及大祭司在祭典时穿戴之圣服的安置

　　1.（1）我们在前一章提到了亚基帕王之死，那时克劳狄·凯撒为了尊重亚基帕王的意愿，就派遣加修·朗吉努斯去接续马尔库斯的职位，这是因为亚基帕王生前常常写信给克劳狄，说自己不会再容许马尔库斯继续做叙利亚的省长。（2）法督一到犹大地接任行政长官，就发现庇哩亚的犹太人和非拉铁非的居民之间有许多的纠纷，主要是因为他们在米阿村的地界（米阿村的居民都是好勇斗狠的人）。庇哩亚的犹太人没有得到他们官长的同意，就以武力杀了许多非拉铁非的居民。（3）法督得知此事后非常生气，若是他们认为非拉铁非居民做错了些什么事，就应当将这事的决定权交给他，而不是贸然以武力去对付他们。（4）于是法督逮捕了其中三位这次暴动的主谋，将他们关起来，后来还杀了其中一位叫作汉尼巴的人，并放逐了另外两人，他们的名字是暗兰和以利亚撒。（5）过了一段时间后，他也将盗匪首领多罗买抓捕并处决了，不过那已经是在多罗买对以土买和阿拉伯人做了许多恶事之后了。在法督的管理和关注下，犹大地从那时起就真的没有盗匪肆虐了。(6)那时他也在皇帝的命令下召集了耶路撒冷的祭司们和当地的显要，告诫他们要把长圣袍和献祭时穿着的礼服储藏到安东尼堡里，像以前一样由罗马人来管理。按照惯例，这些衣物只有大祭司才可以穿。(7)犹太人并没有反驳他，但是他们希望法比乌和朗吉努斯（后者带着大军来到耶路撒冷，因为他怕法督严格的禁令将迫使犹太人反叛）能够让他们立刻派遣使臣去见凯撒，请求他让犹太人管理自己的圣服，然后在得到克劳狄对这项请愿的答复之后再作定夺。(8)法比乌和朗吉努斯回答说，只要将他们的儿子们送来作为［行为和平的］担保，他们就可以差派他们的使臣去见凯撒。于是他们就在同意之后将法比乌和朗吉努斯要求的担保送去，然后再遣使去见凯撒。(9)使臣们到达罗马时，过世的亚基帕王之子小亚基帕知道他们的来意（因为我们已经说过他和克劳狄·凯撒住在一起），就恳求凯撒应允犹太人这项有关圣服的请愿，并把这信息送到法督那里。

**2.** (10)于是克劳狄接见了来使，并对他们说他准许了他们的请求。他吩咐他们要因为这个恩惠而向亚基帕致谢，因为是由于亚基帕的恳求他们才得到这个恩典。除了这个答复之外，克劳狄还让使臣们带了下面的这封信回去：(11)"身兼五任人民军团指挥官、四任罗马执政官、十任罗马大将军以及国家之父的克劳狄·凯撒·革玛尼库向众行政长官、元老院、全国人民以及整个犹太民族问安。(12)在我身旁、也是我抚养长大的我的友人亚基帕代表你们派来的使臣来见我，这人非常敬虔。由于我对你们民族的关照，他特别前来向我致谢，又以热切和诚恳的态度请求我应允使臣们能拥有管理圣服以及其上冠冕的权力。于是我就像之前的维特里乌斯一样准许了他们的请愿（维特里乌斯是个伟人，也是我所敬爱的人）。(13)我之所以会应允这项请求，首先是出于尊重我所宣扬的敬虔，我要让所有人都能在他们自己民族的律法下敬拜神；其次也是因为我愿意满足希律王和小亚基帕的心愿，他们对我的敬意以及对你们的诚挚是我非常了解的，加上我与他们有深厚的情谊，我也因为他们高尚的品格而十分敬重他们。(14)我将这些事情写下来给我的行政长官库斯皮乌·法督。那些将你们的信带来给我的人是克伦之子哥尼流、狄奥底闻之子土鲁富、拿坦业之子多罗特乌，以及约翰之子约翰。日期是在七月的第四日之前，鲁孚和庞培·西尔瓦努为执政官的时候。"

**3.** (15)那时拥有卡尔息斯君权、也是死者亚基帕的兄弟的希律，要求克劳狄·凯撒赐给他管理圣殿及其中银库里的钱，以及选择大祭司的权力，他得到了所要求的一切。(16)此后他的后代一直拥有这项权力，直到战争结束为止。于是希律剥夺了上一位大祭司坎提拉的职权，将这尊位交给了接续他的卡姆之子约瑟。

# 第二章

## 阿迪亚本的王后海伦娜和她的儿子以撒提
## 接受了犹太人的宗教；耶路撒冷大饥荒时，
## 海伦娜以玉米供应那地的贫穷人

**1.** (17)大约在这时候，阿迪亚本的王后海伦娜和她的儿子以撒提改变了他们的生活方式，接受了犹太人的习俗。这事的经过是这样的：(18)阿迪亚本王摩努巴苏斯，又被称作巴苏斯，这人爱上了他的姐妹海伦娜，并娶她为妻，使她怀了一个孩子。有一夜摩努巴苏斯和海伦娜在床上睡觉，他把双手放在海伦娜的肚子上睡着了。睡梦中他好像听到一个声音，叫他把手从他妻子的肚子上拿下来，以免伤害到腹中的胎儿，这是出于神的眷顾，让孩子能平安地生下来，有一个快乐的结局。(19)这声音令他心思不宁，他就立刻清醒过来，并把这事告诉了他的妻子。等到孩子生下来后，他为他取名为以撒提。(20)摩努巴苏斯和海伦娜还生了个大儿子，也叫作摩努巴苏斯，另外还有其他妻子生的几个儿子。不过他很明显将所有的爱都放在这个名为以撒提的儿子身上，(21)这样就引起了与以撒提同父的其他兄弟们的嫉妒。他们为了这缘故就越来越恨他，也因他们的父亲爱以撒提过于爱其他的孩子而感到非常不满。(22)他们的父亲虽然知道他们的情绪，但是他原谅了他们，不认为这样的情绪是出于他们的恶意，而只是因为他们也渴望得到父亲的爱。不过因为非常担心以撒提的兄弟们对他的恨恶会为他带来不幸，摩努巴苏斯还是让以撒提带着许多礼物，把他送到卡拉克斯·斯帕希尼王亚本尼利革那里，把他儿子托付给了亚本尼利革。(23)亚本尼利革很乐意接待这个年轻人，也非常喜爱他，又把自己的女儿萨玛卡嫁给了以撒提，此外他还给了以撒提一块领土，以撒提从那里得到了许多的收入。

**2.** (24)摩努巴苏斯渐渐老去，知道自己已经不久于世，他很想在死前能够再见这儿子一面，于是就派人去叫以撒提回来，用最亲切的方式拥抱他，并将卡拉意这块土地赐给他。(25)那地盛产水果，上面还有方舟的遗迹，就是挪亚用来逃避大洪水的方舟，想要看看这遗迹的人如今还是可以到那里来看。(26)以撒提就在那里直住到他父亲去世。摩努巴苏斯离世的那天，王后海伦娜派人去请了国内的官员们以及那些握有军权的人来。(27)他们来了之后,海伦娜就对他们说:"我相信你们都知道我的丈夫希望由以撒提来承袭王位,不过我要等候你们的决定,因为得到政权者的快乐是建立在许多人的同意下,而不只是从一个人而来。"(28)海伦娜用这番话来试探这些应邀前来的人,并想要借此得知他们的心意。听到这些话时,他们所做的第一件事就是按照习俗向王后致敬,然后说他们都同意王的决定并愿意顺服;他们非常庆幸以撒提的父亲选了他,没有选他的其他的兄弟,因为这也是他们所希望看到的。(29)起先他们想要将他所有的兄弟和亲人都杀死,让以撒提的政权能得到保障,因为只要将他们除去,就不用害怕他们可能出于恨恶和嫉妒的反叛了。(30)海伦娜是这样回答他们的,她首先感谢他们对她自己和以撒提的友好,但她希望他们延迟执行杀害以撒提的兄弟,直到以撒提亲自来到这里,并且同意他们这样做。(31)由于这些人在说服海伦娜杀害以撒提的兄弟之事上没有成功,就劝她至少要在以撒提来到以前把他的兄弟们关起来,以确保大家的平安;他们同时也建议她要先立一位非常值得信任的人,在这个关键时刻治理国家政务。(32)于是海伦娜王后同意了他们的建议,立了长子摩努巴苏斯为王,将王冠戴在他的头上,把他父亲的戒指连同上面的印玺也给了他,另外还给他一个被称为"金盾牌"的饰品,然后就劝勉他去治国理政,直到他的兄弟来了为止。(33)以撒提一得知父亲的死讯马上就来了,他哥哥将政权交还给他,他就接续摩努巴苏斯为王。

**3.** (34)当以撒提住在卡拉克斯·斯帕希尼时,有一位名叫亚拿尼亚的犹太商人,他在那些属于王的女子当中教导她们如何按照犹太人的宗教来敬拜神。(35)由于这些女子的缘故,以撒提也认识了他,他也用同样的方式说服以撒提接受犹太教。后来当以撒提的父亲派人来请以撒提回阿迪亚本时，以撒提就恳求亚拿尼亚陪他同去。海伦娜那时也非常凑巧地得到了另外一位犹太人的教导，并接受了他们的宗教。(36)以撒提得到阿迪亚本的王权后，看到他的兄弟和亲人都被关了起来，就感到非常不快。(37)他觉得把他们关起来或是杀死都是不敬虔的范例，但是基于过去他们对他的伤害，他也觉得让他们得到自由是件非常危险的事。于是他把其中一些人和他们的子女送往罗马，在克劳狄·凯撒那里作为人质，将另外一些人送去给帕提亚王塔班奴那里作为人质。

4. (38)以撒提知道他母亲非常喜欢犹太人的习俗，所以自己也想尽快改变、全面地接受它们，他认为自己一定要受割礼才算是一个真正的犹太人，就预备好要这样做。(39)他母亲得知他的意愿后就竭力地劝阻他，说这样做会为他的王权带来危险，当他的子民发现他如此爱好这些对他们而言既陌生又奇怪的仪式时，一定会憎恶他，不会忍受由一个犹太人来治理他们。(40)他母亲这番话暂时打消了他受割礼的念头。以撒提将他母亲说的话告诉了亚拿尼亚，亚拿尼亚也同意他母亲的话，还警告以撒提说如果他不听从，他就要离开他到别的地方去。(41)亚拿尼亚说大家知道以撒提受了割礼后，自己一定会被视为始作俑者，无法避免受到惩罚的危险，因为是他将那些别人觉得不好的行为教导王。亚拿尼亚还说虽然以撒提定意要完全遵守犹太人的律法，但他还是可以不受割礼而继续敬拜神，因为出于真心的敬拜比受割礼更为重要。(42)亚拿尼亚另外加了一句话说，虽然以撒提没有行割礼，但这是出于必要，神一定会原谅他的。那时王就被亚拿尼亚的话说服了。(43)不过后来以撒提并没有完全死心，有个来自加利利的犹太人，名叫以利亚撒，这人因熟悉自己国家的一切而被人尊崇，他说服以撒提去行割礼。（44）以利亚撒有一次进入王宫向以撒提致敬时，发现他正在读摩西的律法书，就对他说："王啊！你不觉得自己不公义地破坏了律法的重点，[以不行割礼]来伤害神吗？你不应该只是去读律法，更重要的是去实行律法教导你的话。（45）你不行割礼还要多久呢？如果你还没有读到律法上割礼的这部分，还不明白你不行割礼是多重大的罪，现在就去读一读吧！"（46）王听了他的话之后就不再耽延，立刻走到另外一个房间，并找来一个动手术的医生，按照律法的吩咐做了这件事。然后他派人去请他的母亲和他的教师亚拿尼亚来见他，把他已经做了的这件事告诉他们。（47）他们一听到这事就感到极为惊讶与害怕，唯恐这件事会被发现并遭到指责，若是王的子民们不能忍受被一个渴慕外教的人治理，他就会有失去王国的危险；他们也为自己的安危担忧，因为他们是这件事情的肇始者。（48）然而神阻止了他们所担心的事发生，在多次的危险中神都亲自保守了以撒提和他的众子，从绝望中将他们拯救出来，借此彰显出那些全然信靠和敬畏他的人结出的敬虔之果是不会凋落的。我们会在后面叙述这些事件。

5.（49）王的母亲海伦娜看到以撒提王国的政局平稳，儿子也幸福愉快，在神的帮助下受到国内外民众的尊重，就想要前往耶路撒冷，到著名的圣殿中敬拜神，并在那里献上她的感恩祭。于是海伦娜就请求她的儿子让她前往。（50）以撒提非常乐意地允许了她的请求，并为她的出发做了丰富的预备，还给了她许多的钱，海伦娜前往耶路撒冷的旅途也在以撒提的规划下显得相当壮观。（51）海伦娜的来临对耶路撒冷的人而言是非常有利的，因为那时耶路撒冷正遭逢饥荒，许多人死于食物的缺乏。海伦娜王后派遣一些仆人带着金钱到亚历山大城去购买了大量的玉米，另一些仆人到塞浦路斯去买了一船的无花果干。(52)那些仆人很快就把这些物资带回耶路撒冷，海伦娜王后立刻就把食物分给有需要的人，她对我们全民的恩惠在人们心中留下了美好的回忆。(53)当她的儿子以撒提听说了这饥荒时，也派人送来大笔金钱给耶路撒冷的首长们。我们后面会提到更多有关以撒提和王后海伦娜带给耶路撒冷城的恩惠。

# 第三章
## 帕提亚王阿塔班奴因害怕他子民对他的谋反而去找以撒提，并借着以撒提再度取得了他的政权；以及阿塔班奴的儿子巴尔丹尼斯对以撒提宣战的经过

**1.** (54)这时帕提亚王阿塔班奴发现国中的行政长官们设下计谋反叛他，他觉得置身他们当中是件危险的事，于是就决定去找以撒提，希望能够借着他的帮助保全自己的性命，甚至能让他归回自己的领土。(55)阿塔班奴带了一千位亲友和仆役前去见以撒提，在半途中碰上了以撒提。(56)虽然他对以撒提相当熟悉，以撒提却不认识他。当阿塔班奴站得与他很接近的时候，就先按照礼法向他致敬，然后再对他说："王啊！求你不要轻看身为你仆人的我，也不要傲然地拒绝我的请求。虽然命运的捉弄使我如今身份低微，从一国之君降卑为平民百姓，我实在是需要你的帮助。(57)求你顾念我不可预知的命运，以顾惜自己的方式来照顾我，倘若我所受到的忽视让我的子民无需承受任何惩罚，其他国家的子

民也会开始轻视他们国家的国王。"(58)阿塔班奴以沮丧的面容、含着眼泪说了这番话,以撒提听到阿塔班奴的名字,又看到他以请求者的姿态站在前面,就立刻从马上跃下。(59)以撒提对阿塔班奴说:"王啊! 拿出勇气来,不要认为眼前的苦难无法解决而意志动摇,因为你现在的处境很快就会改变。你会发现我对你的友谊和帮助远超过你所想所求的,我宁可失去自己的王位,也一定要让你再度执掌帕提亚王权。"

**2.** (60)说完这话后,以撒提就让阿塔班奴上了马,他自己跟在后面行走,像是尊敬一位比自己更加伟大的王一样。阿塔班奴对他的举动感到非常不安,就说除非以撒提也骑上马并走在自己的前面,否则自己绝对无法承受这样的尊荣和礼遇。(61)于是以撒提听从了阿塔班奴的话,跃上了自己的坐骑,并带着阿塔班奴回到了王宫。每当他们坐在一起时,以撒提都处处表现出他对阿塔班奴的尊敬,宴会时也让阿塔班奴坐在首席,对待他就好像他仍然拥有原来的地位,而不是处于目前的景况。这是由于以撒提考虑到所有人都会碰上命运的改变。(62)以撒提也写了一封信给帕提亚人,劝他们再一次接受阿塔班奴为王;并以自己的右手和信仰为誓,说一定会将过去已经发生的事忘掉,并要担任他们之间的调停者。(63)帕提亚人说他们并非拒绝再次接受阿塔班奴为王,只不过这件事不在他们的掌控之下,因为他们已经把政权交给了另外一个叫作克拿目的人,而克拿目也接受了它,帕提亚人说他们害怕会因为这件事而引起内战。(64)克拿目得知他们的想法后,就亲自写了一封信给阿塔班奴,因为克拿目本性善良温和,又是阿塔班奴抚养长大的,他希望阿塔班奴能够相信他,再度回到帕提亚执掌王权。(65)阿塔班奴相信了他的话就启程返回帕提亚。克拿目以迎接帝王之礼来尊崇并迎接他,又把自己头上的冠冕取下来戴在阿塔班奴的头上。

**3.** (66)阿塔班奴借着以撒提的帮助重获政权，这政权曾在国内官员的阴谋下失去，他没有忘记所受到的恩惠，立刻就以最大的尊崇回报以撒提。(67)阿塔班奴让以撒提有垂直佩戴头巾的自由，也可以睡在金质的床铺上，这些都是只有帕提亚王才能享受到的特权。(68)阿塔班奴也从亚美尼亚王那里割取了一大块富饶的土地给以撒提。那块地方叫作尼西比斯，马其顿人以前在那里建过一座城邑，名为迈各多尼亚的安提阿。这些就是帕提亚王加给以撒提的尊荣。

**4.** (69)不久之后阿塔班奴就去世了，他把王国交给了他的儿子巴尔丹尼斯。巴尔丹尼斯来找以撒提，想要说服以撒提与他联军，在他预备对抗罗马人的战事上帮助他。(70)但是他并没有说动以撒提。以撒提非常清楚罗马人的实力与好运，认为巴尔丹尼斯的企图是不可能成功的；(71)而且以撒提让他五个年幼的儿子都来正确地学习我们民族的语言以及我们的知识，并让他的母亲如先前所记的到我们的圣殿里敬拜，这些都让他较为倾向于顺服。于是他阻止了巴尔丹尼斯，并告诉他罗马人一直以来的丰功伟绩和强大军力，借此来吓阻巴尔丹尼斯，希望他不要向罗马人出兵。(72)但是帕提亚王被他的行为激怒了，并立刻向以撒提宣战。然而巴尔丹尼斯并没有从这场战争上得到任何益处，因为神断绝了他所有的希望。(73)当帕提亚人知道巴尔丹尼斯决定出征罗马人的企图时，就刺杀了他，并将王位给了他的兄弟哥他尔底。(74)没过多久，哥他尔底也在一次阴谋中丧生，他的兄弟沃罗各西继承了王位。沃罗各西将国土中的两个省份交给他同父的两个兄弟管理：玛代交给兄长帕克鲁斯，亚美尼亚交给提利大提。

## 第四章

# 以撒提的子民叛变,以及他被阿拉伯人攻打;
# 以及以撒提在神的保守下从他们手中被拯救出来

1. (75)王的哥哥摩努巴苏斯和他的亲人看到以撒提因为敬畏神而得到所有人的尊崇,他们也想要离弃本国的宗教改用犹太人的习俗。(76)但是他们这项行动被以撒提的子民发现了,这事使得地方上的长官们非常不悦,对他们的怒气无法止息,这些官员们就想要找一个适当的机会来惩治他们。(77)于是官员们写了一封信给阿拉伯王亚比亚,请他来征讨他们的王,并应允以重金作为回报;他们更应承说在亚比亚一开始进攻时,他们就会舍弃他们的王,因为他们痛恨王对他们本国宗教所做的一切,想要借此惩罚他;然后他们彼此宣誓要互相效忠,这些官员们也请亚比亚尽快策划这次的进军行动。(78)阿拉伯王同意了他们的要求,就率领了一队大军去攻击以撒提。第一场战役刚刚开始、两军尚未真正交锋时,以撒提那方的官员们就按照事先的约定离弃了以撒提,背对着敌军四散逃逸。(79)以撒提对此并没有生气,但等到他发现官员们实际上已经背叛他时,就退回到军营里调查此事。他一查出那些策划联合阿拉伯王谋反的人,就立刻处死其中有罪的人。等到次日重新开战,以撒提在战事中杀死了许多敌军,(80)并迫使其他敌军四处逃跑。他一直追赶阿拉伯王,把他逼到一个叫作阿撒木的碉堡,在经过一场激烈的保卫战后,以撒提夺取了那座碉堡。他劫掠了碉堡里为数不少的战利品后就回到了阿迪亚本。不过他并没有活捉亚比亚，因为亚比亚一看到自己四面受敌就自尽了。

**2.** (81)由于神的保守，那些阿迪亚本的官员们第一次谋反失败，他们的计谋被他们王的手所破坏。然而他们并未就此死心，又写信给帕提亚王沃罗各西，希望他能为他们除去以撒提，另立一位帕提亚家族的权贵来统治他们，说他们因为自己的国王废除了本国的律法、去采用外邦的习俗而痛恨他。(82)帕提亚王得到了这个消息后，就大胆地对以撒提用兵。由于他没有正当的理由宣战，就只好派人去见以撒提，命令以撒提将他父亲赏赐给他的特权归还，并威胁以撒提说倘若拒绝这命令就要对他出兵。(83)以撒提听到这番话后心中不悦，他不愿意怯懦地放弃这些赐给他的特权，因为这样做就会成为自己的耻辱；(84)更何况他也知道帕提亚王就算是取回了这些尊荣也不会善罢甘休。于是以撒提将自己面临的存亡危机完全交在他的保护者神的手中，(85)把神视为他最重要的帮助，然后他将妻儿带到一个坚固的碉堡，又在他的驻军处储藏粮食，并把草地与干草都焚烧殆尽。以撒提尽可能地做好预备后，就等待着敌军到来。(86)帕提亚王比预期还要迅速地带领了包括步兵与骑兵的大军前来（因为他以极快的速度行军），驻军于阿迪亚本和玛代两国分界河的河岸边，以撒提也率领了六千骑兵在不远的地方扎营。(87)帕提亚王派了信使去见以撒提，那人告诉以撒提王他的疆域从幼发拉底河直到巴特利亚，又对他细数臣服于王的子民；(88)他还威胁以撒提说他这样不知道对主人感恩会遭到惩罚，而他所敬拜的神也无法将他从帕提亚王的手中拯救出来。(89)当信使们将信息送给以撒提时，以撒提回答说他知道帕提亚王的实力远超过自己，但是他更清楚知道神的权柄是超越所有人的。这样回复信使们之后,以撒提就向神迫切地恳求,他俯伏于地并将灰尘洒在自己的头上,表现出他的悲痛,他也带领着他的妻儿们禁食。然后他向神呼求道:(90)"神啊! 你是全地的主宰,倘若我没有徒劳将自己交托于你的美善,而是正确地将你视为万物中最重要的那位神,就请你来帮助我并抵挡我的敌人,不仅因为我的缘故,而是因着敌人对你权柄的轻视,因他们毫无惧怕地以骄纵和狂傲来对抗你。"(91)以撒提就这样向神哀哭悲痛,神也听了他的祈祷。就在当天晚上,沃罗各西收到一封信,里面说到达恩和撒肯藐视他,趁着他远离国土的时候率领大军来征讨他,并且大肆破坏帕提亚。于是沃罗各西[被迫]无功而返。这就是神的保守,让以撒提避开了帕提亚人的威胁。

**3.** (92)没过多久以撒提就去世了,享年五十五岁,他统治他的王国长达二十四年。以撒提留下了二十四个儿子和二十四个女儿,(93)但是他下令将王权交给他的哥哥摩努巴苏斯,以此来回报他,因为他们父亲去世时,他哥哥在他还没有回来前忠心地将政权保留给他。(94)不过他母亲海伦娜知道他儿子过世的消息后,心情相当沉重。这是可想而知的,因为她失去了这样一个负责任的孩子,但是她也非常欣慰地得知以撒提将王位传给了自己的长子。于是她急急忙忙地前去看他。海伦娜到了阿迪亚本不久之后也过世了。(95)摩努巴苏斯将海伦娜和他兄弟以撒提的骸骨送往耶路撒冷,并下令将它们埋在他母亲所建的金字塔中。金字塔一共有三个,建在离耶路撒冷不到六百公尺远的地方。(96)我们会在后面叙述摩努巴苏斯为王之后一生的事迹。

# 第五章

## 有关丢大以及加利利人犹大众子的事宜；
## 以及逾越节时发生在犹太人身上的不幸事件

**1.** (97)当法督还是犹大地的行政长官时发生了一件事，有一个名叫丢大的术士说服了一大批人带着他们的家产跟随他到约旦河去。他告诉他们自己是位先知，可以吩咐河水分开，让大家很容易地过河。(98)许多人都被他的话所迷惑。但是法督不允许他们参与他这项疯狂的尝试，就派出了一队骑兵去阻止他们，这些士兵出其不意地攻击他们，杀死了其中不少人，另外也活捉了许多人。他们还活捉了丢大，并将他的头砍下来带回耶路撒冷。(99)这是库斯皮乌•法督执政时发生在犹太人身上的事。

**2.** (100)接续法督的是提庇留•亚历山大，他是亚历山大城税吏长亚历山大的儿子，这位亚历山大以他的家世与财富成为他那个时代众人当中的显要，他比他的儿子亚历山大更为敬虔，因为他这位儿子离弃了自己民族的宗教。(101)在这几位行政长官执政时期，犹大地发生了大饥荒，海伦娜王后就是在那次饥荒时以昂贵的价钱从埃及购买玉米分配给需要的人，我在前面曾经提到过这件事。(102)除了这事以外，加利利人犹大的众子也都被杀了，我指的是当居里扭来普查犹太人资产时呼吁大家反抗的那位犹大，我们在前面的一本书中描写过这件事。他的儿子们的名字是雅各和西门，亚历山大下令将他们钉十字架。(103)这时卡尔息斯王希律让尼伯戴乌之子亚拿尼亚取代了卡米杜之子约瑟的大祭司职位。这时也是卡玛努来接续提庇留·亚历山大为犹大地行政长官的时候。（104）那位伟大的亚基帕王的兄弟希律也在克劳狄·凯撒执政的第八年去世，他留下了三个儿子：亚里斯多布是他和第一任妻子生的，百尼基和他生了百尼基阿努和希尔克努；但是克劳狄·凯撒将他的领土赐给了小亚基帕。

**3.**（105）当犹太人的政务在卡玛努管理之下时，耶路撒冷发生了暴动，许多犹太人在暴动中丧生。我先来谈谈这事的起因。（106）那是在逾越节的庆典来临的时候，我们按照习俗在庆典里使用无酵饼，许多民众从各地聚集到这里来参加庆典。卡玛努为了防止人们集合起来闹事，就命令一个军团的士兵带着武器到圣殿的回廊上防卫，万一发生任何动乱，士兵们就可以在那里镇压他们，（107）以前犹大地的行政长官们在这样的庆典时也是如此做的。（108）但是在庆典的第四天，有一个士兵脱下了裤子，对着民众露出了他的私处。这事使得那些看到他私处的群众大为忿怒，他们大声哭喊着说，这个人不敬虔的行为不是为了要羞辱他们，而是为了要羞辱神。于是有些人认为卡玛努故意将那士兵安置在那里，就对卡玛努感到相当恼怒。（109）卡玛努听说犹太人对他的忿怒时很不高兴，但他还是劝阻他们骚动的行为，不希望在庆典时发生暴动。（110）不过卡玛努的劝说无法平息犹太人，他们还是不断地斥责卡玛努。卡玛努就下令所有的军队全副武装，到我们前面提到的安东尼堡待命，这地方刚好可以俯视圣殿。（111）民众看到士兵们在碉堡里感到十分害怕，就急忙想要逃跑。由于通道非常狭窄，又以为后面有士兵的追赶，他们在逃跑时全都挤在一起，许多人是在那些窄道上被挤死的。（112）这次暴动有超过两万人丧生。这好像不是一个庆典,反而像是个举哀的日子,他们只有哀伤恸哭而没有祈祷或献祭。一个士兵的无耻猥亵行为竟然为所有人带来如此惨重的不幸。

**4.** (113)他们第一次的哀伤还没有结束,另一个不幸又降临到他们身上,因为有一些引发前述暴动的人在离耶路撒冷二十公里远的官道上,抢劫了正在旅途中的凯撒的仆人斯特法努,把他的所有东西都劫掠一空。(114)卡玛努一听见这事,就立刻派兵前往,命令他们掠夺附近的村庄并将那里的重要人士都抓来见他。(115)就在士兵们蹂躏那地时,他们在其中一个村庄里发现了摩西的律法书,他们将这书拿到所有人的面前,当众将它撕毁,一面这样做一面发出亵渎而又鄙俗的言语。(116)犹太人听说了这事就聚集在一起,下到凯撒利亚去见当时正在那里的卡玛努,并说他们不是为了自己前来,而是为了神,因为神的律法被公然侮辱;他们先祖的律法遭到这种方式的侮辱,使得他们无颜再继续苟活。(117)卡玛努怕他们再次兴起暴动,同时也在他友人们的建议下,就将亵渎律法书的士兵砍了头,这样才平息了一触即发的第二次暴动。

# 第六章
## 犹太人和撒玛利亚人之间发生的一场纷争;
## 以及克劳狄如何平息了这场纷争

**1.** (118)那时犹太人和撒玛利亚人为了下面这件事起了纷争:加利利人在传统上都是经过撒玛利亚人的地方前往圣城去参加庆典。在这次的旅程当中,他们路过了一个叫作基内的村庄,这村庄位于撒玛利亚和大平原的交界处,村里的一些居民起来攻击加利利人,并杀死了其中不少人。(119)加利利人中的首领得知此事后就去见卡玛努,希望他能为这些死去的加利利人复仇,然而卡玛努在撒玛利亚人的金钱收买下完全不理会这件事。(120)加利利人对此感到非常不满,就去说服犹太人用武力来争取自由。他们对犹太人说,处于为奴的景况下本来就十分悲惨,现在又加上了直接的伤害,更是让人无法继续忍受下去。(121)但是犹太人的首领竭力安抚他们,并允诺尽量说服卡玛努为死者报仇。他们不会听从加利利人去反抗卡玛努的政权,却拿起武器去恳求以利亚撒的帮助。以利亚撒是长居山区的盗匪底奈乌的儿子,他们在他的协助下劫掠了撒玛利亚人的许多村庄。(122)卡玛努听说犹太人的行为后就带领拥有四个步兵军团的塞巴斯特军队,又武装了撒玛利亚人,率领他们前去对付犹太人。他们与犹太人对战,杀死了许多犹太人,并活捉了更多的犹太人。(123)耶路撒冷城中那些最受人敬重和出身最尊贵的显要们知道这事时,就立刻披麻蒙灰,用尽各样办法去恳求这些叛乱的人。他们说叛乱者的所作所为带来的结局将是国家立时的毁灭、圣殿的被焚以及他们自己和妻儿被掳为奴。他们恳求这些人改变心意,放下手中的武器,回到自己的家园,借此得到将来的和平。这一番话打动了叛乱者的心,(124)于是他们解散了,盗匪们仍旧回到他们原先居住的坚固之地。从此以后犹大地就成为盗匪肆虐的地方。

**2.** (125)但是撒玛利亚人的首领们前去见那时正在推罗的叙利亚省长乌米丢斯·夸德拉图,向他控诉犹太人焚烧他们的村庄并且劫掠他们,(126)还说自己对于所受的痛苦并不那么在意,但是犹太人这样的行为是对罗马人的轻蔑侮辱，因为倘若犹太人受到了任何伤害，应该让罗马人来对发生的事做裁决，而不是用这样的方式大肆破坏，好像他们完全不受罗马人的管理一样。（127）撒玛利亚人的首领们想要用这样的方式得到他们期待的报复，这番话就是撒玛利亚人对犹太人的控诉。不过犹太人指证撒玛利亚人是这次暴动与战事的肇始者，因为是他们先用礼物贿赂了卡玛努，才让卡玛努对加利利人被害一事不闻不问。（128）夸德拉图听了双方的申诉之后就将听证会延后，他应允等他前往犹大地收集更多实情后，一定会对此事做出裁决。（129）于是所有人都无功而返。不久以后夸德拉图就到撒玛利亚举行了一次听证，他认为撒玛利亚人的确是这次骚动的主谋。不过他听说有一些犹太人又有新的计谋，就下令将那些被卡玛努抓到的人钉死在十字架上。（130）夸德拉图从撒玛利亚来到一个叫作吕大的村庄，那地的面积不小于一个城邑。夸德拉图在那里再次于法庭中听取撒玛利亚人的证词，有一个撒玛利亚人指出一个名叫多尔突的犹太要人和其他四个同谋者说服了民众反叛罗马人，（131）于是夸德拉图下令将他处死，又将大祭司亚拿尼亚和圣殿的指挥官亚拿努绑起来押送到罗马，说明他们究竟对克劳狄·凯撒做了一些什么事。（132）夸德拉图还命令撒玛利亚人和犹太人的首领们、行政长官卡玛努，以及军团指挥官克勒尔前往意大利去见皇帝，让皇帝可以听听他们每个人的理由，好根据其中的异同作出裁定。（133）由于夸德拉图恐怕犹太人民企图反叛，就亲自到耶路撒冷察看。他发现那里一片祥和，正在向神庆祝他们民族日常的一个庆典。于是他相信他们不会有谋反的企图，就让他们自由地庆祝节期，自己则动身返回安提阿。

3.（134）皇帝指定了一天给被差往罗马的卡玛努和撒玛利亚人的

首领们,让他们可以申诉他们和犹太人间产生纷争的原因。(135)那些凯撒所释放的自由人以及他的友人们都站在卡玛努和撒玛利亚人这边,本来他们会在这件事上得到胜利。不过那时小亚基帕正好在罗马,他见到那些犹太首领们的坚毅态度,就热切地恳求皇帝的妻子亚基帕娜去说服皇帝听一听犹太人的申诉,因为惩罚那些背叛罗马政权的真正主谋更符合皇帝的公义。(136)在这样的情况下,克劳狄事先已经预备好要秉公处理,等他听过了犹太人申诉的原因,发现撒玛利亚人才是这些恶事的肇始者,就下令将那些前来见他的撒玛利亚人处死,并放逐了卡玛努。克劳狄又命令把军团指挥官克勒尔送回耶路撒冷,让所有市民见到他被捆绑着在全城里巡回一周,然后再受处决。

# 第七章

## 腓力斯受命成为犹大地的行政长官;
## 以及有关小亚基帕和他的姐妹们的事情

**1.** (137)于是克劳狄派遣帕拉斯的兄弟腓力斯到犹大地去处理政务;(138)在克劳狄执政满十二年时,他又将腓力和巴塔尼亚的分封王权以及特拉可尼和吕撒聂分封王所拥有的亚比拉都赐给了亚基帕,不过他从亚基帕手上取回了亚基帕管理了四年的卡尔息斯。(139)亚基帕得到凯撒送给他的这些领土后,就在埃莫萨王阿兹祖应允受割礼的条件下,将他的姐妹德鲁西拉嫁给了阿兹祖。至于原先答应了德鲁西拉之父要接受犹太教的安提阿古王之子伊比芬尼,现在却不愿意实践这个诺言,就拒绝娶德鲁西拉为妻。(140)亚基帕又把玛利安嫁给了黑尔克阿之子亚基老,这婚约是玛利安之父亚基帕原先就订下的。他们婚后生了一个女儿,名叫百尼基。

**2.** (141)德鲁西拉和阿兹祖的婚姻没有维持多久就结束了,这事发生的经过是这样的:(142)腓力斯做犹大地的行政长官时,见到了这位德鲁西拉并爱上了她。德鲁西拉的确比所有其他女人更美貌。于是腓力斯派了一个在塞浦路斯出生的犹太友人去见德鲁西拉,这人名叫西门,他假扮为一位术士。西门尽力去说服德鲁西拉抛弃原来的丈夫去嫁给腓力斯,并且允诺她会得到幸福与快乐。(143)德鲁西拉在这种情况下就做了这件恶事,另外一方面德鲁西拉也希望借此免去她姐姐百尼基对她的嫉妒。百尼基一直因为德鲁西拉的美貌而对她不友善,她也劝说德鲁西拉去触犯先祖的律法嫁给腓力斯。腓力斯和德鲁西拉生了一个儿子,腓力斯为他取名为亚基帕。(144)后来这位年轻的腓力斯和他的妻子在维苏威火山爆发时丧生,那时的皇帝是提图斯·凯撒,我们以后会说到这件事。

**3.** (145)至于百尼基,她在[卡尔息斯王]希律死后孀居了很长一段时间,希律既是她的丈夫又是她的叔父。据说百尼基和她的兄弟[小亚基帕]有染,所以百尼基就去说服基利家王波力莫接受割礼并娶她为妻,借此证明那些对她不利的传言都不是真的。(146)因为百尼基非常富有,波力莫就被她的话打动而同意了这件事。这场婚姻没有维持多久,百尼基就离开了波力莫。我们已经说过百尼基在这件事上本来就存心不正,波力莫一结束这段婚姻就立刻放弃了犹太教。(147)同时,玛利安也丢下了亚基老改嫁给德米特里,这人因为身世和财富的关系而成为亚历山大城犹太人中的显要人士,也是他们当时的税吏长。玛利安给她和德米特里的儿子取名为亚基帕努。我们在后面会对这些事情有更为详尽的说明。

# 第八章
## 在克劳狄死后,尼禄如何继承王位;以及尼禄的许多野蛮行为。以及在腓力斯和非斯都为犹大地行政长官时各地兴起的抢匪、杀人犯以及骗子

**1.** (148)克劳狄·凯撒在掌权了十三年八个月又二十天时就过世了,有人说他是被他的妻子亚基帕娜毒死的。亚基帕娜的父亲是凯撒的兄弟革玛尼库。她的前夫多米提乌·艾诺巴布是罗马城里最显要的人士之一,(149)艾诺巴布死后亚基帕娜就一直守寡,直到克劳狄将她娶来为妻。亚基帕娜嫁过来的时候带着与她前夫同名的儿子多米提乌。从前克劳狄曾因为嫉妒杀了他的妻子麦莎莉娜。他和麦莎莉娜生了布里坦尼克和屋大维亚,(150)他们最年长的姐姐是克劳狄和第一任妻子佩利娜所生的安东尼娅。克劳狄将屋大维亚嫁给了尼禄(凯撒收养了多米提乌作为他的儿子以后,就赐"尼禄"为他的名字)。

**2.** (151)由于亚基帕娜害怕布里坦尼克成人之后会接续他父亲的政权,她就打算先将大权夺下来给自己的儿子[尼禄],据说这就是亚基帕娜阴谋杀害克劳狄的原因。(152)克劳狄死后,亚基帕娜立刻派遣军事将领布路斯、军团指挥官们以及最有权势的自由人等将尼禄带到军

营,在那里宣誓效忠他为皇帝。(153)尼禄以此夺取政权后,就在民众不知情的情况下毒死了布里坦尼克,不久之后他也公开将他的母亲处死,用这种方式来回报那位生育他又密谋助他得到罗马帝国的人。尼禄也杀了自己的妻子屋大维亚以及许多显要之士,因为他认为这些人同谋来对付自己。

**3.** (154)我不会对这些事情多加叙述,因为已经有太多人记录了尼禄的历史,其中有些人从尼禄那里得到了好处,所以他们所记载的完全偏离事实;另外一些人出于对尼禄的痛恨而充满偏见地以谎言胡乱指责他,这样的人也应该受到责备。(155)我对这些用谎言描述尼禄的人并不感到讶异,因为他们在记录尼禄之前的历史时也没有维护事情的真相,而他们对那个时代根本没有忿怒的理由,他们是在那个时代之后很久才出生的。(156)对于不尊重事实的人来说,他们可以随心所欲地写作。(157)然而我们的目标就是记述史实,所以我们应该要略为叙述一下这事。不过我们需要详细记载发生在我们犹太人身上的事,不论是我们遭遇到的苦难还是我们所犯的罪,都要不厌其烦地加以描述。我现在要回到有关我们自己的历史了。

**4.** (158)尼禄掌权的第一年间,埃莫萨王阿兹祖去世,他的兄弟萨摩斯继承了他的王国,而尼禄将小亚美尼亚的政权交给了卡尔息斯王希律之子亚里斯多布。(159)凯撒又将加利利的一部分、提比哩亚以及塔里齐亚赐给了亚基帕,命令那些地方的人顺服亚基帕的管辖。他还把犹利亚及其附近的十四个村庄赐给亚基帕,犹利亚是庇哩亚的一个城邑。

**5.** (160)那时犹太人的景况愈来愈差,国内再度充斥着盗匪与迷惑民众的骗子。(161)腓力斯每天都抓到不少骗子与盗匪,并将他们处死。

他也抓到那个聚集了许多盗匪的底奈乌的儿子以利亚撒。腓力斯是以欺骗的方式抓到以利亚撒的,因他保证说只要以利亚撒前来自首,就绝对不会受到任何伤害,并用这些话说服了以利亚撒。但是当以利亚撒来到的时候,腓力斯却将他捆绑解送到罗马。(162)腓力斯也对大祭司约拿单颇为反感,约拿单常常教训他应该如何更好地治理犹大地,否则他自己可能会受到民众的指责,因为是他要求凯撒派腓力斯来做犹大地的行政长官的。由于约拿单不断地给腓力斯带来困扰,腓力斯就设下一个计谋将约拿单除去。对于那些不喜欢以公义行事的人来说,经常受到教导与训诫是件很痛苦的事。(163)腓力斯说服了约拿单最忠诚的友人之一多拉斯,让他带人去抢劫约拿单,借此将约拿单杀死。多拉斯是耶路撒冷城的公民。腓力斯也允诺给多拉斯一大笔钱作为做这件事的报酬,多拉斯听从了他的建议,以下述方式让那些盗匪把约拿单除去:(164)他们派了一些盗匪假装上耶路撒冷敬拜神,那些人将匕首藏在外衣下面,混在民众当中把约拿单杀害了。(165)这个谋杀一直没有得到报应。这事之后,他们又以更完善的防备上去庆祝节期,以同样的方式藏起他们的武器,混在民众当中杀死了他们的一些对头,并为了金钱的缘故去讨好一些人。他们不仅在市郊杀人,也在圣殿杀人。他们真是胆大包天,敢在圣殿里面杀人,全然无视所犯之罪对神的大不敬。(166)我认为神就是因为痛恨这些人的邪恶才弃绝我们的城邑,神也不再认为圣殿是他能安居的圣洁之地,他将罗马人带来对付我们,又用火烧毁了圣城,让我们以及我们的妻儿被掳为奴,希望能借着各样临到我们身上的不幸让我们更有智慧。

**6.** (167)这些盗匪所做的事让整个城邑充满了不敬虔,而那些骗子们又说服民众跟随他们到旷野去，(168)假装要在那里行神所预备的各样神迹奇事。那些被他们说服的人都因为自己的愚昧而受到惩罚，因为腓力斯把他们都带回来加以惩处。(169)此外还有一个从埃及来到耶路撒冷的人，他自称是个先知，劝导民众跟随他到离城一公里远的被称为橄榄山的地方，那山紧靠着耶路撒冷并且高过它。(170)这人还说他会让他们看到，连耶路撒冷的城墙都会听从他的命令而倒下，他也允诺会在城墙倒塌时为他们留下一条入城之路。(171)腓力斯听说了这件事后就命令大队骑兵与步兵带着武器从耶路撒冷去对付他们，吩咐他们攻击那个埃及人以及跟随他的人。他们一共杀了四百人并活捉了两百人。(172)但是那个埃及人自己逃脱了这场战事，从此再没有出现过。那些盗匪们又再一次鼓动民众起来反抗罗马人，叫他们不要再臣服于罗马人统治之下；如果有人不听从，那些盗匪们就在他们所住的村庄放火，并将那些人的财物劫掠一空。

7. (173)这时住在凯撒利亚的犹太人和该地的叙利亚人之间发生了一场极大的冲突，冲突的原因是有关平等享有公民特权一事。犹太人宣称他们比较杰出，因为凯撒利亚这城是他们的王希律所建的，而希律生来就是犹太人。那些叙利亚人并没有否认关于希律的宣告，但是他们说凯撒利亚原来的名称是斯特拉托塔，在那个时候还没有任何犹太人定居在这里。(174)该地的首长们听说了这些纷争，就将双方的闹事者抓来，用鞭子责打他们，以这个方法暂时平息了纷争。(175)然而犹太公民们仗恃着他们的财富就轻视叙利亚人，这些犹太人一再侮辱叙利亚人，想要借此触怒他们。(176)但是那地的叙利亚人也自视甚高，因为那里大部分的罗马士兵都是凯撒利亚或塞巴斯特当地的人，他们也不断用侮辱的言辞回敬犹太人，最后闹到双方互相投掷石块、两败俱伤，不过犹太人还是胜利了。(177)腓力斯看到这场冲突演变成一种类似战争的状况，只好紧急来到他们当中，希望犹太人不要再继续挑衅。犹太人拒绝听从腓力斯的调停，腓力斯就命令他的军队来对付犹太人。他们杀了不少犹太人，并将更多的犹太人活捉。腓力斯还让他们任意劫掠其中一些非常富裕的公民的家产。(178)该地有一些态度比较温和且受人敬重的犹太人很担心自身的安危，就希望腓力斯撤走他的军队，不要再来打扰他们，让他们可以有机会为所做之事忏悔。腓力斯就听从了他们的请求。

8. (179)这时亚基帕王将大祭司的职位给了法比底的儿子以实玛利。(180)而耶路撒冷也发生了一场祭司长们和民众首领间的冲突。他们各自聚集了一群最为胆大妄为的人，其中一些喜爱革新的人就成为他们的领袖。当双方聚在一起争执的时候，他们互相辱骂并投掷石块。没有人来责备他们，城里的混乱到了一种不可收拾的地步，好像处于无政府状态之下。(181)祭司长们厚颜无耻且鲁莽妄为，他们竟然冷酷无情地派遣仆人去禾场，把祭司们该得的十分之一拿走，后来就导致那些比较贫穷的祭司们死于食物的缺乏。这次冲突所引发的暴力完全压倒了正义与公平。

9. (182)尼禄在此时差派了波求·非斯都来接续腓力斯的职务，而居住在凯撒利亚的犹太显要们则前往罗马控诉腓力斯，要不是腓力斯的兄弟帕拉斯不住地恳求，腓力斯一定会受到制裁。那时帕拉斯是尼禄眼前的红人。(183)有两个住在凯撒利亚的叙利亚要人以大笔金钱收买了布路斯，要让犹太人不能再继续享有他们一直都拥有的平等的公民权利。布路斯是尼禄的教师，也是为尼禄处理希腊文信件文稿的人。（184）在布路斯的恳请下，尼禄就应允要为这个目的写一封信，而这封信也成为下述这些临到我们民族的苦难的根源。因为当那些住在凯撒利亚的犹太人得知这封给叙利亚人信件的内容时，就发生了比以前更大的骚乱，直至战火点燃。

**10.**（185）当非斯都来到犹大地时，那地的民众正因受到盗贼的骚扰而苦不堪言。盗匪们不但劫掠村庄，还在各地的村庄放火。（186）这些盗匪被称作西卡利，他们的人数在那段时期大幅增加。这些人使用短刀，刀的长度好像波斯人的短刀，不过比波斯人的短刀要弯一点，更像是被罗马人称作西凯的刀，这些盗匪的称呼就是从这武器而来的，他们也用这武器杀害了许多人。（187）我们以前曾经提到，这些盗匪们在节期的时候混在从各地前来敬拜神的群众当中，这样就可以非常容易地杀死那些他们想要杀害的人。他们也常常带着武器到他们对头所住的村落里放火打劫。（188）于是非斯都派出马兵和步兵去攻击那些被一个骗子蒙蔽的人，这骗子应允说只要他们跟随他前往旷野，就会将他们从目前的痛苦中拯救出来，重获自由。这些军队听命将这个人和他的跟随者都杀灭了。

**11.**（189）大约在这个时候，亚基帕王为自己在耶路撒冷的王宫里靠近门廊的地方建了一间非常大的餐厅。（190）这王宫以前是由哈斯摩尼的孩子们所建的，它位于一个高地，对于想要观赏全城景观的人而言，这里提供了最佳的视野。王也最喜欢从这里欣赏耶路撒冷，他可以在那里休息、吃饭，并察看圣殿里的一举一动。（191）那些耶路撒冷城里的要人知道此事后，都感到十分不悦，因为外人观看圣殿里的事，尤其是那些有关献祭的事,不符合我们民族的律法。于是他们在内殿朝西向的最高建筑物上建了一堵墙。(192)这墙建好的时候,不但挡住了王宫餐厅的视野,也遮住了圣殿外殿西边的回廊,那回廊是罗马士兵在节期时驻守圣殿的地方。(193)亚基帕王和行政长官非斯都对这件事感到非常不满。非斯都命令他们立刻将这堵墙拆除,但是犹太人请求非斯都允许他们派遣使者为这件事去见尼禄,说他们无法忍受圣殿的任何部分遭到拆毁。(194)非斯都准许了他们的请求,他们就差派了他们当中的十位显要、大祭司以实玛利以及管理圣殿财物的黑尔克阿前去求见尼禄。(195)尼禄听了他们的分诉后,不仅原谅了他们的所作所为,也让他们可以保留建在内殿里的那堵墙。尼禄对他们的施恩是为了要讨好他的妻子波贝娅。波贝娅是位敬虔的女子,是她向尼禄求得这项恩典的。于是尼禄吩咐这十位使节回去,但是将黑尔克阿和以实玛利留下来作为人质。(196)王一得到这个消息,就立刻把大祭司的职位给了曾经做大祭司的西门之子约瑟,约瑟又被人称为卡比。

# 第九章
## 在阿尔比诺为行政长官时雅各被弑的经过；
## 以及亚基帕所建的大型建筑

**1.** (197)凯撒得知了非斯都的死讯,就派遣阿尔比诺去犹大地做行政长官。这时王也将大祭司一职从约瑟手上夺走,继任大祭司的是亚拿努之子,他的名字也叫亚拿努。(198)据说老亚拿努是个非常有福气的人,他有五个儿子,每一个都做过神的大祭司,他自己以前也曾长期享有这个尊位,这样的事没有发生在其他任何的大祭司身上。(199)我们前面提到的这位小亚拿努是个脾气暴躁且心性傲慢的人,也是撒都该派的人。根据我们的观察,他比所有的犹太人都更为严厉地审判触犯律法的人。(200)由于亚拿努这样的个性,在他得到大祭司的职位后,就更是认为自己得到了一个大好机会[来使用他的特权]。这时非斯都已死,而阿尔比诺还在路上,亚拿努就召集了公会成员,他将耶稣(人们称他为基督)的兄弟雅各和其他几个人[就是和雅各在一起的人]带到他们面前,指控雅各等人触犯了律法,然后就定下以石块处死的判决。(201)那些行事最为公正的市民对亚拿努这样破坏律法感到十分不安,他们都很不喜悦他所做的事。他们派人去见亚基帕王,希望他能派人告诉亚拿努再也不可如此行,因为亚拿努在所做的事上根本站不住脚。(202)他们当中的一些人甚至在阿尔比诺从亚历山大城前来犹大地的旅途中去求见他,说亚拿努没有得到他的许可就召集公会是不合法的。(203)阿尔比诺同意他们所说的话,就怒气冲冲地写了一封信给亚拿努,威胁亚拿努说他所做的事会为自己带来惩罚。亚基帕王为了这件事就不再让他做大祭司,接续他做大祭司的是达莫纽之子耶书亚。亚拿努一共做了三个月的大祭司。

**2.** (204)阿尔比诺一到达耶路撒冷,就剿灭了许多"西卡利",尽心竭力地要使这地得享平安。(205)这时大祭司亚拿尼亚的尊荣与日俱增,得到了市民们极大的好感和尊敬。由于他聚积了许多财富,就借许多的礼物和阿尔比诺以及大祭司耶书亚建立了友谊。(206)亚拿尼亚有一些恶毒的仆人,他们聚集了一些蛮横的人前往禾场,将那些属于祭司们的十分之一以暴力夺走,并且殴打那些不肯将十分之一给他们的人。(207)于是其他的祭司长们也群起效尤,没有人能禁止他们的行为。由于祭司们一向都是仰赖十分之一维生,这导致其中一些年长的祭司因为缺乏食物而死亡。

**3.** (208)这时有一个节期近了,那些"西卡利"就趁着夜间进入城里,把属于管理圣殿者的文士捆绑起来带走了。这位文士名叫以利亚撒,是大祭司亚拿努(亚拿尼亚)的儿子。(209)他们派人来对亚拿尼亚说,只要他说服阿尔比诺释放他们被囚的十个同伙,就会将文士还给亚拿尼亚。于是亚拿尼亚不得不去请求阿尔比诺,并且得到了他的恩准。(210)这就是其他更大不幸事件的开端,因为这些盗匪们不断地设下计谋去把亚拿尼亚的仆人抓走,然后就一定要等到对方释放了一些"西卡利"后才会将仆人们放回。随着人数不断增加,他们也越来越胆大妄为,为国人带来了莫大的痛苦。

**4.** (211)约在此时,亚基帕王为了尊崇尼禄而将凯撒利亚腓立比建造得比原先更加壮观,并将它命名为尼禄尼亚。他又在贝里图斥资兴建了一座剧场,每年都在那里安排多场演出,花费好几万[德拉克马]。(212)亚基帕王又赐给那地的民众许多玉米和油,并自己花钱用许多的雕塑以及出自古人之手的原始图像装饰那城。此外他还将自己王国中几乎所有的装饰都迁移到尼禄尼亚。这些行为让亚基帕王的子民们对他更加不满,因为他把原属他们的东西拿去装饰一个外邦的城邑。(213)亚基帕王也将大祭司的职位从达莫纽之子耶书亚手中取走,另外立了迦玛列之子耶书亚为大祭司。祭司长们为了这件事起了纷争,他们各自都聚集起来最勇敢的人,彼此攻击——从互相责备到向对方投掷石块。然而亚拿尼亚靠着他的财富而让其他人无法与他抗衡，他可以用他的财富来收买许多人。(214)格斯多巴录和扫罗也招聚了不少邪恶卑劣的人，这是因为他们拥有王室家族的身份，基于他们和亚基帕的亲戚关系，才得到了这些人的支持。然而他们却以暴力对付民众，随时预备要去劫掠那些比他们软弱的人。我们的城邑就是从那时开始陷入一片混乱，我们的处境也每况愈下。

**5.** (215)当时阿尔比诺听说革西乌·弗罗洛要来接续他的职位，就想要做一些让耶路撒冷的人民感恩的事，于是他将监狱中所有应该判处死刑的人处决。至于其他那些为了一些小事被捕入狱的人，阿尔比诺就在收取了一些费用后释放了他们。这样一来监狱中的确没有犯人了，但是却令我们整个国家充斥着盗匪。

**6.** (216)我们当中的利未支派中有许多唱诗的人，他们说服王召集了公会成员，请求这些人允许他们和祭司一样穿着麻制的衣服，他们的理由是亚基帕王的政权在日后可因着这项创举而被人纪念。(217)他们成功地达到了他们的期望，王和那些公会成员同意让这些唱诗的人将原来的服饰摆在一旁，按照自己的心意去穿麻制的衣服。(218)利未人中有一些人是负责管理圣殿的，王也允许他们当中那些前来恳求他的人学习唱诗。这完全是与我们律法背道而驰的事，任何时候我们的律法受到破坏，我们就一定会因为触犯律法而受到惩罚。

**7.** (219)这时候圣殿完工了，人们看到那里大约一万八千名的工人生活没有着落，因为他们在圣殿里的劳力只为他们换取了面包而没有工价。(220)人们并不想要用存在圣殿银库里的钱来养活这些人，他们又怕罗马人会将这些钱拿走。但是他们又想要让这些工人得到供应，于是就想办法要把银库里的钱花费在这些工人身上。他们希望这些工人每工作一个小时就能立刻得到工价。他们怀着这个想法前去游说亚基帕王，要求他重新修建东边的回廊。(221)这些回廊在外院里，位于一条深谷中，还有长达四百肘的围墙环绕，围墙是用纯白的方形石块所建的，每一块石头都是二十肘长六肘高。它们是所罗门王的杰作，所罗门是第一位建造整座圣殿的王。(222)克劳狄·凯撒将圣殿的管理权交给亚基帕王，但是亚基帕觉得任何建筑都是拆毁容易重建难，而这些回廊的重建更是不易，需要花费大量的时间与金钱，于是他否决了请愿者的这项要求。不过他并没有反对这些人提出将耶路撒冷用白石重铺的请求。(223)亚基帕王又把迦玛列之子耶书亚的大祭司一职夺去，另立了提阿非罗之子马提亚为大祭司，犹太人与罗马人的战事就发生在马提亚为大祭司的时候。

# 第十章
## 细数大祭司

**1.** (224)我认为叙述我们的大祭司们对这段历史而言是十分恰当的：他们是如何开始的，谁是那些有资格得到这尊位的人，在战争结束前共有多少位大祭司。(225)首先历史告诉我们摩西的兄弟亚伦以大祭司的职分向神献祭。亚伦死后，他的儿子们立刻继承了他，这个尊位也从他们开始流传下来给他们的子孙。(226)根据我们的传统，唯有亚伦的后裔可以得到神的大祭司这个职位，其他血源的人就算身为帝王，也绝对不能做大祭司。(227)因此从我们提到过的第一位大祭司亚伦开始，直到暴动引发的战争时期被立为大祭司的法拿斯为止，大祭司的数目一共是八十三人。(228)其中有十三人在旷野被立为大祭司，那时会幕还在旷野中，从摩西的时代开始，到民众进入了犹大地、所罗门王建了神的殿为止。(229)最初得到大祭司职位的人至死都一直拥有这权柄，虽然后来在他们仍然活着的时候就会先确立继承人。这十三位大祭司都是亚伦次子的后代，他们一个接续一个地继承大祭司的尊位，那时的政权则是由贵族统治制度转变为君主统治制度，接下来的第三种制度是皇家政府制度。(230)这十三位所掌管的时期是从我们先祖在摩西的带领下出埃及时开始，一直到所罗门王在耶路撒冷建造圣殿为止，一共是六百一十二年。(231)这十三人之后又有十八位在耶路撒冷被立的大祭司，他们从所罗门王开始，一个接一个承袭大祭司的职分，直到巴比伦王尼布甲尼撒出征耶路撒冷、焚毁圣殿，将我们民族掳到巴比伦，并俘虏了大祭司约萨达，(232)这段大祭司时期一共是四百六十六年六个月又十天，这段时期犹太人是在帝王制度的统治之下。(233)巴比伦人将他们掳去七十年以后，波斯王居鲁士让犹太人从巴比伦回归到他们自己的土地，也让他们重建圣殿，(234)那时约萨达之子耶书亚做了被掳归回者的大祭司。这人和他总共十五人的后裔共做了四百一十四年的大祭司，一直到安提阿古·欧帕特王为止，他们是在民主政权的统治之下。(235)后来，上述这位安提阿古和他的军事将领吕西亚夺取了奥尼亚[又称为米尼劳]的大祭司职位，并将他杀死在庇哩亚。他们又赶走了[奥尼亚三世]的儿子，然后把大祭司的职位给了雅克模。这人的确是亚伦的后裔，但不是奥尼亚家族的成员。(236)死者奥尼亚的侄儿奥尼亚和他的父亲同名,他来到埃及与托勒密·非罗密特以及他的妻子克娄巴特拉建立了友谊,并说服他们立他为那座他为神在海里欧坡力所建圣殿的大祭司,这殿是模仿耶路撒冷圣殿而建的,(237)我们在前面已经多次提到过这座建于埃及的殿。雅克模做了三年的大祭司后就去世了,没有人接续他为大祭司,耶路撒冷在没有大祭司的情况下过了七年之久。(238)后来得到政权的阿萨摩尼众子的后代在战争中击败了马其顿人,之后就立了约拿单为他们的大祭司,管理他们七年。(239)我们在别处曾经提到过约拿单死于土鲁富谋反的阴谋,他的兄弟西门在他死后得到了大祭司的职位。(240)由于西门的女婿谋反,西门在一次宴饮中被杀,西门的儿子希尔克努继承他为大祭司。西门比他的兄弟多做了一年的大祭司。希尔克努享受大祭司的尊位达三十年之久,到很老的时候才去世,大祭司的职位就传给了又名"亚里斯多布"的犹大,(241)这人的兄弟亚历山大是他的继承人。犹大同时拥有大祭司的职位和政治的权力,后来死于一种非常痛苦的疾病。他是第一位将冠冕戴在头上的大祭司,为期一年。(242)亚历山大一共做了二十七年的国王和大祭司,他死后让他的妻子亚历山德拉为他指定下一位大祭司,于是亚历山德拉自己留下王位,把大祭司的职分给了自己的儿子希尔克努。亚历山德拉在九年之后过世。她的儿子希尔克努也享受了九年[没有更长]大祭司职位,(243)因为在亚历山德拉死后,希尔克努的兄弟亚里斯多布起来对抗他并将他打败,剥夺了他的职权,亚里斯多布自己同时执政且身兼神的大祭司。(244)亚里斯多布执政了三年又三个月后,庞培来攻击他,庞培不仅以武力占领了耶路撒冷,还将他和他的孩子们抓起来送往罗马。庞培又把大祭司的职位还给了希尔克努,并让他做国家的管理者,只是不允许他戴王冠。

(245)除了先前的九年外，希尔克努又掌权了二十四年。后来帕提亚人的将领巴撒法尼斯和帕克鲁斯过了幼发拉底河来攻打希尔克努并将他活捉,另外立了亚里斯多布之子安提古为王。(246)安提古掌权三年三个月后,索西乌斯和希律包围他并把他抓起来,安东尼将他送往安提阿,在那里处决了他。(247)那时希律被罗马人立为王,但他不再从阿萨摩尼家族里选立大祭司,只是从一些连祭司身份都没有的那些出身低微的家族中找人来做大祭司,后来的亚里斯多布除外。(248)希律立那位被帕提亚人带走的希尔克努之孙亚里斯多布为大祭司,并娶了他的姐姐玛利安为妻。希律想借着立亚里斯多布为大祭司来赢得民众的好感,因为民众对[他的祖父]希尔克努怀有好感。但是希律后来害怕大家都会倾向于亚里斯多布而将他杀害,所以当亚里斯多布在耶利哥游泳时,希律用阴谋让他窒息而死,我们在前面曾经提到过这事。(249)在亚里斯多布之后,希律就没有再立过阿萨摩尼众子的后裔为大祭司。希律的儿子亚基老在选立大祭司上也和他的父亲一样,后来那些得到犹太人政权的罗马人也是用同样的方式选立大祭司。(250)从希律掌权到提图斯占领圣殿和耶路撒冷并将它们烧毁,一共有二十八位大祭司,历时一百零七年。(251)这些人当中有些是希律和他儿子亚基老统治下的政府首长,他们死后政权变为贵族制度,国家的统治权被交给了大祭司。这些有关我们大祭司的记述应该是足够了。

# 第十一章
## 行政长官弗罗洛迫使犹太人
## 起兵反抗罗马人以及本书的结论

**1.** (252)尼禄派遣革西乌·弗罗洛接续阿尔比诺为行政长官，这人给犹大地带来了许多不幸。弗罗洛出生于克拉左门奈城，他带着妻子克娄巴特拉前来上任（由于克娄巴特拉与尼禄的妻子波贝娅是好朋友，弗罗洛才得到了这权柄），克娄巴特拉和弗罗洛一样歹毒。(253)弗罗洛非常邪恶且喜欢滥用权力，使得犹太人［相较之下］还觉得阿尔比诺是他们的恩人。他真的为犹太人带来了太多的灾难。(254)阿尔比诺将他的邪恶掩饰得很好，小心翼翼地不让人发现；但是革西乌·弗罗洛就像是特别被派来向大家展现他的恶行，对我们的民族大肆卖弄他的恶毒，从不略过任何一次暴行或是任何一项不公义的惩处。(255)他不会心存怜悯而感动，也总是贪得无厌，不论或大或小的掳掠他都想要得到，与盗贼们成为一丘之貉。由于有弗罗洛为靠山，许多人都毫不惧怕地以抢劫为生，靠着他使他们在所行的罪恶上不会受到任何惩罚，于是整个民族都生活在无止境的痛苦之中。(256)这些不幸的犹太人在无法忍受盗贼带给他们的蹂躏时，就只好远走高飞，希望能在外邦人的土地上过上［比在自己的国家］安适一些的生活。在这件事上我还能多说些什么呢？(257)就是这个弗罗洛逼得我们不得不拿起武器起来反抗罗马人，我们觉得一下子被毁灭要比一天一天慢慢被折磨死还要好些。这场战事在弗罗洛掌权的第二年开始，那年是尼禄执政的第十二年。(258)如果你想更清楚地知道我们被迫做出的行动，或是我们所忍受的痛苦，可以去看我所写的有关犹太战争的书。

2.(259)现在，我要为这本古史做个总结，之后我要开始写一些有关战争的事。这部古史涵盖了人类受造以来一直到尼禄执政的第十二年间所流传下来发生在犹太人身上的事，不论他们是在埃及、叙利亚还是巴勒斯坦。(260)此书也记载了我们从亚述人和巴比伦人那里所受的苦，还有波斯人、马其顿人以及后来的罗马人所带给我们的苦难。我认为我相当准确地描述了这段历史里的每一件事。(261)我也尝试着细数我们历时两千年来的大祭司们，并记载了王位的传承以及诸王的事迹，还有他们采用的政治治理模式，这一切的记录应该都没有［太大的］错误。另外还提到了我们君主的权力。书中所有的内容都是根据我们圣书里面的记录，我从本书的开始就应允要这样做。(262)我很大胆地说，无论是犹太人还是外国人，就算他们有这样的愿望，也无人能像我一样，为希腊人写出这样准确的作品。(263)就连我的同胞都承认，我接受的犹太习俗教育远远超越他们，我也花了许多心血去学习希腊文，了解希腊语言中的要素，尽管出于我的语言习惯，我的希腊语发音不够标准。(264)犹太人并不看重会说好几种外语、用优雅的发音修饰自己的语言，他们认为这种本领不算什么，无论是为奴的还是自主的，只要他愿意，都可以做到。但他们认为，只有通晓律法并能解释律法的人，才拥有真正的智慧。(265)因为虽然有许多人竭力在这方面下苦功，但最多只有两三位能够成功，当然他们能够很快得到他们辛苦的回报。

3.(266)或许我应当趁着还有在世的人可以反驳或证实我的话时，

简短地回顾我的家族历史和个人生平,我想这样做应该不至于招人反感吧。(267)我将以此作为这本古史的结尾,这部作品共有二十卷、六万节。如果神许可,我会再次简略提到那场战争和犹太人到现今——凯撒图密善统治的第十三年,也就是我生命的第五十六年——为止所发生的事情。(268)我也想要再写三卷以我们犹太人的观点来看神、他的本质以及我们律法的书,探讨为何按照律法,我们可以做某些事,也被禁止做另外一些事。

## 附录一:圣经参考对照表

| 犹太古史 | | 圣经 | |
|---|---|---|---|
| 书卷 | 章 | 书卷 | 章节 |
| 第一卷 | 第一章 | 创世记 | 1—3 章 |
| | 第二章 | 创世记 | 4 章 |
| | 第三章 | 创世记 | 4:26;5—9 章 |
| | 第四章 | 创世记 | 10:8—9;11:1—9 |
| | 第六章 | 创世记 | 9:20—27;10 章;11:10—32 |
| | 第七章 | 创世记 | 12:1—9 |
| | 第八章 | 创世记 | 12:10—13:13 |
| | 第九章 | 创世记 | 14:1—12 |
| | 第十章 | 创世记 | 14:13—17:27;18:9—15 |
| | 第十一章 | 创世记 | 13:13;18—19 章 |
| | 第十二章 | 创世记 | 20—21 章;25:12—18 |
| | 第十三章 | 创世记 | 22:1—19 |
| | 第十四章 | 创世记 | 23 章 |
| | 第十五章 | 创世记 | 25:1—4 |
| | 第十六章 | 创世记 | 24 章 |
| | 第十七章 | 创世记 | 25:7—10 |

| 犹太古史 | | 圣经 | |
|---|---|---|---|
| 书卷 | 章 | 书卷 | 章节 |
| | 第十八章 | 创世记 | 25—28 章 |
| | 第十九章 | 创世记 | 28—31 章 |
| | 第二十章 | 创世记 | 32—33 章 |
| | 第二十一章 | 创世记 | 34:1—35:26 |
| | 第二十二章 | 创世记 | 35:27—29 |
| 第二卷 | 第一章 | 创世记 | 25:29—34;36 章 |
| | 第二章 | 创世记 | 37:1—17 |
| | 第三章 | 创世记 | 37:18—36 |
| | 第四章 | 创世记 | 39 章 |
| | 第五章 | 创世记 | 40:1—41:45 |
| | 第六章 | 创世记 | 41:46—45:28 |
| | 第七章 | 创世记 | 46—47 章 |
| | 第八章 | 创世记 | 48—50 章 |
| | 第九章 | 出埃及记 | 1:1—2:10 |
| | 第十一章 | 出埃及记 | 2:11—25 |
| | 第十二章 | 出埃及记 | 3:1—4:9 |
| | 第十三章 | 出埃及记 | 2:23;4:10—7:13 |
| | 第十四章 | 出埃及记 | 7:14—11:10 |
| | 第十五章 | 出埃及记 | 12—14 章 |
| | 第十六章 | 出埃及记 | 14:13—15:18 |
| 第三卷 | 第一章 | 出埃及记 | 15:22—17:7 |

续 表

| 犹太古史 | | 圣经 | |
|---|---|---|---|
| 书卷 | 章 | 书卷 | 章节 |
| | 第二章 | 出埃及记 | 17:8—16;19:1 |
| | 第三章 | 出埃及记 | 18:1—12 |
| | 第四章 | 出埃及记 | 18:13—27 |
| | 第五章 | 出埃及记 | 19—24 章 |
| | 第六章 | 出埃及记 | 25—27 章;30—31 章;35—38 章 |
| | | 利未记 | 24:1—9 |
| | 第七章 | 出埃及记 | 28 章;39 章 |
| | 第八章 | 出埃及记 | 29—30 章 |
| | 第九章 | 利未记 | 8—10 章 |
| | | 民数记 | 7 章 |
| | 第十章 | 出埃及记 | 23:14—24:18 |
| | | 利未记 | 16 章;23:4—14,26—44 |
| | | 民数记 | 28 章;29:12—40 |
| | 第十一章 | 利未记 | 7:15—27;10:1—15;33:17:1—16 |
| | | 民数记 | 5 章 |
| | 第十二章 | 利未记 | 10 章;18 章;20 章;25 章 |
| | | 民数记 | 1—3 章;9:1—10:10;36 章 |
| | 第十三章 | 民数记 | 10:11—11:35 |
| | 第十四章 | 民数记 | 13:1—14:10 |
| | | 申命记 | 1:22—39 |

| 犹太古史 | | 圣经 | |
|---|---|---|---|
| 书卷 | 章 | 书卷 | 章节 |
| | 第十五章 | 民数记 | 14：11—39；32：8—15 |
| | | 申命记 | 1：34—40 |
| 第四卷 | 第一章 | 民数记 | 14：40—45 |
| | | 申命记 | 1：40—46 |
| | 第二章 | 民数记 | 16：1—17 |
| | 第三章 | 民数记 | 16：12—50 |
| | 第四章 | 利未记 | 27：1—8；7：31—34 |
| | | 民数记 | 6 章；15 章；16：41—20：29；25：1—15；33：37—39；35 章 |
| | | 申命记 | 2：1—8 |
| | 第五章 | 民数记 | 21：13—35 |
| | | 申命记 | 1：4；2：34—3：17 |
| | 第六章 | 民数记 | 22—25 章 |
| | 第七章 | 民数记 | 25：16—18；27：12—23；31—32 章；35：1—36：13 |
| | | 申命记 | 4：41—43 |
| | 第八章 | 出埃及记 | 21—23 章 |
| | | 利未记 | 6 章；15 章；19 章；21—24 章；25：35；27：14，30—34 |
| | | 民数记 | 36 章 |
| | | 申命记 | 4—34 章 |
| 第五卷 | 第一章 | 约书亚记 | 2—14 章；20—24 章 |

| 犹太古史 | | 圣经 | |
|---|---|---|---|
| 书卷 | 章 | 书卷 | 章节 |
| | 第二章 | 士师记 | 1—3 章;19—20 章 |
| | 第三章 | 士师记 | 3:8—11;18 章 |
| | 第四章 | 士师记 | 3:12—4:1 |
| | 第五章 | 士师记 | 4—5 章 |
| | 第六章 | 士师记 | 6—8 章 |
| | 第七章 | 士师记 | 9—12 章;13:1 |
| | 第八章 | 士师记 | 13—16 章;20—21 章 |
| | 第九章 | 路得记 | 1—4 章 |
| | 第十章 | 撒母耳记上 | 1—3 章 |
| | 第十一章 | 撒母耳记上 | 4 章 |
| 第六卷 | 第一章 | 撒母耳记上 | 5:1—7:2 |
| | 第二章 | 撒母耳记上 | 7:3—14 |
| | 第三章 | 撒母耳记上 | 7:15—8:22 |
| | 第四章 | 撒母耳记上 | 9:1—10:27 |
| | 第五章 | 撒母耳记上 | 11:1—12:25 |
| | | 历代志上 | 8:34 |
| | 第六章 | 撒母耳记上 | 13—14 章 |
| | 第七章 | 撒母耳记上 | 15 章 |
| | 第八章 | 撒母耳记上 | 16 章 |
| | 第九章 | 撒母耳记上 | 17 章 |
| | 第十章 | 撒母耳记上 | 18 章 |

| 犹太古史 | | 圣经 | |
|---|---|---|---|
| 书卷 | 章 | 书卷 | 章节 |
| | 第十一章 | 撒母耳记上 | 19—20 章 |
| | 第十二章 | 撒母耳记上 | 18:7;21—22 章 |
| | 第十三章 | 撒母耳记上 | 23—27 章 |
| | 第十四章 | 撒母耳记上 | 28—31 章 |
| | | 撒母耳记下 | 1:6—10 |
| | | 历代志上 | 10 章 |
| 第七卷 | 第一章 | 撒母耳记下 | 1—3 章 |
| | | 历代志上 | 11:1—3 |
| | 第二章 | 撒母耳记下 | 4:1—5:5 |
| | | 历代志上 | 11—12 章 |
| | 第三章 | 撒母耳记下 | 5:6—10,14—16 |
| | | 历代志上 | 11:4—9;14:3—7 |
| | 第四章 | 撒母耳记下 | 5:17—7:29 |
| | | 历代志上 | 13 章；14：8—17；15：13；17：1—27 |
| | 第五章 | 撒母耳记下 | 8—9 章 |
| | | 历代志上 | 18 章 |
| | 第六章 | 撒母耳记下 | 10:1—11:1 |
| | | 历代志上 | 19:1—20:3 |
| | 第七章 | 撒母耳记下 | 11:2—12:31 |
| | 第八章 | 撒母耳记下 | 13—14 章 |

| 犹太古史 | | 圣经 | |
|---|---|---|---|
| 书卷 | 章 | 书卷 | 章节 |
| | | 历代志上 | 2:13;3:1—9 |
| | 第九章 | 撒母耳记下 | 12:11;15—17 章 |
| | 第十章 | 撒母耳记下 | 18:1—19:8 |
| | 第十一章 | 撒母耳记下 | 19:9—20:26 |
| | 第十二章 | 撒母耳记下 | 21—23 章 |
| | | 历代志上 | 11:1—3;16:1—6;20 章;25 章 |
| | 第十三章 | 撒母耳记下 | 24 章 |
| | | 历代志上 | 21:1—22:1 |
| | 第十四章 | 列王纪上 | 1 章 |
| | | 历代志上 | 22:2—5;23—29 章 |
| | 第十五章 | 列王纪上 | 2:1—11 |
| | | 历代志上 | 29:26—30 |
| 第八卷 | 第一章 | 列王纪上 | 2:12—46 |
| | | 历代志上 | 4:6—7;29:23—25 |
| | 第二章 | 列王纪上 | 3:1,4—15 |
| | | 历代志下 | 1:3—10,13—2:18 |
| | 第三章 | 列王纪上 | 7:13—51 |
| | | 历代志下 | 3—4 章 |
| | 第四章 | 列王纪上 | 8:1—9:9 |
| | | 历代志下 | 5—7 章 |
| | 第五章 | 列王纪上 | 6—7 章;9:11—14 |

续　表

| 犹太古史 | | 圣经 | |
|---|---|---|---|
| 书卷 | 章 | 书卷 | 章节 |
| | | 历代志下 | 8:1—2 |
| | 第六章 | 列王纪上 | 3—5 章;9:15—10:13 |
| | | 历代志下 | 8:2—9,17—9:12 |
| | 第七章 | 列王纪上 | 10:14—11:43 |
| | | 历代志下 | 9:13—31 |
| | 第八章 | 利未记 | 8—9 章 |
| | | 列王纪上 | 11:41—13:10 |
| | | 历代志下 | 9:31—10:19 |
| | 第九章 | 列王纪上 | 13:11—34 |
| | 第十章 | 列王纪上 | 14:21—31 |
| | 第十章 | 历代志下 | 11:5—12:16 |
| | 第十一章 | 列王纪上 | 14:1—20;15:1—9 |
| | | 历代志下 | 13:1—14:2 |
| | 第十二章 | 列王纪上 | 15:9—16:24,29 |
| | | 历代志下 | 14:1—5;15:1—16:6 |
| | 第十三章 | 列王纪上 | 16:30—19:21;21 章 |
| | 第十四章 | 列王纪上 | 20 章 |
| | 第十五章 | 列王纪上 | 21—22 章 |
| | | 历代志下 | 17—18 章 |
| 第九卷 | 第一章 | 列王纪上 | 22:41—53 |
| | | 历代志下 | 19—20 章 |

| 犹太古史 | | 圣经 | |
|---|---|---|---|
| 书卷 | 章 | 书卷 | 章节 |
| | 第二章 | 列王纪上 | 22:40,51—53 |
| | | 列王纪下 | 1:1—3:3 |
| | 第三章 | 列王纪上 | 22:41—50 |
| | | 列王纪下 | 3:4—27 |
| | | 历代志下 | 20 章 |
| | 第四章 | 列王纪上 | 22:41—50 |
| | | 列王纪下 | 4:1—7;6:8—7:20;8:7—15 |
| | | 历代志下 | 21 章 |
| | 第五章 | 列王纪下 | 8:16—29 |
| | | 历代志下 | 21:1—22:1 |
| | 第六章 | 列王纪下 | 9:1—10:31 |
| | | 历代志下 | 22:5—9 |
| | 第七章 | 列王纪下 | 11—13 章 |
| | | 历代志下 | 22:10;23 章 |
| | 第八章 | 列王纪下 | 10:32—36 |
| | | 历代志下 | 24:4—27 |
| | | 以赛亚书 | 14:28—32 |
| | 第九章 | 列王纪下 | 14 章 |
| | | 历代志下 | 25 章 |
| | | 以西结书 | 18:30 |
| | 第十章 | 列王纪下 | 14:23—15:7 |

续　表

| 犹太古史 | | 圣经 | |
|---|---|---|---|
| 书卷 | 章 | 书卷 | 章节 |
| | | 历代志下 | 26 章 |
| | 第十章 | 约拿书 | 1—3 章 |
| | 第十一章 | 列王纪下 | 15:8—35 |
| | | 历代志下 | 27:1—6 |
| | | 那鸿书 | 2:8—13 |
| | 第十二章 | 列王纪下 | 15:36—16:5,7—20 |
| | | 历代志下 | 27:7—28:27 |
| | 第十三章 | 列王纪下 | 17:1—2;18:1—8 |
| | | 历代志下 | 29—31 章 |
| | 第十四章 | 列王纪下 | 17:3—41 |
| 第十卷 | 第一章 | 列王纪下 | 18:13—19:37 |
| | | 历代志下 | 32:1—21,23 |
| | | 以赛亚书 | 36—37 章 |
| | 第二章 | 列王纪下 | 20:1—19 |
| | | 历代志下 | 32:24—31 |
| | | 以赛亚书 | 38—39 章 |
| | 第三章 | 列王纪下 | 20:20—21:18 |
| | | 历代志下 | 32:32—33:20 |
| | 第四章 | 列王纪上 | 13:1—6 |
| | | 列王纪下 | 21:19—23:27 |
| | | 历代志下 | 33:21—35:21 |

| 犹太古史 | | 圣经 | |
|---|---|---|---|
| 书卷 | 章 | 书卷 | 章节 |
| | 第五章 | 列王纪下 | 23:28—37 |
| | | 历代志下 | 35:21—36:8 |
| | | 耶利米书 | 1:2;15:3 |
| | 第六章 | 列王纪下 | 24:1—4,8—16 |
| | | 历代志下 | 36:1—10 |
| | | 耶利米书 | 22章;26章;36章;46章 |
| | 第七章 | 列王纪下 | 24:17—15:26 |
| | | 历代志下 | 35:1—21;36:11—12 |
| | | 耶利米书 | 34章;37:11—39:1;52章;59章 |
| | | 以西结书 | 12:13;17:20 |
| | 第八章 | 列王纪下 | 25:1—26 |
| | | 历代志上 | 5章 |
| | | 耶利米书 | 12章;34章;39:1—10,13;52:1—30 |
| | 第九章 | 列王纪下 | 25:1—26 |
| | | 耶利米书 | 40—43章;52章 |
| | 第十章 | 但以理书 | 1—4章 |
| | 第十一章 | 列王纪下 | 25:27—30 |
| | | 但以理书 | 5—6章;8章;9:26—27 |
| | | 耶利米书 | 52章 |
| 第十一卷 | 第一章 | 历代志下 | 36:21—23 |

续　表

| 犹太古史 | | 圣经 | |
|---|---|---|---|
| 书卷 | 章 | 书卷 | 章节 |
| | | 以斯拉记 | 1—2 章；4：1—5；6：9—12 |
| | | 以赛亚书 | 44：28—45：1 |
| | | 耶利米书 | 25：11；29：10 |
| | 第二章 | 以斯拉记 | 3：1—13；4：6—24 |
| | 第三章 | 以斯拉记 | 2 章 |
| | 第四章 | 以斯拉记 | 3—4 章；5：3—6：22 |
| | 第五章 | 以斯拉记 | 7—10 章 |
| | | 尼希米记 | 2—7 章；13：10—31 |
| | 第六章 | 耶利米书 | 26：8—24 |
| | | 以斯帖记 | 1—10 章 |
| | 第七章 | 耶利米书 | 32：4；34：3 |
| 第十八卷 | 第三章 | 路加福音 | 24：19—27 |
| | 第五章 | 马太福音 | 14：1—12 |
| | | 马可福音 | 6：17—29 |
| | | 路加福音 | 3：19，31 |
| 第二十卷 | 第九章 | 马太福音 | 13：55 |
| | | 马可福音 | 6：3 |
| | | 加拉太书 | 1：19 |
| | | 使徒行传 | 15：5—21 |

# 附录二:英中语词对照索引

(例如:XV－7－8(250),是指第 15 卷第 7 章第 8 段第 250 节)

Arsamus 阿撒木：XX－4－1(80)

Arsinoe 亚西娜：XII－2－6(51)；XV
－4－1(89)

Artabrae 亚特罴（波斯度量衡；1 亚特
罴等于约 40 升）：XI－1－3(16)；
XII－3－3(140)

Artabanus 阿塔班奴：XVIII－2－4
(48)(49)(51)(52)；XX－2－3
(37)；3－1(54)-(59)；3－2(60)-
(65)；3－3(66)-(68)；3－4(69)

Artabazes 亚达巴西：XV－4－3(104)

Artaxerxes 亚达薛西：XI－6－1(184)
(186)；6－5(209)；6－6(216)；6－12
(273)；6－13(293)(296)

Artaxias 亚达克夏：XV－4－3(105)

Artemisius 亚达米西乌月（犹太以珥月
的叙利亚马其顿名称）：VIII－3－1
(61)

Artemon 亚达曼：XIV－10－12(225)

Arucas ＝ Arce ＝ Arkite 亚基人（创 10：
17）：I－6－2(138)；V－1－23(89)

Arudeus ＝ Aradus ＝ Arvadite 亚瓦底
人（创 10：18）：I－6－2(138)；XIII
－13－4(367)

Arus 阿路斯：XVII－10－9(289)

Asamonean ＝ Hasmonean 阿萨摩尼
人：XI－4－8(111)；XIV－16－4
(491)；XV－11－4(403)；XVI－7
－1(187)

Asamoneus 阿萨摩尼（阿萨摩尼王朝
的首领）：XII－6－1(265)；XIV－
16－4(490)；XX－8－11(190)；10－
1(238)(247)(249)

Asartha 阿萨塔：III－10－6(252)

Aschanax ＝ Ashkenaz 亚实基拿（创

10：3）；I－6－1(126)

Asermoth 哈萨玛非：I－6－4(147)

Ashdod 亚实突（书 11：22）：VI－1－1
(1)(3)-(5)；1－2(8)；XII－7－4
(308)；8－6(353)；XIII－4－4(92)
(93)(99)(101)；4－5(104)；15－4
(395)；XIV－4－4(75)；5－4(88)；
XVII－8－1(189)；11－5(321)

Asia 亚细亚：I－6－1(122)；6－2
(131)；6－4(147)；8－1(171)；X－5
－1(20)；6－1(74)；XI－1－1(3)；8
－3(313)(315)；8－5(334)；XII－1
－1(2)；3－1(119)；3－3(129)；4－
10(223)；7－2(295)；XIII－3－4
(78)；4－7(113)(119)；5－8(165)；
XIV－7－2(110)；10－1(186)；10－
11(223)(224)

Asineus ＝ Asinius 亚西纽：XIV－8－3
(138)；14－5(389)；XVIII－9－1
(314)；9－2(320)(323)；9－3(327)
(331)；9－4(332)(333)(336)
(338)；9－5(342)(343)(346)(348)
(350)

Askelon ＝ Ashkelon 亚实基伦（书 13：
3）：V－1－22(81)；2－4(128)；3－1
(177)；VI－1－1(4)(5)；1－2(8)；
XII－4－5(181)(182)；XIII－4－4
(101)；5－5(149)；5－10(180)；
XIV－7－4(126)；8－1(128)；8－3
(139)；10－3(197)

Asochis 阿琐克：XIII－12－4(337)

Asor ＝ Hazor 夏琐（书 11：1）：V－5－
1(199)；5－4(209)；VIII－6－1
(151)；XIV－11－1(235)；XIII－5
－7(158)

Balas 巴拉：XIII－4－8(119)

Balbus 巴布斯：XIV－10－13(229)；10－19(238)

Ballas 比拉：I－9－1(171)

Bardanis 巴尔丹尼斯：XX－3－4(69)-(73)

Baris 巴瑞斯：I－3－6(95)

Barnabazus 巴拿巴宙斯：XI－6－4(207)

Basca 巴斯卡：XIII－6－6(210)

Bashemath = Basemmath 巴实抹（创28：9，36：3）：I－18－8(277)；II－1－1(4)

Bassus 巴素：XIV－11－1(268)；11－2(272)

Batanea 巴塔尼亚：XII－3－3(136)；XV－10－1(343)；XVII－2－1(25)；11－4(319)；XX－7－1(138)

Bathyllus 巴细路斯：XVII－4－3(79)

Bathyra 巴提拉：XVII－2－2(26)

Barzapharnes 巴撒法尼斯：XIV－13－3(330)(332)；13－4(341)；13－5(343)(346)(347)；13－6(348)；XV－2－1(12)；XX－10－1(245)

Bazeus 巴苏斯：XX－2－1(18)

Bean 巴努：XII－8－1(328)

Beeltethmus 伯欧塞莫斯（以斯拉一书2：16、25）：XI－2－2(26)

Berea 庇哩亚（徒17：10)：XII－9－7(385)；XIII－14－3(384)；XX－10－1(235)

Berenice = Bernice 百尼基：VIII－6－4(163)；XVI－1－2(11)；XVII－1－2(12)；XIX－5－1(276)；9－1(354)；XX－5－2(104)；7－2(140)；7－3(145)(146)

Bernicianus 百尼基阿努：XX－5－2(104)

Berosus 贝罗索斯：I－3－6(93)；3－9(107)；7－2(158)；X－1－4(20)；2－2(34)；11－1(219)

Beroth = Beeroth 比录：V－1－18(63)

Berytus 贝里图：XVI－10－8(344)；11－1(357)；11－2(361)；11－3(370)；XVII－10－9(287)；XIX－7－5(335)；8－1(338)；XX－9－4(211)

Besira 西拉井(撒下3：26)：VII－1－5(34)

Betah = Tibhath 比他（代上18：8)：VII－5－3(105)

Bethagla = Beth-Hoglah 伯曷拉（士15：6；18：19)：XIII－1－5(26)

Betharanphtha 伯塔兰弗他：XVIII－2－1(27)

Bethel 伯特利（创12：8)：I－19－3(284)；21－2(342)；V－1－22(82)，(83)；2－6(130)；2－10(159)；VI－3－2(32)；4－2(55)；6－1(95)；VIII－8－4(226)(228)；8－5(230)；11－3(284)；XIII－1－3(15)

Bethome 伯特姆：XIII－14－2(380)

Bethoron = Beth Horon 伯和仑（书16：5)：V－1－17(60)；VIII－6－1(152)；IX－9－1(192)；XII－7－1(289)；10－5(408)；XIII－1－3(15)

Bethsaida 伯赛大：XVIII－2－1(28)

Bethshan 伯善（书17：11)：V－1－22(84)；VI－12－8(374)(375)；XII－8－5(348)；XIII－6－1(188)

Bethsur = Bethsura 伯夙（书 15：58）：
XII－7－5(313)；7－7(326)；9－4
(367)（368）（370）；9－5(375)
(376)；XIII－2－1(42)；5－6(155)
(156)

Bethzachariah 伯沙卡里亚：XII－9－4
(369)

Bethzetho 伯特塞特：XII－10－2
(397)；11－1(422)

Bezek 比色：V－2－2(121)；VI－5－3
(78)

Bezetha 比色他：XIX－7－2(326)

Bithynia 庇推尼：XIV－12－2(301)

Boethus = Beotus 庇特斯：XV－9－3
(320)；XVII－4－2(78)；13－1
(339)；XVIII－1－1(3)；XIX－6－
2(297)

Bosor = Bozrah 波斯拉（创 36：33）：
XII－8－3(336)(340)

Bosphorus 博斯普鲁斯：XVI－2－2
(16)

Botrys：柏翠斯：VIII－13－2(324)

Bracchus 布拉库：XIV－10－13(229)；
10－19(238)

Britannicus 布里坦尼克：XX－8－1
(149)；8－2(151)(153)

Brocchus 布鲁库：XIX－3－4(234)

Brundusium 布伦德西姆：XIV－14－3
(378)

Brutus 布鲁图：XIV－10－25(263)；11
－1(270)；12－3(311)；XIX－2－2
(184)

Bubastis 布巴斯提：XIII－3－1(66)；3
－2(70)

Bubo 布波：XVIII－6－7(195)

Bulbus 布勒布：XIV－10－13(230)

Burrhus 布路斯：XX－8－2(152)；8－
9(183)(184)

Byzantium 拜占庭：XVI－2－2(20)

Cabi 卡比：XX－8－11(196)

Cadesh = Kadesh = Kedesh 基低斯（书
12：22）：V－1－18(63)；1－24(91)；
IX－11－1(235)；XIII－5－6
(154)；5－7(162)

Cadiz 卡迪兹：I－6－1(122)

Caesar 凯撒：VIII－6－2(157)；XIV－
7－4(123)(124)；8－1(127)(129)
(131)(132)；8－2(136)；8－3(137)；
8－4(140)(141)；8－5(143)

Caesarea = Cesaria 凯撒利亚：XIII－
11－2(313)；XIV－4－4(76)；XV
－8－5(293)；9－6(339)；XIX－8－
2(343)；XX－5－4(116)；5－7
(173)(176)；5－9(182)-(184)；9－4
(211)

Cahanaeae 柯罕：III－7－1(151)

Cahanaeae Rabbae 柯罕拉巴：III－7－
1(151)

Caiaphas 该亚法：XVIII－2－2(35)；
4－3(95)

Calirrhoe 卡里罗：XVII－6－5(171)

Calleas 卡里阿：XVII－1－1(9)

Callimander 卡里曼德：XIII－10－2
(279)；10－3(280)

Callistus 卡利斯图斯：XIX－1－10
(64)-(69)

Calpurnius 卡普里纽：XIV－10－10
(220)

Calvinus 卡勒比努：XIV－14－5(389)

Drusus 杜如斯：XV － 9 － 6（336）；
XVIII － 5 － 4（132）；6 － 1（143）；6 － 6
（180）（188）；6 － 8（206）

Drymi 杜艾密：XIV － 13 － 3（334）

Dystrus ＝ Dystros 底斯特罗斯月（犹太
月历中亚达月的马其顿名）：IV － 8 －
49（327）；XI － 4 － 6（107）；6 － 13
（286）（290）；XII － 10 － 5（412）

Ebal 以巴路山：IV － 8 － 44（305）；V －
1 － 19（69）

Eban ＝ Seban 西巴：VII － 3 － 3（70）

Ecbatana 亚马他（拉 6：2）：X － 11 － 7
（264）；XI － 4 － 6（99）

Ekron 以革伦（撒上 5：10；6：16，17）：
V － 1 － 22（87）；2 － 4（128）；3 － 1
（177）；VI － 1 － 2（8）；2 － 3（30）；9 －
5（191）；IX － 2 － 1（19）（26）；XIII －
4 － 4（102）

Eleazar 以利亚撒/以利以谢：II － 13 －
1（277）（278）；III － 8 － 1（192）；IV
－ 6 － 12（152）；7 － 1（164）；6 － 3
（171）；8 － 2（186）；V － 1 － 2（15）；1
－ 14（43）；1 － 16（55）（57）；VII － 12
－ 4（308）（309）；14 － 7（365）；VIII －
2 － 5（46）（48）；XX － 1 － 1（4）

Eleusa 以留撒：XVI － 4 － 6（131）；10 －
7（332）

Eleusinian 以留西尼阿：XIV － 8 － 5
（153）

Eleutherus 以留特罗：XIII － 4 － 5
（105）；5 － 10（179）；XV － 4 － 1（95）

Eliasib ＝ Eliashib 以利亚实：XI － 5 － 4
（147）；5 － 5（158）；7 － 1（297）

Elien ＝ Elishua 以利书亚：VII － 3 － 3
（70）

Elioneus 以流纽：XIX － 8 － 1（342）

Elisa ＝ Elisha ＝ Elishah 以利沙（创 10：
4）：I － 6 － 1（127）

Ellemus 以利穆：XVII － 6 － 4（166）

Elpia 埃皮亚：XVII － 1 － 3（21）

Eluleus 以禄利：IX － 14 － 2（283）（284）

Elymais 伊鲁梅达：XII － 9 － 1（354）
（355）

Emesa 埃莫萨：XVIII － 5 － 4（135）；
XIX － 8 － 1（338）；XX － 7 － 1
（139）；8 － 4（158）

Emia 艾米亚：III － 7 － 2（156）

Emilia ＝ Aemilia 埃米利亚：XIV － 10
－ 19（238）

Emilius 埃米利乌：XIX － 1 － 3（17）

Eminence 高地/高处：III － 1 － 5（22）；
1 － 7（36）；5 － 3（84）；IX － 1 － 2（11）

Emmaus 以马忤斯（路 24：13）：XII － 7
－ 3（298）；7 － 4（306）（307）；XIII － 1
－ 3（15）；XIV － 11 － 2（275）；15 － 7
（436）；XVII － 10 － 7（282）；10 － 9
（291）；XVIII － 2 － 3（36）

Emnos 亚玛撒：VII － 3 － 3（70）

Enaus ＝ Aeneas 埃尼亚：XIV － 10 － 22
（248）

Enemim ＝ Anamite 亚拿米人（创 10：
13）：I － 6 － 2（137）

Enner ＝ Aner 亚乃（创 14：24）：I － 10
－ 2（182）

Enyalius 恩亚留斯：I － 4 － 3（119）

Ephesus 以弗所：XIV － 10 － 13（228）；
10 － 16（234）；10 － 19（240）；12 － 2
（304）；12 － 3（307）；12 － 4（314）；
XV － 4 － 1（89）；XVI － 2 － 2（23）；6 －

Orone 奥拉尼：XIV－1－4(18)

Orsanes 俄鲁撒尼：XIV－6－4(103)

Oruba 俄鲁巴：XIV－1－4(18)

Paccius 帕克乌：XIV－10－19(239)

Pacorus 帕克鲁斯：XIV－13－3(330)
(332)(333)；13－4(340)(341)；13－
5(342)(347)；13－6(349)；15－7
(434)；XV－2－1(12)；XX－3－4
(74)；10－1(245)

Palaetyrus＝Palaetyre 推罗：IX－14－
2(285)

Palestine 巴勒斯坦：I－6－2(136)；6－
4(145)；12－1(207)；VIII－10－3
(260)(262)；XX－11－1(259)

Palestine＝Philistines 非利士（创10：
14）：XIII－5－10(180)

Pallas 帕拉斯：XVII－1－3(21)；
XVIII－6－6(182)；XX－7－1
(137)；8－9(182)

Palmyra 帕尔米拉：VIII－6－1(154)

Pamphylia 旁非利亚（徒2：10,27：5）：
XI－8－1(305)；XIV－14－3(377)

Pamphylian Sea 旁非利亚海：II－16－
5(348)

Panathenean 潘提尼阿：XIV－8－5
(153)

Paneas 潘尼亚：XV－10－3(360)；
XVII－8－1(189)；XVIII－2－1
(28)

Panemus＝Panemos 帕尼目：XIV－8－
5(148)(149)

Panium 帕尼恩：XV－10－3(363)

Paphlagonians 帕弗拉哥尼亚：I－6－1
(126)

Papinius 帕皮尼乌：XIV－10－10
(220)；XIX－1－6(37)(41)

Papirius 帕皮里乌：XIV－8－5(145)

Pappus 帕卜斯：XIV－15－12(457)；
15－13(464)

Papyria 帕皮利：XIV－10－10(220)

Papyron 帕皮仑：XIV－2－3(33)

Parian 帕利安：XIV－10－8(213)

Parmenio 帕门尼奥：XI－8－5(333)
(336)

Parthia 帕提亚：X－11－7(265)；XIII
－8－4(253)；10－1(271)；14－3
(385)(386)；XIV－7－3(119)；
XV－2－1(12)；2－2(14)；2－4
(21)；XVI－8－4(253)；XVIII－2
－4(41)；4－4(96)(98)；XX－2－3
(37)；3－1(59)；3－3(67)

Parthian 帕提亚人（徒2：9）：XIV－6
－4(103)；14－4(385)；XVIII－2－
4(51)；9－4(334)(335)(339)；9－5
(340)；9－6(362)；XX－3－4(72)；
4－2(81)

Patroclus 帕托勒克：XIV－10－10
(222)

Paulina 保利娜：XVIII－3－4(66)－
(79)

Paulus 保罗：XIX－1－14(102)

Pausanias 保撒尼亚：XI－8－1(304)；
XIV－10－10(222),12－3(307)；
XIX－1－13(95)

Pelina 佩利娜：XX－8－1(150)

Pella 佩拉：XIII－15－4(397)；XIV－
3－2(40)；3－4(49)；4－4(75)

Pelusium 佩卢西姆：VI－7－3(140)；
X－1－4(17)－(19)；6－1(86)；XII

(222);10 - 4(245)(249); VIII - 1 -
3(11)(12);1 - 4(16); X - 8 - 6
(152); XVIII - 1 - 1(4)(9)

Sathrabuzanes 示他波斯乃(拉 5:3、6,
6:6,13):XI - 1 - 3(12);4 - 4(89)
(93);4 - 7(104);4 - 9(118)

Sadducees 撒都该派/人:XIII - 5 - 9
(171)(173); 10 - 6(293)(297)
(298);XVIII - 1 - 2(11);1 - 4
(16);XX - 9 - 1(199)

Sala = Shelah 沙拉/示拉(创 10:24):I
- 6 - 4(146);6 - 5(150);II - 7 - 4
(178)

Salampsio 撒拉米秀:XVIII - 5 - 4
(130)(131)(138)

Salem = Solyma 撒冷:I - 7 - 4(180);
VII - 3 - 2(67)

Salome 撒罗米(可 15:40):XIII - 12 -
1(320);XIV - 7 - 3(121);XV - 3
- 9(80)(81);6 - 5(184);7 - 4(223)
(231);7 - 9(254);7 - 10(259)(260)

Samacha 萨玛卡:XX - 2 - 1(22)(23)

Samareus = Zemarites 洗玛利人(创
10:18):I - 6 - 2(139)

Sambabas = Sanballat 参巴拉:XI - 4 -
9(118);7 - 2(302);8 - 2(309) -
(312);8 - 3(315);8 - 4(321)(322)
(324)(325);8 - 6(342)(345); XIII
- 9 - 1(256)

Sameas 撒每阿斯:XIV - 9 - 4(172)
(175);XV - 1 - 1(3);10 - 4(370)

Samega 撒摩迦:XIII - 9 - 1(255)

Samos 撒摩:XVI - 2 - 2(23);2 - 4
(62)

Samosata 撒摩撒他:XIV - 15 - 8

(439)(441);15 - 9(445)

Sampho 散弗:XVII - 10 - 9(290)

Sampsigeramus 桑希革拉木:XVIII - 5
- 4(135); XIX - 8 - 1(338)

Sanabassar = Sheshabazzar 设巴萨(拉
1:8): XI - 1 - 3(11);4 - 4(101)

Sapha 斯巴:XI - 8 - 5(329)

Saphoth = Saphon 扎芬:XIII - 12 - 5
(338)

Sappinas 撒皮纳:XIV - 14 - 3(377)

Sapinnius 撒皮纽:XVI - 8 - 5(257)

Saramalla 撒拉玛拉:XIV - 13 - 5
(345)

Saramallas 撒拉玛拉:XV - 2 - 3(19)

Sardinia 撒丁岛:XVIII - 3 - 5(84)

Sardis 撒狄:XIV - 10 - 14(232);10 -
17(235);10 - 24(259); XVI - 6 - 2
(171)

Saripheus 撒利非乌:XVII - 6 - 2
(149)

Saulus 扫罗:XX - 9 - 4(214)

Saturninus 撒图尼努:XVI - 9 - 1
(277)(280)(281);9 - 2(283);10 - 8
(344);11 - 3(368)(369);XVIII - 3
- 4(66);3 - 5(83); XIX - 2 - 1
(166)

Scaurus 斯考鲁斯:XIV - 2 - 3(29)
(33);3 - 2(37);4 - 5(79);5 - 1(80)
(81)

Scipio 西庇阿:XIV - 7 - 4(125);8 - 4
(140)(142);10 - 1(185)

Scopas 斯古帕:XII - 3 - 3(131) -
(133)(135)(136)

Scythian 西古提人:I - 6 - 1(123);
XVIII - 4 - 4(97)

Sidon = Sidonius 西顿（创 10：15）：I -
6 - 2(138)；10 - 5(191)；V - 1 - 22
(85)；1 - 23(89)；3 - 1(178)；VIII -
2 - 3(36)；13 - 2(320)；IX - 6 - 6
(138)；14 - 2(285)；XI - 8 - 3
(317)；XII - 5 - 5(258)；8 - 1(331)

Sie 西艾：XVII - 13 - 1(341)

Silanus 西拉努：XVIII - 2 - 4(52)

Silas 西拉：XIV - 3 - 2(40)；XVIII -
(204)；XIX - 6 - 3(299)；7 - 1
(317)(320)(321)(325)；8 - 3(353)

Silo 希洛：XIV - 14 - 6(393)；15 - 1
(394)(395)(397)；15 - 2(400)
(403)；15 - 3(406)-(408)(412)；15
- 4(418)；15 - 5(420)(421)

Sin = Zin 寻（民 13：21）：IV - 4 - 6
(78)

Sinax 西纳克：XIII - 14 - 3(384)

Sineus = Sinite 西尼人（创 10：17）：I -
6 - 2(139)

Sinope 西诺坡：XVI - 2 - 2(21)

Siphar = Shobi 朔比（撒下 17：27）：
VII - 9 - 8(230)

Siriad 西利达：I - 2 - 3(71)

Sisenna 西瑟拿：XIV - 6 - 1(92)

Sitenna = Sitnah 西提拿（创 26：21）：I
- 18 - 2(262)

Slime Pits 泥坑：I - 9 - 1(174)

Soemus = Sohemus 萨摩斯：XIV - 8 - 1
(129)；XV - 6 - 5(185)；7 - 1(204)
(205)(207)；7 - 3(216)；7 - 4(227)-
(229)；XVII - 3 - 2(54)；XX - 8 -
4(158)

Solimus = Solymius 所里暮：XII - 4 - 6
(186)

Sopater 所帕特：XIV - 10 - 2(241)

Sophacian 索分人：I - 15 - 1(241)

Sophon 索分：I - 15 - 1(241)

Sosibius 所西比乌斯：XII - 2 - 2(18)；
2 - 3(25)

Sosipater 所西巴德：XIV - 10 - 22
(249)

Sossius 索西乌斯：XIV - 9 - 4(176)；
15 - 9(447)；16 - 1(468)(469)；16 -
2(481)；16 - 3(484)(486)；16 - 4
(488)；XV - 1 - 1(1)；XX - 10 - 1
(246)

Soter 索特：XII - 2 - 1(11)；4 - 10
(223)；XIII - 10 - 1(271)

Sparta 斯巴达：XIII - 5 - 8(165)

Spurius 斯普利乌：XIV - 10 - 18(236)

Stechus 斯提库：XVIII - 6 - 7(204)

Stellatine 斯特拉提：XIV - 10 - 10
(220)

Stephanus 斯特法努：XX - 5 - 4(113)

Strabo 斯特拉博：XIII - 10 - 4(286)
(287)；11 - 3(319)；12 - 6(347)；
XIV - 3 - 1(35)；4 - 3(68)；6 - 4
(104)；7 - 2(111)(114)(118)；8 - 3
(138)(139)；10 - 19(239)；XV - 1 -
2(9)(10)

Strato 斯特拉托：XIII - 14 - 3(384)；
XIV - 10 - 22(248)

Strato's Tower 斯特拉托塔：XIII - 11
- 2(309)(312)(313)；12 - 2(324)
(326)；15 - 4(395)；XIV - 4 - 4
(76)；XV - 7 - 3(217)；8 - 5(293)；
9 - 6(331)；XIX - 8 - 2(343)；XX
- 8 - 7(173)

Suri 洗鲁（约押之父）：VII - 1 - 3(11)

Theophilus 提阿非罗：XVIII－5－3（123）；XIX－6－2（297）；XX－9－7（223）

Theopompus 赛坡普斯：XII－2－14（112）

Thermusa 提母莎：XVIII－2－4（40）（41）

Thermuthis 德慕提：II－9－5（224）（225）（227）；9－6（228）；9－7（232）（236）；10－2（243）

Theudas 丢大（徒5：36）：XX－5－1（97）（98）

Theudion 狄奥底闻：XVII－4－2（70）（73）；XX－1－2（14）

Thiras＝Tiras 提拉（创10：2）：I－6－1（125）

Thobel＝Tubal 土巴/土八（创10：2）：I－2－1（64）；6－1（124）

Tholomy 多罗买：XIV－8－1（129）；XX－1－1（5）

Thrace 色雷斯：IX－1－4（17）

Thracian 色雷斯人：I－6－1（125）；XIII－14－2（383）；XVII－8－3（198）

Thressa 特利撒：XIV－13－9（361）

Thrigcos＝Thrigeos 特格斯：VIII－3－9（95）

Thrugramma＝Togarmah 陀迦玛（创10：3）：I－6－1（126）

Thymelici 提莫里克：XV－8－1（270）

Tiber 台伯河：XVIII－3－4（79）

Tiberias 提比哩亚：XVIII－2－3（36）（38）；XIX－8－1（338）；8－4（159）

Tiberius 提庇留：XV－11－4（404）（405）；XVIII－2－2（33）；2－3（36）；XIX－2－5（209）；XX－5－2（100）（103）

Tidetius 提底提乌：XIV－10－10（220）

Tigranes 提哥拉尼：XIII－16－4（419）-（421）；XIV－2－3（29）；XV－4－3（104）（105）；XVIII－5－4（139）（140）

Timagenes 提玛革尼：XIII－11－3（319）

Timidius 提米丢：XIX－1－5（33）（34）

Timius 提米乌：XVIII－5－4（131）

Timna＝Timnath 亭纳/亭拿（书19：43；士14：1、2、5）：II－1－2（5）；V－1－29（119）；8－5（286）；8－6（289）；8－7（296）；XIII－1－3（15）

Timotheus＝Timothy 提摩泰乌：XII－8－1（329）（330）；8－3（337）（339）；8－4（341）（343）

Tirathaba 提拉他巴：XVIII－4－1（86）；4－2（88）

Tiridates 提利大提：XX－3－4（74）

Tishri 提斯利月＝Ethanim 以他念月（犹太历七月）：VIII－4－1（100）

Tobias 多比雅：XII－4－2（160）；5－1（239）（240）

Tongius 统吉乌：XIV－10－13（229）；10－19（238）

Toparch＝Toparchy 总督：VIII－7－2（35）；XI－3－2（33）（37）；3－8（59）；XIII－2－3（50）（54）；4－4（102）；XVII－2－1（25）；XVIII－2－2（31）

Trachon＝Trachonitis 特拉可尼：XVI－4－6（130）；XX－7－1（138）

# 附录三:圣经月份计算

| 月份 | 英文名称 | 中文名称 | 月份始于阳历 |
|------|----------|----------|--------------|
| 一月 | Abib(Nisan) | 亚笔月(尼散月) | 3月12日至4月11日之间 |
| 二月 | Ziv(Iyyar) | 西弗月(以珥月) | 4月11日至5月10日之间 |
| 三月 | Sivan | 西弯月 | 5月10日至6月9日之间 |
| 四月 | Tammuz | 搭模斯月 | 6月9日至7月8日之间 |
| 五月 | Ab | 埃波月 | 7月8日至8月7日之间 |
| 六月 | Elul | 以禄月 | 8月7日至9月5日之间 |
| 七月 | Ethanim(Tishri) | 以他念月(提斯利月) | 9月5日至10月5日之间 |
| 八月 | Bul(Marchisvan) | 布勒月(马西班月) | 10月5日至11月3日之间 |
| 九月 | Kislev | 基斯流月 | 11月3日至12月3日之间 |
| 十月 | Tevet | 提别月 | 11月3日至12月3日之间 |
| 十一月 | Shebat | 细罢特月 | 1月1日至1月30日之间 |
| 十二月 | Adar | 亚达月 | 1月30日至3月2日之间 |
| 闰月 | Adar II | 第二亚达月 | 3月2日至3月31日之间 |

**图书在版编目(CIP)数据**

犹太古史/(古罗马)约瑟夫(Flavius Josephus)著;冯万以文等译;金京来校.—上海:上海三联书店,2024.12
(约瑟夫著作全集)
ISBN 978 - 7 - 5426 - 6114 - 2

Ⅰ.①犹… Ⅱ.①约… ②冯… ③金… Ⅲ.①犹太人－民族历史－古代 Ⅳ.①K18

中国版本图书馆 CIP 数据核字(2017)第 268471 号

犹太古史(The Jewish Antiquities)
约瑟夫(Flavius Josephus) 著

# 犹太古史

著　　者 / 约瑟夫
译　　者 / 冯万以文 等
审　　校 / 金京来

策　　划 / 橡树文字工作室
特约编辑 / 司　阳　刘　峣
责任编辑 / 邱　红
装帧设计 / 周周设计局
监　　制 / 姚　军
责任校对 / 王凌霄

出版发行 / 上海三联书店
　　　　　(200041)中国上海市静安区威海路 755 号 30 楼
邮　　箱 / sdxsanlian@sina.com
联系电话 / 编辑部:021 - 22895517
　　　　　发行部:021 - 22895559
印　　刷 / 上海展强印刷有限公司

版　　次 / 2024 年 12 月第 1 版
印　　次 / 2024 年 12 月第 1 次印刷
开　　本 / 890 mm × 1240 mm　1/32
字　　数 / 800 千字
印　　张 / 37.125
书　　号 / ISBN 978 - 7 - 5426 - 6114 - 2/K · 437
定　　价 / 178.00 元(上下册)

敬启读者,如发现本书有印装质量问题,请与印刷厂联系 021 - 66366565